한나 아렌트와 교육의 지평

우정길 · 박은주 · 조나영 공저

Hannah Arendt

박영story

왜 한나 아렌트인가?

지난 2006년 10월 14일은 한나 아렌트(Hannah Arendt, 1906–1975)가 태어난 지 100주년이 되는 날이었다. 아렌트 탄생 100주년을 맞이하여 그녀의 사상적 업적을 기념하기 위해 국내외적으로 다채로운 학술문화 행사들이 열렸다. 두 차례의 세계대전과 홀로코스트, 파시즘 등 전체주의의 광풍이 휘몰아치던 시대를 살았던 한나 아렌트의 저작들이 "문화의 세기"라 불리는 오늘날 "아렌트-르네상스"라는 현상으로 되살아나고 있는 것은 참으로 흥미롭다. 우리는 왜 21세기에 한나 아렌트를 다시 읽는가?

이 질문에 대하여 학계마다, 학자마다 다양한 답변을 내놓을 수 있겠지만, 무엇보다 아렌트의 "경계적 사유"가 주는 풍부한 통찰을 언급하지 않을 수 없다. 독일에서 태어난 유대인으로서, 홀로코스트를 피해 파리와 미국으로 전전했던 무국적자로서, 누구보다 사유하는 삶을 살았지만 스스로 철학자가 되는 것은 거부했던 한 여성 정치사상가로서, 아렌트는 이미 태생적으로나 의식적으로나 '파리아'(pariah)의 삶을 살았다고 할 수 있다. 이런 이유로 아렌트는 자신이 유대인이라고 해서 무조건 유대인 편에 서거나, 여성이라고 해서 여성만을 옹호하거나, 사상가로서 철학자들에게만 집중하지 않았다. 아렌트의 이러한 태도는 주류 집단의 전통적이고 통념적인 사고와 잘 맞지 않는 것이었으며, 그로 인해 아렌트는 거센 비판에 직면할 수밖에 없었을 것이다.

그러나 돌이켜 보면 바로 이 점이 아렌트 사유의 가장 큰 특징이자 매력이라고 할 수 있다. 자신이 몸담고 있는 특정 집단, 영역, 시대에 매이지 않고 경계를 넘나들며 자신만의 고유한 사유의 지평을 펼치면서도, 자기 안에 함몰되지 않고 모든 사람들과 소통하고자 했던 아렌트의 통찰과 분석은, 아이러니하게도 아렌트 당대보다 오히려 모든 영역 간의 경계가 허물어지는 오늘날 더 큰 빛과 울림을 발하고 있다. 아렌트는 기존의 엄밀하고 분석적인 철학적 사색에 매이기보다 문학과 예술의 은유를 통한 내러티브 방식을 즐겨 사용하였고, 보통 사람들이 몸을 가지고 활동하며 살아가는 이 현상세계를 사랑하면서도 사유와 판단이 이루어지는 정신의 삶을 이 세계 안으로 회복하고 통합하고자 부단히도 애쓰고 노력하였다. 이와 같은 아렌트의 사상은 분명히 전통적인 경계짓기식의 사유와는 구분되지만, 그렇다고 모든 경계를 허무는 포스트모던의 해체주의와도 거리를 둔다. 이것이 언제나 사안 그 자체로, 자신만의 방식으로 사유하며 소통하고자 하였던 아렌트의 난간 없는 사유가 가진 힘이 아닌가 생각된다.

무엇보다 교육철학자적 관점에서, 아렌트의 사유가 교육에 던지는 풍부한 함의를 언급하지 않을 수 없다. 흔히 아렌트는 20세기 최고의 정치철학자로 알려져 있지만, 동시에 아렌트는 "교육의 본질은 탄생성이다"라고 선언한 탄생성의 교육철학자이기도 하다. 아이들이 탄생을 통해 자신만의 새로운 시작을 할 수 있도록 돕는 것이 교육이라고 천명한 아렌트의 선언은 고정된 목표와 계량적 결과치에 지나치게 의존하는 오늘날의 교육 풍토에서 더욱 큰 울림을 갖는다. 교육의 본질에 대한 아렌트의 선언은 아이들에 대한 새로운 존재론적 지평을 열어주었을 뿐만 아니라, 어른세대에게는 아이들의 탄생을 위한 조건을 구비할 책임을 촉구하고 있다. 타인과 소통하는 가운데 자신의 탄생성을 드러내는 말과 행위(활동적 삶), 그것을 실현할 수 있는 세계(공적영역), 그리고 복수의 타인들과 함께 말하고 행위할 때 작동하는 인간의 사유와 판단(정신적 삶) 등, 아렌트의 이 모든 개념들은 한 사람의 인간존재로 탄생하기 위해 우리가 깊이 숙고하고 고찰해야 하는 교육의 조건들이다.

한나 아렌트는 20세기의 탁월한 정치 사상가로 알려져 있지만, 아렌트에 대한 연구는 비단 정치학에 국한되지 않고 철학, 사회학, 미학, 교육학 등 다양한 학문영역에서 활발하게 이루어지고 있다. 이러한 학문적 동향에 비추어 볼 때, 국내 교육학계에서 2000년대 초반이 되어서야 아렌트에 관한 연구가 조금씩 시작된 것은 다소 늦은 감이 있다. 그럼에도 불구하고 그동안 국내 교육학계에서 아렌트에 관한 연구가 꾸준히 이루어지고 있다는 것은 참으로 반가운 일이다. 이번에 아렌트에 관한 연구물을 모아 한 권의 책으로 소개하는 일은 그래서 의미가 있다.

이 책은 그동안 아렌트와 그녀의 교육적 사유에 대해 관심을 가지고 학문적으로 꾸준히 연구해 온 교육철학자 3인의 논문을 엮은 선집이다. 이미 전문학술지를 통해 발표되었던 글이기에 새롭다 할 수는 없겠으나, 그럼에도 불구하고 출간을 결심한 것은 그간 교육철학계에 소개된 한나 아렌트 연구를 체계화하여 축적할 필요가 있다는 이유에서였다. 또한, 이 책을 통해 아렌트 연구의 스펙트럼을 제공함으로써 향후 아렌트의 교육사상에 관심을 기울일 연구자와 교육자 모두에게 그들의 교육연구와 실천적 탐구를 위한 일종의 길라잡이가 되었으면 하는 바람이 있었기 때문이다. 물론 한나 아렌트라는 걸출한 사상가가 교육학 이외의 학문체계에서 어떻게 다루어지고 있는지에 대해서도, 그리고 해외 교육학계에서 한나 아렌트 사상이 어떻게 수용되고 있는지에 대한 비교 연구도 이 책을 기반으로 일정 정도 가능할 것이라고 저자 일동은 감히 기대하고 있다.

이 책은 크게 두 부분으로 구성하여 제작되었다. 우선, 제1부는 아렌트 사유의 가장 특징적인 관점이라 할 수 있는 탄생성에 관한 글들로 엮었다. 탄생성은 그 기본발상이 교육과 포개어지는 면이 많지만, 이것이 본격적으로 교육학의 연구주제로 인식되고 고찰된 사례는 국내외적으로 그리 많지 않다. 그중 지난 10년 동안 이 책의 저자들이 발표한 글들이 제1부 "탄생성과 교육"에 실려 있다. "교육적 사유의 새 지평"이라는 소제목의 제2부는 아렌트의 사유가 교육학과 맺는 접점들을 보다 적극적으로 모색한 연구의 결과들로 구성하였다. 이 연구들을 통해 우리는 아렌트 사유의 세 기둥이라 할 수 있는 행위, 사유, 판단이 교육학과 이루는 이론적 접점에 관한 논의들과 아울러 아렌트의 '세계사랑'(amor mundi)이라는 사상적 동인이 교육 실천을 위해 갖는 함의(책임, 권위)를 공유할 수 있게 될 것이다. 특히 제2부의 글들을 통해 우리는 흔히 정치사상가로만 인식되어 온 아렌트가 현대 교육의 이해와 실천을 위해서도 대단히 폭넓고 입체적인 사유의 지평을 선사하고 있다는 점을 확인하게 될 것이다.

이 한 권의 책으로 교육학계 내 "아렌트–르네상스"를 이룰 수 없다는 점은 자명하다. 다만 아렌트의 교육사상에 관한 연구를 한자리에 모아서 세상에 내어놓는 이 작은 시도를 통해, 이 책의 제목에 담긴 저자들의 염원처럼 교육의 유의미한 지평을 조금이라도 확장할 수 있기를, 나아가 미래를 향한 교육의 새로운 지평들을 여는 데 조금이나마 기여할 수 있기를 저자들은 진심으로 소망한다.

2020년 5월
저자 일동

한나 아렌트의 생애와 저작

한나 아렌트(Hannah Arendt)는 1906년 10월 14일 독일 하노버의 유대인 가정에서 태어나 쾨니히스베르크에서 유년시절을 보냈다. 아버지 파울 아렌트(Paul Arendt)는 공학을 전공하긴 했으나 그의 서재에는 오히려 그리스와 라틴 고전들이 가득했으며, 어머니 마르타 아렌트(Martha Arendt)는 정규 학교교육을 받지는 않았으나 해외에서 프랑스어와 음악을 공부한 이력의 소유자였다. 아렌트는 어린 시절 주로 아버지 서재의 책들을 열정적으로 읽으며 성장했다. 아렌트 부모는 독일 사회에 동화된 중산계층으로서 아렌트를 교육할 때 특별히 유대인이나 유대종교에 대해 강조하지는 않았다. 그렇다 하더라도 아렌트의 어머니는 "사람은 자기 자신을 방어할 줄 알아야 한다"면서 혹시라도 그녀가 학교에서 반유대주의적 발언을 듣게 되면 바로 집으로 돌아오라고 당부했다. 어머니의 이와 같은 가르침과 보호 아래, 아렌트는 자신이 유대인이라는 이유로 큰 어려움을 겪은 적은 없었으며, 인종적 편견 없이 생활할 수 있었다고 고백했다. 1차 세계대전이 발발하여 거처를 옮기기 전까지 아렌트와 가족들은 평안한 시간을 보냈다. 그러나 전쟁이 일어나고 집을 떠나 생활하면서 아렌트는 백일해, 풍진, 중이염, 인후염 등 건강상 어려움들을 겪어야 했다. 그리고 청소년기에 접어들어 아렌트가(家)의 여느 구성원들과 마찬가지로 그녀 역시 의지가 곧고, 지적이며, 독립적인 여성이 되어 갔다.

아렌트가 대학에 다녔을 무렵인 1924년부터 1929년까지 독일의 대학은 철학의 두 흐름에 영향을 받고 있었다. 한쪽은 유물론, 경험주의와 실증주의, 그리고 심리과학주의였으며, 다른 한쪽은 신칸트주의였다. 아울러 다양한 학파 안에서 절대적 가치와 체계적이고 확실한 철학으로의 회귀에 대한 열망이 커져 가면서 헤겔에 대한 향수가 짙어져 갔던 시기이기도 했다. 그러나 아렌트는 관념적인 전통철학의 정체성에 회의를 품고 저항의 길을 택하였다. 그리고 이를 연구하기 위해 후설(Edmund Husserl)의 현상학에 주의를 기울이던 중 당시 새로운 방향으로 현상학을 재정립했던 하이데거(Martin Heidegger)를 찾아가게 된다. 아렌트는 마르부르크 대학에서 하이데거가 『존재와 시간』을 집필했을 무렵 그의 지도 아래 아우구스티누스(Aurelius Augustinus)에 대한 박사학위논문을 준비하고 있었다. 이 시기 아렌트는 하이데거와 사제관계뿐 아니라 연인의 관계도 맺고 있었다. 하이데거는 이미 다른 여인과 혼인 관계에 있었지만, 자신의 혼인관계와 아렌트와의 연인관계를 병행하는 모습을 보였다. 아렌트는 하이데거의 가정에 대한 의무와 책임감을 존중하면서 자신의 사랑과 헌신이 지닌 취약성을 인정해야만 했다.

1933년 히틀러(Adolf Hitler)가 독일 총통이 되고, 마르부르크 대학에 반유대주의의 광풍이 몰아치면서 아렌트는 하이데거를 떠나 잠시 프라이부르크 대학의 후설에게 수학한 뒤 하이델베르크의 야스퍼스(Karl Jaspers)에게 박사학위논문의 지도를 받게 된다. 하이데거와 후설 그리고 야스퍼스라는 당대의 거장들의 가르침을 경험하였던 일련의 과정을 통해 아렌트는 세계를 관찰하고 이해하고 사유하는 자신만의 관점을 점차 형성해 나갔다. 주목할 만한 점은, "죽음을 향한 존재"(Sein zum Tode)로 인간을 규정한 스승 하이데거와는 달리 "탄생성"(Natalität · natality)이라는 새로운 관점을 제안함으로써 인간과 세계의 본질을 이해하는 새로운 차원을 열었다는 사실이다. 이를 통해 아렌트는 플라톤 이래 서구 철학의 중심 테제로 다루어졌던 죽음과 사멸성의 확고부동한 위치를 전복시켰다. 그녀는 자신의 박사학위논문인 『아우구스티누스의 사랑 개념』(1929)에서 "탄생성" 개념을 소개하였고, 이후 자신의 저서 전반에 걸쳐 인간의 실존적 조건으로서의 "탄생성"을 구체화해 나간다.

아렌트 사유의 정점은 "탄생성"이다. 그리고 이것은 아렌트 자신이 지니고 있었던 유대인 문제에 대해 스스로 답을 찾고 있는 것이기도 했다. 아렌트는 아우구스티누스의 탄생 개념은 물론 그것을 기반으로 한 "세계사랑"의 정신이 유대인 문제의 출구가 될 수 있음을 자각하고 있었던 것으로 보인다. 나치당의 영향력이 커지면서 반유대주의가 유럽을 휩쓸고 있을 때 아렌트는 인간의 탄생성이 세계사랑을 실현해 내기 위한 가장 실존적인 문제일 수 있음을 몸소 경험하였다. 유대인에 대한 탄압이 심해지자, 아렌트는 독일을 벗어났다. 이후 그녀는 프랑스에서 유대 시온주의자들과 합류하여 반유대주의 정책에 반대하며 유대난민 기구를 위해 일하던 중 귀르 수용소에 강제 구금되었고, 가까스로 탈출하여 1941년 5월 미국에 도착했다. 아렌트는 뉴욕에서 끊임없이 유대인 정치, 팔레스타인의 유대인 조국, 나치의 집단 학살을 경험했던 유대 민족 등에 대한 글들을 발표했다. 그러나 당시 어떤 정치단체도 이 문제에 대해 크게 관심을 기울이지 않았다. 아렌트가 미국 사회에서 주목받기 시작한 것은 그녀의 주요 저작인 『전체주의의 기원』(1951)을 출간했을 때였다. 이 저서로 자신의 이름을 학계에 알리면서 같은 해에 아렌트는 비로소 18년간의 무국적자로서의 삶을 청산하기에 이른다.

'파리아'(pariah)로 살았던 아렌트의 일상이 구체적으로 어떠하였는지를 우리가 속속들이 알 수는 없다. 다만 적어도 아렌트가 자신의 저작을 통해 행위하는 삶과 정치의 중요성에 대해 강조했던 바를 상기해 보면 미국시민권이 그녀에게 얼마나 중요했을지를 짐작해 볼 수는 있다. 아렌트에게 그것은 자신이 무엇보다 중시했던 공화국에서 자신의 권리와 시민으로서의 역할을 할 수 있도록 해 주는 것이었기 때문이다. 물론 그렇다고 아렌트가 자신의 개인적·학문적 삶의 근간이었던 유럽의 문화나 독일어에 대한 사랑을 내려놓은 것은 아니었다. 아렌트의 모국어는 독일어였으며, 독일어는 여전히 그녀의 일차적 사유언어였다. 이런 이유로 그녀가 미국에 망명한 후 영어로 작성한 많은 저작들 - 『전체주의의 기원』(1951), 『인간의 조건』(1958), 『과거와 미래 사이』(1961), 『혁명론』(1963), 『예루살렘의 아이히만』(1963) 등 - 은 언어적 표현상의 제약과 어색함으로 인하여 종종 오해와 비판의 대상이 되기도 하였다.

그때마다 아렌트의 학문적 동지였던 맥카시(Mary McCarthy)는 아렌트가 자신의 모국어를 잃지 않으면서도 새로운 언어로 자신의 생각을 표현할 수 있도록 도와주었다. 맥카시는 아렌트가 아이히만 재판을 참관하고 쓴『예루살렘의 아이히만』을 통해 얻은 명성과 칭찬, 그리고 비난과 비방 속에서도 그녀 자신의 의식적인 기질과 순수성을 간직하며 정치이론가로서 성찰하는 삶을 이어갈 수 있도록 독려해 주었다. 뉴욕의 The New School에서 강의하였던 1967년부터 1975년이라는 기간 동안 아렌트가 행했던 강의는 꾸준히 학계의 이목을 집중시켰으며, 아울러 그녀가 발표했던 저서와 기고문들은 언제나 첨예한 논쟁의 중심에 자리하였다.

1970년, 남편 블뤼허(Heinrich Blücher)가 한나 아렌트의 곁을 떠난 후 이제 그녀는 온전히 홀로 되었음을 느꼈다. 이 무렵 아렌트는『인간의 조건』에서 강조했던 활동적 삶과 행위하는 인간의 의미에 대해 그리고 그것이 지닌 난점을 보완하기 위해 "사유, 의지, 판단"으로 구성된『정신적 삶』의 집필을 구상하고 있었다. 이제 그녀는『정신적 삶』속에서 악의 근원적이고 일상적인 양상이 어떻게 작동되는지 그리고 그 의미는 무엇인지를 알아내기 위해 그 어느 때보다 분주하게, 그리고 역동적으로 오직 자기 자신과 함께 하는 삶을 고수하였다. 아렌트에게 그것은 자신의 마지막 과업이 될지도 모를『정신적 삶』의 제3부를 완성하기 위해서라도 반드시 수행해 내어야 하는 일이었다. 아렌트의 마지막 해에, 그녀는 "사유"와 "의지"를 완성하고, 이제 "판단" 작업만을 남겨두고 있었다. 1975년 12월 4일 아렌트는 "판단"에 관한 자료를 모아 놓고 타자기 앞에 앉아 "판단"이라는 두 글자를 작성한 뒤, 친구들과 마지막 원고에 대한 이야기를 나누면서 잠시 쉬겠다며 거실 의자에 몸을 뉘었다. 그리고 그녀는 의식을 잃었다. 아렌트의 책상 위에 남겨진 마지막 원고의 두 글자는 아렌트가 자신의 만년을 표현하기 위해 자주 인용했던 카토의 말처럼 "긴 여행을 마치고 항구에 서 있는 기분으로 마치 대륙의 모습을 포착하듯이" 그렇게 아렌트의 생을 굽어보고 있었다.

| 일러두기 |

▶ 이 책에 수록된 논문들의 출처는 각 장의 제목에 각주로 표기하였다. 책으로 묶는 과정에서 필요에 따라 부분적 수정이 가해졌음을 일러둔다.

▶ 아렌트가 사용한 용어를 한국어로 번역할 때 한 가지로 합의하기 어려운 지점들이 있다. 이 책의 중심 개념으로 다뤄지고 있는 plurality/Pluralität(복수성, 다수성, 다원성)과 work/Herstellen(작업, 제작, 생산)의 경우에도 아렌트 연구자들 사이에 이견이 공존하고 있는 실정이다. 이 책의 저자들 역시 위와 같은 이견의 상황을 공유하고 있기에, 이 책에서 위 번역어의 채택이 필요할 경우 저자들 각각의 견해를 반영하여 집필하기로 결정하였다. 그리고 독자들의 이해를 돕기 위해 필요하다고 판단될 경우, 해당 번역어의 채택과 관련해서 부연설명을 적어 두었다.

▶ 번역본을 인용할 경우 그 출처를 <원저자, 년도: 쪽수/번역자, 년도: 쪽수> 또는 <원저자, 년도/번역자, 년도: 쪽수>로 표기하였다. 외국어 자료의 인용 시 별도의 표기가 없는 경우, 필자의 번역이다.

▶ 인용문의 [　] 속 문구는 독자들의 이해를 돕기 위해 필자가 삽입한 것이다.

| 목차 |

제1부

탄생성과 교육

1장

"교육의 위기"와 탄생성*

I. 정치와 교육에 대한 새로운 접근의 필요성

한나 아렌트(Hannah Arendt, 1906-1975)는 "인간은 사회적 동물이다"라는 아리스토텔레스의 명제에 반론을 제기하며 "인간은 정치적 존재이다"라는 주장으로 '정치'를 인간 삶의 실존적 차원으로 해석하여 정치와 철학에 대한 새로운 인식과 관점을 제시하였다. 아렌트에게 정치란 이 세상에 태어난 다양한 사람들이 말(doxa, 의견)1과 '행위'(praxis)를 통해 자신을 드러내는 삶의 기본적인 활동이다. 이러한 말과 행위의 표현은 인간의 자유를 전제로 한다. 아렌트의 정치 개념이 흔한 의미로 정치판에서 이루어지는 일련의 활동이 아닌 것처럼 그녀의 자유 개념 또한 한 개인의 고립된 주관성만을 의미하지 않는다. 아렌트의 자유 개념은 공동체적 성격2을 지니고

---

* [출처] 조나영(2013). 한나 아렌트의 "교육의 위기"를 통해서 본 '탄생성' 교육의 의미. 『인문과학연구논총』 34(1), 331-364.
1 "그리스어 도크사(doxa)는 철학계에서는 종종 '억견'(臆見), 즉 '억지 주장'으로 번역된다. 정치공간은 사람들이 자기에게 보이는 것(dokei moi), 즉 도크사를 표현하고 설득을 통해 다른 사람의 동의를 얻어 함께 살아가는 공동생활의 장이다. … 정치활동의 특성은 인간의 복수성을 인정하고, 한 공동체에 속한 다양한 개인들이 서로 자신의 생각을 표현하고 소통하면서 스스로 공동체의 원리를 발견하고 꾸려 나가는 데 있다. 이를 위해서는 자유로운 공적 공간, 즉 정치 영역이 필요하고, 또 개인이 여기에 참여하여 자신을 표출할 자유가 필요하다."(Arendt, 2005/김선욱, 2011: 18)

있다. 아렌트는 개개인들이 자유로운 활동을 통해 자신의 독특함과 차이를 포기하지 않은 채 서로의 낯섦을 인정하고, 이해하며, 존중하는 정치공동체를 꿈꾸었다. 아렌트의 자유개념은 개인의 무제한적 자율권이 아니라 인간다운 삶을 가능하게 하는 정치공동체를 위해 서로의 다름을 밝히고, 형성하고 보존하는 책임 있는 행위라는 의미를 내포하고 있다. 곧 정치란 '자유'를 전제로 한 인간의 말과 '행위'를 통해 '다름'의 공동체를 형성하기 위한 인간 삶의 가장 기본적인 활동이라고 하겠다.

아렌트의 이러한 정치철학은 인간의 다양한 욕구와 가치들로 사회와 문화의 분화과정이 가속화되고 있는 세계 속에서 정치가 "인간적 삶을 가능하게 만드는 데 필수불가결한 조건"(김선욱, 2006: 36)임을 확인하게 해 준다. "정치로부터 자유로운 인간은 없다"(정여울, 2010: 244)고 한다. 인간은 매 순간 진리와 의미, 과거와 미래, 전통과 현재, 권위와 탈권위, 통제와 자율, 자아와 타자, 개인과 집단, 동일성과 다양성, 보존과 개발 등의 사이에서 어떠한 권리를 지키고 어떠한 가치를 추구할 것인가에 대해 갈등하고, 사유하며, 결정하고, 행위한다. 문제는 '우리가 지니고 있는 서로 다른 권리와 가치의 내용들을 공존하게 할 수 있는가' 하는 점이다. '다름'을 인정하기 위해 '개인의 자유와 차이성을 어떻게 확보할 수 있는가' 하는 물음은 공동체를 위한 동일성과 공동선을 존중하는 사회속에서 좀처럼 그 가능한 답을 찾기 어려워 보이기 때문이다.

이와 같은 "끼어있음의 딜레마적 상황"(이은선, 2003a: 140)들은 교육에 있어서도 분명하게 제기된다. 진보적 자유주의를 표방하는 교육은 일반적으로 개개인의 자유와 권리를 인정하고 자율적인 인간으로의 성장을 목적으로 한다. 또한 절대적이며 보편적인 정의나 권리에 대해 단언하지 않음으로써 "학생들로 하여금 자신의 목적을 선택하고 그것을 효율적으로 추구할 수 있도록 하며, 합리성을 개발하여 자신의 권리와 책임이 무엇인지

---

2 "아렌트는 진정한 자유는 공동체와 공공의 배치물을 확립할 역사적 가능성으로부터 벗어날 수 없다고 주장한다. … 아렌트가 방어하는 자유는 정치 공동체의 자유이지 공동체에 대립하는 개인의 자유는 아닌 것이다."(Hansen, 1993/김인순, 2008: 112-113)

를 인식하고 자기 삶의 양식들에 대하여 분별력 있는 관점을 터득"(심성보, 1994: 227)할 수 있도록 준비시킨다. 반면, 공동체의 동일성과 공적인 것을 존중하는 사회와 교육자들은 본질주의의 보수적 입장의 교육을 주장한다. 대부분의 보수주의적 교육론자들은 다음 세대에게 가치 있는 전통의 내용을 전달하고 기초적인 도덕적 가치를 가르쳐야 함을 강조한다. 에드워드 윈(Edward Wynne)과 같은 보수주의적 교육론자들은 학교의 주된 임무는 위대한 전통의 도덕적 가치를 전달하는 것이라고 보았다(Gordon, 1999: 161 참고). 여기서의 교육은 학생들이 사회의 근원적이고 본질적인 가치와 태도를 수용하고, 타인의 욕구와 권리, 공동의 요구와 사회의 연대를 존중함으로써 공동체적 삶의 질서를 체득할 수 있도록 도와주는 일인 것이다.

아렌트 역시 교육과 관련해서 "자유의 문제가 근대에 와서 너무 주관성의 문제가 되었다고 비판하면서 자칫 주관성만 남게 되는 위험"(이은선, 2001: 196)에 처하게 된 상황을 우려한다. 많은 학자들이 아렌트의 교육관을 보수적이라고 평가하는 이유가 여기에 있다. 즉, 아렌트에게 있어서 교육은 과거와 전통을 보존하고 이를 다음 세대에게 전달하는 일을 전제로 한다는 점에서 한 인간의 자유로운 성장보다는 기존 사회의 공동체적 가치를 우위에 두고 있는 것처럼 여겨지기 때문이다. 그러나 아렌트의 교육은 단순히 과거와 전통을 보존하는 것에만 국한되지 않는다. 그녀는 "교육은 인간사회의 가장 기초적이고 불가피한 활동 가운데 하나이고, 결코 있는 그대로 존속하는 것이 아니라 새로운 성원들이 사회에 영입되면서, 즉 탄생(natality)을 통해 지속적으로 되풀이"(Arendt, 1961/서유경, 2009: 249-250)되는 활동으로 보고 있다. 이전 세대가 다음 세대를 위해 보존하고 전달해야 하는 과거와 전통 역시 고정된 것이 아니라 새로 이 세상에 온 자의 새로움으로 인해 변화될 수 있는 것이다. 이에 아렌트에게 교육은 자기 안에 '새로움'을 간직하고 새롭게 탄생한 아이에게 과거와 전통을 제대로 전달함으로써 아이가 자신의 새로움을 세상에 잘 펼칠 수 있도록 배려하고 세상에 이 새로움을 소개하여 세상으로 하여금 다시 한번 변화를 경험할 수 있는 기회를 가질 수 있도록 하는 일이다.

그렇기 때문에 아렌트는 교육이 다음 세대가 이전 세대에게 새로움을 전달하며, 이전 세대가 다음 세대에게 전통을 전달하는 일로써 "교육이 같은 세대의 일이 아니라 기성세대와 자라나는 세대 사이의 관계3라는 것을 뚜렷이 강조한다."(이은선, 2003a: 144) 이 지점에서 교육에서의 권위 문제를 새롭게 고찰해야 할 필요성이 제기된다. 종래의 교육은 기존 세대와 자라나는 세대 중 누구에게 권한을 더 부여할 것인가에 따라 교육을 보수주의 혹은 진보 자유주의로 나누어 대립각을 세워 왔기 때문이다. 그렇다면 우리는 참된 교육을 위해 어떤 입장을 취해야 하는 것일까? 문제는 어떤 입장을 반드시 취해야 한다는 데 있는 듯하다. 중요한 것은 현 교육의 불필요한 대립을 해소하여 앞으로의 교육에 발전적인 대안을 마련하는 것이다. 우리 시대에 요청되는 교육은 다원화된 삶과 정치의 중요성에 대해 전술했듯이 다양한 가치들과 관점들에 대한 딜레마적 상황과 갈등들을 비판적으로 사고하고 판단하며, 타인의 인격을 존중하고 공동체적 삶을 지향하는 방향으로 "자신을 드러내어 구별지을 수 있는 능력뿐만 아니라 공동의 세계를 형성할 책임을 길러주는 방향"(박혁, 2009b: 90)으로 전개되어야 한다는 것이다.

본고는 이러한 교육의 시대적 요청에 보수주의와 진보적 자유주의에 대한 아렌트적 접근이 새로운 대안으로 제시될 수 있다는 가정에서 출발한다. 즉, 어떻게 과거와 전통을 보존하여 다음 세대에게 전달할 것이며, 그 가운데 어떻게 새로온 자들의 새로움을 보호하고 발현할 수 있도록 도울 수 있을 것인가? 이 질문에 대해 아렌트는 그녀의 유일한 교육에세이 "교육의 위기"(The Crisis in Education)에서 그 답을 찾고자 했다. 이러한 측면에서 본고는 한나 아렌트의 교육관을 직접적으로 확인할 수 있는 "교육의 위기"를 고찰함으로써 교육적 권위의 의미를 되새기고, 이를 바탕으로 향후 우리 교육에 있어서 교사와 학생 간의 관계, 교사의 역할과 책무성 등

---

3 한나 아렌트는 진정으로 세상에 대해 책임을 지며, 자라나는 세대들에게 이 세상에 대해 소개해야 하는 교육자의 역할과 권위의 문제를 제기한다. 기성세대와 자라나는 세대 사이에서 이루어지는 교육은 그 안에 교육적 권위의 문제를 내포한다고 할 수 있다.

을 위한 대안적이며 실천적인 사항들을 구체화하고자 한다.

II. 아렌트의 교육 비판 - "교육의 위기"

　한나 아렌트는 "교육의 위기"를 통해 20세기를 풍미하던 진보주의 교육
관을 자못 오해하여 벌어지고 있는 극단적인 아동중심의 교육 형태에 우려
를 표하면서 교육적 권위의 회복을 주장하였다. "교육의 위기"는 한나 아
렌트의 저서인 『과거와 미래 사이』(1961)에 수록되어 있으며 그녀가 교육
에 관하여 직접적으로 언급한 유일한 글로 평가받고 있다. 이 글에서 아렌
트는 교육을 위태롭게 하는 세 가지 가정으로 아이들에게 허락된 과도한
자유와 아이들만의 자율적인 세계의 허용, 교사 전문성과 권위의 상실, 진
지한 배움의 부재와 기술적 학습의 강조를 제시하였다. 이러한 아렌트의
비판은 그녀가 교육의 보수주의적 관점을 지향하고 있음을 말해 준다. 교
육의 장에서 보수주의와 자유주의의 문제는 교사의 권위 보호와 학생의 자
율권 보장에 대한 논의의 근간이 된다고 해도 과언이 아니다. 교사의 권위
를 어떻게 바라볼 것인가의 문제는 아동의 자율권을 얼마나 인정할 것인가
의 문제와 밀접하게 관련되어 있기 때문이다. 이에 보수주의와 자유주의는
서로 양립할 수 없는 것처럼 여겨진다. 이런 측면에서 진보적이며 혁신적
인 정치사상가로 알려져 있는 아렌트가 교육에 대해서는 보수주의를 표방
하고 있다는 사실은 역설적으로 여겨지기도 한다.[4] 아렌트의 이러한 모순
은 크게 두 가지 측면에서 이해할 수 있을 듯하다. 하나는 아렌트가 정치
와 교육을 서로 다른 차원에서 바라보고 있다는 점에서, 다른 하나는 기

---

4 정치사상가인 한나 아렌트는 정치와 교육이 분리되어야 함을 주장하면서 역시 아
　동교육과 성인교육도 구분하고 있다. 여기서의 교육은 아동교육을 의미한다. 아렌
　트는 아동교육의 목적을 아이들에게 어른들이 전통과 과거를 잘 전달하는 것이며,
　아이들을 세계에 소개하는 일, 아이들이 저희들의 독특함을 세계에 표현하도록 준
　비시키는 일이라고 보았다. 아렌트적 교육이란 전통과 과거를 보존하고 전달하면
　서 다른 측면에서는 새로움을 발현하도록 돕는 일이다. 그렇기 때문에 아렌트 관
　련 학자들은 이러한 아렌트의 교육관을 역설적이라고 평가하기도 한다.

존의 보수주의에 대해 수정적인 관점을 취한다는 점에서 그렇다. 본 장에서는 보수와 진보라는 대립각을 세우고 있는 우리 교육의 새로운 대안을 모색한다는 측면에서 아렌트의 "교육의 위기"를 우선적으로 이해하고자 한다.

1. 첫 번째 가정: 아이들만의 세계

일반적으로 교육은 교육의 주체가 학생이든, 교사든 학생과 교사에 의해 이루어지는 활동임에는 의심의 여지가 없다. 다만 학생과 교사 사이에서 이루어지는 교육에서 분명 배움의 주체와 가르침의 주체가 다를 수밖에 없다는 것이 아렌트의 첫 번째 가정이다. 아렌트는 아동5에게 너무나 많은 자유가 부여되었다는 점에 문제를 제기하고 있다. 아동에게 자신들 스스로를 관리하고 지시할 권한을 넘겨줌으로써 어른은 아이 앞에 무력하게 서 있게 되고 아이는 어른들의 세계로부터 벗어나 아이와 어른의 관계는 단절되고, 깨져 버린다. 어른들의 세계로부터 아이들이 사라졌다는 것은 무엇을 의미하는가? 아렌트는 그것을 아이들 간의 전제의 형태로 제시한다. 즉, 아이들이 어른들의 세계로부터 벗어났다는 것은 어른들의 권위로부터 아이들이 해방되거나 자유롭게 된 것을 의미하는 것이 아니라, 아이들은 저희들만의 제국에서 전제와 압력과 같은 영향력을 받게 된다는 것을 의미한다.

> "이 파멸적 조치들에 관해서는 우리에게 너무나도 친숙한 세 가지 기본 가정을 체계적으로 되짚어 보면 설명이 가능해진다. 첫째, 아이들에게는 가능한 한 그들이 관리하도록 남겨 둬야 하는 아이들만의 자율적인 세계와 사회가 있다. 어른들은 단지 그들의 [사회] 관리를 돕기 위해 거기 있는 것이다. 아이들 각자에게 무엇을 하고 무엇을 하지 말라고 지시하는 권위는 아이들의 집단 자체에 이양되어야 한다. – 그 결과 다른 무엇보다도 어른이 아이 앞에 무력하게 서 있고, 아이와의 접촉에서 벗어나게 되는 상황이 연출

---

5 한나 아렌트의 번역된 저서에는 아동이라는 표현이 등장하고 있다. 여기서는 교육적 권위에 중점을 두고 교사와 대응하여 학생, 아동, 아이라는 명칭을 인간 발달 단계의 구분 없이 교육의 대상을 지칭하는 말로 사용하였다.

된다. 어른은 아이가 원하는 것을 하라고 말할 수밖에 없고, 그렇게 해서 최악의 상황이 발생하는 것을 막는다. 모든 연령층이 세계 속에 동시에 함께 존재한다는 사실로부터 발생하는 아이와 어른의 현실적이고 정상적인 관계는 깨져버린다. … 그러므로 아이는 어른들의 권위로부터 해방되면서 자유로워진 것이 아니라, 한층 공포를 자아내며 사실상 전제적인 권위인 다수의 전제에 종속되었다. 어쨌든 결과는 아이들이 성인의 세계로부터 사라졌다는 것이다. 그들은 자기 자신에게 되돌려 보내진다. 아니면 집단의 수적 우월성 때문에 반항하지 못하고, 아이들이기 때문에 이성적으로 생각할 수 없으며, 성인의 세계가 그들에게 막혀 있기 때문에 다른 어떤 세계로도 도망갈 수 없으므로 자기 집단의 전제 아래로 넘겨진다. 이러한 압력에 대한 아이들의 반응은 순응주의나 청소년 비행(非行)이 되기 쉽고, 종종 이 두 가지가 혼합된 형태로 나타난다."(Arendt, 1961/서유경, 2009: 245-246)

아렌트가 우려하고 있는 아이들만의 세계에서 과연 교육은 가능할 것인가? 만약 교육이 가능할 수 있다고 한다면, 아이들만의 세계에서 교육이 지향해야 할 바는 무엇인가? 아렌트에게 그것은 가능하지 않을 뿐만 아니라 아이들만의 세계에서 교육은 정립될 수 없다. 왜냐하면 교육은 탄생을 통해 이 세계에 지속적으로 새로움이 소개되는 활동이기 때문이다. 이 세계에 새로움을 전달하기 위해서는 그 새로움을 보존하고 성장시켜 전달할 수 있도록 해주는 '힘'이 요구된다. 아렌트는 아이들이 이미 있는 세계에 새로 온 존재들이라고 말하고 있다. 아이들은 "낯선 세계에 들어 선 새로운 존재이며, 생성과정 속에 있고 한 사람의 새로운 인간이며 인간이 되어 가는 존재"(Arendt, 1961/서유경, 2009: 250)이다. 아렌트는 이러한 아이들에게는 그들이 "세계로부터 파괴적인 일을 당하지 않도록"(Arendt, 1961/서유경, 2009: 250), 그리고 자신들의 새로움이 파괴되지 않도록 어른들의 보호와 관심이 필요하다고 보았다. 여기서의 관심어린 보살핌은 새로움을 보존하고 성장시켜 전달할 수 있도록 해주는 '힘'으로서 권위의 형태를 띠게 된다. 어른들은 아이들의 새로움, 즉 아렌트 입장에서 교육을 통해 지향하는 바로서의 그 새로움을 보살피고 발달하도록 도와 이 세계에 소개할 수 있어야 할 것이다. 교사의 권위6는 바로 이 지점에서 발휘될 수 있을 것이다.

아이는 분명 어른과 다르다. 아렌트는 "나이의 많고 적음, 재능 있는 자와 없는 자, 아이와 어른, 특히 학생과 교사 사이의 차이를 가능한 한 동등화거나 없애려는 자체의 노력"(Arendt, 1961/서유경, 2009: 245)이 교사의 권위를 무너뜨리면서 교육의 위기를 심화시키는 하나의 요소라고 지적했다. 교사와 학생은 분명 여러 가지 면에서 동등하지 않다. 또한 "교사와 학생 사이에는 지적 불평등이 존재하며, 특히 교육의 초기 단계에서는 학생의 지적 능력이 너무 미숙하여 설명 없이 지시가 이루어질 수 있다."(박지현·강충열, 2011: 91) 이는 교육이 언제나 권위를 전제로 하고 있음을 보여준다 할 것이다. 다만 교사의 권위가 교사 자신의 지시, 명령 그리고 충고 등과 같은 비권위적 영향력을 받아들이도록 강요하는 상황이 많아질수록 그 교육은 실패할 가능성이 높다. 그렇기 때문에 교사의 교육적 권위는 아이들이 저희들만의 제국에 남아있지 않도록 어른들의 세계에 자신들의 새로움을 가지고 나올 수 있도록 이끌어 줄 수 있는 '힘'을 바탕으로 해야 할 것이다.

2. 두 번째 가정: 교육자의 비전문성

두 번째 가정은 교사들의 교수법에 관한 것이다. 교수법은 가르치는 기술에 관한 것으로 교육방법적인 측면에서 그 의미를 되새겨야 함을 강조하는 듯하지만 아렌트의 글 "교육의 위기"에 제시된 내용을 고찰하면 그것은 교사가 가르쳐야 하는 교육의 내용과 좀 더 연결되어 있음을 알 수 있다. 그리고 그것은 교사가 가르치는 기술에만 집중한 나머지 자기 교과

---

6 한나 아렌트의 탄생성 개념에 입각한 교육 - 이 세계에 새로 온 존재로서 아이들을 바라보고, 이들의 새로움을 보호하고 전달하는 일 - 은 모순처럼 여겨진다. 세계에 아이들의 새로움을 전달하기 위해 아이들이 파괴적인 일을 당하지 않도록 보호하는 것 만큼 세계도 지속적으로 소개되는 새로움들로부터 파괴되지 않도록 기존의 세계가 유지되도록 주의를 기울여야 하기 때문이다. 이런 탄생성의 역설은 세계의 차원을 함께 다룬다는 전제하에 이루어지는 개념으로 인식해야 한다. 다만 여기서는 아이들이 지니고 태어나는 새로움의 관점에서만 탄생성을 바라보고 이를 근거로 아이들의 새로움을 보호하고 전달해 줄 수 있는 사람으로서 교육자의 권위가 필요하다는 점을 강조하고자 하였다.

에 대한 전문성이 미흡함에 대한 비판이다. 즉, 아렌트는 교사가 가르치는 과목의 지식수준이 수업보다 단지 한 시간 정도에 앞서는 것일 뿐이라며 교사의 전문성이 떨어질수록 교사에 대한 권위가 낮아질 수밖에 없다고 했다. 아렌트가 바라보고 있는 교사의 전문성이란 무엇인가? 아렌트는 교수법에만 천착하여 자신이 담당하고 있는 교과에 대한 지식에 능통하지 않는 교사들을 비판한다. 아렌트가 강조하는 것은 교사들의 지적 전문성에서 비롯된 교육적 권위의 회복인지도 모른다. 그렇다면 아렌트가 의미하는 교육적 권위의 회복을 위한 지적 전문성은 무엇인가? 그렇다면 교사의 전문성과 그들의 권위는 지적 능력에 좌우되는 것인가? 교사의 전문가적 권위는 학생들에게 단순히 정보를 전달하고 지식을 효율적으로 주입시키는 것에 국한되지 않는다.

> "현재 교육위기의 원인으로 지목된 두 번째 기본 가정은 교수법과 관련이 있다. … 교사는 단순히 무엇인가를 가르치는 사람이라고 생각되고 있다. 교직 훈련의 목적은 교수법에 있지 특정 과목의 통달에 있지 않다. 우리가 현재 목격하는 이러한 태도는 자연히 학습법에 관한 기본 가정과 긴밀한 관계를 맺고 있다. 더욱이 이러한 태도는 최근 몇 십년간 교사들이 자신의 전공과목과 관련된 훈련과정을 심각하게 무시하는 결과를 초래했는데, 특히 공립학교의 경우가 그러했다. 자신이 가르치는 과목을 알 필요가 없기 때문에 교사들의 지식수준이 자신의 수업보다 단지 한 시간 정도 앞서는 예가 흔치 않게 되었다. 이것은 사실상 학생들이 스스로 알아서 공부하도록 남겨진다는 의미일 뿐만 아니라, 교사가 [학생들보다] 더 많이 알고 더 많은 일을 할 수 있는 사람으로서 갖는 권위의 가장 정당한 원천이 더 이상 효과적이지 않다는 의미이다. 그러므로 자신의 권위에 의지할 수 있기 때문에 모든 강제적인 방식의 동원을 원하지 않는 비권위주의적인 교사는 더 이상 존재할 수 없게 되었다."(Arendt, 1961/서유경, 2009: 246)

위 인용문에서도 언급했듯이 아렌트는 학생들이 스스로 알아서 공부하도록 남겨질 수밖에 없는 정도의 교사들의 비전문성과 학생들보다 더 많이 알고 더 많은 일을 할 수 없게 된 교사들의 비권위적 모습을 통해 교사들의 역할과 책임을 강조하고자 하였던 것이다. 첫 번째 가정을 통해 교육은 아이들에게 기존 세계의 전통을 전달하면서 동시에 아이들의 새로움을 보호하고 성장시켜 이 세계에 소개하는 일이라는 점을 확인하였다. 이때 교사는 아이들의 새로움을 돌보고 그 가능성을 발달시켜 세계에 소개해야 할 책임을 가진다. 즉, 교육은 "구세대(과거와 전통)와 새로움(변화와 창조성)을 매개할 수 있어야 한다."(Gordon, 2001: 47) 그런 점에서 교사는 중간자적 역할7을 해야 하는 존재이다. 따라서 아렌트는 교사의 지적 우수성에만 국한해서 그들의 권위 회복을 위한 대안을 제시하지는 않았을 것이다. 기존 세대와 다음 세대의 중간자로서 교사는 학생들의 배움에 직접적으로 참여함으로써 아이들이 그들의 새로움을 어떻게 창조적이고 혁명적으로 표출해 낼 수 있도록 할 것인가에 열중해야 할 것이다. 이는 과거와 전통을 제대로 소개하기 위해서 교사는 자신의 과목에 대한 지식수준을 높이는 일을 기술적 차원이 아닌 교육과 교직에 대한 열정을 기반으로 힘써야 함을 의미한다.

"교사가 교과에 갖는 열정이 전달되는 순간 학생들은 그것을 추구하는 일에 몰입하고 또한 그 활동을 계속하게 될 것으로 확신한다. 교사가 교과에 대한 정열과 고귀한 정신을 다룬다는 진지한 자세는 존경과 사랑을 불러일으킨다."(박지현·강충열, 2011: 94) 자기 과목에 통달하고자 노력하는 교사, 아이들에게 책임을 다하고자 열정을 잃지 않는 교사, 끊임없이 변화하고자 하는 교사에게 비로소 권위는 발생한다. 여기서의 교육적 권위는 강제에 의한 것이 아닌 아이의 자발적인 '마음의 복종'을 의미한다.(최관경, 2009: 12참고) 사람의 마음을 움직이는 이러한 교육적 권위는 아렌트가 주장했던 '세계에 대한 책임'으로서 아이들, 즉 젊은 세대들의 가능성에 반대되는 과거와 전통의 위대함을 보존하는 것뿐만 아니라(Gordon, 2001: 59), 세대를 통해 전해 내려오는 안정된 공간 속에 젊은 세대들의 새로움

---

7 보수주의 교육자인 윈(E. Wynne)과 블룸(A. Bloom)은 교사가 구세대와 신세대를 이어주는 중간자적 역할을 해야 한다고 주장하고 있으며, 특히 윈의 경우에는 이런 중간자적 역할을 제대로 수행하기 위해 교사는 과거와 전통에 대한 단절을 암시하기 위해 감각적일 필요가 있음을 주장하였다.(Gordon, 2001: 47참고)

을 발현할 수 있도록 구세대와 신세대를 이어주어야 하는 교사들에게 더욱 요구되는 덕목인지도 모른다. 특히 오늘날과 같이 과거와 전통을 변화와 성장 그리고 발전에 대한 반대 개념으로 인식하고 진부한 것으로 치부하는 풍토 속에서는 교사에 대한 자발적 복종이 더 큰 의미를 지닌다고 하겠다. 이러한 이유에서 아렌트가 지적한 자기 과목에의 통달을 통해 이끌어지는 교사의 전문성은 아이들에게 어떻게 정보를 주입시키느냐에 대한 것이 아니라 아이들의 마음에 어떻게 '감동'을 자아내도록 하느냐와 관련된다고 해도 지나치지 않을 것이다.

3. 세 번째 가정: 진지한 교육의 부재

한나 아렌트는 교육의 위기를 가능하게 하는 것으로 교육의 기술적 측면의 강조, 진지한 교육의 부재를 세 번째 가정으로 제시하고 있다. 한나 아렌트가 프래그머티즘 사상에 근거한 교육을 정확하게 이해하고 있지 않다 하더라도[8] 그녀가 "학습을 실천으로 대체했다"(Arendt, 1961/서유경, 2009: 247)고 지적한 바는 경험 중심의 교육에 아렌트가 회의를 느꼈음을 짐작하게 해 준다. 아렌트는 우리가 경험한 것만을 알고자 하는 데 집중함으로써 교사는 학생들에게 지식을 가르치기보다는 학습하는 기술을 연마하도록 하는 데 힘씀으로써 이로써 배움의 기관이 직업 기관이 되게 하였다고 비판하고 있다. '배움'을 '기술'로 대체시켰다는 아렌트의 주장은 기초지식의 습득과 그것에 기반한 진지한 사유활동이 제대로 이루어지지 못하고 있는 교육 현실에 대한 불만을 담고 있다. 그런 만큼 아렌트는 학생들이

---

8 *Hannah Arendt and Education*에 수록된 "Contesting Utopianism: Hannah Arendt and the Tensions of Democratic Education"의 저자인 슈츠(A. Schutz)는 존 듀이의 교육이론이 공상적 이상주의라고 비판하면서 한나 아렌트의 '공적인 것'이 갖는 의미가 듀이에 비해 좀 더 확실한 민주주의 교육의 대안을 제시해 준다고 주장하고 있다.(Gordon, 2001: 93-98참고) 슈츠의 이러한 논의 역시 한나 아렌트의 "교육의 위기"에 제시된 가정들 특히 세 번째 가정에서 직접적으로 언급하고 있는 실용주의 교육(아렌트는 프래그머티즘 교육을 단순히 실용 교육으로 치부하고 있는 것처럼 보이기도 한다)에 대한 비판을 잘못 이해하고 있는 것일 수 있다.

기술 습득 이전에 일반적인 표준교과의 내용을 익히는 일이 중요함을 역설하고 있다.9 아렌트의 주장대로라면 우리는 이 부분에서 왜 아이들에게 표준교과과정의 일반적인 기초과목들을 습득하도록 해야 하는가 그리고 표준교과과정과 그에 속하는 기초과목들은 무엇이며, 그것들은 어떻게 선정되는가 하는 일련의 물음들을 지닐 수밖에 없다. 이러한 물음들에 대해 아렌트가 어떠한 답변을 내리고 있는지 우리는 쉽게 추정할 수 없다.10 그러나 기초과목, 표준교과과정의 중요성을 제시하면서 그녀가 분명하게 강조하고자 했던 바는 기본에 충실하게 임하는 자세와 배움에 임하는 진지한 태도의 부재, 그리고 아이들에게 공부와 놀이 사이의 구분을 모호하게 하는 일이 교육의 위기를 가져왔다는 것이다.

"[세 번째] 가정은 근대 세계가 수세기 동안 주장해 왔던 것으로, 그것의 체계적이고 개념적인 표현을 실용주의에서 발견했다. 이 기본 가정은 당신은 당신이 스스로 한 일만을 알 수 있고, 이해할 수 있다는 생각이다. 이것을 교육에 적용한 방식은 명백한 만큼이나 미개한 것이다. 학습을 가능한 한 실천으로 대체했기 때문이다. 교사가 자신의 교수과목을 통달하는 일에 아무런 중요성도 부여하지 않았던 이유는 그가 지속적인 학습활동을 수행하여 '죽은 지식'을 전달하지 않고 지식이 어떻게 생산되는지를 보여주도록 하기 위함이었다. [이것의] 의식적인 의도는 지식을 가르치는 것이 아니라 [학습] 기술을 배양하는 것이었지만, 결과적으로 학습기관이 직업기관으로 변해 버렸다. 이런 기관들은 아이들이 표준교과과정의 일반적인 기초과목들을 습득하도록 하지 못했던 반면에 자동차 운전법, 타자기 사용법 또는 그보다 훨씬 중요한 살아가는 '기술'인 타인과 어울리는 법, 인기를 얻는 법을 가르치는 데는 성공적이었다. 그러나 이러한 기술방식에는 결함이 있다. 왜냐하면 그것은 논점을 명확하게 하기 위해 명백히 과장하고 있을 뿐만 아니라, 이

---

9 스미스(S. Smith)는 "Education for Judgment: An Arendtian Oxymoron?"에서 의사들의 교육과 교사들의 교육을 예로 제시하면서 의사와 교사가 되기 위해서는 우선 실천을 위한 교육보다는 이론을 위한 교육이 선행되어야 함을 주장하고 있다. 그리고 이를 통해 아렌트의 관점에서 '사유'(thinking) 교육을 언급하였다.(Gordon, 2001: 76-77참고)

10 아렌트는 교육에 관한 생각을 제시한 유일한 에세이인 "교육의 위기"의 어느 부분에서도 이와 같은 점을 언급하지 않았기 때문이다.

과정에서 놀이와 공부 사이의 구분을 가능한 한 없애는 일 - 전자를 옹호하는 입장에서 - 에 특별한 중요성을 부여하고 있다는 사실을 고려하지 못하고 있기 때문이다."(Arendt, 1961/서유경, 2009: 247)

여기서 우리는 위 세 번째 가정이 주는 문제점을 통해 공부가 무엇이며, 놀이가 무엇인지에 대해 고민하지 않을 수 없게 된다. 우선, 적어도 아렌트에게 있어서 공부란 단순히 정보를 얻고 쓸모에 입각해 기계적으로 임하는 활동이 아니라 진지한 배움의 의미를 지닌다.11 배움 - 진정한 의미의 공부 - 은 기술일 수 없다. 배움은 관계를 통해 이루어진다.12 기계적이고 유희적인 교사와 아동의 관계는 진지한 교육을 가능하게 할 수 없다. 참된 배움을 가능하게 하는 진지함을 담고 있는 교육은 그 진지함 속에서 교육자의 권위가 발휘될 수 있도록 해 준다. 교육자가 피교육자를 위해 가르침과 배움에 깊은 성찰을 가지고 임할 때 피교육자인 아이들은 그 배움을 단순한 행위나 재미로 받아들이는 데 주저하게 될 것이다. 가르침과 배움에 대한 깊은 성찰은 아이들에게 기존 세계의 전통과 가치들을 올바르게 전달하는 기준이 된다. 교육자는 위 인용문에도 언급되었듯이 이러한 전통과 가치들을 위시한 삶의 기본이 되는 일반 기초과목들을 아이들에게 충실히 소개할 수 있어야 할 것이다. 여기서 아렌트는 진지함이 배

---

11 아렌트는 "교육의 위기"에서 다음과 같이 언급하고 있다. "현재 미국 교육의 위기는 이러한 기본 가정의 파괴성을 인식하고 교육체계 전체를 개혁하려는 절박한 시도, 즉 교육체계를 전면적으로 변혁하려는 시도로부터 초래된다. … 여기서 교육은 다시금 권위와 손을 잡는다. 교과시간에는 놀이가 금지되고, 다시 한번 진지한 학습이 진행된다."(Arendt, 1961/서유경, 2009: 248-249) 이는 아렌트가 교육의 위기를 극복하기 위해서는 진지한 배움이 전제되어야 한다고 말한 것을 뒷받침해 준다.

12 만남을 통한 관계 중심의 교육은 "현대인의 비극적 상황 속에서 잃어버린 인간의 본래적 모습을 인간과 인간 간의 참된 관계형성, 즉 '만남'(encounter)을 통해 회복하고자" 하는 부버의 철학에 근거를 두고 있다. 부버는 "오늘날 현대 문명 속의 인간관계가 한 인간이 다른 인간을 인격적인 주체인 '너'(Thou)로 보지 않고 도구적 존재·수단적 존재·사물적 존재인 '그것'(It)으로 보는 '나-그것'의 관계(I-It relation)로 타락하고 있다고 경고하면서 인간과 인간의 인격적 만남인 '나-너'의 관계(I-Thou relation) 회복을 역설하였다."(강선보, 2005: 12-13참고) 이런 의미에서 부버의 철학은 현대 교육의 본래적 기능을 회복하는 데 많은 시사점을 주고 있다.

제된 교육, 즉 처세적이며 기술적이기만 한 학습은 아이들만의 흥미와 관심에만 중점을 둔 놀이 중심의 학습으로 이어질 수 있음을 분명히 한다.

분명 아렌트는 교육에 있어서 공부와 놀이 사이에 경계를 지우고 있다. 전통적 교육 방식에 대한 비판으로써 진보적이며 혁신적인 대안으로 아동의 주체적이며 전인적인 성장을 위한다는 목적에서 주창되어 온 놀이 중심의 교육에 대하여 아렌트는 회의적인 태도를 드러내고 있다. 아렌트가볼 때 그동안 놀이의 의미는 과도하게 부풀려졌다. 오직 놀이만이 아이들의 세계 속에서 그들의 잠재력을 발현할 수 있는 유일한 형태로 이해되었으며, 놀이를 통해서만 아이들의 학습이 독창적으로 이루어지는 것으로 간주되어 왔다.(Arendt, 1961/서유경, 2009: 247참고) 아이 중심의 세계와 아이들의 흥미와 관심에만 중점을 둔 놀이 교육13은 아동도 교사도 교육에 대한 진지한 준비를 불가능하게 한다. 교육자는 이 세계를 대변하는 사람이며, 아이들에게 '좋은' 전통을 '제대로' 전달해야 할 책임과 의무가 있는 사람들이다. 교육자의 권위는 바로 이러한 가운데 높여질 수 있는 것이다. 진지하게 무엇이 문제인지를 간과하도록 하고 깨닫지 못하도록 하는 교육에 대하여 아렌트는 세 번째 가정을 통해서 그 심각성을 보여주고자 하였다.

III. '탄생성'(natality)과 교육

지금까지 "교육의 위기"에 제시된 가정들을 중심으로 정치사상가로서

---

13 아렌트는 아동의 흥미에만 입각한, 즉 놀이가 중심이 되는 교육이 진지한 교육의 부재를 가져왔다고 보고 있는 듯하다. 그러나 네덜란드의 역사학자이며 문화철학자인 요한 호이징하(J. Huizinga)의 놀이 개념에는 진지함이 배제되어 있지 않다. 그에게 놀이는 확고한 규칙 속에서 이루어지는 활동이다. 또한 놀이를 뜻하는 파이디아(Paidia)는 '어른이 어린이와 함께 있는' 상태, 즉 교육을 의미하는 '파이데이아'(Paideia)와 깊은 관련이 있다는 측면에서 아렌트가 생각하는 것처럼 놀이가 단순한 유희에 해당하는 것만이 아님을 확인하게 된다. 따라서 아렌트가 의미하는 놀이가 유머 중심의 단순한 행위로서 목적도 내용도 없는 한낱 '웃기는 것'에 불과한 의미 없는 표현인지 아닌지에 대한 논의가 추후 이루어져야 할 것으로 보인다.

아렌트가 교육에 대해 지니고 있는 관점들이 무엇인지를 간략히 살펴보았다. 아렌트는 전통교육학에 대한 저항으로 진행되어 왔던 아동과 교사에 대한 비판적이며, 개혁적이고 진보적인 교육에 대해 반대 입장을 취하면서 다시금 교육에서의 보수성을 강조하고 있는 것처럼 여겨진다. 그러나 아렌트의 보수주의는 아동의 새로움을 보호하고 기존 세계에 이를 발현시키고자 한다는 점에서 분명 기존의 전통교육학에서 보였던 보수주의와는 다른 측면들을 지니고 있다. 그리고 이러한 아렌트의 교육적 관점은 탄생성으로부터 시작된다고 할 수 있다. 한나 아렌트의 사상과 "교육의 위기" 전반에 나타난 교육의 핵심을 이루는 개념은 바로 '탄생성'이다. 이 탄생성은 기존의 전통철학에서 주로 다루었던 죽음의 문제에 대한 새로운 관점으로써 아렌트가 아우구스티누스(Aurelius Augustinus)의 개념을 발전시킨 것이다. 이 장에서는 이러한 탄생성 개념에 입각하여 교육에서의 아렌트적 보수주의가 전통교육학과 진보주의 교육학의 가교(架橋) 역할을 하는 데 어떠한 시사점을 줄 수 있을 것인지를 논의하고자 한다.

1. 제 1의 탄생14: 새로움의 보존과 발현을 위한 교육

아렌트는 인간 삶의 기본 조건으로서 탄생성을 제시하고 있다. 탄생성은 인간이라면 누구나 이 세상에 새롭게 태어난다는 사실과 관련이 있다. 새롭게 태어나는 인간은 자신만의 새로움을 간직한 채 이 세계에 온다. 태어남으로 인해 누구든 새롭게 시작하게 되는 것이다. 다만 이러한 새로운 시작은 '무'(無)에서 이루어지지 않는다. 즉, 인간의 탄생과 죽음에는 우리가 유한한 세계에 살 수밖에 없는 존재라는 의미 외에도 영원히 지속되는 누군가의 세계에 유한하게 존재한다는 사실도 포함되어 있다. 인간은 태

---

14 홍원표(2011)는 아렌트의 탄생성의 개념을 크게 '사실적 탄생, 정치적 탄생, 정신적 탄생'으로 구분하고 아렌트의 저작을 인용하여 각각의 탄생을 제 1의 탄생, 제 2의 탄생, 제 3의 탄생으로 명명하였다.(홍원표, 2011: 159) 본고는 아렌트의 주요 사상을 근간으로 하고 있는 홍원표(2011)의 이러한 구분에 따라 아렌트의 탄생성 교육의 의미를 재고하는 틀로 참고하고자 한다.

어남으로 해서 자신의 세계를 시작하게 된다. 나의 세계는 나의 탄생과 함께 시작한다. 그러나 이 나의 세계는 아무 것도 없는 상태에서 나타나는 것이 아닌 기존 세계에 더해지는 '새로움'과 같은 것이다. 그렇기 때문에 나의 탄생은 물론 누군가의 탄생은 이 세계에 더해지는 '새로움' 혹은 '또 다른 시작'의 의미일 뿐만 아니라 이 세계에 '늦게옴'(belatedness)을 뜻하는 역설적인 표현으로 이해될 수도 있다.(Levinson, 1997: 439-441참고)

"인간사의 영역인 세계를 그것의 정상적이고 '자연적' 황폐화로부터 구원하는 기적은 궁극적으로 다름 아닌 탄생성이다. 존재론적으로 이 탄생성에 인간의 행위능력이 뿌리박고 있다. 달리 말하면 기적은 새로운 인간의 탄생과 새로운 시작, 즉 인간이 탄생함으로써 할 수 있는 행위이다. 이 능력의 완전한 경험만이 인간사에 희망과 믿음을 부여할 수 있다. 그러나 고대 그리스는 인간 실존에 본질적인 두 특징인 믿음과 희망을 완전히 무시하고 '믿음'을 가지는 것을 매우 공동적이지 못한 덕으로 평가절하했으며 '희망'을 판도라 상자에 있는 악 중의 하나로 간주했다. 이 세계에서 믿음을 가질 수 있고 이 세계를 위한 희망을 가져도 된다는 사실에 대한 가장 웅장하면서도 간결한 표현은, 복음서가 그들의 '기쁜 소식'을 천명한 몇 마디 말에서 발견할 수 있다. "한 아이가 우리에게 태어났도다."(Arendt, 1958/이진우·태정호, 2002: 312)

교육은 이 '늦음' 안에서 아이들의 '새로움'을 어떻게 보호하고 발현시켜 줄 수 있을 것인가와 관련이 있다. 기존의 세계를 구성하고 있는 우리들에게 한 아이가 태어나서 안겨졌다. 이 아이는 이 세계를 새롭게 할 '무언가'를 생명과 함께 지니고 태어났다. 우리는 이 아이를 위해 무엇을 할 수 있을 것인가? 우리가 이 아이로부터 다음 세계를 위한 희망과 믿음을 가능하도록 하기 위해서는 어떻게 해야 할 것인가? 희망과 믿음은 미래와 관계한다. 이는 새로운 생명의 탄생은 다음 세계를 희망할 수 있는 가능성을 열어준다는 것을 의미한다. 따라서 여기서의 교육은 한 아이의 탄생에 책임지는 방향으로 이루어져야 할 것이다. 한 인간은 자기 탄생의 의미를 바로 알고 자신이 지닌 '새로움'이 세계를 변화시킬 수 있는 가능성이라는 사실을 자각할 수 있어야 할 것이다. 이를 위해서는 아렌트의 탄생성이 내포하고 있는 일차적 의미에 주목할 필요가 있다. 생명의 시작으로서의 제1의 탄생성은 인간은 태어남으로써 생명을 부여받게 된다는 것과 관련된다. 인간의 육체와 정신은 탄생을 통해 함께 깨어나게 된다. 태어난 인간은 생명을 통해 살아가게 되며, 살아가는 가운데 육체든 정신이든 어느 하나가 없으면 삶을 지속할 수 없게 된다. 그렇기 때문에 인간이 살아가는 데 있어서 생명은 무엇보다도 중요한 필수적인 조건이 된다.

교육은 탄생으로부터 부여받은 아이들의 생명을 보호하여 이것이 다음 세계를 지속하게 하는 바탕이 되도록 해야 할 것이다. 생명에 의한 우리의 육체와 정신은 한 인간이 자신의 삶을 이어 나갈 수 있도록 해 주는 토대이며 더 나아가 사회 그리고 한 나라의 전통과 문화가 세대에서 세대로 전해지도록 하기 위한 기반이며 전제가 된다. 그렇기 때문에 우리는 이 생명 탄생을 통해 얻어진 육체와 정신을 함부로 해서는 안 될 것이다. 탄생을 통해 얻어진 한 인간의 육체와 정신은 자기 자신에게만 귀속된 것이 아니다. 왜냐하면 인간은 스스로 태어나는 존재가 아니며, 태어나서 새롭게 무언가를 시작하게 될 때에도 그것은 이미 있는 세계에 새로움을 더하는 것이라는 점을 의미하기 때문이다. 정리하면 탄생의 의미는 인간이 생명을 지니고 태어났다는 사실 그 자체만으로도 삶의 의미가 될 수 있음을 깨닫게 해 줌으로써 그리고 새로운 생명이 기존 세계에 새로운 세계를 소개할 수 있다고 믿음으로써 우리가 다음 순간을 희망할 수 있도록 해 주는 데 있다. 결국 한나 아렌트는 제1의 탄생성이 지닌 생명의 의미를 통해 세계에 대한 믿음과 희망이 가능할 수 있으며, 그런 가운데 교육은 새로움에 책임을 다하기 위해 어떤 고민을 해야 하는지를 우리에게 깨우쳐 주고 있는 것이다.

2. 제2의 탄생: 공동세계로의 참여를 위한 교육

자신의 생명을 통한 새로움의 보존과 발현의 의미를 가진 탄생성은 다른 한편으로 참여의 시작을 의미하기도 한다. 아렌트는 이 참여의 시작을 '제 2의 탄생'과 유사한 것으로 표현하였다. 여기서의 참여는 "말과 행위를 통해 세계에 드러남으로써 동참하게 된다"(Arendt, 2006: 18)는 뜻이다. 인간이 생명을 지니고 이 세상에 태어났다고 하더라도 자기 자신에게만 속한 인간은 참된 삶을 지속하기 어려울 것이다. 아렌트가 주장했듯이 "말과 행위를 통해 드러나지 않는 삶은 죽은 삶"(Arendt, 1958/이진우 · 태정호, 2002: 237)이다. 인간이라는 존재는 인간들 가운데 살아야 한다. 아렌트는 인간이 인간으로 이 세계에 참여한다는 것은 인위적이거나 의도적인 것이 아니라 인간으로 태어나는 순간 이루어지는 것이라고 보았다. 인간이 인간답게 존재하기 위해서는 자신의 새로움을 간직한 채 다른 사람들의 새로움을 이해하고 존중하며 서로 각자의 새로움 속에서 공존하고 서로에게 참여할 수 있어야 한다. 이를 위한 교육은 세계가 점점 다원화되고 다문화적 가치가 중요해질수록 강조될 것이다. 따라서 미래 교육은 아이들이 서로의 다름을 확인하고 더불어 살아가는 가치를 통해 세계에 참여할 수 있도록 그들을 준비시킬 수 있어야 할 것이다. 이러한 관점에서 교육과 교육자의 임무는 공동세계에 대한 책임과 참여라고 할 수 있다.

"말과 행위로서 우리는 인간세계에 참여한다. 이 참여는 제 2의 탄생과 비슷하다. 이 탄생에서 우리는 신체적으로 현상하는 우리의 본래적 모습을 확인하고 받아들인다. 이 참여는 노동처럼 필연성에 의해 강요된 것이 아니고 작업의 경우처럼 유용성 때문에 추진된 것도 아니다. 이 참여는 우리가 결합하기를 원하는 타인의 현존에 의해 자극받는다. 그러나 이 참여가 타인에 의해 제약받는 것은 아니다. 참여의 충동은 태어나서 세상에 존재하게 되는 그 시작의 순간에 발생하며, 우리 자신의 주도로 새로운 어떤 것을 시작함으로써 이 시작에 대응한다. 가장 일반적 의미에서 행위한다는 것은 '선수를 치다', '시작하다'(그리스어 archein은 '시작하다', '이끌다' 그리고 종국에는 '지배하다'를 가리킨다), '어떤 것을 움직이게 하다'(이것은 라틴어 agere의 본래 의미다)를 의미한다. 사람들은 태어남으로써 새로 온 자, 시작하는 자가 되기 때문에 주도권을 쥐고 행위하게 된다. "하나의 '시작'이 존재한다. 이때 인간은 창조되었고 이 창조 이전에 누구도 없었다"라고 아우구스티누스는 자신의 정치철학에서 말했다. 이 시작은 세계의 시작과 같지 않다. 이것은 어떤 것의 시작이 아니라, 누군가의, 즉 시작하는 자 자신의 시작이다. 인간의 창조와 더불어 시작의 원리도 세상에 존재하게 되었다. 이것은 인간이 창조되었을 때 비로소 자유의 원리도 창조되었다는 것의 다른 표현이다."(Arendt, 1958/이진우·태정호, 2002: 237-238)

이차적 의미에서의 탄생성 개념은 아렌트가 의미하는 삶의 활동15들을 이루는 기초가 된다. 위 인용문에서 언급했듯이 제 2의 탄생을 의미하는 참여는 필연성에 의한 노동과 유용성에 의한 작업보다는 자유에 근거하여 어떤 것을 시작하는 행위와 더욱 밀접하게 관련된다. 왜냐하면 "행위는 인간은 홀로 살 수 없고 다른 사람들과의 사이에서 살아있다는 조건에서 나오는 인간의 활동"(이은선, 2003b: 58)이기 때문이다. 인간은 다른 사람들과 함께 살아가기 위해서는 그들과 소통할 수 있는 말과 행위를 필요로 한다. 말과 행위가 요구된다는 것은 '나'와 '너'가 같지 않음을 전제로 한다. 만약 우리 모두가 동일하다면 서로의 다름을 확인하기 위한 말과 행위가 굳이 필요하지 않을 것이기 때문이다. 아렌트는 이러한 인간의 다원성을 주장함으로써 교육이 '함께 함'(이은선, 2003b: 66)의 의미로 이해되어야 한다는 근거를 마련해 주었다.

함께하는 세계에서 아이들이 자신들의 새로움을 드러내기 위해서는 다른 이들의 탄생이 가져온 새로움을 수용하고 그것들과 공존할 수 있어야 한다. 교육자는 아이들이 사람들과 어우러져야 하는 공동의 세계에 참여할 수 있도록 도와야 할 것이다. 이러한 의미에서 교육자는 아이들의 세계

---

15 한나 아렌트는 삶을 크게 활동적 삶과 정신의 삶으로 구분하고 있으며, 활동적 삶을 구성하는 인간의 활동을 노동(labor), 제작(work), 행위(action)로 제시하고 있다. 여기서의 노동은 인간 신체의 생물학적 과정에 상응하는 활동으로 인간은 생명적 삶을 계속 유지하기 위해서 에너지의 섭취를 필요로 하고 이 에너지를 생산하기 위해서 노동을 하게 된다. 제작은 인간이 안정적으로 살아가기 위해서 인공적 세계를 구성한다는 의미를 내포하고 있으며, 우리 손에 의한 이러한 제작으로 이루어진 세계는 인위적이며 객관적인 성격을 가지게 된다. 인간은 안정적인 삶의 공간을 확보하기 위해 제작을 계속하게 된다. 따라서 노동과 제작은 행위에 비해 사적이며, 공적인 의미가 다소 약하다고 할 수 있다.(이은선, 2003b: 52-58참고)

참여를 위해 그들에게 "구체적인 정치적, 당파적 아젠다가 아닌 다원성과 논쟁에 진실로 대하도록 가르치며, … 다른 사람의 관점에서 세계를 바라보고 같은 것을, 즉 많은 그리고 빈번히 대립하는 측면에서 바라보도록 가르쳐야 한다."(Gordon, 1999: 139) 앞서 제시한 교육의 위기 두 번째 가정에서 교육자의 전문성은 공동세계에 아이들이 참여하도록 이끌 수 있느냐에 따라 결정된다고 할 것이다. 교육자는 자기 과목이 지닌 과거와 전통 그리고 역사 철학적 맥락 등에 대한 의미들을 분명하게 인식하고 판단하여 이 세계의 아이들이 이를 토대로 자신들의 새로움과 고유함을 드러냄으로써 공동 세계에 참여할 수 있는 기회를 가지도록 힘써야 한다. 교육자의 권위는 아이들이 이 세계에 참여하도록 준비시키려는 그들의 책임과 열정을 통해 세워질 수 있다.

3. 제 3의 탄생: 비판적 자기반성을 통한 사유의 교육

아렌트는 활동적 삶의 연장선상에서 정신의 삶으로서 사유, 의지, 판단을 제시하였다. 그리고 이 세 영역 또한 '새로운 시작'의 개념으로서 제 3의 탄생의 의미를 지닌다고 추측해 볼 수 있다. 여기서의 제 3의 탄생이란 앞서 제시한 제 1의 탄생으로서 생물학적 의미의 탄생, 제 2의 탄생으로서 정치적 의미의 탄생과 함께 정신의 탄생이라는 의미를 가진다. 인간은 누구나 일상적인 삶의 범주 속에서 살아가고 있다. 대부분의 사람들은 아침에 일어나 밤에 잠들 때까지 틀에 박힌 일상 속에서 하루하루를 지내고 있다. 그들이 보내는 일상은 어제도, 오늘도, 내일도 크게 다르지 않은 것처럼 여겨진다. 사람들은 반복되는 삶 속에서 부지불식간에 자신의 생각과 판단을 자칫 간과하게 될지도 모른다. 아니 아예 생각이나 판단하는 일련의 행위들을 망각한다. 이러한 사람들에게 삶은 그저 죽을 때까지 살아내야 하는 당위적인 것으로 여겨질 것이다. 그런 그들의 삶에서 가치 있고 의미 있는 행위는 불가능해 보인다.

"모든 사람들이 다른 사람들이 행하고 믿는 것에 부지불식간에 휩쓸릴 때, 사유하는 사람들은 그러한 일에 참여하는 것을 명백히 거부함으로써 일종의 행위를 하게 되기 때문에, 은폐된 상태로부터 벗어나게 된다. 이러한 긴급 상황에서 사유가 지닌 '축출' 요소(고찰되지 않은 의견의 의미를 부각시키고 이를 파괴하는 소크라테스의 산파술)는 명백히 정치적 함의를 지닌다. 이 파괴는 다른 능력, 판단 능력을 '해방시키는 효과'를 가지기 때문이다. 우리는 어떠한 이유를 가지고 이러한 능력을 인간의 정신 능력 가운데 가장 정치적인 능력이라고 규정할 수 있다."(Arendt, 1978/홍원표, 2004: 298-299)

아렌트에게 가치 있고, 의미 있는 행위는 정치적인 능력과 관련이 있다. 아렌트에게 정치는 인간을 인간답게 하는 활동이다. 정치적 삶을 위해 요구되는 말과 행위를 통해 이 세계에 드러난 인간은 자신이 지닌 정신 능력을 통해 부화뇌동(附和雷同)하지 않을 수 있다. 아렌트는 정신 활동, 즉 사유와 판단을 통해 반복적이며 상투적인 일상을 살아 내야 하는 인간이 변화할 수 있다는 가능성을 보여주었다. 우리는 생각을 통해 자신의 삶을 바꾸는 사람들의 사례를 종종 접하게 된다. 생각 하나가 자신의 삶에 변화를 가져올 수 있다. 우리가 교육을 인간 삶과 분리해서 생각할 수 없는 이유는 교육이 한 인간의 삶을 변화시키는 일과 밀접하기 때문이다. 딜타이(Wilhelm Dilthey)는 "교육은 삶의 원현상"이라고 말한다. 교육은 삶의 문제와 깊이 연관되어 있다는 의미다. 교육은 인간이 자신의 삶을 제대로 이끌어 가도록 하는 일에 관한 것이다. 여기서 교육은 어떠한 역할을 할 수 있을 것인가? 삶은 매 순간 우리에게 새롭게 - 때로는 기쁨과 행복으로, 때로는 고통과 갈등으로 - 다가온다. 문제는 이 삶의 문제들을 우리가 어떻게 바라보아야 하는가이다.

"… 우리가 행동하고 판단하며 삶을 영위하는 기준은 궁극적으로 정신의 삶에 좌우된다. 간단히 말해, 이러한 원리와 기준은 무익한 정신활동의 수행에 의해 좌우된다. 정신활동은 결과를 초래하지 않으며 "행동할 능력을 우리에게 직접 부여하지 않는다."(하이데거) 사유의 부재는 실제로 인간 문제에서 영향을 미치는 강력한 요인이며, 통계적으로 말하자면 다수가 아닌 모든 사람들의 행위에서 영향을 미치는 강력한 요인이다. 인간 문제를 해결하는 데 여유가 없기(a-scholia) 때문에, 사람들은 잠정적 판단을 필요로 하고, 관습이나 습관, 즉 편견에 의존한다."(Arendt, 1978/홍원표, 2004: 112)

우리는 세상에 태어난 이래 어느 한순간도 고정된 채 존재하지는 않았을 것이다. 어제의 내가 분명 오늘의 나와 같을 수 없는 이유다. 사람은 늘 새롭게 형성되어 가는 존재이다. 되어 가는 존재로서의 인간은 객관적 지식이나 정보로 자신을 채우거나 그것에 기준을 두고 자신을 규정해서는 안 될 것이다. 되어 가는 과정 속에서 인간은 어떤 것으로도 간단히 규정될 수 없다. 인간이 새롭게 태어난다는 그 의미를 통해서도 알 수 있듯이 인간은 그 또는 그녀가 마주하는 삶의 환경 속에서 늘 새롭게 형성되기 때문이다. 따라서 교육은 이러한 인간이 자신의 새로움을 통해 삶이 부여한 모든 것 - 기쁨과 행복이든, 고통과 갈등이든 - 들을 '바로 볼 줄 아는' 능력을 갖추도록 이루어져야 할 것이다. 틀에 박힌 바쁜 일상 속에서 사람들은 자신과 주변을 진지하게 생각할 여유를 잃게 된다. 이 여유는 우리로 하여금 무엇이 옳은지 그른지, 바람직한지 아닌지 등을 생각하고 판단할 수 있도록 해 준다. 매 순간 새롭게 태어나는 인간은 사유하고 판단하는 이 제3의 탄생을 통해 관습, 습관, 편견들로부터 벗어나 삶을 진지하게 받아들일 수 있을 것으로 보인다. 여기서 아렌트는 정신 활동의 중요성을 통해 교육이 자기 자신을 진지하게 사유하고 판단하도록 함으로써 우리가 자기 이기성을 극복하고 재탄생할 수 있는 가능성을 열어주었다고 할 것이다.

IV. 새로움의 보전을 위한 교육적 노력

서머힐 학교 출신의 존 버닝햄(J. Burningham)의 『지각대장 존』은 권위적인 교육풍토를 비판한 동화다. 주인공 존은 매일 학교를 가기 위해 일찍 집을 나서는데 하루는 악어를 만나 장갑을 빼앗기고, 다음 날은 사자를 만나 바지를 뜯기고, 그 다음 날도 커다란 파도를 만나 물에 흠뻑 젖어 계속해서 지각을 하게 된다. 교사의 권위를 상징하는 검은 옷차림을 하고 있는 선생님은 존의 말을 믿어 주지 않았으며, 매번 지각을 할 때마다 학교에 남아 "악어가 나온다는 거짓말을 하지 않겠습니다. 또 다시는 장갑을 잃어 버리지 않겠습니다"를 300번, "다시는 사자가 나온다는 거짓말을 하지 않 겠습니다. 그리고 다시는 바지를 찢지 않겠습니다"를 400번, "다시는 강에 서 파도가 덮쳤다는 거짓말을 하지 않겠습니다. 그리고 다시는 옷을 적시 지도 않겠습니다"를 500번 쓰도록 벌을 내렸다. 그러던 어느 날 학교 가는 길에 아무 일도 일어나지 않은 존은 제시간에 맞춰 학교에 도착했는데 이 날은 선생님이 천장에 커다란 털북숭이 고릴라에게 붙들려 있게 된다. 선 생님은 존에게 도와달라고 하지만 존 역시 "학교 천장에는 커다란 털북숭 이 고릴라가 살지 않는다"라고 하면서 외면해 버린다.(Burningham, 1987/박 상희, 2012: 1-30참고)

이 한 편의 이야기는 검은 옷을 입고 회초리를 들고 있는 선생님이 매 일 지각하는 존의 이야기를 믿지 않음으로써 아이의 자아가 점점 작아지 게 되는 교육의 부정적인 모습을 단적으로 표현해 주고 있다. 그동안 교육 에서의 권위는 아이의 자존감을 낮추고 아이의 자율성을 떨어뜨리며, 아 이의 자아를 작아지게 만드는 그 무엇이라는 이유로 자유주의, 진보주의 교육자들로부터 많은 비판을 받아 왔다고 해도 과언이 아닐 것이다. 그렇 다면 권위가 배제된 교육이 과연 가능할 수 있을까? 권위가 온전히 배제된 교육은 아이들의 잠재적 능력을 어떻게 이끌어 낼 수 있을까? 교육적 권위 는 가르침과 배움이라는 교육적 관계가 설정되어 있는 한 교육에서 완전 히 배제될 수 없을지도 모른다. 그렇다면 무엇이 문제인가에 대해 생각하 지 않을 수 없다. 우리가 교육에서 권위의 문제를 배제시킬 수 없다면 바 람직한 교육적 권위가 무엇인가를 고민할 수밖에 없을 것이다. 이에 대한 새로운 가능성으로서 본고는 아렌트의 교육적 보수주의에 대해 고찰하였다.

아렌트는 "교육의 위기"를 통해 교육을 위태롭게 하는 세 가지 가정을 제시한다. 첫 번째 가정은 아이에게 부여된 과도한 자유, 아이들에게만 국 한된 세계, 어른과 아이의 동등화가 아이들로 하여금 저희들만의 제국에 남겨지도록 함으로써 아이들끼리의 전제와 압력과 같은 부정적인 영향력 아래 놓이게 했으며, 그 안에서 어른 또는 교육자는 아이들이 지닌 새로움을 보존하여 세계에 발현시키는 데 무책임하게 되었다는 것이다. 두 번째 가정은 수업시간보다 단지 한 시간 정도 앞서는 교육자의 준비 없는 교육, 즉 교육자의 비전문성이 아이들을 스스로 학습하도록 남겨지게 하였으며, 그로 인해 '구세대(과거와 전통)와 새로움(변화와 창조성)'(Gordon, 1999: 47)을 이어주는 중간자로서의 교육자의 권위가 상실되었다는 것이다. 이러한 교육자의 권위 상실은 아이들의 자발적인 '마음의 복종'(최관경, 2009: 12)을 불가능하게 할 뿐만 아니라 아이들에게 교육에 대한 어떠한 '감동'도 자아낼 수 없게 한다는 점을 각인시켜 주었다. 마지막 세 번째 가정은 교육의 기술적 측면이 강조되고 공부가 놀이로 대체되는 진지한 교육의 부재가 교육의 위기를 가져왔다는 것이다. 아렌트는 진지한 배움의 의미가 무색해짐에 따라 흥미와 재미 본위의 교육은 처세적이며 기술적인 학습만 남겨둠으로써 아이들이 '좋은' 전통을 '제대로' 깨닫지 못하고 이를 진지하게 사유하는 태도도 함양하지 못하게 했다고 주장했다.

이렇게 제시된 세 가지 가정들은 공통적으로 아렌트 사상의 핵심인 탄생성에 그 근거를 두고 있다. 아렌트의 탄생성은 인간은 누구나 이 세상에 태어나며, 새롭게 태어난 인간은 자신만의 새로움을 간직한 채 이 세계에 온다는 사실과 관련이 있다. 이 세계는 새롭게 온 누군가의 새로움을 통해 변화할 수 있는 힘을 얻게 된다는 의미이다. 따라서 교육은 새롭게 온 자의 새로움을 잘 보존하여 이 세계에 발현시키도록 돕는 일이다. 여기서 교육자는 기존 세계의 전통과 다음 세대의 새로움을 이어주는 중간자로서 과거와 전통을 잘 보존하고 새로움을 잘 발현할 수 있도록 책임을 다해야 한다. 아렌트는 교육과 교육자에게 있어서의 권위가 바로 이러한 가운데 바로 세워질 수 있다고 보았다. 이와 관련하여 본고는 아렌트의 탄생성이 갖는 교육적인 의미와 그 시사점을 고찰해 보고자 하였다.

우선, 탄생성은 인간이 태어난다는 사실적 의미를 지니고 있다. 아렌트는 이를 제1의 탄생으로 보았다. 제1의 탄생은 인간이 태어나면서 생명을 부여받게 된다는 것과 관련된다. 생명에 의한 육체와 정신은 한 인간이 삶을 영위해 나가는 토대가 된다. 이런 점에서 교육은 기존 세계에 '늦게 온' 새로운 이들이 자기 생명의 의미를 깨닫고 생명에 깃든 새로움이 다음 세계에 소개될 수 있는 바탕을 마련해 주어야 할 것이다. 결국 제1의 탄생성을 통한 교육은 아이들의 새로움을 보존하고 전달하는 데 가장 기초가 된다. 다음은 제2의 탄생으로 공동세계에 대한 참여를 위한 교육이다. 인간은 생명에만 의지에서 살아갈 수 없다. 자기 자신을 말과 행위를 통해 세계에 드러냄으로써 인간은 인간다운 삶을 영위하게 된다. 인간은 서로 다르기 때문에 말과 행위를 통해 다른 사람들과 구별된다. 모두가 동일하다면 말과 행위가 필요 없기 때문이다. 따라서 교육은 이 세상의 그 누구도 동일하지 않다는 전제하에 아이들이 그 다름을 이해하고 수용함으로써 조화롭게 이 세계에 참여할 수 있도록 도와주어야 할 것이다. 제2의 탄생성을 통한 교육은 아이들 모두의 새로움이 동등하게 이 세계에 드러날 수 있도록 준비하고 책임을 다해야 한다는 특징을 가진다. 마지막으로 제3의 탄생은 비판적 자기성찰을 위한 사유의 교육에 관한 것이다. 일상적이며 반복적인 삶을 살아가는 인간은 자신이 태어나는 순간 지니고 온 새로움의 의미를 간과하게 된다. 생각 하나가 자신의 삶뿐만 아니라 이 세계 또한 새롭게 할 수 있는 힘이 된다는 점을 잊고 있는 것이다. 교육은 삶의 다양한 문제들을 우리가 지닌 관습, 습관, 편견들과 같은 것들로부터 벗어나 비판적으로 성찰할 수 있도록 우리에게 매 순간 재탄생할 수 있는 기회를 부여하는 일일 것이다. 제3의 탄생성을 통한 교육은 아이들이 삶을 진지하게 사유하고 판단할 수 있도록 함으로써 자기 삶의 변화를 가져올 수 있는 가능성을 열어준다는 의미를 내포하고 있다.

결국, 아렌트가 강조하고 있는 탄생성 개념은 기존 세계와 이 세계를 연결하는 매개(媒介)로서 교육이 이 세계를 지속할 수 있도록 해 주는 새로움을 위한 준비와 책임이라는 점을 우리에게 인식시켜 주고 있다. 또한 기존 세계의 가치와 전통을 위시한 보수주의 교육에 대한 수정적인 관점을 아렌트가 제시하고 있음을 확인하게 해 주었다고 할 수 있다. 다시 말

해, 기존에는 없었던 악어, 사자, 파도 – 이는 허황되지만 어쩌면 아이들이
저희들 속에 간직한 새로움일지도 모른다 – 를 진지하게 수용하고, 존의
말을 신뢰할 수 있는 교육자, 자신의 진정한 권위로 존의 새로움을 보존하
고 그 새로움을 통해 아이들이 자신을 발현할 수 있도록 도와주는 교육자
의 책임이 무엇보다 필요하다. 사실 아렌트의 교육에 대한 의견들은 그녀
가 교육학자가 아니었던 만큼 첨예하거나 체계적이지는 않을지도 모른다.
그리고 그런 만큼 앞으로 아렌트의 교육관에 대한 논의도 상당할 것이다.
그럼에도 불구하고 아렌트가 우려한 아이들만의 세계, 아이들을 위한 어
른들의 책임, 진정한 교육자의 모습과 권위에 대한 문제제기는 우리 교육
을 반추해 볼 수 있는 계기가 되었다는 점에서 의의를 지닌다고 하겠다.
이러한 의미에서 한나 아렌트의 교육사상이 앞으로 우리 교육을 위한 마
중물이 되기를 희망해 본다.

참고문헌

강선보(2005). 『마르틴 부버 만남의 교육철학』. 서울: 원미사.

김선욱(2006). 한나 아렌트, 왜 그녀를 주목하는가?. 『철학과 현실』 71, 30-42.

박선영·김회용(2007). 한나 아렌트의 공교육 제안 논의. 『교육사상연구』 21(3), 255-274.

박지현·강충열(2011). Peters의 교육적 권위의 실제. 『초등교육학연구』 18(1), 87-105.

박 혁(2009a). 정치에서의 권위문제 – 한나 아렌트의 권위개념에 관한 고찰. 『21세기 정치학회보』 19(3), 73-96.

박 혁(2009b). 다문화 사회 안에서의 정체성과 다원성의 문제 – 한나 아렌트의 정체성과 다원성 개념에 대한 고찰. 『사회과학연구』 17(2), 68-94.

심성보(1994). '다름'의 정치와 '공동선'의 정치간의 대립과 市民敎育의 방향. 『교육정치학연구』 1(1), 223-240.

이은선(2001). 양명공부법의 교육철학적 의의. 『동양철학연구』 24, 193-220.

이은선(2003a). 한나 아렌트 사상에서 본 교육에서의 전통과 현대. 『교육철학』 30, 139-159.

이은선(2003b). 한나 아렌트의 '인간의 조건'과 '공공성'에로의 교육. 『교육철학』 29, 45-73.

이은선(2007). 한나 아렌트의 '탄생성'(natality)의 교육학과 양명의 '치량지'(致良知). 『陽明學』 18, 5-62.

정여울(2010). 『시네필다이어리2』. 서울: 자음과 모음.

최관경(2009). 21세기 교육에 있어서의 권위와 자유. 『교육사상연구』 22(2), 1-34.

홍원표(2011). 『아렌트: 정치의 존재 이유는 자유다』. 파주: 한길사.

Arendt, H.(1958). *The Human Condition*. 이진우·태정호 역(2002). 『인간의 조건』. 서울: 한길사.

Arendt, H.(1961). *Between Past and Future*. 서유경 역(2009). 『과거와 미래

사이』. 파주: 푸른숲.

Arendt, H.(1978). *The Life of the Mind: Thinking*. 홍원표 역(2004). 『정신의 삶1 사유』. 파주: 푸른숲

Arendt, H.(1982). *Lectures on Kant's Political Philosophy*. 김선욱 역(2002). 『칸트 정치철학 강의』. 파주: 푸른숲.

Arendt, H.(2005). The Promise of Politics. 김선욱 역(2011). 『정치의 약속』. 파주: 푸른숲.

Burningham, J.(1987). *John Patric Norman McHennessy - The Boy Who Was Always Late*. 박상희 역(2012). 『지각대장 존』. 서울: 비룡소.

Canovan, M.(1996). Hannah Arendt as a consercative thinker. *Hannah Arendt: Twenty Years Later*. The MIT Press.

Gordon, M.(1999). Hannah Arendt on Authority: Conservatism in Education Reconsidered. *Eduactional Theory* 49(2), 161-180.

Gordon, M.(2001). *Hannah Arendt and Education*. Westview Press.

Hansen, P.(1993). *Hannah Arendt: politics, history and citizenship*. 김인순 역(2008). 『한나 아렌트의 정치이론과 정치철학』. 서울: 삼우사.

Levinson, N(1997). Teaching in the midst of Belatedness: The Paradox of Natality in Hannah Arendt's Educational Thought. *Eduactional Theory* 47(4), 435-451.

Schutz, A. & Moss, P. A.(1999). Habermas, Arendt, and the Tension Between Authority and Democracy in Educational Standards: The Case of Teaching Reform. *Philosophy of Education* 1999, 266-275.

Young-Bruehl, E.(1982). *Hannah Arendt: For Love of the World*. 홍원표 역(2007). 『한나 아렌트 전기』. 고양: 인간사랑.

2장

탄생성의 교육학적 의미*

I. 도입

본고의 도입에서 필자는 본 연구의 필요성에 해당될 만한 두 가지 사항
을 주로 연구사적 관점에서 간략히 언급하고자 한다. 첫째, 국내 교육학계
아렌트(H. Arendt)연구의 경향성이다. 국외 교육학계의 경우는 시기적으로
이보다 조금 앞서지만, 국내 교육학계에서 아렌트에 대한 연구가 본격적
으로 이루어진 것은 2003년 이은선의 연구부터이다. 이은선은 2003년, 두
편의 논문(2003a, 2003b)을 통해 아렌트의 주저『인간의 조건』및 교육평
문 "교육의 위기"를 현대 교육학 연구의 주요 사료로 발굴해 내었다. 주지
하는 바와 같이 위 두 사료의 핵심적 공통분모는 바로 '탄생성'이다.『인간
의 조건』에서 인간의 활동적 삶이 "노동, 제작,1 행위" 등 세 가지 범주로

---

* [출처] 우정길(2013). Hannah Arendt의 '탄생성'의 교육학적 의미.『교육의 이론
  과 실천』18(3), 47-71.
1 본고가 주로 인용하고 있는『인간의 조건』의 한국어 번역자인 이진우·박미애는
  영어판 *The Human Condition*(1958)의 "labor, work, action"을 각각 "노동, 작
  업, 행위"로 번역하고 있다. 이 세 가지 중 "labor, work" 및 한국어 번역어 "노동,
  작업"의 개념 구분은 - 비록 아렌트가『인간의 조건』에서 제시하고 있는 구분의
  내용적 기준 자체는 명료하다 할지라도 - 언어의 일반적 용례라는 관점에서 보자
  면 그리 명확한 구분을 제공하지는 않는다. 필자의 개인적 견해로는, 오히려 아렌
  트가 직접 집필하였던 독일어본의 "Arbeiten, Herstellen, Handeln"(Arendt,
  1958/2002: 16)을 보다 적극적으로 참조할 필요가 있다. 즉, "노동, 작업, 행위"는

제시되고 있지만, 그에 선행하는 실존적 조건으로 아렌트는 인간의 탄생성과 사멸성을 지목한 바 있으며, 그중 특히 탄생성은 기존의 제 인간학적 규정들로부터 아렌트의 사유를 뚜렷이 구별짓는 가장 아렌트적인 관점이라 할 수 있다. 이에 그치지 않고 아렌트는 탄생성에 대한 자신의 학문적 신념을 교육적 사유로 확장시키고 있는데, 그녀는 "교육의 위기"에서 "탄생성이 교육의 본질이다"라는 집약적 선언을 통해 탄생성의 교육적 의미를 환기시킨 바 있다. 이은선의 2003년 연구들은, 물론 『인간의 조건』과 "교육의 위기"에 대한 개괄적인 안내와 사유들도 담고 있지만, 특히 아렌트의 탄생성이 국내 교육학계에 소개되고 그 의미에 대한 적극적인 환기가 이루어지는 직접적 계기가 되었다고도 볼 수 있다. 여기에 그치지 않고 이은선은 2007년 동서비교연구("한나 아렌트의 '탄생성'(Natality)의 교육학과 양명의 '치량지'(致良知)")를 통해 아렌트의 "탄생성"의 교육학적 보편성을 논증해 보이기도 하였다. 이렇게 시작된 국내 교육학계 아렌트 연구는 박선영·김회용(2007), 박재주(2009), 박영주(2011), 조나영(2013, 2017), 우정길(2013a, 2013b, 2014, 2015), 임태평(2015), 박은주(2015), 임정아(2016), 박은주(2017) 등으로 이어져 왔으며, 이 선행연구들은 조나영의 박사학위논문(2015)과 박은주의 박사학위논문(2018b)으로 수렴됨과 동시에 아렌트의 교육적 사유와 관련하여 연구의 커다란 전기가 마련되기에 이르렀다. 아렌트에 관한 다차원적 연구들(박선영·김회용, 2007; 박재주, 2009; 박은주, 2017, 2018a, 2019a)과 아울러 '탄생성'이라는 주제는 교육학계 아렌트 연구사에서 가장 주목을 받은 주제 중 하나라 할 수 있다. 본 연구 역시 아렌트의 탄생성이 갖는 교육학적 유의미성에 대한 동조의 발로이자 심화연구의 일환이다.

둘째, 교육학계 아렌트의 탄생성 연구와 관련된 용어의 의미론적·화용

"노동, 제작, 행위"로 이해하는 것이 아렌트의 개념구분의 내용적 이해를 위해서 더욱 유용할 뿐 아니라 『인간의 조건』의 전체 맥락에 더욱 잘 부합된다고 볼 수 있다. 이러한 이유로 본고에서는 번역본 직접 인용의 경우에는 번역자(들)의 제안을 따르지만, 비인용 논술의 경우에는 "작업" 대신 "제작"이라는 용어를 사용하고 있음을 밝혀 둔다.

론적 재고와 공감의 필요성을 들 수 있다. 앞서 언급한 연구사적 맥락에서 필자가 개인적으로 주목하는 표현은 바로 "'탄생성'의 교육학"이다. 이 용어는 이은선의 연구(2003a: 69)에서 처음 사용되었고, 그녀의 후속연구(2007)에서 "'탄생성'(natality)의 교육학"이라는 표기로 한 번 더 언급된 예가 있으며, 조나영의 연구(2013: 348)에서는 이은선의 선행연구들을 참조하는 가운데 "'탄생성'(natality) 교육"이라는 표현으로 조금 바뀌어 사용되었다. 이용어를 박영주(2011)와 우정길(2013)은 채택하지 않고 있지만, 박영주는 이에 대해 별도의 언급이 없다는 점, 그러나 우정길은 각주(2013: 141)를 통해 간략한 언급을 보이고 있다는 차이가 있다. 참고로, 필자의 견문에 한정하여 볼 때, 국외 교육학계의 아렌트 연구에서는 "탄생성의 교육학" 혹은 이에 해당될 만한 적극적·포괄적·체계적 표현이 사용된 예는 없다. 요약하자면, 사실상 '탄생성의 교육학'이라는 용어는 이은선 고유의 것으로서, 아직은 이에 대한 반향은 감지되지 않고 있다.

그렇다면, 국내 교육학계 아렌트 연구의 선구라 할 수 있는 이은선은 어떤 의도와 체계성으로 이러한 용어를 제안하였을까? 아쉽게도 "탄생성의 교육학"이라는 용어의 채택에 관한 별도의 설명은 아직 제공된 적이 없다. 다만 다음 문장에서 그녀의 의도를 간접적으로나마 엿볼 수 있다. 즉, "'탄생성'을 교육의 기초로 보는 관점은 궁극적으로는 우리의 희망의 근거가 존재론적으로 … 근거된 것이라는 사실을 밝혀준다."(이은선, 2003a: 70) 무리를 무릅쓰고 이를 재구성해 보면, "교육의 기초이자 존재론적 근거로서 '탄생성'에 관한 탐구"가 곧 그녀가 염두에 두었던 "탄생성의 교육학"의 정의가 아닌가 한다. 본고에서는 '학'(學)과 '론'(論)의 차이를 지적하거나 이를 근거로 이은선의 제안이 '학문적'으로 타당한가에 관한 논의는 삼가기로 한다. 다만, 탄생성을 연구하는 국내외 교육학자들의 의도가, 그들이 '탄생성의 교육학'이라는 용어를 사용하든 혹은 사용하지 않든, 사실상 예외 없이 "교육의 존재론적 근거로서 탄생성"이라는 대전제를 수용하는 가운데, 탄생성의 교육경험적 차원을 체계적으로 제시함과 동시에 이러한 과정을 통해 제시된 것들의 체계화·이론화를 추구하는 데로 수렴된다는 점만은 분명해 보인다. 달리 표현하자면, 비록 그 의도는 분명하지만, 사실상 그 내용이 아직은 비확정적이거나 혹은 광범위한 합의의 과정을 거친 적 없는, 그래서 어쩌면 연구의 초기 단계에 있는 것이 바로 이른바 "탄생성의 교육학"이라 할 수 있다. 비록 본고에서는 필요와 문맥에 따라 "탄생성의 교육학"이라는 용어를 (이후로는) 인용부호 없이 사용하기는 하겠으나, 이것은 하나의 확립된 교육학 체계를 의미하기보다는 공론화의 과정 중 조심스러운 제안의 의도에서이다. 본 연구의 제목인 "'탄생성'의 교육학적 의미" 역시 이러한 제안의 일환이라는 점에 대해 학계의 이해를 구하고자 한다.

위와 같은 연구사적 배경을 바탕으로 제 II장에서는 인간실존의 근본조건으로서 탄생성이 아렌트를 통해 주목받게 된 배경을 사멸성과의 상대적 관계성을 중심으로 고찰할 것이다. 제 III장에서는 탄생성이 제공하는 교육학적 사유의 계기를 다원성(plurality), 우연성, 관계성 등으로 범주화하고, 그 의미를 탐색할 것이다. 이를 바탕으로 제 IV장에서는 탄생성이라는 새로운 방식의 교육학적 사유 또는 탄생성의 교육학적 계기들이 전통적 교육학의 사유방식과 나뉘고 갈등하는 임계점에 대한 성찰을 통해 전통적 교육학 및 이른바 탄생성의 교육학의 교육(인간)학적 성격을 더욱 분명히 함과 동시에, 이러한 차이와 갈등의 결정체라 할 수 있는 아렌트의 교육구상 "새로움의 보존"의 의미를 짚어 보고자 한다.

II. 인간의 조건들 - 사멸성에서 탄생성으로

아렌트는 자신의 저서 『인간의 조건』에서 몇 가지 상이한 종류의 "인간의 조건들"을 언급하고 있다. 첫째, "지구는 가장 핵심적인 인간조건이다"라는 선언을 통해 아렌트는 인간실존의 물리적 조건으로서 지구를 지목한다. 거주지로서 지구는 인간이 노동을 통해 건설하는 인공적 세계에 우선하는 인간 삶의 물리적 기반이자 인간 존재의 핵심적 조건이다. 둘째, 아렌트는 "활동적 삶"(vita activa)이라는 관점에서 "노동, 제작, 행위"라는 세 가지 조건을 언급한다. 이들은 각각 "인간 신체의 생물학적 과정에 상응하는 활동(노동), 자연의존적인 인간의 반자연성의 천명(제작) 그리고 사물이나 물질의 매개 없이 인간 사이에 직접적으로 수행되는 활동(행위)"을 의미하며, 지구상에 존재하는 인간의 모든 활동은 이 세 가지 범주에 속한다. 존재한다는 것은 곧 활동하는 것을 의미하며, 이로써 활동은 인간이 존재하는 한 지속되는 인간의 조건인 것이다. 셋째, 그러나 그녀는 활동적 삶의 세 가지 범주에 우선하는 보다 근원적인 혹은 실존적인 인간의 조건을 제시하고 있는데, 그것이 바로 탄생성과 사멸성이다. 활동적 삶은 탄생과 죽음의 사건을 기반으로 하며, 그 사이에서만 가능하다. 즉, 인간은 탄생과 죽음 사이라는 시공간 속에서 노동하고 제작하고 행위하는 것이다.

그러므로 탄생성과 사멸성이라는 인간의 조건은 활동적 삶의 세 가지 범주보다 더욱 근원적이다. 탄생과 죽음, 그중에서도 특히 탄생이라는 개인사적 사건 또는 사회적 현상이 전제되지 않는 한 노동을 통한 인간의 생물학적 순환과 생존, 노동을 통한 인간의 자연의존성 극복 그리고 행위라는 인간고유의 존재양식 등 인간의 활동적 삶은 가능하지 않기 때문이다. 또한 탄생성과 사멸성은 지구라는 인간의 물리적 조건보다 인간실존의 의미규정에 있어서 더욱 유의미하다. 아렌트가 『인간의 조건』에서 전제하고 있는 관점은 "지구라는 인간의 물리적 조건을 한눈에 조망할 수 있을 뿐 아니라 인간이라는 피조물의 본성을 감히 규정할 수 있는 창조자적 관점"(Arendt, 1958/이진우·태정호, 2001: 60)이 아니라 철저히 인간적인 혹은 실존적인 관점이기 때문이다. 아렌트에 따르면 "창조자적 관점은 '우리는 누구인가'라는 물음 앞에서는 무력하다. … 이것이 바로 인간본질을 규정하려던 시도들이 거의 한결같이 신적인 것의 구성, 즉 철학자의 신으로 끝이 난 이유이다."(Arendt, 1958/이진우·태정호, 2001: 60) 초인간적 혹은 자의적으로 취해진 지구 외부적 관점이 우리에게 가능하지 않다면, 지구라는 조건은 단지 인간 실존의 물리적 조건을 제공할 뿐, 인간실존의 의미규정을 위한 그 어떤 초월적 관점을 제공해 주지는 않는다.[2]

이와 관련하여 한 가지 언급되어야 할 것은 탄생성·사멸성과 관련된 철학계의 편향적 취향이다. 서양철학의 경우 전통적으로 탄생보다는 죽음에 더욱 주목하는 경향을 뚜렷이 보여 왔다. 이와 관련하여 1975년에 발표된 논문 "탄생의 철학적 의미"에서 자너(H. Saner)는 다음과 같은 문장으로 문제를 제기한다. "사유의 전체 역사에 걸쳐 사멸성 특히 인간의 죽음에 관하여는 광범위한 사변과 성찰이 있었지만, 탄생과 탄생성에 관하여는 그렇지 않았다."(Saner, 1975: 147) 플라톤과 아우구스티누스, 키에르케고르와 하이데거를 거쳐 결국 인간을 "탄생적 존재"(Sein von der Geburt her)가 아닌 "죽음을 향한 존재"(Sein zum Tod)로 규정하기에 이른 데는 분명 여러 가지 이유가 있었을 것이지만,3 자너는 다음과 같은 이유를 가장 설득력 있는 것으로 제시하고 있다. 즉, 기존의 철학은 모종의 담론적 "토대·정초"를 추구하였고, 죽음이야말로 철학적 담론에 있어서 "삶의 탈피이자 존재와 비존재의 임계점"이라는 의미의 "최종적 극단성"(letzte Radikalität: Saner, 1975: 152f)을 제공해 주었기에, 기존의 철학은 탄생보다는 죽음을, 탄생성보다는 사멸성에 상대적으로 더욱 많은 의미를 부여해 왔다는 것이다. 그리고 그는 이러한 상황을 "인간학적·논리학적 스캔들"(Saner, 1975: 153)이

---

2 이에 관하여는 아렌트 『인간의 조건』 "원주 2"를 참조 바람. 아우구스티누스를 인용하면서 아렌트는 다음과 같이 적고 있다, ""신의 눈에 나는 내 자신에게 하나의 문제가 되었다." 간단히 말해서 "나는 누구인가"의 물음에 대한 대답은 단순히 "너는 한 인간이다. 인간이란 무엇인지 몰라도 여하튼 그러하다"이다. 그리고 "나는 무엇인가"라는 물음에 대해서는 인간을 만든 신만이 대답할 수 있다. 인간 본질에 관한 물음은 신의 본질에 관한 물음과 마찬가지로 신학적 물음이다. 이 두 물음은 신의 계시를 통해서만 해결할 수 있다."(Arendt, 1958/이진우·태정호, 2001: 59)

3 자너(H. Saner)가 열거하는 예들은 다음과 같다. 즉, ㄱ) 성교·출산 관련 논의를 금기시하는 문화적 요인, ㄴ) 출생·출산을 아동·여성의 전유물로 주변화한 가부장적 문화, ㄷ) 중세 기독교적 금욕주의에 근거한 성과 몸에 대한 폄하, ㄹ) 플라톤과 소포클레스 그리고 유럽의 기독교 문화를 관통하는 '죽음 애착'(Nekrophilie)과 이에 근거한 출생 의미의 평가절하 문화(즉, "출생은 죽음의 시작일 뿐이다"라는), ㅁ) 출생·삶과 죽음의 변증법의 역사 속에서 출생은 첫 번째 죽음으로, ㅂ) '죽음은 제2의 출생이다'라는 것으로 은연중에 바뀌었을 가능성, ㅅ) (혹은 아주 간단하게도) 일상의 비참으로 인해 출생은 형벌이고 죽음은 구원이라는 생각이 유포되었을 가능성, ㅇ) 현존재를 하나의 전체로 파악하려는 형이상학적 시도로 인해 현존의 끝인 죽음을 이러한 전체성의 완성으로 생각했을 가능성, ㅈ) 혹은 부활하는 것은 죽음을 통해서라는 기독교 문화의 부활신념 등.(Saner, 1975: 148f)

라고 자극적으로 명명하고 있다. 자녀의 이러한 문제제기에 대해 박혁은 다음과 같은 해설을 덧붙이고 있다. 즉, "철학이 죽음의 문제를 중심에 두는 이유는 철학이 절대적 자아의 추구를 목적으로 하기 때문이다."(박혁, 2009: 264)[4]

물론 여기서 "절대적 자아의 추구"가 무엇을 의미하는지 그리고 자녀의 진단, 즉 "철학 전반의 죽음에 대한 편향성"에 대해서는 관점에 따라 다양한 견해가 있을 수도 있다. 그러나 본고의 논의와 관련하여 상기되어야 할 점이 몇 가지 있는데, 그 첫째는, 철학사 전반에 걸쳐 죽음과 사멸성에 관한 탐구의 편향성 여부 및 그 원인의 종류와 무관하게 탄생과 탄생성에 관한 논의가 절대적으로 빈약했다는 사실이다. 동전의 양면과 같은 탄생과 죽음이라는 인간실존의 조건과 관련하여, 죽음에 관한 상대적으로 과다한 관심과 논의가 – 자녀의 진단처럼 "[탄생에 관한] 개념적 무지, 사실성의 외면"(Saner, 1975: 148), "해석학적 자의성"(Saner, 1975: 153)의 결과일 확률이 크지만 – 결과적으로 "탄생망각"(Geburtsvergessenheit; Saner, 1975: 148) 현상을 심화시키는 데 기여하거나 혹은 적어도 그러한 현상을 동반해 왔다는 점만은 부정할 수 없는 사실이다.(Masschelein, 1996a: 98; Ricken, 1999: 250f참조) 둘째, 이러한 "탄생성 망각"의 철학사에서 탄생성을 철학적 사유의 중심무대로 본격적으로 옮겨 낸 이가 바로 아렌트라는 점 역시 언급될 필요가 있다. 그것이, 몇몇 학자들의 지적처럼, 하이데거의 "죽음을 향한 존재"에 대한 비판의 목적을 담고 있는지의 여부와 무관하게(Saner, 1997: 104; 홍원표, 2007: 85참조), 아렌트를 통해 탄생(성)은 철학적 사유의 중심 주제이자 새로운 차원의 교육인간학적 논의를 가능케 하는 계기가 되었다. 셋째, 교육학계의 경우, 죽음과 사멸성에 대한 "편향적 취향"까지는 아니라 하더라도 탄생보다는 죽음을 통해 교육을 논하는 경우가 상대

---

4 "정치와 혁명"이라는 관점에서 아렌트의 탄생성에 접근하고 있는 홍원표의 다음과 같은 진단 역시 동일한 맥락에서 이해가능하다. "권력과 권위의 근거를 초월적 절대자에서 찾으려는 노력은 정치영역의 본질적 측면인 우연성을 심각하게 손상시킨다. 아렌트의 '새로운 시작', 즉 정치행위는 우연성과 예측불가능성을 그 특징으로 하고 있기 때문에, 절대자를 행위자의 기준으로 삼는 곳에서 새로운 시작은 불가능하다."(홍원표, 2007: 92)

적으로 많았던 것은 사실이다. 지난 20여 년간 교육철학계 일각에서 이른바 "죽음교육"이라는 이름으로 탐구되고 제안되었던 "삶의 교육학"은 탄생의 의미와 이에 근거한 삶의 교육적 차원을 직접적으로 탐구하기보다는 죽음이라는 거울에 투영된 삶의 의미를 탐구하려는 뚜렷한 경향성을 보이고 있다.5 그리고 이들 연구의 핵심 연구대상 중 하나가 하이데거의 "죽음을 향한 존재"였다는 사실 또한 자녀의 분석과 관련하여 흥미로운 유비성을 제공한다.(우정길, 1998; 강선보, 2003; 윤선인, 2009참조)

III. 교육학적 사유의 계기로서 탄생성

1. 탄생성의 차원들

탄생성은 낯선 개념일 수 있으나, 탄생은 일상적인 현상이다. 사람이 사람을 잉태하여 몸속에서 키우다가 때가 차서 몸 밖 세계로 낳는 행위, 혹은 누군가에 의해 잉태되어 태내 공간이 비좁아질 무렵 모체 밖으로 즉 세계 속으로 나오는 행위를 우리는 탄생이라고 부른다. 아렌트의 탄생성 개념은 탄생의 일차적 차원, 즉 생물학적 현상인 탄생의 사건에서 연유되었다. 아렌트는 이것을 제 1의 탄생이라고 명명한다. 개인의 존재는 제 1의 탄생을 통해 시작되고, 사회는 제 1의 탄생들을 통해 존속된다.

그러나 아렌트의 탄생성의 의미는 단순히 제 1의 탄생, 즉 생물학적 현상에 그치지 않는다. 그녀는 탄생의 개념을 확장하여, 말과 행위를 통해 자신의 정체를 지속적으로 새롭게 구성해 나가는 혹은 자신의 새로운 정체성을

---

5 강선보(1996). 교육에 있어서 죽음에 관한 문제. 교육진흥 8(4); 강선보(2003). 실존주의 철학에서 본 죽음과 교육. 『교육문제연구』. 19, 1-24; 최옥선(1996). 현대 교육의 과제로서의 죽음의 문제. 『교육철학』. 14(2), 91-114; 우정길(1998). 죽음교육에 대한 실존주의적 고찰. 고려대학교 석사학위논문; 정재걸(2006). 죽음교육에 대한 일 연구: 화엄의 사사무애법계를 중심으로. 『동양사회사상』. 13, 205-230; 최명선(2007). "죽음"이라는 렌즈를 통해 본 "교육적 삶"과 그 전개 양상. 『교육원리연구』. 12(2), 89-114; 윤선인(2009). 하이데거의 존재론에서 죽음의 의미와 교육학적 함의. 고려대학교 석사학위논문; 이동윤(2017). 실존주의 죽음관의 인성교육적 함의. 고려대학교 박사학위논문.

발견해 나가는 개인, 그리고 이러한 과정을 통해 공동의 세계에 참여함과 동시에 새로운 공동세계를 창조해 나가는 사회적 창조의 과정을 "탄생성"이라는 개념 속에 포섭하였다. 그리고 그녀는 이러한 개인적·사회적 창조의 과정을 "제2의 탄생"이라 명명하였다(Arendt, 1958/이진우·태정호, 2001: 237). 보웬-무어의 경우 그리고 보웬-무어의 구분을 직접적으로 수용하고 있는 홍원표의 경우 아렌트 탄생성을 "사실적 탄생, 정치적 탄생, 이론적 탄생" 등 세 범주로 구분하고 있다(Bowen-Moore, 1989; 홍원표, 2007). 사실적 탄생은 제1의 탄생에, 그리고 정치적 탄생은 제2의 탄생에 각각 상응한다. 아렌트가 직접 언급하지 않았던 "제3의 탄생", 즉 "이론적 탄생"의 경우 활동적 삶에 대비되는 정신적 삶(사유, 의지, 판단)에 관련된다. 본고는 이 세 가지 범주 중 주로 제2의 탄생에 관심을 집중하고 있는데, 이는 첫째, 아렌트가 "제3의 탄생"을 거론하지 않았기에, 둘째, 교육학계에서는 루소가『에밀』에서 "제2의 탄생"을 언급한 이래 정치적·이론적 탄생을 포괄하는 광의의 의미로 오랫동안 사용되어 온 역사가 있기에, 그리고 마지막으로 셋째, 교육학적인 관점에서 정치적 탄생과 이론적 탄생의 구분이 교육학적으로 유의미한 시사점을 남기지는 않는다고 판단되기에 그러하다.

2. 다원성(plurality)[6]

탄생은 탄생하는 당사자 개인만의 일이 아니라 일차적으로는 탄생시키

---

6 "plurality" 번역의 문제:『인간의 조건』의 옮긴이 이진우·태정호는 "다원성"으로,『과거와 미래 사이』의 옮긴이 서유경은 "다수성"으로,『칸트 정치철학 강의』의 옮긴이 김선욱은 "복수성"으로, 교육학계 아렌트 연구의 선례자들인 이은선(2013)과 우정길(2013a; 2013b)은 "다원성"으로, 그리고 박사학위논문『한나 아렌트 '탄생성'의 교육적 함의』(조나영, 2015)와『한나 아렌트의 '행위' 개념을 통한 가르침의 의미 재탐색』(박은주, 2018)에서 저자들은 "복수성"으로 각각 사용하고 있다. 본고는『인간의 조건』을 주로 참조하고 있기도 하거니와, 의미상의 차이를 굳이 고려하여서도 '다원성'이라는 용어를 의도적으로 채택하여 사용하고 있다. 즉, 탄생성은 세계에 실존하는 개인들을 표시하는 양적 개념이 아니라 실존 내적 혹은 실존들 사이의 지속적 생성·변형을 나타내는 질적 차원의 개념이기에, 이를 부각하기 위하여 '다수성' 또는 '복수성'이라는 용어보다 '다원성'이라는 용어를 사용하고 있음을 밝혀 둔다.

는 이와의 관계적 현상이다. 탄생은 필연적으로 다원성을 기반으로 한다. 죽음이 엄밀한 의미에서 실존의 다원성·사회성으로부터 벗어남인 반면, 탄생은 다원적 관계 또는 아렌트의 표현으로는 "인간관계망" 속으로 진입하는 사건이다.

> "행위의 근본조건은 다원성으로서 인간조건, 즉 보편적 인간(Man)이 아닌 복수의 인간들(men)이 지구상에 살며 세계에 거주한다는 사실에 상응한다. … 다원성은 모든 정치적 삶의 '필요조건'일 뿐만 아니라 '가능조건'이라는 의미에서 절대적 조건이다."(Arendt, 1958/이진우·태정호, 2001: 56)

매 순간 새로운 생명이 태어나고 있다는 사실, 누군가가 누군가의 자녀로 혹은 친지로 태어난다는 사실, 분초마다 어떤 새로운 존재가 기존에 '우리'라고 불리던 인간 사이로 들어와서 '우리 중 한 사람'이 됨으로써 기존의 '우리'와는 다른 또 하나의 새로운 '우리'가 생겨나는 사건, 이것이 "제2의 탄생" 혹은 탄생성의 교육적 의미이다.7 즉, 탄생은 사실적 차원에 그치는 일회적 사건이 아니라 정치적·교육적 차원에까지 그 의미가 연관되어 있다는 것이다.8 다원성은 인간행위의 조건, 즉 인간의 조건이다. 이

---

7 사안의 피동성으로 인하여 하이데거에 의해 "기투"(내던져짐: Geworfenheit)로 표현되기도 했던 탄생의 사건은 역설적이게도 현존재(Dasein)가 주변 세계와 무관하게 홀로 있는 존재가 아니라는 점을 시사한다. 현존재의 "현"(Da)는 실존 탄생의 순간에 "구세계"와 "인간관계망"이 이미 거기에 있다는 사실, 그리고 모든 인간은 그 복수적 관계 속으로 태어난다는 사실을 증거하고 있다.
8 아렌트의 "탄생성" 및 "행위"와 관련하여 "정치"라는 용어가 사용되는 경우, 이것은 넓은 의미의 "교육"과 그 의미영역이 사실상 겹친다. 다음 인용문에서 "정치"라는 단어를 "교육"으로 치환하여도 내용상 유의미한 차이가 발생하지 않는다는 사실이 이를 반증한다. "이러한 교육과정을 마치고 일정한 연령에 도달한 성인은 공적인 세계에 참여할 수 있게 된다. 그는 사적영역에서 벗어나 공공영역으로 이동함으로써 정치행위자[교육행위자]로서 위상을 갖게 된다. 이러한 영역이동이 바로 제2의 탄생, 즉 정치적[교육적] 탄생이다. 그런데 인간을 정치적[교육적] 동물로 만드는 것은 그의 행위능력이기 때문에, 행위는 탄생에 정치적[교육적] 의미를 제공하며 정치공동체[교육공동체]를 형성한다."(홍원표, 2007: 84) 자녀가 "탄생성의 정치 원리"(Maximen einer Politik der Natalität; Saner, 1997: 110f)로 제시한 7가지 항목에서 "정치"를 "교육"으로 치환하여 의미상 큰 차이가 발생하지 않는다는 점 역시 동일한 맥락에서 이해가능하다. 그런가하면 아렌트는 "교육의 위기"에서 정치

러한 다수성은 곧 관계의 기본 조건일 뿐 아니라 동시에 사회적 다원성의 토대이기도 하다.

　인간조건으로서 다원성과 관련하여 다음 몇 가지가 언급될 필요가 있다. 첫째, 다원성은 서로 다른 개인들을 전제로 한다. 다르게 태어나서 다르게 말하고 다르게 행위하는 사람들, 이것이 아렌트의 탄생성이 표방하는 다원성을 이루는 근본 요소들이다.

　　"어느 누구도 지금껏 살았고, 현재 살고 있으며, 앞으로 살게 될 다른 누구와 동일하지 않다는 방식으로만 우리 인간은 동일하다. 이 때문에 다원성은 인간행위의 조건인 것이다. … 인간의 다원성은 유일한 존재들의 역설적 다원성이다."(Arendt, 1958/이진우·태정호, 2001: 57, 236)

　둘째, 탄생성의 관점에서 각 사람의 이러한 고유성은 모종의 정적 실체가 아니라 역동적이고 가변적 과정을 의미한다. 그리고 이러한 역동적 다원성은 개별 존재뿐 아니라 사회 전체가 그러하다. 제1의 탄생과 제2의 탄생은 개별자에게뿐 아니라, 다원성을 본질적 특징으로 하는 사회에도 동일하게 적용되는 원리이다.

　셋째, 이러한 개인적·사회적 차원의 역동적 다원성은 말과 행위를 통해 구현되고 드러난다. 아렌트에게 있어서 말과 행위는 인간과 인간, 인간과 세계를 연결해 주는 통로임과 동시에 존재의 정체성을 드러내고 확인케 해주는 도구 또는 심지어 역동적 정체성 그 자체이다.

　　"말과 행위로서 우리는 인간세계에 참여한다. 이 참여는 제2의 탄생과 비슷하다. … 말과 행위는 매우 밀접하게 관련되어 있다. 왜냐하면 근본적이고 특별히 인간적인 행위는 동시에 새로 오는 자 모두에게 던져진 질문, "너는 누구인가"에 답해야만 한다. 이 새로 온 자의 존재를 해명할 수 있는 단서는 그의 행

적 관계와 교육적 관계를 각각 "대등 관계"와 "비대등 관계"로 구분하여 설정하고 있다. 그런 까닭에 제섭은 아렌트의 "교육의 위기"에 대한 논평에서 아렌트를 "정치적으로 모호하고, 전통주의자이자 진보적 교육주의자"(Jessop, 2011: 982)로 평가하고 있다.

위와 말 속에 함축되어 있다."(Arendt, 1958/이진우·태정호, 2001: 237f)[9]

넷째, 다원성은 다관점성을 의미한다. 아렌트는 말과 행위를 통해 세계에 참여하는 사람들이 둘러앉은 탁자의 비유를 통해 다관점성을 형상화하고 있다.

> "세계에서 함께 산다는 것은 본질적으로, 탁자가 그 둘레에 앉는 사람들 사이에 자리잡고 있듯이 사물의 세계도 공동으로 그것을 취하는 사람들 사이에 존재한다는 것을 의미한다. 모든 사이(in-between)가 그러하듯이 세계는 사람들을 맺어주기도 하고 동시에 분리시키기도 한다."(Arendt, 1958/이진우·태정호, 2001: 106)

탁자 비유에서 아렌트의 관심은 사람들을 연결해 주는 탁자라는 공동성의 근거 규명에 있지 않다. 그녀가 보기에 모든 참여자들에게 "공통적으로 적용되는 척도나 공통분모는 있을 수 없다."(Arendt, 1958/이진우·태정호, 2001: 111) 이는 인간의 조건을 탐구하는 아렌트의 기본 관점이 신적 창조자 시점 또는 전지적 작가 시점이 아니라[10] 1인칭 참여자 시점(Arendt,

---

9 아렌트의 다원성을 "생성적 사이성"으로 이해하는 마스켈라인의 다음과 같은 해설은 아렌트의 탄생적 다원성의 이해를 위한 중요한 단서를 제공해 준다. "행위자가 행위하고 난 후에 다원성이 생성되는 것으로 이해되어서는 안 된다. 오히려 다원성은 근본적이다. 우리[개별자]가 행위자로 존재하고 난 후에 타자와의 관계 속으로 들어가는 것이 아니고, 우리는 [처음부터] "함께행위하는"(mithandeln) 존재로 있는 것이다. 행위는 어느 한 정체성의 표현인 것이 아니며, 또한 [어떤 독립적 정체성이] 나중에서야 다른 정체성들과 직면하게 되는 것도 아니다. 다원성은 [개별] 정체성들의 총합이 아니라, 사이존재(Inter-esse)이다. 존재는 행위하는 존재이며, 존재는 함께행위하는 존재이다. 존재는 사이존재이다."(Masschelein, 1996c: 178)

10 『인간의 조건』이라는 제목이 암시하듯, 인간의 본질 규명과 관련하여 아렌트는 전지적 신의 관점을 철저히 지양한다. "우리가 어떤 본질 또는 본성을 갖고 있다면 오로지 신만이 그것을 알 수 있고 정의할 수 있을 것 … 그리고 "나는 무엇인가"라는 물음에 대해서는 인간을 만든 신만이 대답할 수 있다. 인간 본질에 관한 물음은 신의 본질에 관한 물음과 마찬가지로 신학적 물음이다. 이 두 물음은 신의 계시를 통해서만 해결할 수 있다."(Arendt, 1958/이진우·태정호, 2001: 59) "지구 외부에서 자의적으로 취한 아르키메데스적 관점"에서 인간의 조건을 규명하려는 시도로는 "인간의 조건"이 해명되기보다는 "철학자의 신"을 구성하는 데로 귀결되고 만다는 것이 『인간의 조건』에 일관되게 나타난 아렌트의 관점이다.(Arendt, 1958/이

1958/이진우·태정호, 2001: 247참조)이기 때문이다. "폴리스"(Arendt, 1958/이
진우·태정호, 2001: 261) 혹은 말과 행위를 통해 서로에게 자신을 드러내는
세계참여자들이 공존하는 공간인 "탁자의 비유"(Arendt, 1958/이진우·태정
호, 2001: 106, 111)를 통해 아렌트가 강조하는 것은, 각 참여자의 상이한 위
치와 관점들 및 그럼에도 불구하고 각 참여자들이 동일한 것을 바라보며
경험하고 있다는 사회적 실제이다. 그녀가 보기에 공동의 세계는 이 "탁
자"가 아니라 다관점의 공존이라는 현상 속에 실재하는 어떤 것이다. "공
동세계는 오직 이 세계의 관점들의 다양성 속에서만 실존하며"(Arendt,
1958/이진우·태정호, 2001: 112), 그러므로 다관점성의 부정은 곧 공동세계
의 마감을 의미한다.11

3. 우연성 - 익명성, 예측불가능성, 통제불가능성

인간 실존이 제1의 탄생에 그치는 것이 아니라 말과 행위를 통해 끊임
없이 재연되는 제2의 탄생을 경험한다는 것은 교육학적으로 상당히 중요
한 함의를 지닌다. 제1의 탄생이, 의학 기술의 발전에 의한 것이든 혹은
인간의 축적된 경험에 의한 것이든, 생물학적·의학적으로 상당 부분 예측
가능한 범위 내에 있을 뿐 아니라 대부분 통제 가능한 사안인 데 반해, 제
2의 탄생은 예측불가능성과 통제불가능성으로 특징지어진다.

"이전에 발생한 무엇으로부터도 예상할 수 없는 새로운 어떤 것이 시작된
다는 것은 시작의 본질에 속하는 성격이다. '사건의 예측불가능성'은 모든
시작과 기원에 내재한다. 새로운 것은 언제나 기적으로 위장하여 나타난다.
인간이 행위할 수 있다는 사실은 예상할 수 없는 것을 그에게 기대할 수 있
다는 것과 또 매우 불가능한 것을 그가 수행할 수도 있다는 것을 의미한다.

진우·태정호, 2001: 60참조)

11 마스켈라인 & 사이먼스는 교육학적 관점에서 아렌트의 "탁자 비유"를 "학교"로
이해하고 있다. 이들에게 있어서 학교는 "아무것도 공유되고 있지 않지만, 모든
것이 공유될 수 있는 공통의 공간"이며, "공적-공간으로서-학교는 새로운 시작의
경험을 열어주는 시간과 공간이다."(Masschelein & Simons, 2010: 544)

이것이 가능한 것은 오직 각각의 인간이 유일하고 그래서 각자의 탄생과 더불어 유일하게 새로운 무엇이 세상에 존재하게 되기 때문이다. … 말은 차이성에 상응하며 다원성의 인간조건을 실현하는 것이다."(Arendt, 1958/이진우·태정호, 2001: 238)

아렌트가 탄생성의 은유로 언어와 행위를 들고 있다는 것은, 거듭 강조하건대, 탄생성이 단지 일회적 사건에 국한되는 생물학적 개념이 아니라 정치적·교육적으로 이해되어야 한다는 것을 의미한다. 즉, 탄생성은 이른바 "아렌트식 새로움의 생성론"(Arendt'sche Genealogie des Neuen)의 다른 표현이다. 인간은 말을 한다. 말을 하되, 배운 말들의 반복적 재생에서 그치지 않고 배운 말을 다르게 하거나 심지어 배우지 않은 새로운 말을 하기도 한다. 말을 하되, 계획된 말을 함과 아울러 계획된 말을 다 하지 못 할 때도 있는가 하면 계획에 없던 말을 쏟아 내기도 한다. 인간은, 문자 그대로의 의미에서 그리고 동시에 은유적 의미에서, 기존의 어법과 문법 속으로 탄생하지만, 기존에 없던 전혀 새로운 어문법을 언어적 일상 속에서 창의하기도 한다. 인간은 행위한다. 행위를 하되, 관습과 전통과 규범체계의 경계를 넘나들며, 새로운 질서체계와 행위규범의 생성에 참여한다. 탄생의 순간부터 사멸의 순간에 이르도록 인간은 끊임없이 말하고 행위 한다. 아렌트의 탄생성, 즉 인간이 탄생적 존재라는 사실은 인간이 어떤 새로움의 인위적 생산자라거나 혹은 모종의 새로움을 창조하기 위해 인간이 탄생한다는 목적론적 접근을 의미하는 것이 아니다. 새로운 말과 전례 없던 행위를 하기 위해 탄생하는 것이 아니라, - 제1의 탄생이든 혹은 제2의 탄생이든 - 탄생 자체가 개인적 차원에서는 새로움의 시작이자 새로운 자기표현이며, 사회적 차원에서는 다원성의 확증이다. 탄생성의 관점에서 인간의 있음 그 자체가 극단적 새로움의 지속적 생성을 의미한다. 말과 행위를 통한 세계참여는 이러한 극단적 새로움이 다원적 차원에서 역동적으로 발생·전개된다는 사실을 의미한다. 그러므로 탄생성의 관점에서 이러한 극단적 새로움은 예측가능하거나 통제가능한 차원의 것이 아니다. "탄생 덕분에 각각의 사람이 할 수 있는 새로운 시작을 세계의 무대에 가져오는 행

위가 없다면, '태양 아래 새로운 어떤 것도 존재하지 않는다.'"(Arendt, 1958/
이진우·태정호, 2001: 267)

4. 관계성

말과 행위를 통해 조명되는 탄생성은 관계중심적이다. 여기서 우리는
아렌트가 행위를 "인간 사이에 직접적으로 수행되는 활동"이라고 정의하
였다는 사실에 주목할 필요가 있다. 말과 행위가 예측불가·통제불가한 이
유는 말과 행위가 근본적으로 고립된 개인의 내면이 아니라 "인간 사이에
서" 수행되는 관계적 사건이기 때문이다. 즉, 말과 행위에는 자아와 타자
가 공동으로 참여되어 있다. "행위는 고립되어서는 결코 가능하지 않다. …
행위와 말도 주변에 있는 타인의 현존을 필요로 한다. … 타인의 지속적
인 현존이 행위의 전제조건이다."(Arendt, 1958/이진우·태정호, 2001: 249, 74)
자아와 원천적으로 다른 존재인 타자의 말과 행위는 나의 예측력과 통제
력이 미처 닿지 못하는 곳에서 시시각각 새롭게 탄생한다. 탄생은, 그것이
제1의 탄생이든 제2의 탄생이든, 혹은 제2의 탄생일수록 더욱, 관계적
특성을 띤다. 탄생적 관계성은 어느 한 주체의 독립적 공간도 독점적 성취
도 아닌 상호주관적 과정이다. 탄생성의 관점에서 다원성은 단순히 행위
자의 양적 다원성을 넘어 행위의 과정 속에 교차하고 섞이는 자아와 타자
의 역동적 공존을 의미한다.

> "모든 사람들이 행위와 말을 통해 세계에 참여함으로써 자신의 삶을 시
> 작할지라도 어느 누구도 자기 삶의 이야기의 저자이거나 연출자일 수 없다.
> 달리 말하면, 말과 행위의 결과물인 이야기들은 주체를 드러내지만 이 주체
> 는 저자나 연출자가 아니다. 이야기를 시작한 누군가는 행위자와 수고하는
> 자의 이중적 의미에서 이야기의 주체일 수는 있으나 이야기의 저자일 수는
> 없다."(Arendt, 1958/이진우·태정호, 2001: 245)

이런 맥락에서 아렌트가 탄생성의 관점에서 행위의 특성으로 "결과의 예

측불가능성, 과정의 환원불가능성"과 아울러 "작자의 익명성"(Arendt, 1958/
이진우·태정호, 2001: 284)을 들고 있는 것은 당연한 귀결이다. 앞서도 언급하
였듯이 참여자는 창조자가 아니기 때문이며, 탄생성 개념을 통해 아렌트는
철저히 참여자의 관점을 취하고 있기 때문이다.

IV. 탄생성과 교육

1. 탄생성의 계기들과 교육

아렌트가 탄생성 개념에서 고수하고 있는 참여자 관점, 특히 '작가의 익
명성' 또는 '우연적 주체성'이 전제된 참여자 관점은 전통적 교육학에게는
낯설 뿐 아니라 심지어 화해가 어려워 보이기까지 하다. 이유는 간단하다.
전통적 교육학은 대화자·행위자·참여자가 아니라 창조자·생산자·연출
자에 이론적 초점을 맞춰 왔기 때문이다. 이데아를 이해하는 철인의 이름
으로, 창조주의 권위를 부여받은 신적 대리인의 자격으로 혹은 보편이성
의 이름으로 전통적 교육학은 자아중심적·의식철학적 주체를 추구해 왔
다. 그 결과, 관계보다는 자아에 그리고 통제불가능한 타자보다는 자아와
타자의 상위개념으로서 보편이성에 더욱 많은 학문적 가치를 부여해 왔
다. 이를 통해 타자의 타자성은 망각에 이르게 되었고(우정길, 2009: 151참
조), 타자가 참여된 교육행위의 예측불가능성과 통제불가능성은, 비록 그
것이 교육 실제의 일상적 현상임에도 불구하고, 교육학적 사유의 가장자
리로 밀려났으며, 교육적 관계는 탄생성을 바탕으로 한 다원적·우연적 관
계론보다는 주체철학적 지향성을 바탕으로 한 기계적 주객이원론이 더욱
적합해 보이는 상황에 이르게 되었다. 이런 맥락에서 아렌트의 탄생성은
전통적 교육학이 추구해 왔던 자아중심성·주체중심성의 이론 친화성을
재고하는 계기를 제공하고, 전통적 교육학이 의도적·무의도적으로 간과
해 온 다원적·우연적·관계적 교육실재의 의미를 환기하는 데 기여한다.
탄생성의 계기들이 교육학에 대해 갖는 의미를 다음 몇 가지로 나누어 고

찰해 본다.

첫째, 전통적 교육학이 주장해 온 교육의 개념, 즉 타자의 자아화라는 의미의 이른바 '동질화(Homogenisierung) 기획으로서 교육'은 아렌트의 탄생성이 표방하는 있는 그대로의 다원적 실존 혹은 항상 새롭게 태어나는 개인·사회라는 의미의 다원성과는 친화되기 어렵다. 전통적 교육개념이 아렌트의 탄생적 다원성에 부합되지 않는다는 사실 자체가 문제라는 것이 아니다. 문제는, 교육학의 출발점으로서 교육의 실재가 아렌트의 탄생적 실재에 더욱 부합하기에, 이를 수용할 경우, 전통적 교육 개념의 재고와 수정이 불가피하다는 데 있다. 단언컨대, 교육은 탄생에 선행하지 않는다. 즉, 탄생은 교육에 항상 우선한다. 탄생성의 관점에서 교육은 늘 사후적 활동일 뿐 미래통제적 혹은 탄생통제적 활동일 수 없다. 아렌트의 탄생성이 표방하는 다원성이 교육을 통해 혹은 교육을 위해 존재하는 것이 아니라, 오히려 이러한 근본적 다원성이 곧 교육의 실재이고 교육의 가능조건이기에, 교육학은 이러한 탄생적 사실성에서 그 출발점을 구하여야 한다.

전통적 교육학의 지향점을 대신하여 탄생성의 관점에서 개인적·사회적 차원의 역동적 다원성을 교육의 출발점이자 목표로 삼는다는 것이 이론적·실천적으로 가능한지에 대해 혹자는 회의할 수도 있다. 그리고 이러한 회의는 어쩌면 현대사회의 교육이 표면적으로나마 실현하려고 하였던 다원성·다관점성·다문화성 등의 이상이 교육의 실제에 있어서는 때로 낭만적 구호로 그치거나 혹은 모종의 교육자-주도적 다원성으로 귀결되는 근본적 원인이 되기도 한다. 그러나, 아렌트의 사유를 근거로 재차 강조하건대, "인간의 다원성은 유일한 존재들의 역설적 다원성이다."(Arendt, 1958/이진우·태정호, 2001: 236) 이러한 "역설적 다원성"은 – 만약, 칸트(I. Kant)가 그리 하고 있는 것처럼, 교육의 시작과 끝을 인위적으로 나눌 수 있다면 – 교육 이전에도 유효하고, 교육의 과정 중에도 그러하며, 심지어 교육 이후에도 지속적으로 그러하다. 개인과 사회의 "역설적 다원성"은, 그것이 교육의 이름으로 동질화되는 순간, 즉 "공동세계가 단지 한 측면에서만 보여지고 단지 한 관점만을 취해야 할 때, 끝나고 만다. 공동세계는 오직 이 세계의 관점들의 다양성 속에서만 실존한다."(Arendt, 1958/이진우·태정호, 2001: 112) 이런 의미에서 교육은 "훈육, 문화화, 문명화, 도덕화"(Kant, 1998)로 대변되는 이른바 "동질화 기획"이 아니라 "탄생, 즉 새로운 시작에 대한 대답"(Masschelein, 1996b: 122; 1996c: 175)이다.

둘째, 계획가능성과 통제가능성을 추구해 온 전통적 교육학은 탄생성이 내포하는 우연성이라는 계기와는 공존이 용이치 않아 보인다. 오히려 우연성은 교육자가 통제해야 할 어떤 것으로서, 교육을 방해하는 요인이자 교육학이 기술적으로 배제하여야 할 비과학적 요소라는 관점이 전통적 교육학의 사유방식이다. 교육학은 교육의 계획가능하고 통제가능한 측면을 고찰의 주된 대상으로 삼으려는 속성을 체계화·정교화하여 왔다. 이런 의미의 교육과 교육학은 인간에 대한 계획가능성과 통제가능성에 대한 교육적 선의의 희망을 교육의 실제 속에 실현하려는 부단한 노력의 집적이다. 그러나 탄생성의 계기로서 우연성은 전통적 교육학의 위와 같은 바람에 역행한다. 제2의 탄생, 즉 말과 행위를 통해 이루어지는 사회적·정치적·교육적 탄생은 인간이 근본적으로 예측불가능하고 통제불가능한 존재라는 사실을 반증한다. 우연성을 간과하려는 혹은 최소화하려는 시도는 탄생적 존재인 인간에 대한 조작적 접근에 다름 아니다. 실험실적·기계적이라 명명될 만한 이러한 인간학적 이해는 결과적으로 개인으로부터는 자유를, 사회로부터는 희망을 가로막는 기제, 즉 마스켈라인이 "부드러운 전체주의"(Masschelein, 2001: 16)라고 명명하는 기제로 작용하게 된다. 그리고 자유와 희망은 탄생을 탄생이게 하는 전제조건이자 그 결실이기도 하다. 『전체주의의 기원』을 다음과 같은 외침으로 맺는 아렌트의 탄생성 사유가 내포하는 이른바 "시작의 발생학 또는 새로움의 생성론"은 전통적 교육학이 어쩌면 의도적으로 외면해 왔던 교육인간학적 사유가 재고되고 재구성되어야 할 지점이 어디인지를 시사해 준다.

> "시작은 … 인간이 가진 최상의 능력이다. 정치적으로 시작은 인간의 자유와 동일한 것이다. "시작이 있기 위해 인간이 창조되었다"고 아우구스티누스는 말했다. 새로운 탄생이 이 시작을 보장한다. 실제로 모든 인간이 시

작이다."(Arendt, 1968/이진우·박미애, 2006: 284)

이런 맥락에서 탄생성이 내포하는 우연성, 그리고 우연성에 내재된 희망의 계기에 대한 홍원표의 다음과 같은 설명은 교육학이 적극 참조할 만한 내용을 담고 있다. 이것은 곧 교육학의 실재, 아동의 실재에 직접 관련된 것이기에 그러하다.

"어린아이는 어딘지 모르는 곳에서 사람들이 이미 살고 있는 세계에 등장한 이방인이다. 그의 탄생은 자유롭고 예기치 않게 우연히 등장한 사건이다. 따라서 어린아이의 탄생은 '세계적' 사건이며, 마치 기적과 같다. 새로운 생명의 탄생은 세계의 희망이며, 또한 소멸할 수 있는 세계를 구원하는 사건이다."(홍원표, 2007: 83f)

홍원표가 "마치 기적과도 같다"라고 표현한 바로 그 현상을 에드구스(J. Edgoose) 역시 "기적"으로 쓰고 있다. 그러나 그는 거기서 그치지 않고 "기적과도 같은 탄생성"의 교육적 의미를 "희망"이라는 개념으로 재해석해 내고 있다. 전통적 교육학이 추구해 온 "발달·진보지향적 희망, 목표지향적 희망"에 자신의 교직관을 근거하고 있었던 동료 교사의 소진현상에 대한 나름의 위로와 해법을 제시하고자 하였던 그는 아렌트의 탄생성에 근거하여 기존의 희망과는 다른 개념의 희망, 즉 "재탄생이라는 의미의 희망"(Edgoose, 2010: 395)을 제안하고 있다. 달리 표현하자면, 교실은 본질적으로 탄생성의 공간이기에, "교실 내 예측불가능한 다원적 특성"(Edgoose, 2010: 393), 즉 "예측불가능한 기적에 대한 감수성"(Edgoose, 2010: 394)을 기를 필요가 있다는 점, 그리고 이를 바탕으로 전통적 교육학의 교실담론인 "기대의 경제학"(Edgoose, 2010: 398), 즉 탄생적 우연성이 전혀 고려되지 않은 방식의 교실이해를 지양할 것을 조언하고 있다. 비록 이러한 개념의 희망이 항상 긍정적 생산성을 담보하는 것은 아니라 하더라도, 교실과 교직에 임하는 교사의 자세와 정서에 있어서 희망적 여유공간을 창출하는 데 기여할 수 있다는 것이 에드구스의 견해이다. 즉, 아렌트의 탄생성은

교육학적으로 분명 유의미한 "차이를 창출한다."(Edgoose, 2010: 401)

셋째, 교육은 관계적 사건이며, 이것은 비단 탄생성의 관점에서만 그러한 것이 아니라 전통적 교육학의 관점에서도 그러하다. 문제는, 후자의 경우 자아중심적 혹은 주체중심적 관점에서 관계성을 파악하기에 탄생적 관계성의 근본요소인 타자성을 필연적으로 간과하거나 혹은 그 의미를 최소한으로 제한하게 된다는 점이다. 이 경우 교육은 이른바 자기동일성(Selbstidentifizierung) 원칙을 고수하려는 일련의 노력으로 남게 되며, 이로써 탄생의 사건에 내재된 근본적 새로움의 가능성이 원천적으로 차단된다는 점이다.

이 지점에서 우리는 아렌트가 "행위와 말은 타인의 행위 및 말의 그물망에 둘러싸여 그것과 끊임없이 접촉하면서 이루어진다"(Arendt, 1958/이진우·태정호, 2001: 249)고 한 말의 의미를 적극적으로 성찰해 보아야 한다.12 인간이 탄생한다는 사실은 새로운 인간이 끊임없이 기존의 "인간관계망"으로 들어온다는 것을 의미하고, 말과 행위를 통해 인간이 제2의 탄생을 거듭한다는 것은 이러한 "인간관계망" 역시 지속적 탄생을 거듭한다는 것을 의미하며, 마지막으로 이러한 "인간관계망"은 다시 인간관계망 참여자의 말과 행위를 새롭게 구성하는 혹은 또 하나의 새로운 탄생으로 이끄는 제2, 제3의 탄생들의 촉매로 작용한다. 탄생은 - 특정한 말과 행위 이전

---

12 한 걸음 더 나아가 아렌트가 말하는 타인은 비단 자아의 외부에 실존하는 타인만을 의미하는 것이 아니라는 점 역시 언급될 필요가 있다. 즉, "이데아의 하늘 아래서 그는 존재하는 모든 것의 진정한 본질을 발견할 뿐만 아니라 '자기와 자기 자신' 간의 대화 속에서 자신을 발견한다. … 홀로 있다는 것은 자기 자신과 함께 있다는 것을 의미한다. 따라서 사유한다는 것은 모든 활동 중에 가장 고독한 것이라 하더라도, 그것은 전적으로 상대나 동료가 없이 이루어지는 것은 결코 아니다."(Arendt, 1958/이진우·태정호, 2001: 130) 본고에서 고찰의 대상으로 삼고 있지는 않으나, 아렌트의 위와 같은 언급에서 우리는 아렌트의 탄생적 상호주관성 개념에는 비단 '자아와 타자 사이'뿐 아니라 내주체성(Intrasubjektivität), 즉 "자아 내 타자성" 또는 "자아 속의 여러 목소리"(cf. Waldenfels, 2001: 285; 1999: 27) 등으로 표현되기도 하는 자아 내부의 다양한 '사이'들 역시 포함된다는 것을 확인할 수 있다. 아렌트의 "자기 자신과의 대화" 개념이 드러내는 가장 근본적인 교육학적 시사점을 큰 틀에서 약술하자면, 데카르트(R. Descartes) 이래 교육학적 주체성의 핵심원리로 여겨져 온 "자기동일성의 원리"의 자명성은, 아렌트가 의도하였든 의도하지 않았든, 회의와 재고의 대상이 이미 되었다는 사실이다.

의 자아와 이후의 자아 사이의 관계성을 포함하여 – 관계성의 모든 차원에서 발생하며, 이러한 관계성에서 타자성은 자아로 결코 환원되지 않는, 탄생성의 핵심요소이다. 아렌트가 "폴리스의 참된 공간은 … 함께 살아가는 사람들 사이에 존재한다"고 말하며, "이 공간에서 나는 타인에게, 타인은 나에게 현상한다"(Arendt, 1958/이진우·태정호, 2001: 261)라고 설명할 때, 그녀는 분명 데카르트 이래 철학적 사유의 출발점으로 여겨져 온 자기동일성의 원리를 간접적으로 공박하고 있다고 우리는 이해한다. 탄생은 관계적 발생이며, 탄생적 관계성은 교육적 사유의 현상적 토대이다.

마지막으로 그리고 종합적으로, 다원성과 우연성 그리고 관계성을 바탕으로 한 탄생성 관점의 부각은 교육학의 전통적 관점의 하나인 공학적 교육관에게 심각한 도전의 계기가 된다. "인간은 오로지 교육을 통해서만 인간이 된다. … 인간은 교육이 그로부터 만들어내는 것에 불과하다"(Kant, 1998: 697, 699)라는 칸트의 명제로 대변되는 공학적 교육관, 즉 만듦의 교육관은 엄밀히 말하자면 아렌트의 활동적 삶의 세 가지 조건 중 "제작"에 해당되는 것이며, 이는 "동물에 비하여 본능적으로 결핍된 존재인 인간이 자신의 자연의존성 극복을 위해 택해야만 했던 하나의 방편"(Kant, 1998참조)을 의미한다. 그러나 아렌트는 "제작"으로서 활동을 "행위"와 구분하고, 교육의 개념으로서 "제작"의 한계, 즉 도구적 인간이해와 수단적 교육이해의 의미를 다음과 같이 설명한다.

"제작과 달리 행위는 고립되어서는 결코 가능하지 않다. 고립되는 것은 행위능력을 박탈당하는 것이다. … 행위와 말은 타인의 행위 및 말의 그물망에 둘러싸여 그것과 끊임없이 접촉하면서 이루어진다. 타인과 고립하여 자신의 힘을 오직 자신의 존재에서만 구하는 '강한 사람'에 대한 일반적 믿음은, 우리가 인간사의 영역에서 무엇을 '만들 수' 있다 – 탁자나 의자를 만들 듯이 제도나 법률을 '만들 수' 있으며 사람을 '더 낫게' 또는 '보다 못하게' 만들 수 있다 – 는 환상에 기인하는 단순한 미신이거나 아니면 다른 '재료'를 취급하듯이 인간도 그렇게 다룰 수 있다는 공상적인 희망과 연관되어, 정치적이든 비정치적이든 간에 모든 행위를 의식적으로 포기하는 것이

다."(Arendt, 1958/이진우·태정호, 2001: 249f)

　"제작"과 행위가 분리가능한 개념인지 혹은 제작이 행위에 속하는 개념
인지는 분명치 않다. 또한 인간의 어떤 활동이 순전히 "제작"이기만 한 경
우는 없을 뿐 아니라 행위능력이 박탈되는 고립상황은 실존적으로 가능하
지 않기에, 위와 같은 아렌트의 구분과 설명은 다소 조작적인 면이 없지
않다. 그러나 탄생성의 관점에서 교육은 분명 칸트의 그것과는 질적 차이
를 보인다. 즉 탄생적 존재로서 인간은 제섭의 표현처럼 "새로운-인간이자
새롭게-되어가는-인간"(Jessop, 2011: 991참조)이지 "만들어지는 존재"는 아
니다. 동일한 맥락에서 "아동의 실재는 (아직)-말할수-행위할수-없음이 아니
라, … 새로운-행위함과-새로운-말함이다. … 인간은 만들어지는 것이 아니
라, 태어나는 것이다."(Masschelein, 1996b: 121) "만듦·제작의 교육학"에는
새로운 인간이 등장할 자유의 가능성도, 새로운 세계가 열릴 희망의 가능
성도 없다. 아렌트의 개념으로 달리 표현하자면, 만듦·제작의 교육학은,
그것의 교육적으로 선한 취지에도 불구하고, 개인으로부터는 자유를 그리
고 사회로부터는 희망을 박탈하는 결과로 귀결된다. "만듦·제작"은 다수
의 참여자라는 측면에서 양적으로는 복수적 개념이기는 하나, 탄생적 존재
성과 탄생적 사회성의 근본적 새로움이 원천적으로 차단된다는 관점에서
보자면 질적 측면에서는 다원성의 차단 또는 통제된 다원성이라 할 수 있
다. 아렌트의 주장대로 "사람들 간의 행위와 반작용은 결코 폐쇄된 원 속에
서 진행되는 것도 아니고 양편에만 한정되는 것도 아니기 때문이다."(Arendt,
1958/이진우·태정호, 2001: 252) 행위는 항상 관계 속에서 이루어지고, 이 관계
는 탄생의 공간, 즉 다원성과 우연성의 공간이다. 아렌트의 역사 진단에 따
르면, 탄생성의 이러한 특성이 간과될 때 교육적 인간은 기계나 동물로 전락
하였고, 결과적으로 인간의 존엄은 상실에 이르게 되었다.

　　"최근의 정치사는 '인간재료'(human material)란 용어가 결코 유해한 은
　　유가 아니라고 주장하는 사례들로 가득 차 있다. 이것은 근대의 과학적 실
　　험이 행해지는 모든 영역, 사회공학, 생화학, 신경외과 등에 적용되는 말이

다. 이들 영역은 모두 인간을 마치 다른 물질과 같이 취급하며 심지어 변화시키기도 한다. 인간을 이처럼 기계적으로 다루는 것은 근대의 전형적인 태도이다. 고대에도 비슷한 목적을 추구할 때, 사람을 짐승의 관점에서 생각하는 경향이 있었다. 즉, 남이 길들이고 돌보아야 할 필요성이 있던 사람들을 짐승으로 생각했던 것이다. 이와 같은 고대와 근대의 두 태도는 인간을 – 살아 있는 유기체로서의 인간이 아니라, 인간으로서 인간을 – 죽이는 결과만을 초래하였다."(Arendt, 1958/이진우·태정호, 2001: 250)

근대 이후 코메니우스(J. A. Comenius)와 칸트를 비롯한 많은 교육사상가들이 동물과 비교된 인간을 교육의 대상으로 이해하였거나(Schaller, 1958; 14; Kant, 1998: 697f; Ballauff, 1962: 22f) 혹은 교육의 영향력을 과신한 나머지 만듦의 교육관을 맹신한 사례13가 빈번하였다는 사실은 결코 우연이 아니다. 아울러 오늘날에도 교육인간학 논의에서 교육적 동물과 교육적 인간이라는 용어들이 혼용되고 있다는 점, 그리고 인간자본론을 그 모체로 하는 인적자원개발론(HRD)이 교육학의 중요 분야 중 하나로 인식·실천되고 있는 점 등도 반세기 전 아렌트가 앞서 행했던 비판적 통찰이 오늘날에도 유효하다는 사실을 반증해 준다.

2. 교육의 역설적 과제 – "새로움의 보존"

탄생성의 관점에서 교육을 논한다는 것은 다음 두 가지 중 하나를 의미한다. 그 첫째는 이른바 탄생성의 교육학과 동질화, 필연성, 자아중심성 등을 특징으로 하는 전통적 교육학 사이의 이론적 부조화가 불가피하다는 것이다. 달리 표현하자면, 탄생성의 현상학은 가능하지만, 이른바 탄생성의 교육학은 전통적 교육학의 토대 위에서는 혹은 그 범주 내에서는 용이하지 않거나 심지어 가능하지 않을 것이라는 진단이다. 아렌트의 탄생성의 적극적 수용자 중 한 사람인 비에스타가 아렌트의 탄생성과 전통적 교

---

13 극단적인 사례로, 교육만능론을 바탕으로 한 왓슨의 "12 아동 만들기 프로젝트"(Watson, 1930: 82)와 슈레버의 "칼리패디" – 슈레버의 표현으로는 "Kallipädie oder Erziehung zur Schönheit"(Schreber, 2005; 우정길, 2018) – 등을 들 수 있다.

육학의 공존가능성과 관련하여 "교육의 불가능성"(Biesta, 1998, 2001)이라는 다소 자극적인 표현을 사용하는 것도 바로 이러한 맥락이다. 두 번째 가능성은, 위와 같은 전통적 교육학과는 다른 혹은 그와는 차원을 달리하는, 달리 표현하자면, 다원성, 우연성, 관계중심성이 적극적으로 고려된 새로운 교육학, 즉 이른바 탄생성의 교육학의 출현가능성이다. 만약 아렌트적 의미에서 탄생성의 교육학이라는 구상이 가능하다면, 거기에는 인간을 교육 받기 이전의 동물적 상태 또는 결핍상태를 지칭하는 "아직-아닌-인간"(noch-nicht-Mensch)과 교육을 통해서만 관념적·이념적 완성의 상태에 도달한 것으로 여겨지는 "그제서야-인간"(aber-dann-Mensch)으로 나누는 칸트의 "이원적 교육인간학"(Kant, 1998; Ricken, 1999: 94f; cf. 우정길, 2007: 248)이 지양된 형태, 즉 모든 탄생이 곧 시작이자 완성이라는 인간실존의 사실성에 기초한, 어쩌면 '발생적 교육인간학'이라 명명할 수 있는 교육인간학적 구상이 자리할 것이다. 위와 같은 전적으로 상이한 두 가지 교육(학) 구상은 서로 섞이거나 공존이 불가능해 보인다. 이은선이 "[근대주의자] 아렌트의 포스트모던성"(이은선, 2003a: 47)이라고 명명하는 지점, 그리고 박혁이 인용하고 있는 벤하비브(Benhabib)가 아렌트를 향해 내리는 "주저하는 근대주의자"(1998; 박혁, 2009: 254재인용)라는 평가 역시 아렌트 교육사유의 역설성과 맥락을 같이 한다. 이를 증명이라도 하듯, 아렌트는 공존불가능해 보이는 두 가지 요소를 조합하여 교육의 개념과 과제를 제시하고 있는데, 그것이 곧 "새로움의 보존", 즉 "탄생성의 보존"이다.

> "우리 모두가 관련되기 때문에 교육학에 떠넘겨 버릴 수 없는 것은 성인들과 아이들의 일반적인 관계, 또는 좀 더 일반적이고 적확한 표현으로 탄생성이라는 사실에 대한 우리의 태도이다. 이 사실은 우리 모두가 탄생과정을 통해 세상에 나왔고, 이 세계는 항상 탄생을 통해 새로워진다는 것이다. 교육은 우리가 세계에 대한 책임을 질 만큼 세계를 사랑할지, 같은 이유로 [세계의] 경신 없이, 즉 새롭고 젊은 사람들의 도래 없이는 파멸이 불가피한 세계를 구할지를 결정하는 지점이다. … 세계를 보전하기 위해 세계는 늘 새로워져야 한다. … 관건은 세계가 늘 새로워질 수 있도록 [새로운 세대]

를 교육하는 것이다. … 교육은 이 [아이가 담지한] 새로움을 보전하여 새
로운 것으로서 낡은 세계에 소개해야 한다."(Arendt, 1968/서유경, 2005:
263, 258f)

이른바 "새로움의 보존"(Arendt, 1968/서유경, 2005: 259; Levinson, 2001:
16f)으로 요약될 수 있는 아렌트의 교육 개념은 기본적으로 앞서 제1의
탄생(생물학적 탄생)과 제2의 탄생(정치적 탄생)이라고 명명하였던 사건을
전제로 한다. 심지어 아렌트는 이러한 탄생을 필멸의 세계에 허락된 유일
한 희망의 근거로 여긴다. "우리의 희망은 언제나 각 세대가 가져오는 새
로운 것에 달려 있다."(Arendt, 1968/서유경, 2005: 258) 이것은 지금껏 세계
에 존재한 적 없던 유일하고 고유한 존재가 태어날 뿐 아니라 이러한 극
단적 새로움의 존재들로 다원적 세계가 구성된다는 의미의 새로움, 그리
고 말과 행위를 통해 이러한 다원적 세계가 지속적으로 탄생을 거듭한다
는 의미의 절대적·근본적 새로움의 정치적 의미를 아렌트가 적극적으로
옹호하고 있다는 사실을 보여준다.

그러나 "새로움의 보존"이라는 교육의 개념과 과제와 관련하여 아렌트가
보여주는 탄생성은 위와 같은 절대적·근본적 차원과는 거리가 있다. 즉, 아
렌트의 교육학적 탄생성은 탄생성 그 자체라기보다는 '보존된 탄생성' 또는
'교육된 탄생성'이다. 비록 이 '보존된·교육된'이 '조작된'(manipuliert)이나
'통제된'(kontrolliert)을 의미하지는 않는다 하더라도, 『인간의 조건』에서 제
시되었던 탄생성의 생성론적 의미와는 분명 차이가 있다. 말과 행위를 통해
드러나는 탄생성, 타자의 타자성과의 관계성을 통해 새롭고 다르게 드러나
는 탄생성, 그리고 심지어 자아의 내부에서 균열된 주체성의 형태로 발현되
는 탄생성은 보존이나 통제 혹은 전통적 개념의 교육이 사실상 가능하지
않다. 탄생은 새로움 그 자체이고, 발생이요, 현상이다. 탄생은 기대할 수는
있으나 보존할 수 있는 성격의 것이 아니다. 보존은 현재의 것을 미래 시점
으로 연장한다는 의미이지, 현재에 아직 없는 미래의 것을 지키는 개념이
아니다. 연출된 (제2의) 탄생은 탄생이 아니라 기획이며, 보존된 (제2의) 탄
생은 새로움과는 거리가 멀다. 그래서 아렌트가 "보수주의적"이라 칭하는

교육, 즉 "새로움을 보전하여, 새로운 것으로서 낡은 세계에 소개하는 일"(Arendt, 1968/서유경, 2005: 258)은 논리적으로나 사실적으로 성립이 가능하지 않은 과업이다. "탄생은 발생이며, 발생은 계획과는 다른 차원의 것이기 때문이다."(cf. Dunne, 2006: 14) 아렌트의 탄생성이 의미하는 새로움은 보존의 대상이 아니라 발생 그 자체요, 계획의 대상이 아니라 경험의 과정이다. 탄생성의 교육학이라는 개념이 성립가능하다면, 이때 교육은 매 순간 경신되는 새로움에 관련된 사후적 활동일 뿐, 교육을 통해 새로움이 예비되거나 보존되거나 혹은 심지어 조작될 수 없다. 탄생은 교육의 기능이나 역할이 아니라 교육의 출발점이다. 앞서 언급한 바와 같이, 탄생은 교육에 선행한다. 물론 "새로움의 보존"을 "그들[새로움의 담지자들]이 뭔가 새로운 일, 뭔가 예측할 수 없는 일을 할 수 있는 기회를 빼앗지 않는 것"이라고 소극적·제한적으로 해석할 수도 있다. 그러나 『인간의 조건』뿐 아니라 아렌트 저작 전체를 관통하는 탄생성의 비중을 고려해 볼 때 그리고 "교육의 본질은 탄생성, 즉 사람들이 세계 속에 태어났다는 사실이다"(Arendt, 1968/서유경, 2005: 237)라는 선언적 명제에 비추어볼 때, "새로울 수 있는 기회의 제공"이라는 다소 작위적 기제는 아렌트 자신이 제안했던 탄생성의 의미를 희석시키는 계기가 된다.14

아렌트에게 있어서 이런 방식의 불가능성의 병립 또는 역설적 조합은 "새로움의 보존"이라는 교육의 역할 규정에만 국한되지 않고, 교육적 인간의 규정, 즉 교육인간학적 규정에 있어서도 발견된다. 아렌트가 "생성 과정 속에 있는 인간"이라고 부르는 교육적 인간 또는 교육의 대상은 한편으로는 말과 행위를 통해 끊임없이 재탄생하는 "생성적 인간"이지만, 또 다른 한편으로는 모종의 완성을 향해 "생성 중"인 "미완의 인간"으로 그려지고 있다. "그는 … 낯선 세계에 들어 선 새로운 존재이다. … 생성과정 속에 있고 한 사람의 새로운 인간이며 인간이 되어 가는 존재이다."(Arendt, 1968/서유경, 2005: 250) 전자, 즉 과정으로서 생성에 방점을 둘 경우 우리는

---

14 "새로움의 보존"과 관련하여, 본고의 논지와 다른 해석은 임정아, 2016: 518f를 참조 바람.

교육의 결과로서가 아니라 탄생이 동반하는 사회존속의 원동력으로서 새로움 그 자체에 의미를 부여하게 된다. 이 경우 인간 실존 그 자체가 희망의 상징이고, 교육은 이러한 희망의 비인위적 축적이라는 의미, 즉 보다 광의의 차원에서 이해될 필요가 있다.15 이와 반대로 후자, 즉 미완의 상태라는 의미의 생성에 보다 적극적 의미를 부여하게 될 경우, 우리는 전통적 교육이 강조하는 그리고 "교육의 위기"에서 아렌트가 지속적으로 강조하고 있는 "보호와 보살핌, 교육적 책임과 권위" 등을 포기할 수 없는 혹은 포기되어서는 안 되는 교육적 가치로 인식하고 실천해 나가야 한다. 이런 맥락에서, 아렌트 사상의 교육학적 수용자들이 "탄생성의 역설"(Levinson, 2001), "복잡하고 모호한"(O'bryne, 2005: 397), "복합적 정체성, 보수적이자 동시에 혁명적인 사상"(Jessop, 2011: 982), "자가당착"(이은선, 2003b: 154) 등의 표현을 통해 아렌트 교육사유의 역설적 측면에 대한 아쉬움 또는 비판을 직간접적으로 표현했다는 점, 그리고 "아렌트 정치사상의 교육학적 번역은 불완전하다"(Edgoose, 2010: 401)라는 다소 냉정한 평가를 내어 놓고 있다는 점 등은 오히려 자연스러운 귀결이라 볼 수 있다. 어쩌면 르포르트의 연구논문의 제목처럼 "아렌트로 아렌트에 반(反)하여 사유하기"(Lefort, 2002)16는 적어도 이른바 탄생성의 교육학에서는 불가피한 논제이자 극복해야 할 과제라고 여겨진다.

---

15 여기서 희망이 "새로움의 생성"을 의미한다고 해서 꼭 긍정적인 것만을 의미하지는 않는다. 탄생으로 인한 새로움의 유입은 과거에 없던 사회적 · 문화적 공간을 연다는 측면에서 분명 미래지향적이긴 하지만, 근본적으로 예측불가능한 미래지향성이 때로 전통적 가치 · 문화체계에게는 도전과 위협이 되기도 하기 때문이다. 오바이언이 탄생성의 관점에서 교육의 원리를 "저항의 원리"(a principle of resistance; O'Byrne, 2005: 407)라고 부르는 것 역시 아렌트의 탄생성이 교육에 대해 갖는 양면적 의미 때문이다.

16 "Thinking with and against Hannah Arendt". 아렌트에 관한 교육학 외부의 엇갈리는 평가는 박혁의 다음 문장에서도 감지된다. "그럼에도 불구하고 아렌트 정치이론의 현재적 의미들에 대한 논쟁들은 그녀의 사유에서 보여지는 독창적이고 급진적인 정치철학적 핵심들을 간과하는 경향들을 보이고 있다. 그 대신 "반근대적이라거나"(Kateb, 1984), "주저하는 근대주의자"(Benhabib, 1998), 혹은 "고대 폴리스에 대한 향수"(Sternberger, 1979)" 등에 대한 비판들이 아렌트 사상의 일반적 형상으로 우리에게 전해진다."(박혁, 2009: 254)

V. 맺음말

아렌트의 탄생성은 교육학에 대해 다음 두 가지 의미, 즉 전통적 교육학의 다각적 재고의 필요성을 제공하거나 혹은 하나의 새로운 교육학의 출현 가능성을 제공한다. 전자가 소극적 차원의 의미라면, 후자는 적극적 차원의 의미라 할 수 있다. 전자의 경우는, 전통적 교육학에 바탕을 두고 교육을 수행해 나가는 과정에서 나타나는 문제와 부작용에 대하여 혹은 기존의 이론으로는 설명불가능한 현상들에 한정해서만 아렌트의 탄생성의 교육적 계기들을 적용해 나가는 방식이다. 이 경우 탄생성이 내포하는 다원성, 우연성, 관계성 등은 사실상 다시 교육학의 가장자리에 위치하게 될 가능성이 크다. 그러나 후자의 관점, 즉 탄생이 교육에 우선한다는 실존적·사회적 사실성을 인정하는 가운데, 행위에 교육이 속한다거나 혹은 적어도 행위가 곧 교육이라는 (『인간의 조건』에 나타난) 아렌트의 관점을 적극적으로 수용하는 경우, 교육은 비단 교수학습과 사회화뿐 아니라 인간 사이의 모든 활동을 포함하는 광의의 개념으로 확장될 것이다. 그리고 이 경우 이른바 탄생성의 교육학은 교육학 일반과 동일한 의미가 되거나 혹은 심지어 각종 다양한 교육학을 아우르는, 소위 메타교육학과 흡사한 것을 의미하게 될 수도 있다. 그렇게 된다면, 교육학은 어쩌면 더 이상 교육학이 아닌, 일종의 보편학적 성격을 띠게 될 수도 있으며, 이것은 심할 경우 역설적이게도 비(非)교육학이라고 여겨질 수도 있다. 즉, 아렌트의 제안처럼, 모든 행위가 교육이라면, 즉 인간의 행위 중 교육이 아닌 것이 없다면, 우리가 지금껏 '교육'이라는 이름 아래 경험하였던 것은 무엇이었으며 그리고 오늘날 개인과 사회의 존속과 번영을 위해 우리가 매진하고 있는 '이 교육'은 무엇인가에 대한 논의, 즉 교육의 개념과 교육학의 정체성을 처음부터 다시 고민해야 하는 지점에 이르게 될 것이다. 이것이 아마도 우리로 하여금 이른바 탄생성의 교육학의 출현 또는 그러한 용어의 사용을 주저하게 만드는 점이 아닌가 한다. 아렌트의 탄생성은 실로 개인의 실존과 사회의 존속을 포괄하는 큰 개념, 즉 인간의 부정할 수 없는 근원적 실존적 조건이기 때문이다.

그럼에도 불구하고 이 모든 논의의 중심에 다시 기억해야 할 것은, 교육학이 다음과 같은 사실, 즉 인간은 탄생성의 존재이며, 교실은 탄생성의 공간이며, 사회는 탄생성의 모둠이라는 점을 간과하거나 그 의미를 제한적으로만 이해하려 할 경우, 교육학은 "교육의 기초이자 존재론적 근거"(이은선, 2003a: 70)를 부정하는 지점에 도달하게 될 수도 있다. 그럴 경우, 앞서 언급한 바와 같이, 교육은 새로운 시작들의 연속이 아니라 기존성의 반복에 다름 아니게 되며, 이런 의미의 교육으로부터는 자유와 희망의 창출을 기대할 수 없다.

강선보(1996). 교육에 있어서 죽음에 관한 문제. 『교육진흥』 8(4).

강선보(2003). 실존주의 철학에서 본 죽음과 교육. 『교육문제연구』 19, 1-24.

박영주(2011). 한나 아렌트 '행위(praxis)'에 대한 고찰: 초등학교 도덕과 교육에 주는 시사. 『한국초등도덕교육학회』 36, 55-85.

박선영·김회용(2007). 한나 아렌트의 공교육 제안 논의. 『교육사상연구』 21(3), 255-274.

박은주(2017). 교육의 목적, 개별화인가, 사회화인가? : 한나 아렌트의 '행위' 개념을 중심으로. 『교육철학연구』 39(4), 35-62.

박은주(2018a). 학습자와 교과의 관련방식에 관한 듀이와 아렌트의 관점 비교. 『교육사상연구』 32(4), 59-84.

박은주(2018b). 한나 아렌트의 '행위' 개념을 통한 가르침의 의미 재탐색. 서울대학교 박사학위논문.

박은주(2019a). 한나 아렌트, '판단' 개념의 교육적 의의. 『교육사상연구』 33(4), 1-25.

박재주(2009). 철학적 탐구공동체를 통한 '함께 생각하기'의 도덕과교육 – 한나 아렌트의 '방문하기' 관점에서. 『초등도덕연구』 29, 97-132.

박 혁(2009). 사멸성, 탄생성 그리고 정치. 『민주주의와 인권』 9(2), 251-279.

우정길(1998). 죽음교육에 대한 실존주의적 고찰. 고려대학교 석사학위논문.

우정길(2007). '부자유를 통한 자유'와 교육행위의 지향성. 『교육철학』 38, 139-164.

우정길(2009). 타자의 타자성과 교육학 지식. 레비나스의 타자성 철학에 대한 교육학적 소고. 『교육철학』 45, 151-174.

우정길(2013a). 아렌트(H. Arendt) '탄생성'의 교육학적 수용 – 마스켈라인(J. Masschelein)의 논의를 중심으로. 『교육철학연구』 35(3), 139-159.

우정길(2013b). Hannah Arendt의 '탄생성'의 교육학적 의미. 『교육의 이론과 실천』 18(3), 47-71.

우정길(2014). 탄생적 상호주관성과 교육 – 비에스타(G. Biesta)의 아렌트(H. Arendt) 수용을 중심으로.『교육철학연구』36(1), 53-72.

우정길(2015). 교실 – 탄생성의 공간.『교육철학연구』37(3), 131-153.

우정길(2018). "슈레버 사례"에 대한 교육학적 고찰 – 모리츠 슈레버(M. Schreber)의『칼리패디 또는 아름다움을 위한 교육』(1858)을 중심으로.『교육혁신연구』28(1), 447-468.

윤선인(2009). 하이데거의 존재론에서 죽음의 의미와 교육학적 함의. 고려대학교 석사학위논문.

이동윤(2017). 실존주의 죽음관의 인성교육적 함의. 고려대학교 박사학위논문.

이은선(2003a). 한나 Arendt의 '인간의 조건'과 '공공성'에로의 교육.『교육철학』29, 45-73.

이은선(2003b). 한나 Arendt의 사상에서 본 교육에서의 전통과 현대.『교육철학』30, 139-159.

이은선(2007). 한나 Arendt의 '탄생성'(Natality)의 교육학과 양명의 '치량지'(致良知).『陽明學』18, 5-62.

임정아(2016). "교육의 위기"에 나타난 아렌트의 '탄생성' 교육관에 대한 연구.『동서철학연구』81, 505-526.

임태평(2015). 한나 아렌트에 있어서 탄생성, 사랑과 교육.『교육철학』55, 127-163.

정재걸(2006). 죽음교육에 대한 일 연구: 화엄의 사사무애법계를 중심으로.『동양사회사상』13, 205-230.

조나영(2013). 한나 아렌트의 "교육의 위기"를 통해서 본 '탄생성' 교육의 의미.『인문과학논총』34(1), 331-364.

조나영(2015). 한나 아렌트 '탄생성'의 교육적 함의. 고려대학교 박사학위논문.

조나영(2017). 아렌트(H. Arendt)의 '탄생성'(natality) 개념과 교육적 사유의 실제를 위한 제안: The Freedom Writers Diary의 교육실천 분석.『교육철학연구』39(1), 75-99.

최명선(2007). "죽음"이라는 렌즈를 통해 본 "교육적 삶"과 그 전개 양상.『교육원리연구』12(2), 89-114.

최옥선(1996). 현대교육의 과제로서의 죽음의 문제.『교육철학』14(2), 91-114.

홍원표(2007). 한나 Arendt의 '새로운 시작' 개념과 그 변형.『정치사상연구』3(1), 79-102.

Arendt, H.(1958). *The Human Condition*. Chicago; Univ. of Chicago Press; 이진우·태정호 옮김(2001).『인간의 조건』. 서울: 한길사; 독일어본(2002). *Vita activa oder Vom tätigen Leben*. München: Piper.

Arendt, H.(1968).『과거와 미래 사이』. 서유경 옮김(2005). 서울: 푸른숲.

Arendt, H.(1968). *The Origins of Totalitarianism*. San Diego: A Harvest Book; 이진우·박미애 옮김(2006).『전체주의의 기원』 2. 파주: 한길사.

Ballauff, T.(1962). *Die pädagogische Unzulänglichkeit biologischer Anthropologie*. Essen: NDS.

Biesta, G.(1998). Say You Want a Revolution... Suggestions For The Impossibility Of Critical Pedagogy. *Educational Theory* 48, 499-510.

Bowen-Moore, P.(1989). *Hannah Arendt's Philosophy of Natality*. NY: St. Martin's Press.

Dunne, J.(2006). Childhood and Citizenship: A Conversation across Modernity. *European Early Childhood Education Research Journal* 14(1), 5-19.

Edgoose, J.(2010). Hope in the Unexpected: How can Teachers Still Make a Difference in the World? *Teachers College Record* 112(2), 386-406.

Jessop, S.(2011). Children's Participation. An Arendtian Criticism. *Educational Philosophy and Theory* 43, 979-996.

Kant, I.(1998). *Über Pädagogik*. Immanuel Kant. Bd. VI. Hrsg. von W. Weischedel. Darmstadt: WBG, 695-778.

Lefort, C.(2002). Thinking with and against Hannah Arendt. *Social Research* 69(2), 447-459.

Levinson, N.(2001). The Paradox of Natality. Gordon, M., Green, M. (Ed.). *Hannah Arendt and Education*. Colorado: Westview, 11-36.

Masschelein, J.(1996a). Die Ergebnislose und Funktionslose Erziehung. Masschelein, J. & Wimmer, M. *Alterität Pluralität Gerechtigkeit* (pp. 87-106). Sankt Augustin: Akademia.

Masschelein, J.(1996b). Die Frage nach einem pädagogischen Grundge－ dankengang. Masschelein, J. & Wimmer, M. *Alterität Pluralität Gerechtigkeit* Sankt Augustin: Akademia, 107-126.

Masschelein, J.(1996c). Pädagogisches Handeln und Verantwortung. Erziehung als Antwort. Masschelein, J. & Wimmer, M. *Alterität Pluralität Gerechtigkeit* Sankt Augustin: Akademia, 163-186.

Masschelein, J.(2001). The Discourse of the Learning Society and the Loss of Childhood. *Journal of Philosophy of Education* 35(1), 1-20.

Masschelein, J. & Simons, M.(2010). School as Architecture for Newcomers and Strangers: Perfect School as Public School? *Teachers College Record* 112(2), 533-555.

O'byrne, A.(2005). Pedagogy without a Project: Arendt and Derrida on Teaching, Responsibility and Revolution. *Studies in Philosophy and Education* 24, 389-409.

Ricken, N.(1999). *Subjektivität und Kontingenz.* Würzburg: Königshausen & Neumann.

Saner, H.(1975). Die philosophische Bedeutung der Geburt. *Studia Philosophica* 35, 147-151.

Saner, H.(1997). Die pädagogische Bedeutung der Natalität bei Hannah Arendt. Ganzfrien, D. & Hefti, S. (Hrsg.). *Hannah Arendt - Nach dem Totalitarismus.* Hamburg: Europäische Verlagsanstalt.

Schell, J.(2002). A Politics of Natality. *Social Research* 69(2), 461-471.

Schreber, D. G. M.(2005). *Kallipädie oder Erziehung zur Schönheit.* Leipzig: Elibron Classics.

Waldenfels, B.(1999). *Topographie des Fremden.* F.a.M.: Suhrkamp.

Waldenfels, B.(2001). *Leibliche Selbst.* F.a.M.: Suhrkamp.

Watson, J. B.(1930). *Behaviorism* (Revised edition). Chicago: University of Chicago Press.

3장

탄생성의 교육인간학*

I. 서론

한나 아렌트의 사유에 접근하는 다양한 방식이 있겠으나, 교육학 분야에 국한하여 보자면 주로 다음과 같은 주제들이 지난 10여 년간의 아렌트 연구의 지형을 형성하여 왔다.1 즉, 가) 아렌트의 공적 · 사적 · 사회적 영역 구분 및 학교 · 교육의 공공성 규명, 나) 교육학의 학문적 성격 및 교육 개념의 재고, 다) 민주주의 · 세계화 · 상호문화성과 시민교육, 라) 교육의 각종 위기적 현상들의 성격규명과 극복, 마) 교사소진현상의 원인분석과 대안적 관점 제시, 바) 교사의 권위 · 책무성 및 교수활동의 성격 규명, 사) 탄생성의 교육학적 의미 탐구, 자) 아렌트 사상(사유, 의지, 판단)의 교육학적 전용(轉用)2 등이 그것이다. 그러나 이 모든 논의와 직간접적 연관을 맺

---

* [출처] 우정길(2013). 아렌트(H. Arendt) '탄생성'의 교육학적 수용 - 마스켈라인(J. Masschelein)의 논의를 중심으로. 『교육철학연구』 35(3), 139-159.

1 1990년대 중반 이후 인문 · 사회과학 전반에 걸쳐 생겨난 이른바 "아렌트 부흥운동 (Arendt Renaissance)"에 관한 개괄적 해설은 Arendt, 1968/서유경, 2005: 380f (서유경. "한나 아렌트 정치철학과 사유의 정치성") 참조 바람.

2 가) 이은선, 2003a; 박선영 · 김회용, 2007; Higgins, 2011; Masschelein & Simons, 2010. 나) Biesta, 1998, 1999, 2001; Masschelein, 1996a, 1996b, 1996c, 1996d. 다) Lane, 2001; Schutz, 2001; Masschelein · Simons, 2002; Dunne, 2006; Biesta, 2010; Jessop, 2011; Curtis, 2001; Euben, 2001. 라) Masschelein, 2001; 이은선, 2003b; O'byrne, 2005; Hellekamps, 2006; Levinson, 2010; Mackler, 2010. 마)

는 개념 혹은 관점으로 탄생성을 들 수 있다. 탄생성은 위 논의들의 기조를 이루거나 혹은 그로부터 파생되는 아렌트 특유의 관점으로서, "탄생성이 교육의 본질이다"(Arendt, 1968/서유경, 2005: 237)라는 아렌트의 언급에서도 보여지듯, 교육학의 사유와도 불가분의 관계를 맺는다.

그렇다면 탄생성이란 무엇인가? 본고의 본론에서 구체적으로 언급되겠지만, 그 사유의 핵심 단초는 '인간은 태어난다'라는 지극히 일상적인 사실이다. 그러나 '인간은 탄생적 존재'라는 보편적 사실이 서양 교육학사에서 교육학적 의미를 득하게 된 것은 상대적으로 그 역사가 일천하다. 때로 인간은 "동굴 속 포박상태로부터 벗어나 이데아로 이끌림받는 자"(플라톤)이었고, "신의 형상 회복을 지향하는 신의 피조물"(중세, 코메니우스)이었으며, "동물적 상태를 극복하는 보편이성존재"(칸트)이거나 탄생적 존재와 대비를 이루는 "죽음을 향한 존재"(하이데거) 등으로 규정되곤 하였다. 그러나 인간을 탄생적 존재로 규정하고 그 의미를 직접적·적극적으로 제안한 예는 아렌트가 최초라 할 수 있다. 탄생성은 크게 두 가지, 즉 생물학적 탄생성과 사회적 탄생성을 의미한다. 전자는 인간이 인간으로 태어나는 일회적 사건을 이름이고, 후자는 말과 행위를 통해 혹은 말과 행위 속에 인간이 매 순간 새로운 사회적 존재로 태어나는 탄생을 의미한다. 아렌트는 전자를 제1의 탄생으로, 그리고 후자를 제2의 탄생으로 명명한다.(Arendt, 1958/2002[3]: 237)

본고에서는 위와 같은 아렌트의 탄생성 개념이 교육학에 어떻게 수용되었는지 혹은 어떻게 수용될 수 있는지를 마스켈라인(J. Masschelein)[4]의 예

Higgins, 2003; Edgoose, 2010. 바) Levinson, 2001; Gordon, 2001; 박은주, 2018a. 사) 이은선, 2007; 조나영, 2013, 2015, 2017; 우정길, 2013a, 2013b, 2014, 2015; 임태평, 2015; 임정아, 2016. 자) 박은주, 2017, 2018, 2019a, 2019b.

3 『인간의 조건』으로 번역되어 국내에 소개된 *The Human Condition*(1958)의 독일어본 *Vita activa oder vom tätigen Leben*은 1960에 최초 출판되어 오늘에 이르고 있다. 이 독어본은 영어본의 번역본이 아니라 아렌트가 영어본에 이어 직접 쓴 것이며, 문장도 완전히 일치하지는 않는다. 본고는 영어본(1958)과 아울러 2002년에 재출판된 독어본도 참조하였다. 본고에서는 이 저서의 한국어 번역본 참조·인용 시 "Arendt, 1958/이정우·태정호, 2001: 쪽수"로, 독일어본 참조·인용 시 예외적으로 "Arendt, 1958/2002: 쪽수"로 표기하고 있음을 밝혀 둔다.

4 마스켈라인 또는 그의 교육학적 사유에 관하여는 우정길(2007a; 2007b; 2007c),

를 통해 고찰·검토해 보고자 한다. 아렌트 탄생성의 교육학적 연구에 있어서 마스켈라인이라는 여과기를 굳이 거치려는 데는 다음과 같은 이유가 있다.

첫째, 마스켈라인의 연구는 교육학 내 아렌트 연구사에 있어서도 선구적 의미를 갖지만, 특히 탄생성이라는 개념을 교육학에서 적극적으로 수용하여 교육의 새로운 정의와 새로운 교육인간학적 규정을 제안한 선구적·희소적 예라는 측면에서 그 의의가 크다. 본고가 분석·체계화의 대상으로 주로 참고하고 있는 자료는 1996년에 출판된 『타자성 다원성 정의』라는 논문집에 들어 있는 마스켈라인의 논문들이다. 이 연구서는 마스켈라인이 빔머(M. Wimmer)와 함께 엮은 논문집으로, 마스켈라인은 이 논문집에 자신의 박사학위논문 『의사소통적 행위와 교육적 행위』(1991) 이후 행했던 후속연구의 결과물이라 할 수 있는 세 편의 논문을 게재하였다. 특징적인 점이라면, 가) 이 세 편의 논문에는 공통적으로 그의 박사학위논문의 핵심 주장5이 반복된다는 점, 나) 여기에 추가적으로 – 아래에서 부분적으로 언급하게 되겠지만, 때로 논의의 적절성과 연결성이 부족해 보이는 – 몇몇 사상가들의 사유의 계기들이 추가된다는 점, 그리고 다) 아렌트의 탄생성 역시 새롭게 추가된 논의들 중 하나이지만, 아렌트의 탄생성에 관한 논의에 한정지어 본다면, 그 사유가 구체적이고 언급이 지속적·체계적이라는 점이다.

둘째, 마스켈라인의 아렌트 탄생성 수용은 단순히 개념의 소개나 함의 제시를 넘어서는 학문적 성과를 선보인다. 즉, 그는 아렌트의 탄생성이라는 관점에서 교육을 새롭게 그리고 다르게 규정한다. 교육을 새롭게 그리고 다르게 정의한다는 것이 때로 무모하게 혹은 심지어 무의미하게 여겨질 수도 있고, 아울러 교육학자가 아닌 사상가의 사유를 교육학의 언어로 변환하는 작업이 때로 직면하기도 하는 난점과 관련하여서도 교육철학

Woo(2007: 71-118)을 참조 바람. 특히 우정길(2007c)에는 마스켈라인의 핵심사유이자 중요한 기여인 "의사소통이론적 상호주관성의 교육학적 수용"에 관한 비판적 검토와 아울러 아렌트의 '탄생성'에 관한 예비적 고찰이 포함되어 있다.

5 요약하자면, "인간의 주체성은 상호주관성을 통해 구성되며, 그 역은 아니다." 이에 관해서는 우정길(2007c) 참조.

연구자들 사이에서는 공유된 경험이 있을 것이다. 그러나 마스켈라인은, 아렌트 탄생성의 교육학적 연구에 국한하여 보자면, 이러한 난점을 뒤로 하고, 일관되고 과감하게 그리고 비교적 성공적으로 학문적 성과를 보인 사례라 할 수 있다. 물론 그가 제안하는 "교육의 새롭고 다른 규정"이 얼 마나 타당하고 유의미하며 유용한가에 관한 학문적 판단은 별도로 이루 어져야 하겠으나, 적어도 본 연구가 아렌트 탄생성의 교육학적 수용의 예 로 마스켈라인의 관점과 시도에 주목하게 된 사유로는 충분하리라 생각 된다.6

연구의 본론으로 들어가기 전 미리 밝혀 둘 점은 본 연구의 주안점에 관한 것이다. 본 연구의 초점은 아렌트 탄생성의 교육학적 수용에 맞춰져 있고, 마스켈라인은 그 여러 중요한 시도들 중 하나로 소개될 뿐이다. 즉, 본고는 마스켈라인의 교육학적 사유에 관한 비평이나 탐구가 아니다. 지 면을 할애하여 이렇게 별도의 부연을 덧붙이는 이유는 마스켈라인의 연구 사적 비연결성 때문이다. 그가 박사학위논문을 통해 주장하였던 바는 "근 대교육학의 주체중심성 비판 그리고 교육학의 출발점으로서 상호주관성 제안"이었으며, 이를 위해 그는 하버마스(J. Habermas)의 의사소통이론을 적극적으로 수용하는 가운데, "의사소통적 행위가 곧 교육적 행위의 핵심" 이라는 결론에 이르게 된다. 다만 본고와 관련하여 환기시키고 싶은 점은, 하버마스의 의사소통이론의 언어들과 아렌트의 탄생성 이론의 개념들이 마스켈라인의 연구에서 빈번히 혼용되고 있다는 사실이다.7 이 둘은, 무리

---

6 참고로, 한국의 경우 아렌트의 '탄생성'이 교육학적으로 유의미한 논제로 여겨지기 시작한 것은 이은선의 연구(2003a)를 통해서이다. 여기서 그녀는 "'탄생성'의 교육 학"이라는 표현을 사용하고 있고, 이러한 표현은 그녀의 2007년 연구에서도 재등 장한다. 조나영(2013) 역시 이은선의 "'탄생성'의 교육학"이라는 표현을 그대로 사 용하고 있다.

7 마스켈라인은 때로 하버마스의 의사소통적 행위론에서 아렌트 행위론의 대화적 구조론으로 별도의 구분이나 언급 없이 흘러가면서, 이른바 "교육학적 상호주관 성 또는 상호주관적 교육학"이라는 틀 속으로 위 두 가지 상이한 개념들을 자의 적으로 섞는 오류를 범한다. 대표적인 예로, "의사소통"과 "대화"라는 용어를 들 수 있는데, 이 둘의 경우 일상적으로는 별도의 구분 없이 사용되지만, 학술적으 로는 각각 상이한 사상적 배경과 이론적 전통을 갖는다.(Masschelein, 1996c: 172f 참조)

를 무릅쓰고 간략히 말하자면, 서로 다르다. 전자가 생활세계에 바탕을 둔 '합의적' 의사소통의 핵심을 이루는 개념이라면, 후자는 '발생적' 개념이다. 물론 1990년대와 중반에서 2000년대 초반에 이르는 기간 동안 마스켈라인의 연구가 지향했던 바가 "교육학에서 주체중심성의 문제 해결 및 상호주관성의 적극적 제안"이었기에, 때로는 합의지향적 행위 개념이, 또 때로는 발생적 행위 개념이 논의의 목적을 위해 유용할 수는 있었겠지만, 이 두 가지가 동일한 맥락 속에서 혼용되기 위해서는 그 주변 논의들이 구분되고 정제될 필요가 있다. 따라서 우리는 본고의 목적에 충실하기 위해 하버마스 의사소통이론 수용자로서 마스켈라인과 아렌트 행위개념의 수용자로서 마스켈라인을 분리하여 고찰할 필요가 있다. 이러한 문제점을 의식하는 가운데 본고에서는 마스켈라인 연구의 모든 내용들을 대상으로 하지 않고, 1990년대 중반, 특히 1996년의 자료를 중심으로 아렌트의 탄생성 관련 부분만 고찰의 대상으로 삼고 있다. 즉, 본고에서는 마스켈라인에 관한 연구사적 관점을 지양하고 아렌트 탄생성의 교육학적 수용에 관한 체계적 접근을 시도하려 한다.

II. 탄생성과 교육

1. 만듦·생산 또는 탄생적 행위

마스켈라인이 아렌트의 탄생성을 등장시키는 큰 틀은 바로 근대교육학의 근대성 비판과 극복이다. 그는 페어샤펠의 제안에 의거하여 근대성을 두 가지 종류의 사유 유형, 즉 "발전과 심미"로 대별하고, 전자에 대해 다음과 같이 해설한다.

"발전의 원리 … 자유화의 도상에서 '인간·인류'를 역사의 영웅으로 나타내 보이려는 역사적 사고. 이러한 사유는 호모 파베르의 경험과 관련되어 있다. 즉 만드는 인간, 생산품 또는 작품만듦을 통해 스스로를 규정하는 인간."(Verschaffel, 1989; Masschelein, 1996b, 107f재인용).

도구적 인간이라고 명명되기도 하는 호모 파베르는 사실상 도구를 이용하는 인간을 넘어 만드는 행위의 인간 또는 발전과 진보의 인간상을 의미한다. 이러한 발전과 진보의 원리는 호모 파베르의 세계관으로서, "목적-수단 범주"를 전제로 한다. "목적-수단 범주"라는 틀에서 인간의 행위는 한 자율적 주체가 특정 목표설정을 통해 무엇인가를 만들고 생산하는 것을 의미한다.(Arendt, 1958/2002: 202f참조) 이에 반해 후자, 즉 "심미적 근대성"은 조직화된 체계의 추구나 규범화된 구조를 통한 인간행위의 통제와 관련이 적다. 개인과 개인 사이 차이의 존중, 관심과 거리두기를 통한 참여와 관찰의 경계가 허물어짐, 새로움에 대한 호기심과 감흥 등이 심미적 근대성을 이루는 특징들이다. 행위의 목적지향성과 도구성 그리고 행위인과율에 대한 신뢰보다는 호기심과 탐미, 경험의 과정 및 참여를 통한 표현과 소통 그 자체가 심미적 근대인들의 동인이다. 이러한 관점에서는 인간의 존재 목적이 어떤 관념적 이상이나 도구적 목표를 실현하기 위함이 아니며, 인간의 행위 그 자체에 대한 의미탐구 그리고 유일성과 이질성, 차이와 다원성 등의 인간학적 계기들이 부각된다.

위와 같은 구별에 근거하여 마스켈라인은 두 가지 상이한 방식의 교육이해를 제시한다. 즉, 전자는 도구적·수단적 개념의 교육으로서, 생산·만듦의 교육이다. 마스켈라인이 욀커스의 "'교육은 인간을 인간으로 만들어야 한다'라는 것은 근대교육학의 합의된 공식이다"(Oelkers, 1985: 272; Masschelein, 1996b: 111재인용)라는 진단을 인용할 때, 그가 비판적 고찰의 대상으로 염두에 둔 것은 다름 아닌 칸트의 교육인간학적 정의이다(Masschelein, 1991: 5, 126f, 146, 160f) 널리 알려진 바와 같이 칸트는 근대교육학의 태동기에 『교육학에 대하여』를 통해 "인간은 교육받아야 하는 유일한 피조물이다. … 인간은 교육이 그로부터 만들어 낸 것에 불과하다"(Kant, 1998: 697, 699)라는 선언적 명제를 교육학사에 남기게 되었다. 이러한 교육 구상에는 타자연관·세계연관 없이도 자율적·독립적이고 심지어 고립적으로 행위할 수 있는 주체, 이러한 의식주체의 교육적 지향성과 교육적 작용의 대상인 객체, 그리고 주체와 객체의 성숙성·미숙성의 차이에 근거하여 정당화되는 객체를 향한 주체의 일방적 관계성이 전제되어 있다. 근대 이전의 시대에 신적 지혜를 대변하던 교육자는 이제 보편이성의 담지자로서 아직은 지적·도덕적 미숙의 상태에 있는 피교육자를 계몽하여야 할 책무를 담당하게 되었다. "훈육과 문화화, 문명화와 도덕화"(Kant, 1998: 707)를 통해 인간을 자유와 자율로 이끄는 과정 중에 불가피하게 발생되는 강제성, 즉 이른바 "부자유를 통한 자유 또는 강제를 통한 자유"라는 역설(우정길, 2007a: 143f참조)에 대해 칸트는 단지 "강제는 불가피하다"(Kant, 1998: 711)라는 간략한 문장으로만 답함으로써, 후학의 의구와 비판의 대상이 되기도 하였다.8 이러한 "불가피한 역설"의 지점, 즉 "만듦으로서 교육"의 구상이 필연적으로 동반하게 되는 – 의도적 혹은 무의도적 – 강제성의 폐해를 마스켈라인은 도구적·수단적 교육이해 및 교육학적 "강제모형"(Gewaltmodel)의 원형으로 삼고, 자신의 연구를 통해 그 대안적 교육이해를 모색하게 되는데, 아렌트의 탄생성이 유의미한 계기로 등장하는 것은 바로 이 지점이다. 전자인 "생산·만듦으로서 교육"과 달리, 후자, 즉 심미적 근대성에 근거한 교육을 마스켈라인은 "행위"라고 명명한다. 그리고 이 행위 개념을 마스켈라인은 아렌트의 탄생성에서 원용한다.

2. 행위의 전제 – 유일성과 역설적 다원성9

아렌트 탄생성의 우선적인 특징은 유일성이다. 이는 단순히 '모든 인간은 다르다'라는 사실 이상의 것을 의미한다. 이 유일성은, 모든 인간은 '다르게 태어날' 뿐 아니라 '다르게 되어 간다'는 점을 내포한다. 우선 '다르게

---

8 "칸트에게는 이러한 교육적 역설을 해결할 능력도, 해결할 의지도 없었다. 그는 [이러한 문제를 알고도] 지속적으로 이러한 난제에 봉착하였었다. … 교육질문에 대한 칸트의 대답은 오락가락하였고, 불만족스럽다."(Ricken, 1999: 96f)
9 "plurality" 번역의 문제: 『인간의 조건』의 옮긴이 이진우·태정호는 "다원성"으로, 『과거와 미래 사이』의 옮긴이 서유경은 "다수성"으로 옮기고 있고, 아울러 '복수성'이라는 번역어도 제안되어 있는 실정이다. 본고는 『인간의 조건』을 주로 참조하고 있기도 하거니와, 의미상의 차이를 굳이 고려하여서도 '다원성'이라는 용어를 의도적으로 채택하여 사용하고 있다. 즉, 탄생성은 세계에 실존하는 개인들을 표시하는 양적 개념이 아니라 실존 내적 혹은 실존들 사이의 지속적 생성·변형을 나타내는 질적 차원의 개념이기에, 이를 부각하기 위하여 '다수성' 또는 '복수성'이라는 용어보다 '다원성'이라는 용어를 사용하고 있음을 밝혀둔다.

태어난다'는 사실에 대해 아렌트는 "어느 누구도 지금껏 살았고, 현재 살고 있으며, 앞으로 살게 될 다른 누구와 동일하지 않은 방식으로"(Arendt, 1958/이진우·태정호, 2001: 57)라고 부연한다. 즉, 태어나는 모든 존재는 태어남이라는 사건을 통해 기존 세계에 전례 없던 새로운 질서와 의미를 부여한다. 태어난 사람이 곧 - 그의 생물학적 불/완전함이나 심리적 미/성숙도와 무관하게 - 낯섦과 이질성과 새로움 그 자체이다. 그러나 아렌트의 탄생성은 이러한 일차적 탄생의 차원에 그치지 않고, 이른바 제2의 탄생의 차원으로 확장된다. 즉, 인간은 말과 행위를 통해 끊임없이 새롭게 탄생한다. "말과 행위로서 우리는 인간세계에 참여한다. 이 참여는 제2의 탄생과 비슷하다."(Arendt, 1958/이진우·태정호, 2001: 237) 기존의 세계에 진입한 '새로운 그들'은, 사실적 차원에서든 은유적 차원에서든, 기존에 없던 언어를 구사하고, 기존에 없던 사회적 문법을 창조하며, 기존의 질서체계가 그대로 머물지 않게 되는 결정적인 계기들을 제공한다. 그러므로 누군가가 태어난다는 인간적 사실성은 비단 인간은 모두 다르다는 평면적 명제에 그치는 것이 아니라, 이 지구 위에 태어난 모든 개별자들이 새로운 존재이자 그 출생에서 죽음에 이르기까지 끊임없이 새로운 새로움들을 창조해 나간다는, 그래서 결국은 이러한 유일성들이야말로 인간사회존속의 원초적 동력이라는 입체적 사실을 의미한다.

위와 같은 입체적 차원의 유일성은 곧 다원성의 의미를 구성하는 결정적 요소가 된다. 이것 역시 '사회는 다원성의 공간이다' 정도의 평면적 명제보다 더욱 많은 내용을 내포한다. 아렌트의 다원성은 다르게 태어나서 다르게 말하고 다르게 행위하는 사람들의 다원성이며, 기존의 사람들과 새로 온 사람들이 그들의 기호나 바람과 무관하게 필연적으로 공유하고 갈등하고 조율해 나가야만 하는 다원성이다. 전자가 "어느 누구도 지금껏 살았고, 현재 살고 있으며, 앞으로 살게 될 다른 누구와 동일하지 않다는 방식으로만 우리 인간은 동일하다"는 의미, 즉 인간 실존의 "역설적 다원성"(Arendt, 1958/이진우·태정호, 2001: 236)이라면, 후자는 인간 공존의 불가피한 다원성이다.[10] 아렌트의 다원성은 모종의 관념적 이상이나 낭만적 구호가 아니다. 아렌트의 다원성은 태어남의 현상을 통해 그리고 말과 행위를 통해 다차원적으로 경신(更新)되는 역동적 과정이며, 개인이 어떻게 매 순간 새롭게 태어나고 세계가 매 순간 어떻게 새로워지는지에 관한 일련의 보고서이다. 그리고 이러한 보고서는 어느 누구도 피할 수 없는 질문과 대답의 연속으로 이루어진다.

> "말과 행위로서 우리는 인간세계에 참여한다. … 근본적이고 특별히 인간적인 행위는 동시에 새로 오는 자 모두에게 던져진 질문, "너는 누구인가"에 답해야만 한다. 이 새로 온 자의 존재를 해명할 수 있는 단서는 그의 행위와 말 속에 함축되어 있다."(Arendt, 1958/이진우·태정호, 2001: 237f)

또한 이러한 질문은 일회적 사건에 그치는 것이 아니다. 아렌트가 제2의 탄생을 굳이 제1의 탄생으로부터 구분하는 이유는 사람이 말과 행위를 통해 매 순간 새롭게 태어난다는 사실을 강조하기 위함이다. 부연하자면, 인간의 정체성은 어떤 한 가지의 본질로 환원될 수 있는 것이 아니라 지속적 탄생을 통해 끊임없이 변화하는 역동적 과정 그 자체를 의미한다는 점, 그리고 다원성은 이러한 탄생적 유일성들의 다발이기에, 다원성 역시 다차원적 경신을 거듭한다는 점 등이 강조되고 있는 것이다. "탄생은 지속적으로 또 하나의 새로운 다원성을 촉발한다. 이 다원성은 원모형의 끝없는 변형생성이 아니다."(Arendt; Masschelein, 1996b: 120재인용[11]) "행위

---

10 "행위의 근본조건은 다원성으로서 인간조건, 즉 보편적 인간(Man)이 아닌 복수의 인간들이(men) 지구상에 살며 세계에 거주한다는 사실에 상응한다. 다원성은 모든 정치적 삶의 … 절대적 조건이다."(Arendt, 1958/이진우·태정호, 2001: 56)
11 이 문장을 마스켈라인은 아렌트의 독일어본 *Vita activa oder vom tätigen Leben* (1960년판: München)에서 인용한다고 밝히고 있다. 그러나 필자가 참조한 독일어본 "München: 2002년판"의 해당 문장은 다르다. "'인간 일반이라는 아이디어'는 인간의 다원성을 원래 모델의 무한히 변형가능한 재생산으로 파악하기에, 원천적으로 행위의 가능성을 차단한다."(Arendt, 1958/2002: 17) 그리고 "Chicago: 1958년판"(영어본)을 옮긴 한국어 번역본의 문장은 다음과 같다. "만약 인간들이란 같은 모델을 무한히 반복하여 재생산할 수 있고, 따라서 그 본성과 본질은 모두 동일하며 다른 사물의 본질처럼 규정가능한 것이라면, 행위는 불필요한 사치이거나 일반적 행동법칙을 변덕스럽게 간섭하는 것에 지나지 않을 것이다."(Arendt, 1958/이진우·태정호, 2001: 57) 필자는 마스켈라인이 참고한 1960년판 독어본을

는 탄생의 지속적 경신, 곧 다원성을 끊임없이 새롭게 하는 모든 시작의 경신이다."(Masschelein, 1996b: 120)

행위, 특히 교육행위와 관련하여 마스켈라인의 다음과 같은 부연설명에 우리는 주목해 볼 필요가 있다. 그에 의하면 다원성은 교육적 행위를 포함한 모든 행위의 근본적(fundamental) 전제이다. 여기서 "근본적"의 의미에 대하여 마스켈라인은 다음과 같이 말한다.

> "행위자가 행위하고 난 후에 다원성이 생성되는 것으로 이해되어서는 안 된다. 오히려 다원성은 근본적이다. 우리[개별자]가 행위자로 존재하고 난 후에 타자와의 관계 속으로 들어가는 것이 아니고, 우리는 [처음부터] 함께 행위하는 존재로 있는 것이다. 행위는 어느 한 정체성의 표현인 것이 아니며, 또한 [어떤 독립적 정체성이] 나중에서야 다른 정체성들과 직면하게 되는 것도 아니다. 다원성은 [개별] 정체성들의 총합이 아니라, 사이존재(Inter-esse)이다. 존재는 행위하는 존재이며, 존재는 함께행위하는 존재이다. 존재는 사이존재이다."(Masschelein, 1996c: 178)

탄생적 다원성에 대한 마스켈라인의 위와 같은 사유에 따르면, 교육한다는 것, 즉 행위한다는 것은 곧 함께있음(Zusammensein)과 함께함(Zusammentun)을 의미한다. 행위의 주체와 대상을 분리하는 순간, 우리는 교육의 도구화와 타자의 대상화라는 근대교육학의 미로를 벗어날 출구를 잃고 만다. 혼동하지 말아야 할 것은, 마스켈라인의 관점이 표명하는 이른바 "사이존재론"이 근대교육학의 위기를 모면하기 위한 규범적 희망사항의 표현이 아니라는 점이다. 오히려 이것은 탄생성이라는 관점에서 바라본 인간의 존재론적·교육학적 실재의 충실한 기술로 이해되어야 한다. 재차 기억하게 되는 아렌트의 명제, 즉 "행위는 … 고립 속에서는 불가능하다. 고립은, 원하든 원하지 않든, 행위능력을 앗아 간다"(Arendt, 1958/이진우·태정호, 2001: 249)는 이런 의미에서 근대교육학의 기본구상을 정면으로 반박하는 것으로 이해될 수 있다. 인

구하지 못한 관계로, 자료의 대조·검토는 하지 못했음을 밝혀 둔다.

간은 의식주체성과 자율성이라는 고립된 공간에 고고히 홀로 있는 존재가 아니다. 인간교육의 목적 역시 인간을 이러한 내밀한 공간에 고립시켜 자기완성을 이루게 함 또는 외부적 강제를 동원하여 그러한 인간을 만듦도 아니다. 마스켈라인의 지적처럼, 이러한 자율성의 공간은 탄생을 통해 사라짐과 동시에 이제 진정한 사회성의 세계가 시작된다.(Masschelein, 1996b: 116참조) 행위는 "주관적 의도성과 누구임을 가능하게 하는 상호주관적 공간을 전제로 한다. 상호주관적·인간사이적 공간은 전체성이나 확정적 정체성12이 아니라 진정한 다원성으로 구상된다."(Masschelein, 1996b: 116)

3. 행위의 구조와 의미 – 대화적 관계성과 책임

다원성으로부터 도출되는 탄생성의 또 한 가지 특징은 관계성이다. 탄생은 관계적 사건이다. 전에 없던 존재가 기존의 "인간관계의 그물망"(Arendt, 1958/이진우·태정호, 2001: 244) 속으로 진입하는 사건, 그리고 이러한 인간관계망의 구조가 달라지고 의미체계가 새로워지는 사건, 이것이 곧 탄생의 현상이다. 제1의 탄생은 최초 관계성의 생성을, 그리고 제2의 탄생은 기존 관계성의 경신을 이룬다. 관계 없는 탄생이 없듯, 탄생 없는 관계는 가능하지 않다. 탄생성은 곧 관계성이다. 이러한 탄생적 관계성에서 특징적인 것은 관계의 상대와 구조이다. 아렌트의 해설에서 우리는 이를 엿볼 수 있다. 즉, 탄생의 사건은 기존의 사람들에게나 새로 오는 사람에게나 공통적으로 "너는 누구인가"라는 질문을 던진다. 탄생적 관계성은 낯설고 다른 타자와의 대화이다. 탄생 사건을 통해 비로소 만나게 되는 타자는 나의 지향성이 닿지 않는 곳으로부터 나타나서 내가 예측하지 못한 방식으로 내게 질문을 던진다. 그리고 기존의 혹은 새로운 인간관계망에 속한 모든 이들은 이 질문에 대답하여야 한다. 노동과 제작이 고립된 개인의 활동적 삶의

---

12 "우리, 민족, 사회, 인류, 역사"(Wir, *das* Volk, *die* Gesellschaft, *der* Mensch, *die* Geschichte: 이탤릭체는 필자 강조)

형식이라면, 행위는 사람과 사람 사이에서 이뤄지는 또는 사람과 사람 사이를 통해서만 가능한 인간적 삶의 형태이다. 그리고 탄생적 관계성의 공간은 의미형성의 주체로서 나의 능력과 노력의 범위 밖에 있는 타자의 타자성과 낯섦이 끊임없이 내게 질문하고 나를 동요케 하는 곳이다. 나는 이 새롭고 다르고 낯선 타자를 나와 같게 만들거나 혹은 그의 타자성을 그 어떤 무엇으로 대치할 수 있는 능력자가 아니다. 매 순간 말과 행위로 새롭게 태어나는 타자는 나의 교육적 의도성과 계획가능성의 범주 밖에서 내게 말을 걸어 오는 존재이다. 나는 다만 타자의 질문에 대답하는 자로 관계에 참여되어 있을 뿐, 그를 나의 바람에 따라 만들 수도 통제할 수도 없다. "이러한 행위 개념은 생산·만듦의 개념과 관련된 것이 아니라 말함·대화의 개념과 관련되어 있다. 행위는 목적-수단 구조가 아니라 대화의 구조이다."(Masschelein, 1996b: 116)

여기서 우리는 대화적 구조로 파악된 탄생적 관계성을 마스켈라인에 의해 부연된 "근본적 다원성"의 관점에서 심화시켜 사유해 볼 필요가 있다. 탄생은 관계적 사건이지만, 이것은 어느 한쪽의 선택에 의해 시작되는 것이 아니다. 어쩌면 제1의 탄생은 탄생을 선사하는 기존세대에게는 부분적 선택이 가능할 수 있겠으나, 이것은 어디까지나 제1의 탄생에 국한된다. 유일성과 다원성의 다차원적 과정에서 끊임없이 진행되는 제2의 탄생들은 계획할 수도 없고 멈출 수도 없다. 새로 온 그들은 말하고 행위한다. 그리고 기존에 있던 자들은 이들에게 어떠한 형태로든 대답하여야 한다. 레비나스의 경우 "나에 대한 타자의 철학적 우위"와 "타자에게 대답을 빚지고, 타자에 대해 무한책임이 있는 나"를 주장한다. 그러나 아렌트의 탄생성에 기반한 마스켈라인의 사유는 나와 마주한 타자의 극단적 우선성이 아니라, 나와 타자의 사이성(between-character)에 초점이 맞춰져 있다. 즉, 태어난 이들이 기존의 사람들에게 어떠한 형태로든 질문을 제기하고 이에 대해서는 어떠한 형식의 대답이든 제공되어야 하지만, 이러한 대화적 관계의 양상은 그 반대의 방향으로도 마찬가지이다. 즉, 새로 온 이들 모두는 "너는 누구인가"라는 질문을 받게 되고, 이에 대한 대답을 피할 수 없다는 것이다.

아렌트의 제 2의 탄생의 의미와 마스켈라인의 근본적 다원성이 공히 함의하는 바는 첫째, 이러한 대화적 관계성이 관계참여자들의 개별적 존재성에 우선한다는 점 그리고 둘째, 이러한 관계성이야말로 각 개별자의 유일성을 구성하고 형성해 나가는 공동의 공간이라는 점이다. "대답은 다수로 구성된 하나의 우리(We), 어떤 사회적 공간을 함의한다. 대답은 타자와의 관계에 우선하는 자기교육의 불가능성을 의미한다."(Masschelein, 1996b: 119) 그리고 대답 속에 전제된 이러한 공적 공간, 상호주관적 공간 혹은 사회성의 공간은 곧 책임의 공간이기도 하다. 대답(Antwort)은 곧 책임(Verantwortung)이다. "진정한 의무와 진정한 책임은 개별성 속이나 자율성의 내밀한 공간 안에 그 근거가 있지 않고, 상호주관적 공간, 즉 사이의 공간에 있다."(Masschelein, 1996b: 120)

한 가지 피해야 할 오해는, 관계를 맺기 위해, 혹은 빈번하게 발생되는 오해의 경우처럼 좀 더 공간적 언어로 표현하자면, 자율적 개별자들이 관계 속으로 들어가기 위해 대답을 하고, 책임을 떠맡기 위해 대답을 하는 것이 아니라는 점이다. 관계를 맺기 위한 행위, 책임을 지기 위한 행위, 이미 태어난 사람을 사람 만들기 위한 행위, 이 모든 '위한' 행위들은 심미적 근대성과 아렌트의 탄생성 그리고 마스켈라인의 근본적 다원성으로 이어지는 사유들과는 전혀 결이 다른 인간이해·교육이해이다. 탄생적 관계성과 근본적 다원성의 출발점은 대답(對答)을 대답이게 하는 '대(對)성', 즉 관계성이며, 이러한 관계성은 곧 책임성이다. "대답은 부인할 수 없는 책임성을 내포한다. 우리는 우리가 대답으로 제공하는 그 무엇 때문에 혹은 우리가 염두에 둔 그 어떤 것 때문에 책임을 떠안는 것이 아니라, 우리가 응답(respond)한다는 단순한 사실로 인해 우리는 책임적이게 된다."(Masschelein, 1996b: 118f) 그리고 이것은 근대교육학에서 상당히 낯선 방식의 사유이다. 근대교육학은 '성숙한 한 사람이 미숙한 다른 한 사람을 교육적으로 선한 취지와 목표하에 책임지는 방식'의 책임성을 강조해 왔기 때문이다.

4. 우연성과 새로움의 생성

탄생이 전례 없던 개별자의 시작을 의미하고, 탄생이 다원성을 바탕으로 한 관계적 사건이며, 또한 이러한 관계는 늘 새롭고 다르고 낯선 타자와의 관계라는 사실은 인간의 행위가 근본적으로 비필연성, 즉 우연성을 기반으로 한다는 것을 의미한다. 탄생성은 일회적 사건과 시작을 의미하는 것이 아니라 매 순간 새롭게 시작되는 시작의 연속을 의미하기 때문이다.

> "이전에 발생한 무엇으로부터도 예상할 수 없는 새로운 어떤 것이 시작된다는 것은 시작의 본질에 속하는 성격이다. '사건의 예측불가능성'은 모든 시작과 기원에 내재한다. 새로운 것은 언제나 기적으로 위장하여 나타난다. 인간이 행위할 수 있다는 사실은 예상할 수 없는 것을 그에게 기대할 수 있다는 것과 또 매우 불가능한 것을 그가 수행할 수도 있다는 것을 의미한다. 이것이 가능한 것은 오직 각각의 인간이 유일하고 그래서 각자의 탄생과 더불어 유일하게 새로운 무엇이 세상에 존재하게 되기 때문이다."(Arendt, 1958/이진우·태정호, 2001: 238) "탄생 덕분에 각각의 사람이 할 수 있는 새로운 시작을 세계의 무대에 가져오는 행위가 없다면, '태양 아래 새로운 어떤 것도 존재하지 않는다.'"(Arendt, 1958/이진우·태정호, 2001: 267)

또한 앞서 언급된 바와 같이 말과 행위가 타자와의 인간관계망 속에서 이뤄지는 질문과 대답의 산물이기에, 이것 역시 이른바 전지적 의식주체의 연출이나 보편이성의 조율에 의해서라기보다는 "익명성, 결과의 예측불가능성, 과정의 환원불가능성"(Arendt, 1958/이진우·태정호, 2001: 284) 그리고 개방성을 그 특징으로 한다고 말할 수 있다. 탄생성의 이러한 특징을 마스켈라인은 "반복으로서 역사, 동일자 전개인 역사의 파열이자 기존성과 소여성의 파열"(Masschelein, 1996b: 120)로 명명한다. 탄생적 존재의 "대답"은 보편적 이념에 대한 것도 혹은 상황에 대한 것도 아니다. "너는 누구인가"에 대한 대답은 매 순간 내게 새롭게 물어 오는 그 질문에 대한 새로운 대답이며, "너는 누구인가"라는 물음 역시 매 순간 경신되는 개방적 정체성의 요청이다. 그러므로 인간의 말과 행위 그리고 정체성과 관계성

은 기존성으로부터의 "탈주이고 파열이며, 중단이고 저항이며, 의문하기
이다."(Masschelein, 1996a: 97f; Masschelein, 1996b: 120)13이다. "의문하기는
끝이 없고, 완전한 대답도 없다. … 의문하기는 차이를 드러내고, 파열은
행위의 특징이다. 행위는 파열시킴이자 파열됨이다. 미완성은 행위의 특징
이자 행위의 정치적 의미이다."(Masschelein, 1996a: 103)

탄생성, 특히 우연성과 관련된 탄생적 행위의 정치적 의미에 대하여 마
스켈라인 자신의 해설은 위와 같은 은유의 열거 또는 은유적 표현에 그치
고 있다.14 어쩌면 그에게는 당연하게 여겨졌기에 더 이상 부연될 필요가
없었던 탄생적 우연성의 정치적 의미를 우리는 에드구스의 "예측불가능성
속의 희망: 교사는 어떻게 아직도 세계 속에서 차이를 만들어 낼 수 있는
가?"(Edgoose, 2010)라는 제목의 논문에서 조금 더 자세히 엿볼 수 있다. 에
드구스의 최초 동기는 희망소진 현상을 경험하고 있는 한 젊은 교사가 어
떻게 그 상황에 이르게 되었는가에 대한 의구심과 해소방안의 강구였다.
그의 진단에 따르면, 근대교육학에 팽배한 "진보를 통한 희망"이라는 신념
으로 인해 교육은 도구적 · 인과적 활동으로 구안되었고, 교육은 연속성과
통제가능성을 바탕으로 낙관주의적으로 이해되기에 이르렀다. 그러나 "이
러한 신념은 우리로 하여금 교실 내 상호작용과 인간 삶에 대해 눈멀게
하였고, 결과적으로 우리는 이러한 상호작용에서 비롯되는 진정한 희망을

---

13 "Durchbrechung, Unterbrechung, Widerstreben, Resistenz, Infragestellung"
14 "탄생"에 관한 또 한 가지 마스켈라인의 은유를 들자면 "아동성"이다. 그는 2001
    년의 연구에서 탄생성을 "아동성의 출현"이라고 표현하고 있는데, 이는 예수탄생
    사와 관련된다. 그는 전체주의적 테러와 새로움 · 타자성의 파괴 사이의 관련에 대
    한 아렌트의 사유를 언급하며, 다음과 같이 적고 있다. "테러의 필요는 각각의 새
    로운 인간의 탄생을 통해 새로운 시작들을 알리는 목소리가 세계에 울리는 것에
    대한 두려움에서 비롯된다. 아렌트에게 있어서 탄생의 패러다임은 곧 그리스도의
    탄생이기에[탄생에서 비롯되었기에], 테러의 패러다임은 모든 새로 태어난 이들
    에 대한 헤롯의 살해이다[살해를 의미한다]. 이것은 기존의 모든 질서를 의문으로
    이끌어 기존세계를 혼란케 하는 새로운 시작을 말살하는 것이다. 이러한 극단적
    의문하기의 가능성 출현, 즉 기존 질서의 극단적 변화를 나는 '아동성'의 출현이라
    고 부른다."(Masschelein, 2001: 16) 이와 아울러 이 논문에서 마스켈라인은 "탄
    생"을 "비오스Bios, 의문하기, 도야, 누구" 등의 단어로 표현하고 있지만, 1996년
    에 이미 제안된 바 있는 "의문하기"를 제외한 나머지 표현들은 다소 자의적 · 문맥
    의존적이라는 인상을 남긴다.

보지 못하게 되었다"(Edgoose, 2010: 391)고 그는 말한다. 그리고 진정한 희망이 솟아나는 그 "상호작용"이란 곧 "인간 다원성의 사실성", 즉 "기적"과도 같이 발생하는 "교실 생활의 예측불가능성"이다. 에드구스에 따르면, 교사의 희망 또는 교육 실제에서 희망은 이러한 탄생성의 사실성과 불가분의 관계에 있는 우연적 교육 실재에 대한 긍정적 의미부여와 "기대를 비껴가는 기적을 향한 감수성"(Edgoose, 2010: 394)을 통해서 생겨난다.15

물론 여기에는 "기대의 경제학을 무너뜨리는 용서"(Edgoose, 2010: 398)라는 아렌트의 기제(Arendt, 1958/이진우·태정호, 2001; 300f)가 작용해야 한다. 달리 표현하자면, 근대 주체철학에 근거하여 형성된 교육적 지향성의 한계를 인정하고, "용서", 즉 의식철학의 의식성의 잠금 또는 망각을 통해 자유공간을 확보하며, 교육인간과 교육실제의 통제불가능성과 예측불가능성에 대한 긍정적 의미부여를 통해 교육이해의 폭을 넓히려는 사유의 변경이 있어야 한다는 것이다. 결국 희망소진 현상은 "상호작용적 교실 생활의 기적적 차원"(Edgoose, 2010: 398)을 교육적으로 유의미한 계기로 발견할 준비가 되어 있는가의 문제이다. 즉, 탄생성의 관점에서 교실과 인간을 이해할 수 있는가가 희망과 희망없음의 기준이라고 에드구스는 주장하고 있는 것이다. 그리고 그의 이러한 결론은 아렌트의 "탄생적 용서" 개념을 정치적·신학적으로 해석·적용하고 있는 쉘의 주장(Schell, 2002)과도 일치한다. "용서[또는 망각]를 통해 우연성이라는 이름의 자유를 획득" 그리고 "파열(중단)은 곧 새로운 시작"이라는 쉘의 아렌트 이해 역시 마스켈라인의 탄생적 우연성 이해와 궤를 같이한다.

---

15 마스켈라인 역시 "기적"이라는 표현을 동원하여 "탄생성"의 특징을 설명한 바 있다. "21세기 초에, 합리적 존재인 우리들에게 기적, 비밀, 유토피아, 창조, 영혼, 희망, 상실 등의 용어와 범주들은 지나치게 구식으로 들릴 수도 있다. 이러한 용어들은 내가 '아동성의 실재'라고 부르는 것을 언급할 때만 언급되어야 할 것 같다. 그러나 기억해야 할 것은, 인간의 세계는 생물학적 삶(Zoe)에 관한 것이 아니라 누군가(someone)의 삶에 관한 것이다."(Masschelein, 2001: 18) 여기서 "아동성의 실재"는 "탄생성, 새로운 시작"을 의미한다.

5. 탄생성의 교육인간학

교육학이 아동의 실재로부터 출발하여야 한다는 데 이견은 없을 것이다. 중요한 것은, 아동의 실재를 어떤 관점에서 이해하고 교육적 인간을 어떻게 규정하는가에 따라 교육과 교육학은 다른 모습일 수 있다는 점이다. 그리고 아렌트의 탄생성으로부터 도출되는 교육 이해는 전통적 교육학의 그것과는 사뭇 다르다. 그 가장 큰 차이점을 우리는 교육인간학적 규정에서 확인할 수 있다.

우리는 앞서 근대교육학의 생산·만듦으로서 교육과 대조되는 교육의 규정, 즉 "행위로서 교육"을 언급한 바 있다. 행위로서 교육은 인간이 탄생의 존재라는 사실에 근거한다. 즉, 모든 인간은 유일한 존재로 태어나며, 그의 유일성은 말과 행위를 통해 더욱 선명해져 간다. 그는 그가 하는 말 속에서, 그가 하는 행위를 통해 매 순간 새롭게 태어난다. 그의 정체성은 처음부터 확정되어 있어서 언제라도 돌아가야 할 혹은 돌아갈 수 있는 어떤 실체가 아니라, 새로운 말과 행위 속에서 지속적으로 구성되고 변경되고 형성되는, 그래서 과정이 곧 잠정적 결과인 성격의 것이다. 이는 계획이나 예측이나 통제가 가능하지 않은 발생이자 생성이다. 이런 관점에서 마스켈라인의 다음과 같은 교육인간학적 규정은 의미심장하다.

> "교육학적 근본사유는 아동의 실재를 출발점으로 삼아야 한다. … 아동의 실재는 (아직)-말할수-행위할수-없음이 아니라, 우리와 우리의 세계를 건드리는 새로운-행위함과-새로운-말함이다. … 인간은 만들어지는 것이 아니라, 태어나는 것이다."(Masschelein, 1996b: 121)[16]

만듦과 태어남을 대조한 교육인간학적 선언은 단순한 은유 이상의 내용을 내포한다. 교육학이 관념이나 이념이나 사변에서가 아니라 교육이 실

---

16 이와 흡사한 이해를 전제로 한 교육인간학 규정으로 릭켄의 "우리는 그 인간에 다다라야 할 필요가 없다. 우리[자체]가 이미 인간이기 때문이다."(Ricken, 1999: 226f)를 들 수 있다. 이에 대한 간략한 해설은 우정길, 2007a: 148참조 바람.

제로 발생되고 진행되는 경험의 사실성으로부터 출발해야 한다면, 그리고 본고 사유의 중심 소재인 탄생성이 인간과 교육의 본질 해명에 있어서 간과할 수 없는 사실성이라면, 마스켈라인의 위와 같은 규정은 분명 사실적합적·사태적합적이다. 그리고 이러한 사실적합적·사태적합적 규정은 교육인간학적 규정에서 그치지 않고, 다음과 같이 다양한 방식으로 표현되는 교육의 재개념화로 이어진다.

- "교육은 보존과 개선이 아니라 보존과 새롭게함이며, 영향미침이 아니라 행위함이다."(Masschelein, 1996b: 122)
- "교육은 의문하기,17 중단함과 중단됨, 미완성이다."(Masschelein, 1996a: 103)
- "교육은 탄생에 대한 반응이다."(Masschelein, 1996b: 122)
- "교육은 새로운 시작에 대한 대답이다."(Masschelein, 1996c: 175)
- "교육은 책임이며, 이로써 교육적 관계는 진정한 윤리적 관계이다."(Masschelein, 1996c: 175)

물론 "교육은 출생성의 끊임없는 경신이다" 또는 "교육은 역사로부터의 탈주이자 기존성의 파열이다" 등도 앞서 마스켈라인으로부터 인용된 문장으로부터 도출가능한 교육정의이다. 마스켈라인이 교육을 정의하는 방식에서 한 가지 재차 강조할 점은 그가 교육을 대화적 구조로 파악하고 있다는 사실이다. 즉, 그는 그 안에 이미 관계의 윤리성을 포괄하고 있는 교육 구상을 말하고 있다. 이는 정치적 함의라는 관점에서는 "만듦·생산으로서 교육" 구상과 가장 큰 차이를 보이는 지점이라 할 수 있다. 마스켈라

---

17 마스켈라인은 "의문하기"를 자신의 독일어 논문에서는 "Infragestellung"(1996a)으로, 그리고 영어 논문에서는 "Questioning"(2001)으로 표기하고 있다. 이와 거의 동일한 의미맥락에서 마스켈라인이 사용하는 용어에는 "문제삼기"(Problematization)(1996d, 1998a, 1998b)도 있다. 그의 설명에 따르면 "교육은 단순히 정체화·동일화(identification)나 본성화(naturalization)에 관한 것이 아니라 문제삼기에 관한 것이다. 즉, 사이(in-between)를 자극하고 보존하기 위해 단순소여로부터 (예를 들면 정체성 등의 자아로부터) 밖으로 끌어내는 것이다. 이런 방식으로 교육자는 일종의 '충실한 수호자'로서 개별자에 대한 책임감을 갖고 아직 존재하지 않는 어떤 것, 즉 젊은이가 제시하게 될 새롭고 유일한 대답을 지켜 낸다."(Masschelein, 1996d: 104)

인의 주장을 달리 표현하자면, 교육이 있고 윤리가 따로 있어서 교육이 윤리의 도구로 기능하는 것이 아니라, "교육이 곧 윤리"인 것이다. 행위자와 행위자를 분리시켜 놓고, 이를 접합하려는 방식의 관계성 구상에서 책임성은 분리된 세대와 세대 사이 혹은 분리된 개인과 개인 사이에서 어느 한쪽이 다른 한쪽을 향해 갖는 교육적 선의의 의도적 실현가능성과 실현당위성을 바탕으로 한다. 이것은 의무이자 책임이며 때로 권력이기도 하다. 그러나 이러한 구상에서는 분리된 두 개체의 연결에 따르는 강제성의 문제가 필연적으로 발생한다. 이를 우리는 앞서 칸트의 "강제모형"의 예에서 이미 확인한 바 있다.

그러나 이러한 난제는 탄생성의 대화적 구조에서는 발생하지 않는다. "너는 누구인가"로 상징되는 물음과 대답의 구조에서 중요한 것은 대답으로 제시되는 "무엇"이 아니라 "어떻게"이다. 그리고 이 "어떻게"는 "누가 누구에게 어떠한 목적 실현을 위해 말을 건다"는 지향적·목적론적 방식이 아니라, 처음부터 함께있음과 함께행위함이라는 존재론적 차원의 관계성을 함의한다. 즉, 교육을 포함한 제 행위는 탈지향적·상호주관적 구조에서 이루어진다. "아동의 출현뿐 아니라 그가 행하고 말하는 무엇은 교육자의 지향성에 비의존적이다. 그렇지 않다면 어떠한 말함도 행함도 유의미하지 않기 때문이다. 상호인정된 공통성이야말로 교육자의 지향성을 위해 구성적이다."(Masschelein, 1996c: 172) 그러므로 탄생으로서 교육, 즉 행위로서 교육은 곧 윤리 그 자체이다. 윤리를 위한 교육이나 덕목 실현을 위한 교육은 탄생성의 관점에서는 성립이 불가능하다. 무엇을 하기 위해 태어나는 인간은 세상에 없다. 태어났기에 인간은 행위한다. 행위가 곧 존재이다. 교육을 통해 인간으로 만들어지기 위해 태어나는 인간은 없다. 탄생의 순간 인간은 이미 교육적 관계 속에 들게 된다. 탄생이 곧 관계이다. 그리고 이것은 비단 태어나는 사람에게뿐 아니라 낳는 이를 비롯한 세계의 모든 기존 존재들에게 공통적으로 적용되는 실존적 사실이자 교육적 도전이다. 탄생이 있고 교육이 나중 있는 것이 아니다. 교육이 있어서 비로소 인간이 만들어지는 것도 아니다. 한 번 태어나는 데서 그치지 않고 매 순간 거듭 새롭게 태어나는 인간이라는 실재 속에서 탄생성과 교육은 조우한다.

III. 탄생성의 역설

앞서 밝힌 바와 같이 탄생성은 아렌트 행위론의 핵심 개념이다. 그리고 아렌트는 "탄생성이 교육의 본질"이라고까지 탄생성의 교육적 의미를 강조하였다. 이런 의미에서, 이른바 "'탄생성'의 교육학"(이은선, 2003)에 해당될 그 어떤 구상을 아렌트 자신이 체계적으로 제안했었다면, 현대 교육학에게는 더욱 유익한 계기가 되었을 것이다. 그러나 널리 알려진 바와 같이 아렌트는 교육학자가 아니었으며, 교육에 관한 그녀의 사유는 "교육의 위기"라는 짧은 글에 단편적으로만 제시되어 있을 뿐이다. 이 글은 아렌트가 당시 미국의 교육 위기의 원인을 진단하고 그 해법을 제안하기 위해 쓴 것인데, 그녀가 진단한 20세기 전반 미국 교육 위기의 원인은 다음과 같다. 즉, 가) 성인과 아동의 인위적 구분이 아동의 (성인의 권위로부터) 해방이 아닌 아동의 고립·갇힘 현상을 초래한 점, 그 결과로 나타나는 아동의 순응주의·청소년비행, 나) 교육내용보다 교수법을 우선시하는 풍토로 인한 교사들의 전공전문성 결여 및 기술중심적 교직이해, 다) 학습과 공부를 실천과 놀이로 대체하려는 시도 속에 전제된 아동의 절대주의화 및 그 결과로 나타나는 성인과의 부자연스러운 단절 등이 그 원인이다.

그녀가 이렇게 당시 미국교육의 위기를 진단하는 이유는 그 해결책의 제시를 위함인데, "교육의 위기"의 후반부(제III, IV장)에서 아렌트는 짧막하게나마 그에 대한 대답을 제시한다. 그리고 그 해법은 "권위와 책임의 회복"으로 요약될 수 있다. 이에 해당되는 세 가지 논리는 가) 사회는 신참성원들의 탄생에 의해 유지되며, 이들은 생성상태에 있으므로, 나) 기존의 세계 또는 성인은 이들을 이른바 "어둠의 안전" 또는 "은폐의 안전" 제공을 통해 이들의 성장과 성숙을 보장하여야 하는데, 다) 이것은 세계에 대한 교육자들의 책임이자 권위인, 즉 이를 거부하는 것은 "탈권위이자 탈

책임"이며, 그것이 곧 당시 미국교육 위기의 원인이므로, 라) 교육자의 권위와 책임을 회복하는 것이 위기 극복의 해법이다.(Arendt, 1968/서유경, 2005: 249f)

이런 의미에서 아렌트의 교육관은 자칭 "보수주의적"(Arendt, 1968/서유경, 2005: 259)이다. 사실 여기까지는 전통적 교육학의 책임 개념과 그리 다르지 않다. 비록 아렌트가 탄생성을 언급은 하였지만, 아동을 생성 중인 존재, 즉 인간으로 태어났으나 아직 성인의 단계에 이르지 못한 모종의 "중간존재"로 여긴다는 점에서 전통적 교육학의 "결핍존재론"과 대동소이하고, 그래서 교사중심의 책임론·권위론으로 논의가 이어진다는 것도 당연한 귀결이다. 그렇다면 아렌트와는 다른 개념의 책임성을 언급하고 심지어 권위에 대해서는 전혀 언급하지 않았던 마스켈라인은 아렌트를 자의적으로 해석하였거나 혹은 탄생성의 한 측면만을 아렌트와 달리 "비보수적"으로만 해석한 것일까? 그런데 "교육자의 책임과 권위의 회복"과 아울러 "교육의 위기"를 특징짓는 또 하나의 열쇠어가 있다면, 그것은 "새로움의 보전"이다.

> "물론 세계가 그렇게 될지 결코 확신할 수 없을지라도 관건은 세계가 늘 새로워질 수 있도록 [새로운 세대를] 교육하는 것이다. 우리의 희망은 언제나 각 세대가 가져오는 새로운 것에 달려 있다. 그러나 우리가 희망을 오직 이것에만 두고 있다는 이유로 새로운 것을 통제하고 우리, 즉 헌 것이 새 것은 어떠해야 한다고 규정한다면 우리는 모든 것을 파괴하게 된다. 모든 아이들이 지닌 새롭고 혁신적인 것을 위해서라면 교육은 보수적일 필요가 있다. 교육은 이 [아이가 담지한] 새로움을 보전하여 새로운 것으로서 낡은 세계에 소개해야 한다."(Arendt, 1968/서유경, 2005: 258f)

여기서 우리가 의문해 보아야 할 것은 "새로움의 보전"이라는 과업의 가능성이다. 과연 탄생성은 보전가능한 무엇인가? 아렌트 자신이 "결과의 예측불가능성, 과정의 환원불가능성, 익명성" 등으로 특징지웠던 탄생성은 보전의 대상일 수 있는가? 어쩌면 아렌트는 이 대목에서 교육자의 능력과 책무성을 의도적으로 과대평가하고 있는 것은 아닌가?

우리는 갓난아기의 울음은 예측도 조종도 불가능하다는 사실을 경험적으로 알고 있다. 그저 그와 함께 있으며 함께 행위하는 가운데 그의 그 새롭고 낯선 언어에 적응하는 길밖에 없다. 우리는 이제 막 걸음마를 뗀 아이의 발걸음이 어느 방향으로 향하게 될지 미리 알 수 없다. 다만 그가 걸음을 내딛을 만한 모든 곳을 향해 주의를 기울이며 걸림과 위험의 확률을 줄여주는 수밖에 없다. 우리는 어린 아이가 그 수많은 뜻 모를 낱말과 문장들의 시기를 지나 어떤 낱말을 우선적으로 입 밖으로 내뱉게 될지 계획할 수도 통제할 수도 없다. 그는 그가 하고 싶은 말을 그가 원하는 때에 그렇게 할 뿐이다. 그리고 우리는 그의 옹알이와 기존의 문법에 맞지 않는 말들에 놀라고 기뻐하고 대답할 뿐이다. 기약 없는 기다림, 뜻모를 대화, 놀라움과 환희 – 탄생적 새로움이란 이런 것이고, 탄생적 관계는 그렇게 이미 시작된 것이다. 새로움이 없다면 세계에는 웃음도 환희도, 놀라움도 슬픔도 없을 것이다. "탄생 덕분에 각각의 사람이 할 수 있는 새로운 시작을 세계의 무대에 가져오는 행위가 없다면, 태양 아래 새로운 어떤 것도 존재하지 않는다."(Arendt, 1958/이진우 · 태정호, 2001: 267) 이 극단적 새로움은 전통적 개념의 권위와 책임의 대상이 될 수 없다. 적어도 『인간의 조건』에서 아렌트가 지속적으로 강변하였던 행위론에 충실하자면 그러하다. 그리고 이런 의미에서라면 마스켈라인의 탄생적 책임론은 아렌트의 탄생성을 적절히 이해한 결과라고 볼 수 있다.

그렇다면 아렌트의 "새로움의 보전"을 우리는 어떻게 이해하여야 할까? 필자는 이것을 '교육의 본래적 역설'이라고 이해한다. 즉, 나의 이해의 경계 너머에 있는 타자를 마주하여 나의 물리적 · 실존적 한계에도 불구하고 그가 나의 선한 취지의 교육의도와 교육계획과 교육실천을 통해 조금이나마 달라질 수 있으리라는 희망을 포기하지 말아야 한다는 의미의 역설, 즉 '불가능성의 가능성'이라는 역설이다. 탄생의 새로움은 그야말로 기존에 없던 어떤 새로운 존재가 기존의 인간관계망 · 질서관계망 · 가치규범관계망 속으로 들어오는 사건이다. 기존의 세계는 그 어떤 논리를 동원하여도

이 새로움을 해석할 수도 감당할 수도 없다는 의미의 극단적 새로움의 연속이 곧 아렌트가 『인간의 조건』에서 역설하였던 탄생의 의미이다. 그리고 이제 책임과 권위의 회복을 통해 교육의 위기를 극복하자고 제안하는 아렌트는 교육에 있어서 탄생성을 실현가능성이 아닌 "의지와 결정"의 차원에서 설명하고 있다.

> "교육은 우리가 세계에 대한 책임을 질만큼 세계를 사랑할지, 같은 이유로 [세계의] 경신(更新) 없이, 즉 새롭고 젊은 사람들의 도래 없이는 파멸이 불가피한 세계를 구할지를 결정하는 지점이다. 또한 교육은 우리가 아이들을 우리의 세계로부터 내쫓아 그들이 제멋대로 살도록 내버려 두지 않고, 그들이 뭔가 새로운 일, 뭔가 예측할 수 없는 일을 할 수 있는 기회를 빼앗지 않으며, 또한 그들이 공통의 세계를 새롭게 하는 임무를 담당할 수 있도록 미리 준비시킬 정도로 그들을 사랑할지를 결정하는 지점인 것이다."(Arendt, 1968/서유경, 2005: 263)

이런 의미에서 아렌트의 "교육적 보수주의"는 전통적 교육이 주장했던 교육자 중심의 책무성과 교육의 가능성에 대한 최소한의 희망의 표현이라고 이해되어야 한다. 그리고 이러한 희망은 곧 "세계사랑과 인간사랑을 위한 결정"을 의미할 뿐, 그 결과를 보장하는 것은 아니다. 즉, "새로움의 보전"은 교육과 교육자가 바라보아야 할 지향점을 의미하며, 그 실현이 보장되거나 결정되어 있다는 것을 의미하지는 않는다.

IV. 맺음말

마스켈라인의 아렌트 독해에는 "교육의 위기"가 빠져 있다. 그는 이른바 "탄생성의 역설"(Levinson, 2001)을 언급하지 않는다. 어쩌면 그에게 "교육의 위기"의 탄생성은 『인간의 조건』의 탄생성에 비해 철학적 명료함과 경험적 타당성이 결여된 것으로 보였을 수도 있다. 혹은 마스켈라인에게

20세기 전반 미국 교육의 위기보다는 21세기 교육학의 학문적 위기가 더욱 절실한 문제였기에(Masschelein, 1991: 머리말), 자신의 논의를 의도적으로 후자에 집중하였을 수도 있다. 아렌트의 사유와 관련하여 그의 관심은 오로지 『인간의 조건』을 중심으로 펼쳐지는 탄생성의 행위론이었으며, 그는 그것이 전통적 교육학의 사유방식과 어떻게 다른가를 그리고 교육과 교육적 인간이 어떻게 기존의 것과 다르게 그리고 새롭게 정의될 수 있는가를 구체적으로 보이는 일에 주력하였다. "이미 완전하게 태어난 인간"을 "아직-아닌" 존재로 규정해 왔던 오랜 전통에 반하여 인간을 "아직-말할수-행위할수-없는-존재"가 아니라 "새로운-행위를하고-새로운-말을하는-존재"로 이해하는 사유의 전복, 그리고 "인간은 만들어지는 것이 아니라 태어나는 것"이기에 "교육은 탄생에 대한 대답"이라는 새로운 교육 정의의 제안 ─ 이것은 지극히 경험적이고 일상적인 차원에서 이해된 인간·교육에 대한 탐구결과이자 교육학의 출발점에 대한 환기이다. 비록 그것이 오늘날 우리에게 익숙한 전통적 교육학의 환경에서는 낯선 문법이라 하더라도, 그것이 경험적 사실성에 부합하는 것이라면, 교육학은 이것을 진지하게 고려하고 수용할 필요가 있다.

참고문헌

박선영·김회용 (2007). 한나 아렌트의 공교육 제안 논의. 『교육사상연구』 21-3, 255-274.

박은주 (2017). 교육의 목적, 개별화인가, 사회화인가? : 한나 아렌트의 '행위' 개념을 중심으로. 『교육철학연구』 39(4), 35-62.

박은주 (2018a). 학습자와 교과의 관련방식에 관한 듀이와 아렌트의 관점 비교. 『교육사상연구』 32(4), 59-84.

박은주 (2018b). 한나 아렌트의 '행위' 개념을 통한 가르침의 의미 재탐색. 서울대학교 박사학위논문.

박은주 (2019). 한나 아렌트, '판단' 개념의 교육적 의의. 『교육사상연구』 33(4), 1-25.

우정길 (2007a). '부자유를 통한 자유'와 교육행위의 지향성. 『교육철학』 38, 139-164.

우정길 (2007b). 지향적 교육행위의 한계 또는 교육학의 경계적 속성, 그리고 대안적 사유에 대한 일 고찰. 『교육의 이론과 실천』 12-1, 231-255.

우정길 (2007c). 의사소통적 상호주관성의 교육학적 수용가능성 검토 - 마스켈라인(J. Masschelein)의 논의를 중심으로. 『교육철학』 39, 99-122.

우정길 (2013a). 아렌트(H. Arendt) '탄생성'의 교육학적 수용 - 마스켈라인(J. Masschelein)의 논의를 중심으로. 『교육철학연구』 35(3), 139-159.

우정길 (2013b). Hannah Arendt의 '탄생성'의 교육학적 의미. 『교육의 이론과 실천』 18(3), 47-71.

우정길 (2014). 탄생적 상호주관성과 교육 - 비에스타(G. Biesta)의 아렌트(H. Arendt) 수용을 중심으로. 『교육철학연구』 36(1), 53-72.

우정길 (2015). 교실 - 탄생성의 공간. 『교육철학연구』 37(3), 131-153.

이은선 (2003a). 한나 아렌트의 '인간의 조건'과 '공공성'에로의 교육. 『교육철학』 29, 45-73.

이은선 (2003b). 한나 아렌트의 사상에서 본 교육에서의 전통과 현대. 『교육철학』 30, 139-159.

이은선 (2007). 한나 아렌트의 '탄생성'(Natality)의 교육학과 양명의 '치량지'(致良知). 『陽明學』 18, 5-62.

임정아 (2016). "교육의 위기"에 나타난 아렌트의 '탄생성' 교육관에 대한 연구. 『동서철학연구』 81, 505-526.

임태평 (2015). 한나 아렌트에 있어서 탄생성, 사랑과 교육. 『교육철학』 55, 127-163.

조나영 (2013). 한나 아렌트의 "교육의 위기"를 통해서 본 '탄생성' 교육의 의미. 『인문과학논총』 34(1), 331-364.

조나영 (2015). 한나 아렌트 '탄생성'의 교육적 함의. 고려대학교 박사학위논문.

조나영 (2017). 아렌트(H. Arendt)의 '탄생성'(natality) 개념과 교육적 사유의 실제를 위한 제안: The Freedom Writers Diary의 교육실천 분석. 『교육철학연구』 39(1), 75-99.

Arendt, H. (1958). *The Human Condition*. Chicago; Univ. of Chicago Press; 이진우·태정호 옮김(2001). 『인간의 조건』. 서울: 한길사; 독일어본 (2002). *Vita activa oder Vom tätigen Leben*. München: Piper.

Arendt, H. (1968). 『과거와 미래 사이』. 서유경 옮김(2005). 서울: 푸른숲.

Biesta, G. (1998). Say You Want a Revolution... Suggestions For The Impossibility Of Critical Pedagogy. *Educational Theory* 48, 499-510.

Biesta, G. (1999). Radical Intersubjectivity: Reflections on the "Different" Foundation of Education. *Studies in Philosophy and Education* 18, 203-220.

Biesta, G. (2001). How Difficult Should be Education Be? *Educational Theory* 51, 385-400.

Biesta, G. (2010). How to Exist Politically and Learn from It: Hannah Arendt and the Problem of Democratic Education. *Teachers College Record* 112(2), 556-575.

Curtis, K. (2001). Multicultural Education and Arendtian Conservatism. Gordon, M., Green, M. (Ed.). *Hannah Arendt and Education*. Colorado: Westview, 127-152.

Dunne, J. (2006). Childhood and Citizenship: A Conversation across Modernity. *European Early Childhood Education Research Journal* 14(1), 5-19.

Gordon, M. (2001). Hannah Arendt on Authority. Gordon, M., Green, M. (Ed.). *Hannah Arendt and Education*. Colorado: Westview, 37-66.

Edgoose, J. (2010). Hope in the Unexpected: How can Teachers Still Make a Difference in the World? *Teachers College Record* 112(2), 386-406.

Fuben, P. (2001). Hannah Arendt on Politicising the University and Other Cilchés. Gordon, M., Green, M. (Ed.). *Hannah Arendt and Education*. Colorado: Westview, 175-200.

Hellekamps, S. (2006). Hannah Arendt über die Krise in der Erziehung - Wiedergelesen. *Zeitschrift für Erziehungswissenschaft* 9, 413-423.

Higgins, C. (2003). Teaching and the Good Life: A Critique of the Ascetic Ideal in Education. *Educational Theory* 53(2), 131-154.

Higgins, C. (2011). The Possibility of Public Education in an Instrumental Age. *Educational Theory* 61(4), 451-2011.

Jessop, S. (2011). Children's Participation. An Arendtian Criticism. *Educational Philosophy and Theory* 43, 979-996.

Kant, I. (1998). Über Pädagogik. Immanuel Kant. Bd. VI. Hrsg. von W. Weischedel. Darmstadt: WBG, 695-778.

Lane, A. (2001). Is Hannah Arendt a Multiculturalist? Gordon, M., Green, M. (Ed.). *Hannah Arendt and Education*. Colorado: Westview, 153-174.

Levinson, N. (2001). The Paradox of Natality. Gordon, M., Green, M. (Ed.). *Hannah Arendt and Education*. Colorado: Westview, 11-36.

Levinson, N. (2010). A "More General Crisis": Hannah Arendt, World- Alienation, and the Challenges of Teaching for the World As It Is. *Teachers College Record* 112(2), 464-487.

Mackler, S. (2010). And Worldlessness, Alas, Is Always a Kind of Barbarism: Hannah Arendt and the Challenges of Educating in Worldless Times. *Teachers College Record* 112(2), 509-532.

Masschelein, J. (1991). *Kommunikatives Handeln und pädagogisches Handeln*. Weinheim-Leuven: Deutscher Studien Verlag & Leuven Univ. Press.

Masschelein, J. (1996a). Die Ergebnislose und Funktionslose Erziehung. Masschelein, J. & Wimmer, M. *Alterität Pluralität Gerechtigkeit*. Sankt

Augustin: Akademia, 87-106.

Masschelein, J. (1996b). Die Frage nach einem pädagogischen Grundge – dankengang. Masschelein, J. & Wimmer, M. *Alterität Pluralität Gerechtigkeit.* Sankt Augustin: Akademia, 107-126.

Masschelein, J. (1996c). Pädagogisches Handeln und Verantwortung. Erziehung als Antwort. Masschelein, J. & Wimmer, M. *Alterität Pluralität Gerechtigkeit.* Sankt Augustin: Akademia, 163-186.

Masschelein, J. (1996d). Individualization, Singularization and E-ducation (Between Indifference and Responsibility). *Studies in Philosophy and Education* 15, 97-105.

Masschelein, J. (1998a). How to Imagine Something Exterior to the System: Critical Education as Problematization. *Educational Theory* 48, 521-530.

Masschelein, J. (1998b). In defence of education as problematization: Some preliminary remarks on a strategy of disarmament. Widemeersch, D., Finger, et. al. (Ed.). *Adult Education and Social Responsibility.* F.a.M: Peters Lang, 133-149.

Masschelein, J. (2001). The Discourse of the Learning Society and the Loss of Childhood. *Journal of Philosophy of Education* 35(1), 1-20.

Masschelein, J. and Simons, M. (2002). An Adequate Education in a Globalised World? A Note on Immunisation Against Being-Together. *Journal of Philosophy of Education* 36(4), 589-608.

Masschelein, J. & Simons, M. (2010). School as Architecture for Newcomers and Strangers: Perfect School as Public School? *Teachers College Record* 112(2), 533-555.

Obyrne, A. (2005). Pedagogy without a Project: Arendt and Derrida on Teaching, Responsibility and Revolution. *Studies in Philosophy and Education* 24, 389-409.

Ricken, N. (1999). *Subjektivität und Kontingenz.* Würzburg: Königshausen & Neumann.

Schell, J. (2002). A Politics of Natality. *Social Research* 69(2), 461-471.

Schutz, A. (2001). Contesting Utopianism: Hannah Arendt and the Tensions of Democratic Educatio. Gordon, M., Green, M. (Ed.). *Hannah Arendt and Education.* Colorado: Westview, 93-126.

Woo, J.-G. (2007). *Responsivität und Pädagogik.* Hamburg: Dr. Kovac.

4장

탄생적 상호주관성과 교육*

Ⅰ. 도입 - 상호주관성과 탄생성

20세기 유럽의 학문풍토에 국한하여 볼 때, 교육학계로 수용된 혹은 교육학 범주 내에서 논의된 상호주관성 이론의 대표적인 예로 하버마스의 의사소통이론, 부버의 대화철학, 발덴펠스의 응답적 현상학을 들 수 있다.(cf. Lippitz & Woo, 2019) 이들은 각각 생활세계를 기반으로 한 합의지향적 대화주의, 유사신학적 우연성에 기반한 사이존재론적 대화주의, 그리고 비지향적·몸철학적·응답윤리적 대화주의를 표방함으로써, 사상사적으로는 "주체중심성으로부터 관계중심성으로의 전환"(Biesta, 1999: 205)의 계기가 되었고, 아울러 교육학적으로는 "고전적 교육관계론"(cf. Lippitz & Woo, 2019)의 범위가 확장되고 현대화되는 계기가 되었다.[1] 본고의 기획 역시

---

* [출처] 우정길(2014). 탄생적 상호주관성과 교육 - 비에스타(G. Biesta)의 아렌트 (H. Arendt) 수용을 중심으로. 『교육철학연구』 36(1), 53-72.
[1] 비에스타의 경우, 이 밖에도 미드의 상징적 상호작용론, 듀이의 의사소통개념, 비트겐슈타인의 언어게임이론 등을 상호주관성이론의 범주에 추가하여 이해하고 있다.(Biesta, 1999: 205) 물론 이것 외에도 레비나스의 타자성의 철학이나 호네트의 인정투쟁이론 역시 상호주관성이라는 관점에서 논의되기도 한다. 엄밀한 의미에서 상호주관성 이론 분류의 주요 기준은 '사이·상호·inter·between'에 관한 우선적·독립적 가치부여와 집중적 탐구이다. 즉, 이른바 주체성·주관성 이론과 상호주관성 이론의 경계는 '상호'(inter·between)에 대한 이해의 질적 차이에 근거한다고 볼 수 있다. 그러나 다른 한편, 이른바 상호주관성 이론에 대한 학계의 공

이러한 흐름과 맥락을 같이 한다. 구체적으로는, (가) 교육관계론적으로 유의미한 상호주관성 이론의 발굴과 탐구를 목적으로 (나) 근래 연구사적 부흥기를 맞고 있는 정치사상가 한나 아렌트(Hannah Arendt)[2]의 탄생적 상호주관성 개념이 교육학에 어떻게 수용되고 있는지에 대해 고찰하되, (다) 유럽을 중심으로 영미권 교육철학계에서 활발한 활동을 보이고 있는 비에스타(G. Biesta)의 논의에 초점을 맞추려 한다. 특히 (다)항 그리고 (나)항의 일부와 관련하여 약간의 부연설명이 필요할 듯하다.

교육학계 아렌트 연구 지형을 이루어 온 학자들은 여럿 있지만,[3] 탄생성과 상호주관성을 중점적이고 직접적으로 그리고 지속적으로 언급하며 학문적 사유의 소재로 삼은 학자로 필자는 본고에서 중심적으로 고찰하고자 하는 비에스타와 더불어 마스켈라인(J. Masschelein)을 꼽을 수 있다. 마스켈라인은 교육학계 아렌트 연구사적으로나 탄생적 상호주관성 연구에 있어서나 선구적 역할을 한 학자이다. 국내 연구에서도 여러 차례 소개된 바와 같이(우정길, 2007a, 2007c, 2013a), 마스켈라인은 1991년 자신의 박사학위논문을 통해 교육학 내 의사소통이론적 상호주관성 연구로 학술적 기여를 인정받은 바 있다. 특이한 점이라면, 하버마스에서 출발한 상호주관성 연구가 아렌트로 보완되다가 레비나스(E. Levinas)로 귀결된다는 사실인데, 이는 상호(주관)성에 관한 일관된 관심의 추구라는 기여와 아울러 내용적 비일관성이라는 결함을 드러내는 지점이기도 하다. 그럼에도 불구하고 특히 아렌트의 탄생성 개념의 교육학적 수용을 통해 그가 선보인 교육의 재개념화

식적 인정·명명·채택과 무관하게, 상호주관성 이론의 범위와 종류는 사실상 무한정이라고 볼 수도 있다. 인간과 인간 사이 또는 인간관계에 관한 모든 이론들은, 그것이 자아중심적 일방향성을 표방하든 혹은 심지어 대상·상대에 대한 기계적 조건화를 정당화하든, 기본적으로 상호성에 관한 나름의 이해와 정의에 기반하고 있기 때문이다. 교육학 내 상호주관성 관련 현대적 논의의 개괄은 우정길, 2007a: 155f참조.

2 1990년대 중반 이후 인문·사회과학 전반에 걸쳐 생겨난 이른바 "아렌트 부흥운동"(Arendt Renaissance)에 관한 개괄적 해설은 아렌트 저서 *Between past and future*의 한국어 번역본『과거와 미래 사이』(2005)의 역자 후기(서유경. "한나 아렌트 정치철학과 사유의 정치성")를 참조.

3 아렌트 사상의 교육학적 수용과 연구의 국내외 지형에 관하여는 우정길, 2013a: 139f; 우정길, 2013b: 47-50참조.

시도의 결과(우정길, 2013a: 151참조)는 학술적 재고의 가치가 충분하다.

비에스타의 경우 이보다는 더 일반적·수렴적·연속적인 학문궤적을 보인다. 마스켈라인이 하버마스의 의사소통이론의 충실한 계승자를 자임했던 것에 반해 비에스타는 독일교육학 20세기 초반 딜타이(W. Dilthey)와 노올(H. Nohl)의 교육관계론, 이른바 튀빙엔 학파의 중심인 볼노(O. F. Bollnow)의 교육인간학적 관계론, 20세기 후반 샬러(K. Schaller)의 의사소통적 교육학, 미드(G. H. Mead)의 상징적 상호작용의 교육학적 수용자이자 교육관계론의 학술적 정리자로 알려진 크론(F. W. Kron) 등 다양한 배경의 학문적 결실들을 계승하는 가운데, 그리고 이에 더하여 레비나스(E. Levinas)의 타자의 철학, 듀이(J. Dewey)의 의사소통개념과 버뷸러스(N. C. Burbules)의 교육적 대화 연구 등을 포괄하는 유럽과 영미권의 전반적인 논의들을 수렴하는 가운데, 상당히 폭넓은 스펙트럼의 교육관계론을 자신의 논의 속에 펼쳐 보이고 있다.(대표적으로 Biesta, 1995a, 1995b, 2008)

그러나 비에스타의 위와 같은 광폭의 연구사에 있어서 가장 일관되고 중심적인 주제 중 하나로 우리는 아렌트의 탄생성 개념을 꼽을 수 있다. 물론 비에스타는 1990년대 독일교육학 전통의 교육관계론 연구와 영미권의 의사소통·상호작용 이론에 관한 연구들에 이어, 2000년대 이후 레비나스와 데리다(J. Derrida) 연구에 있어서도 학계 주도적인 면모를 보이고 있지만, 상호주관성 연구에 한정하여 본다면 아렌트의 탄생성은 비에스타의 연구에서 가장 빈번하고 일관되게 탐구된 주제라 할 수 있다. 아쉽게도 마스켈라인의 경우 아렌트의 탄생적 상호주관성에 관한 직접적 연구는 1990년대로 마감되었다는 인상을 남기는 한편,[4] 비에스타는 오히려 2000년대 들어 근래로 올수록 이 주제에 더욱 천착하는 양상을 보이고 있다. 2011년 그가 편집위원장으로 있던 *Studies in Philosophy and Education*

---

4 2000년대 들어서 아렌트와 관련하여 발표된 마스켈라인의 논문은 사이먼스(J. Simons)와 공동으로 집필한 다음 두 편이 있다. "An Adequate Education in a Globalised World? A Note on Immunisation Against Being-Together"(2002), "School as Architecture for Newcomers and Strangers: Perfect School as Public School?"(2010) 이 두 편의 연구는 이론적 배경이나 내용에 있어서 1990년대 마스켈라인의 단독연구와는 상당히 다르다.

에 게재된 비에스타 인터뷰의 제목이자 주제어인 "Coming Into the World, Uniqueness, and the Beautiful Risk of Education"(Biesta, 2011a)는 사실 상 "아렌트의 탄생적 상호주관성의 비에스타식 교육학적 수용"이라는 제 목으로 치환하여도 무방할 정도로 아렌트의 탄생성 개념은 비에스타의 교 육학 사유에 있어서 핵심적 위치를 점하고 있다고 볼 수 있다. 이렇듯 아 렌트의 탄생적 상호주관성은 마스켈라인과 비에스타가 교육학적으로 조우 한 지점이기도 하였거니와, 동시에 한 사람에게는 선구적 연구자라는 칭 호를 그리고 또 다른 한 사람에게는 충실한 계승자의 칭호를 부여한 계기 라는 점에서 그 의미가 특별하다.

아울러 위 (나)항에서 사용된 용어 "탄생적 상호주관성"에 관한 약간의 부연설명도 필요하다. 아렌트는, 필자의 제한된 견문의 범위 내에서는, 상 호주관성이라는 용어나 혹은 더더욱 "탄생적 상호주관성"이라는 용어를 직접 사용한 예가 없다. 특히 "탄생적 상호주관성"이라는 용어는 필자의 이전 연구를 포함한 국내외의 연구에서도 사용된 적이 없다. 그럼에도 불 구하고 "탄생적 상호주관성"이라는 용어를 채택한 결정적인 이유가 있다 면, 그것은 우선 '행위' 개념에 대한 아렌트의 정의에 근거해서이다. 주지 하는 바와 같이 아렌트는 『인간의 조건』에서 "활동적 삶"(vita activa)의 범 주를 "노동, 제작, 행위"로 나누고, 이들을 각각 "인간 신체의 생물학적 과 정에 상응하는 활동(노동), 자연의존적인 인간의 반자연성의 천명(제작), 그 리고 사물이나 물질의 매개 없이 인간 사이에 직접적으로 수행되는 활동 (행위)"(Arendt, 1958/이진우·태정호, 2001: 55f)이라고 정의한 바 있다. 여기 서 행위의 정의인 "사물이나 물질의 매개 없는 인간 사이 직접적"이라는 표현은 사실상 기존의 상호주관성 이론들이 해명하고자 하였던 상호성 (inter·between)에 관한 가장 간략하고 담백한 설명이라 할 수 있다. 아렌 트가 직접 밝히고 있듯이 "행위"는 "탄생성"과 개념적으로 가장 밀접한 연 관을 맺고 있으며(Arendt, 1958/이진우·태정호, 2001: 57), 탄생성은 사멸성과 더불어 인간의 가장 근본적인 조건에 해당된다.(우정길, 2013b: 50f참조)

이에 더하여 본고의 주된 고찰 학자인 비에스타의 경우 아렌트의 탄생성에 대한 직접적 언급의 맥락에서 "상호주관성 공간"(Biesta, 1999: 211)이라는 표현을 사용하고 있다는 것 역시 '탄생적 상호주관성'이라는 용어를 채택하게 된 또 하나의 근거이다. 내용적으로는 '탄생성의 상호주관성'이라는 표현도 가능은 하겠고, 영어로 옮길 경우 'Intersubjectivity of Natality'라는 용어의 채택이 오히려 더욱 자연스러울 수도 있겠으나, 아렌트 탄생성 개념에 고유한 발생적 특성(제 II장 참조)에 의거하여 본고에서는 '탄생적 상호주관성'이라는 용어를 채택하고 있다는 사실을 미리 밝혀 두며, 학계의 이해와 보완을 구하는 바이다. 아울러 '상호주관성'이라는 용어 역시 학계의 용례를 참조하는 가운데 그 의미와 쓰임이 공유될 필요가 있다. 일반적으로 Subjekt · subject는 주체, subjektiv · subjective는 주관적, Subjektivität · subjectivity는 주체성, Subjektphilosophie · philososophy of subject는 주체철학, Intersubjektivität · intersubjectivity는 상호주관성 · 간주관성 · 상호주체성으로, 그리고 그 외의 경우 '주관(적)'과 '주체(적)'는 문맥에 따라 혼용 · 번역되고 있다.(Habermas, 1988/이진우, 1994; Habermas, 1995/장춘익, 1996; 송호근 외, 1996; 곽덕주, 2013) 이에 더하여 의미의 세밀함을 살리기 위해 Subjektivität과 Intersubjektivität를 각각 "홀로주체성, 서로주체성"으로 해석 · 사용하는 예(김상봉, 1999)도 있기는 하다.(우정길, 2007c: 100참조) 본고가 다루고자 하는 사이 · 관계의 경우 발생적 · 생성적 개념이 여타 이론들과 차별되는 관계로 "서로주체성"의 '서로'가 갖는 동적 의미가 일면 유용하기는 하겠으나, 자연스러운 문맥의 형성을 통한 내용공유의 가능성을 제고하고자 학계 일반적 용례에 따라 '상호주관성'이라는 용어를 채택하여 사용하고 있음을 밝혀 둔다. 아울러 본고의 논조와 관련하여 한 가지 제한점을 밝혀 두고자 한다. 본고는 비에스타의 아렌트 수용에 관한 '비판적 고찰'이 아니라 '체계적 재구성'에 가깝다. 이는 물론, 교육학 내 상호주관성 이론에 대한 탐구라는 한정된 주제 영역에 국한하여 볼 때, 비에스타에 대해 필자가 갖는 연구사적 유사성과 학문적 친화성도 그 한 가지 이유이기도 하거니와, 동시에 비에스타의 교육학적 사유에 대한 논의들이, 본고에서도 한 차례 인용될 포드(Ford, 2013)를 제외하면, 아직은 본격적으로 이루어지지 않고 있기 때문이기도 하다.

이어지는 제 II장에서는 그간의 연구를 참조하는 가운데 아렌트의 탄생을 상호주관성의 관점에서 간략히 정리하고자 한다. 아렌트의 사상 일반과 교육학적 사유 일반에 관한 국내 소개는 이은선의 연구(2003a, 2003b, 2007)를 통해 이루어진 바 있으며, 탄생성에 관하여는 우정길(2013a, 2013b, 2014, 2015), 조나영(2013, 2015, 2017) 등을 통해 집중적으로 다루어진 바 있기에, 본고에서는 상호주관성의 관점에서 위 연구들을 재구성하고 그 교육학적 의미를 탐구하는 데 중점을 두려 한다. 제 III장에서는 제 II장에서 재구성된 아렌트의 탄생적 상호주관성이 교육학의 사유에 어떻게 적용되고 있는지 혹은 어떤 새로운 사유의 계기를 제공하고 있는지를 고찰할 것이다.

II. 아렌트의 탄생적 상호주관성

학계에서 '탄생'이라는 용어로 번역되어 통용되고 있는 아렌트의 Geburt·birth는 우리가 일상적으로 사용하는 용어로는 '출생'이다. '출생적 상호주관성'으로 바꾸어 명명하여도 내용적으로는 차이가 없을 '탄생적 상호주관성'의 출발점은 모종의 사변적 이념체계나 윤리적 당위성 혹은 합의에 근거한 사회적 선험성이 아니다. 아렌트는 이 모든 것보다 더욱 구체적임과 동시에 보편적인 인간 경험, 즉 사람이 다른 사람을 낳거나 혹은 모든 사람이 누군가를 통해 세상 속으로 태어난다는 인간의 보편적 사실성에 근거하여 탄생성의 개념을 도출한다. 일차적으로 아렌트는 생물학적 출생을 통해 시작되는 개별 존재의 존재성을, 아울러 이러한 개별 존재들의 출생을 통해 세계가 존속된다는 점을 환기시키고 있다. 그러나 아렌트의 탄생은 비단 생물학적 탄생만을 의미하는 것은 아니다. 오히려 그녀가 『인간의 조건』에서 강조하는 탄생은 인간이 말과 행위를 통해 지속적 재탄생을 거듭한다는 의미의 사회적·정치적·교육적 탄생이고, 아렌트는 이것을 "제

2의 탄생"(Arendt, 1958/이진우·태정호, 2001: 237)으로 명명하였다. 개인은 말과 행위를 통한 제 2의 탄생을 통해 자신의 정체를 지속적으로 경신해 나가고, 이러한 개인들의 연결망인 공동체 역시 지속적 변화와 새로움의 창조를 경험해 나간다는 것이다. 아래에서는, 기존의 연구들(우정길, 2013a, 2013b)을 참조하는 가운데, 본고의 주제인 탄생적 상호주관성의 구조와 논리를 다음과 같이 정리해 본다.

첫째, 탄생적 상호주관성은 대화적 관계성을 그 특징으로 한다. 탄생은 관계적 사건이다. 생물학적 탄생이든 혹은 말과 행위를 통한 제 2의 탄생이든, 모든 탄생은 관계를 전제로 가능하다. "행위는 고립되어서는 결코 가능하지 않다. … 행위와 말도 주변에 있는 타인의 현존을 필요로 한다. … 타인의 지속적인 현존이 행위의 전제조건이다."(Arendt, 1958/이진우·태정호, 2001: 249, 74) 아렌트에게 있어서 말(언어)은 화용론적 도구나 단순한 은유 이상의 의미, 즉 존재론적 의미를 갖는다. 즉, 그녀에게 있어서 말(언어)은 세계참여임과 동시에 자아정체성 생성·확인(self-identifying)의 과정이다. "말과 행위로서 우리는 세계에 참여한다. 이 참여는 제 2의 탄생과 비슷하다. … 행위, 특별히 인간 행위에는 새로 오는 자 모두에게 던져진 질문, "너는 누구인가"에 대한 대답이 포함되어 있기 때문이다."(Arendt, 1958/이진우·태정호, 2001: 237f참조) 여기서 질문-대답은 기성세대와 새로온 사람 사이의 일회적 사건이 아니다. 탄생의 개념이 제 1의 탄생에서 그치지 않고 제 2의 탄생으로 확장되었다는 점은 "너는 누구인가?"라는 질문 및 그에 대한 대답이 끊임없이 이루어진다는 사실을 의미한다. 질문자 역시 질문자의 역할만 하는 것이 아니라, 자신에게 제기되는 정체성의 질문에 대한 대답을 끊임없이 요구받고 이에 응답한다. 이렇게 발생적 속성을 띠는 제 2의 탄생의 과정 속에서 질문자와 응답자 사이의 구분은 사실상 무의미하다. 그리고 이것이 바로 말(언어)의 속성이다. "모든 사람들이 행위와 말을 통해 세계에 참여함으로써 자신의 삶을 시작할지라도 어느 누구도 자기 삶의 이야기의 저자이거나 연출자일 수 없다."(Arendt, 1958/이진우·태정호, 2001: 245) 현상학적 관점에서 말의 본질은 관계이자 섞임이다.

타자가 전제되지 않은 말은 성립이 불가능하며, 말을 한다는 것은 이미 공존재적(coexistential) 차원의 삶이 전개되고 있다는 것을 의미한다. 역설적으로, 아렌트의 지적처럼, "완전한 침묵과 수동성에서만 인격은 은폐될 수 있다."(Arendt, 1958/이진우·태정호, 2001: 240) 그리고 이러한 "완전한 침묵과 수동성"은 인간적 삶에서는 가능하지 않다.

둘째, 대화적 관계성은 필연적으로 다수의 참여자를 전제로 한다. 지극히 당연하지만 동시에 간과되기 쉬운 사실은, 이러한 다수의 참여자가 서로 다르다는 점이다. "서로 다르다"는 표현은, 그것이 일상적으로도 빈번히 사용되기에, 그 의미가 진지하게 여겨지지 않는 경향이 있다. 그러나 아렌트의 탄생성의 관점에서 다수의 참여자가 서로 다르다는 말은 아주 극단적 차원의 기의를 동반한다. 즉, 다르게 태어나서 다르게 말하고 다르게 행위하는, 그리고 이렇게 다르게 행위하는 개인들이 말과 행위를 통해 또 다시 다르게 변모되어 가는, 그리고 이러한 재탄생을 지속적으로 거듭하는 개인들로 이루어진 공동체, 즉 아렌트가 "인간관계의 그물망"(Arendt, 1958/이진우·태정호, 2001: 244)으로 명명하는 사회 역시 끊임없는 재탄생의 과정 속에 있다는 점, 그리고 마지막으로 이러한 인간관계(그물)망은 다시금 개별 참여자들의 지속적 재탄생의 바탕이 될 뿐 아니라 그것에 지속적으로 개입하고 새로운 인간관계망의 생성을 촉진시킨다는 점이 바로 그것이다. 그러기에 아렌트의 탄생적 상호주관성이 전제로 하는 다수의 대화 참여자는 단순히 양적 개념이 아니라, 질적으로 아주 근본적 차원의 다름과 다원성을 내포한다. 아렌트는 이를 "역설적 다원성"이라는 개념으로 표현하고 있다.

> "어느 누구도 지금껏 살았고, 현재 살고 있으며, 앞으로 살게 될 다른 누구와 동일하지 않다는 방식으로만 우리 인간은 동일하다. … 다원성은 인간 행위의 조건이다. … 인간의 다원성은 유일한 존재들의 역설적 다원성이다."(Arendt, 1958/이진우·태정호, 2001: 57, 236)

셋째, 탄생적 상호주관성의 특징인 역설적 다원성이라는 개념에서 한 걸음 더 들어가서 과연 역설적 다원성을 이루는 구성인자가 누구인가라는 질문에 대해 반추해 볼 필요가 있다. 이는 아렌트가 신적 관점을 지양하고, 철저히 인간적 관점을 지향하고 있다는 점과도 동일한 맥락의 고찰방식이다.(cf. Arendt, 1958/이진우·태정호, 2001: 60) 즉, 모든 인간이 이른바 역설적 다원성의 테두리 밖에 존재할 수 없다면, 다시 말해서, 그 테두리 안에서 '나'라는 실존적 틀에 갇혀 있을 수밖에 없다면, 이때 역설적 다원성이라는 인간실존의 사실성은 '나'라는 구체적 개인에게는 타자와의 대면과 공존을 의미한다. 이것은 선택의 문제가 아니라, 실존의 조건이자 인간적 필연이다. 타자를 향한 자아의 신념, 이것은 교육학의 역사에 있어서 한때 "지향성"이라는 이름의 희망이기도 하였고(우정길, 2007b참조; cf. Woo, 2014), "부러진 지향성"(Mollenhauer, 1976: 15)으로 표현된 좌절이기도 하였으며, 또 누군가에게는 "만들 수 있음의 환상"(Machbarlceitsphantasie)(cf. Schäfer & Wimmer, 2003)이라는 이름의 자조의 대상이기도 하였다.5 탄생적 상호주관성의 관점에서 중요한 것은, 타자의 타자성은 한편으로는 '나'라는 존재의 물리적·실존적·교육적 한계를 의미한다는 점, 그리고 또 다른 한편으로는 그런 까닭에 오히려 우연성의 자유로운 출현의 중요한 전제를 의미하기도 한다는 점이다. 타자는 나와 다를 뿐 아니라, 다른 말과 다른 행동을 통해 지속적으로 더욱 다르게 되어 간다. 타자는 나의 지향성 너머에서 나에게 끊임없이 "너는 누구인가?"라는 질문으로 내게 말을 걸어 오는 자이고, 나는 그 질문에 대답하지 않을 수 없도록 그에게 노출되어 있다. 그리고 그 질문에 대한 나의 대답의 시도는 나로 하여금 이전의 나와는 또 다른 나의 탄생을 촉진한다. 메타적 관점에서 파악하자면, 이것은 비단 '특정인으로서 나'에게만 있는 일이 아니라, '모든 나'에게 동일하게 그러나 각각 다르게 이루어지는 어떤 발생이다. 이런 의미에서, 역설적 다원성을 특징으로 하는 탄생적 상호주관성은 새로움의 산실이고 창조성의 공간이다.

---

5 본고에서 빈번히 사용되고 있는 "지향성"에 관련된 논의들, 즉 "현상학의 주요개념으로서 지향성, 지향성에 대한 현대 교육학의 이해와 논의들, 특히 근대교육학의 '지향성중심주의'의 문제성과 그에 대한 학문적 회의, 대안적 사유" 등에 관한 보다 구체적인 논의는 우정길, 2007a: 151-155참조 바람.

"인간이 행위할 수 있다는 사실은 예상할 수 없는 것을 그에게 기대할 수 있다는 것과 또 매우 불가능한 것을 그가 수행할 수도 있다는 것을 의미한다. 이것이 가능한 것은 오직 각각의 인간이 유일하고 그래서 각자의 탄생과 더불어 유일하게 새로운 무엇이 세상에 존재하게 되기 때문이다."(Arendt, 1958/이진우·태정호, 2001: 238)

넷째, 대화적 관계성과 역설적 다원성, 그리고 타자와의 공존으로 인한 우연성의 발생 등으로 특징지워지는 탄생적 상호주관성의 마지막 계기는 바로 응답적 윤리성이다. 탄생은 곧 관계를 의미하고, 이러한 관계는 곧 대답의 불가피성을 의미한다. 탄생은 이전에 없던 존재의 출현을 의미한다. "너는 누구인가?"는 그 형식에 있어서는 질문이지만 그 내용은 사실상 어떤 새로운 시작 또는 새롭게 시작하는 누군가에 대한 존재론적 대답이다. 그리고 인간은, 제2의 탄생이 지속되는 동안, 즉 인간이 말하기와 행위하기를 지속하는 한, 이러한 질문형식의 대답을 하지 않을 수 없는 존재이다. 탄생의 전제이자 탄생의 결과인 관계성과 다원성, 그리고 우연성의 촉매인 타자성이 우리로 하여금 응답하지 않을 수 없는 존재이기를 강요한다. 그러므로 응답은 탄생적 상호주관성의 공간 안에 거주하는 자들의 의무이다. 응답(Antwort)은 곧 책임(Verantwortung)이다. 이런 의미에서 탄생적 상호주관성은 곧 응답성의 윤리이다.

III. 탄생적 상호주관성의 공간 내 교육

1. 교육적 주체의 재개념화 – 탄생적 주체성

교육적 주체에 관한 다음과 같은 질문법, 즉 '누가 교육하고, 누가 교육받는가?'라는 질문법에는 교육을 하는 이와 교육을 받는 이에 대한 이원론이 전제되어 있다. 그리고 이러한 이원론은 기실 교육학 내 가장 오래된 인간학적 이해방식이라 할 수 있다.(우정길, 2009) 즉 인간은, 비록 그가 인간으로 태어났으나, 아직 완전한 인간인 것은 아니기에, 교육을 통해서만 비로소 인간이 될 수 있다는 것이다. 이때 아직 미완의 인간과 완성의 인간을 가르는 기준이 바로 교육이며, 따라서 교육은 인간의 인간됨과 인류의 인류됨을 위한 필연적 활동이라 여겨진다.(우정길, 2007a: 143f참조) 교육은, 만듦을 통해서든 기름을 통해서든, 인간을 인간되도록 하는 활동이며, 이 경우 인간성·인류성(humanity)은 인간 외부에 모종의 실체로 존재하는 어떤 것이거나 혹은 이미 그 사람 속에 있는 모종의 정수이다. 위와 같은 질문법을 채택한다면 우리는 인간의 본질, 정체성, 그리고 인간주의(humanism)에 대해 규범적이고 체계적으로 접근할 수 있게 되고, 이에 근거하여 교육 역시 원칙적으로는 모종의 정초에 초점을 맞추어 구안하고 수행하면 된다. 교육은 일종의 전인간성(pre-humanity)에서 전(pre)의 속성을 제어하고 분리해 나가는 활동이다. 이런 의미에서의 교육은 '인간은 무엇인가?'라는 질문과 '인간은 무엇이어야 하는가?'라는 인간학적·교육학적 질문의 간격을 줄이기 위해 기울이는 노력의 집적이다.(cf. 우정길, 2007a: 139f; Biesta, 2013)

그러나 우리는 과연 위와 같은 방식의 인간의 본질 규정과 정체성 확정 방식 그리고 인간주의의 세분화에 대해 흔쾌히 동의할 수 있는가? 그리고 동의 여부와 무관하게 그 실체의 학문적 규명은 가능한가?[6] 이에 대한 회의적 관점을 대변하는 또 하나의 질문법이 바로 "교육에는 누가 참여하는가 혹은 참여되어 있는가?"이다. 그리고 이러한 질문의 가장 적극적인 제기자 중 한 사람으로 우리는 비에스타를 꼽을 수 있다. 한 인터뷰에서 그는 다음과 같이 말한다.

> "[교육의 목적으로서] 자율성과 합리성 … 우리가 완전히 자율적인 경우가 있을 수 있습니까? 자율성은 어떻게 생긴 것인지요? 합리성과 비합리성의 경계는 단순히 여기 있다거나 혹은 인간 존재의 깊은 내면에서 발견될 수 있는 것이 아니라, 어떤 의미에서는 역사적이고 정치적인 것은 아닐까요? … 인간 존재에 대한 진리를 말한다는 것이 제게는 그래서 철학적 질문이 아닙니다. 그것은 무엇보다도 교육적 그리고 정치적·실존적 질문입니다. 그래서

---

6 정체성의 실체와 담론적 정당화에 관한 보다 구체적인 회의와 문제제기는 우정길, 2007b: 231-233참조 바람.

저는 '주체란 무엇인가'라는 질문에 관심 갖기보다 … 주체가 어떻게 존재하는가를 담아낼 수 있는 언어를 찾으려고 노력하였습니다."(Biesta, 2011a: 538)

그리고 이러한 문제인식을 바탕으로 비에스타가 프랑스 철학자 낭시 (J.-L. Nancy)를 통해 발견해 낸 주체성의 이름이 바로 "현전-속으로-옴" (coming-into-presence) 또는 "세계-속으로-옴"(coming-into-the-world)이다. 우선 눈에 띄는 점은, 이것이 기존의 인간 존재 규정방식에서 빈번했던 있음·존재(Sein/being) 대신 '옴'(coming)이라는 새로운 동명사를 사용하고 있다는 점이다. 이를 통해 비에스타는 어떤 선규정된 실체로서 본질이나 정체성보다는, 인간이 어떻게 있으며 동시에 어떻게 되어 가는가라는 실존적 역동성을 환기시키고 있다. 그가 보기에 인간은 "자신을 [항상] 하나의 새로운 시작이자, 새로움, 즉 하나의 탄생 존재로 알리는 존재"(Biesta, 2011a: 538)이다. 인간은 태어난다. 인간은 무에서 유로 온다. 비에스타의 구상 속 인간은 이데아의 구현체도 혹은 어떤 관념의 산물도 아니다. 이 인간은 전에 없던 "어떤 한 사람"(some one)이자 유일한 존재(a singular being)이다.(Biesta, 1998: 504) 현전-속으로 혹은 세계-속으로 온다는 것은 "선규정된 어떤 정체성이 바깥으로 드러나는 과정이 아니다."(Biesta, 1998: 504; cf. 1999: 209f) 이것은 대체불가능한 그리고 코드화불가능한 유일한 한 인간이 존재하게 된다는 것이고, 기존의 인간관계망 속으로 들어온다는 것이다. 말한다는 것, 행위한다는 것은 타자, 즉 이미 존재하고 있는 이들과의 응답적 관계 속으로 들어온다는 것이고, 타자의 응답은 탄생적 존재로서 '나'라는 인간이 세계-속으로 들어오도록 하는 상호주관적 기제이다.(cf. Biesta, 2010: 560; 2011a: 539) 탄생성 공간의 고전적 은유로 아렌트가 들고 있는 폴리스에 대한 설명에서 현전-속으로-옴과 세계-속으로-옴의 상호주관적 차원이 더욱 분명해 진다. "폴리스는 가장 폭넓은 의미에서 나타남(appearance/Erscheinung)의 공간이다. 이 공간에서 나는 타인에게, 타인은 나에게 나타난다. 그리고 거기에서 인간은 여타의 유기체나 무기체처럼 그냥 있는 것이 아니라, 자신의 나타남을 뚜렷이 한다."(Arendt, 1958/이진우·태정호, 2001: 198참조; cf. Biesta, 2011a: 539) 즉, 말과 행위를 통해 인간은 현전-속으로-오고 세계-속으로-온다.

2. 탄생적 상호주관성과 교육의 실제

그러나 탄생적 상호주관성의 수용이 목적론적·인과론적 그리고 지향성 중심주의적 교육 실제의 성공을 보장해 주는 것은 아니다. 오히려 탄생적 상호주관성은 위와 같은 전통적 개념의 교육 실제를 사실상 더욱 어렵게 만드는 요인으로 작용할 수도 있다. 전통적 개념의 교육을 재고할 필요성을 논하기 전에, 탄생적 주관성의 어떤 속성이 교육의 실제를 "실패의 위험"(Biesta, 1998: 504)에 처하게 하는지에 관한 비에스타의 설명을 재구성해 보려 한다.

1) "현전-속으로-옴"(coming-into-presence)

"현전-속으로-옴은 항상 타자의 현전 속으로 옴을 의미한다."(Biesta, 2011a: 538) 타자의 현전은 언제나 나의 지향성의 한계와 더불어 생성적 우연성을 동시에 의미한다. 그리고 이러한 지속적 발생은 상호주관성의 공간이 탄생성의 공간이기에 그러하다. "우리는 말과 행위를 통해 끊임없이 새로운 시작들을 세계 속으로 들여보낸다."(Biesta, 2011b: 314) 탄생성을 통해 타자와의 현전 속으로 들어온다는 것, 타자의 타자성에 지속적으로 노출될 수밖에 없다는 사실이 교육에 대해 시사하는 바를 비에스타는 다음 두 가지로 제시하고 있다.

(가) 탄생적 상호주관성은 "해체적 속성"(cf. Biesta, 2011a: 538; Biesta, 2001a: 16)을 띤다. 교육이 정체성에 관한 것이라면, 그리고 탄생적 상호주관성의 관점에서 파악된 교육은 교육참여자의 기존의 정체성이 무너짐과 동시에 새로운 정체성이 형성되는 과정이다. 이런 의미에서 교육은, 정확히 표현하자면, 선규정된 정체성의 완성이나 기존의 정체성의 확정이 아니라 정체화(identification)의 과정이다. 이런 의미에서

"현전-속으로-옴의 공간은 폭력적(violent) 공간이며"(Biesta, 1999: 215) "나의 순수함이 깨어지는 공간"(Biesta, 2011a: 538)이다. 동일한 맥락에서, 교육을 "반복으로서 역사, 동일자 전개로서 역사의 파열이자 기존성과 소여성의 파열"(Masschelein, 1996b: 120) 그리고 "교육은 의문하기, 중단함과 중단됨, 미완성"(Masschelein, 1996a: 103)이라고 표현하는 마스켈라인의 교육 재개념화는 결코 사변적 유희나 웅변적 은유가 아니다. 상호주관성의 본래적 속성인 탄생적 해체성에 대한 진지한 고려가 없다면 교육은 선규정성의 반복이자 기존성의 재생 그 이상도 이하도 될 수 없다. 탄생적 상호주관성은 인과론적 목적론과 친화되기 어렵다. 탄생적 상호주관성의 공간은 우연성과 새로움과 창의성의 산실이며, 이는 탄생의 해체적 속성에 기인한다.

(나) 이런 의미에서 비에스타는 탄생적 상호주관성의 공간, 즉 교육의 공간을 "이접공간"(disjunctive space)으로 이해한다. 그는 "건축물은 때로 공간과 활동의 유쾌한 만남이기도 하지만, 또 때로는 파괴적 만남이기도 하다"라는 건축가 츄미(B. Tschumi)의 건축 사유를 탄생적 상호주관성을 위한 근본적 사유의 토대의 하나로 제시한다. 츄미에 따르면, "이접성은 건축물과 발생(event)이 끊임없이 서로의 규칙을 넘나드는 상호침투성"을 의미하며, 이러한 이접성의 내적 논리, 즉 "기능적 공간의 탈기능성 및 원인·결과 사이의 불일치"야말로 건축물을 무의미한 건축자재 더미가 아니라 발생과 생성과 창조의 공간, 즉 탄생성의 공간이게 하는 근거라는 것이다. "건축물이란 건물임과 동시에 발생이며, 발생 없는 공간은 없다."(Biesta, 1999: 210f) 츄미와 비에스타만큼 극단적인 경우는 아니지만, 전통적 교육학의 공학적·유기체적 교육관이 표방하였던 "인간의 연속적 형식의 성장가능성"에 추가적으로 "비연속적 형식의 교육가능성"(Bollnow, 1959: 9-20)을 제안하였던 볼노의 교육인간학적 사유 역시 교육의 인간학적 공간으로서 탄생적 상호주관성의 특성을 부분적으로 공유하고 있는 고전적

예라 할 수 있다. 이접공간성과 관련하여 비에스타가 제안하고 있는 "연결이 끊어진 다원주의, 차이-내-연결성"(Biesta, 2001b: 396) 등의 개념 역시 탄생적 상호주관성의 특징인 이접성·불연속성의 다른 표현들이라 할 수 있다. 결국 탄생적 상호주관성의 공간으로서 교육적 관계가 이접적 특성을 갖는다는 것은 교육적 지향성, 또는 비에스타의 표현으로는 "교육의 프로그램"(Biesta, 1999: 215)과 그 실제적 실현 사이에 필연적으로 불일치가 발생한다는 것을 의미한다. 이것은 시스템으로서 교육에게는 필연적 실패를 의미하지만(Biesta, 1998: 504), 앞서 탄생적 상호주관성의 파괴적 속성의 언급에서와 마찬가지로, 또 다른 한편 교육의 실제가 그리고 교육적 인간이 진정 자유로운 탄생의 계기들을 지속적으로 경험한다는 것을 의미하기도 한다.(cf. Biesta, 2010: 560f; Shell, 2002)

2) "교육의 아름다운 위험부담"

탄생적 상호주관성의 관점에서 파악된 교육이 "이접성, 해체성, 생성적 파괴성" 등으로 특징지워지는 과정이라면, 이러한 교육은 교육자에게는 확실히 부담스러운 활동이다. 의도한 대로 이루어질 가능성이 처음부터 적은 그리고 계획한 대로 진행될 확률이 아주 낮은 일이 교육이라면, 이것은 교육실천가들에게 분명 비극적 소식임이 분명하다. 비에스타의 표현으로는, "교육은 위험부담(risk)을 안고 하는 활동이며, 이러한 위험부담의 이유는 바로 그것이 인간 사이에서 이루어지는 활동이기 때문이다."(cf. Biesta, 1999: 212; 1998: 504) 그러나 이러한 위험부담이야말로 감수가 불가피한 그리고 어떤 의미에서는 응당 감수할 만한 가치가 충분히 있는 교육의 기본 속성이기에, 비에스타는 이것을 "교육의 아름다운 위험부담"이라고 표현한다.

"교육을 100% 안전하게 만들기, 이것을 위험부담으로부터 100% 자유롭게 하기는 교육이 근본적으로 비교육적이게 된다는 것을 의미합니다. 그것이 바로 - 제가 교육의 아름다운 위험부담이라고 부르는 - 교육의 위험부담이 중요한 이유입니다. 물론 저는 교육이 위험해야 한다는 주장이 그리 각광받을 만한 것이 아니라는 것은 잘 알고 있지만 말입니다."(Biesta, 2011a: 540)

위 인터뷰의 핵심은 녹록치 않은 교육활동을 "아름다운"이라는 미사여구로 치장하거나 혹은 거듭된 실패로 낙담한 교사들에게 피상적 위로를 제공하는 데 있지 않다. 교육에 대한 비에스타의 비관적 성찰은 더욱 근본적인 데 있다. 즉, 교육의 위험부담이라는 것이 단순히 교육활동의 부수적 부작용이나 자질부족 교사의 부주의의 결과가 아니라 교육을 교육이게 하는 근본적 요소이며, 따라서 "위험부담 없는 교육은 사실상 비교육"이라는 다소 역설적인 주장을 그는 하고 있는 것이다. 그리고 그 핵심은 역시 "지향성에 기반한 교육의 구조적 한계"(Biesta, 2011b: 316; 우정길, 2017b)에 대한 지적이다. 위 인터뷰보다 10년 앞서 발표된 논문 "교육의 난점"에서 그는 아렌트의 이른바 탄생적 상호주관성의 해체적 속성에 기인하는 "교육의 위험부담"과 관련하여 다음과 같은 설명을 선보인 바 있다.

"교육에 있어서 해체적 논리와 관련하여 한 가지 예를 들어 본다. 가르침이 나름의 결과를 갖기 위해서는 가르쳐지는 그것에 대해 학습자가 해석하고 나름의 방식으로 이해할 필요가 있다. 그것이 없다면, 교육은 가능하지도 존재하지도 않을 것이다. 그러나 학습자가 하는 그것, 즉 가르쳐지는 것에 대해 학습자가 어떻게 해석하고 이해하는가는 근본적으로 교사의 통제 저편에 있다. 이런 관점에서 오해의 가능성, 즉 교육이 실패할 위험성은 결코 우발적 위험성이 아니다. 이것은 필요불가결한 위험성이며, 이러한 위험성이야말로 교육을 가장 우선적으로 가능하게 하는 요소이다."(Biesta, 2001b: 385)

그러나 비에스타의 언어적 과감은 "교육의 위험성·위험부담"을 언급하는 데 그치지 않고, 한 걸음 더 나아가 교육의 가능성에 대한 근본적 성찰의 계기를 제공한다. 위 인용문과 비슷한 시기에 쓰여진 논문들에서 그는 일견 오해의 소지마저 담고 있는, 그래서 어쩌면 "각별한 주의를 기울여 독해하여야 하는"(Biesta, 2001b: 386) 다음과 같은 표현들을 쏟아낸 바 있다.

"[교육의] 불가능성은 [교육의] 가능성의 반대말이 아니다. 불가능성이 가능성을 해방시킨다."(Biesta, 1998: 510) "교육의 가능성은 교육의 불가능성을 통해 지탱된다."(Biesta, 1998: 504) "교육은 어떻게 가능한가? - 교육은 그 자체로 불가능하다. 교육은 사회적 상호작용을 통해 이뤄지기 때문이다."(cf. Biesta, 2001a: 14)

비에스타가 위와 같은, 경험적으로는 타당하지만 학술적으로는 '해체적인', 그리고 정치적으로는 '부적절해 보이는' 발언을 통해 전하고자 하는 의사는 무엇인가? 이에 대한 조금 더 상세한 설명을 우리는 2012년의 논문 "망설임 없는 교육의 지양: 교육적 관계들의 한계에 대한 탐구"에서 확인할 수 있다. 교육적 관계의 위험성·위험부담에 관한 성찰에서 시작한 이 논문에서 그는 다음과 같은 실천적 조언을 제공한다.

"'관계없는 교육은 없다'라는 말에 내가 덧붙이고 싶은 것은 "망설임 없는 교육은 없다"이다. 이것은 '실용적 망설임'이라고 불릴 만한 순간들, 즉 우리가 뒤로 물러나야 할 순간, 우리가 알고 싶지 않아 하는 순간들, 어떤 일이 발생하도록 여지를 남겨 두는 그 순간들, 우리의 의도와 통제로부터 근본적으로 자유로운 순간들을 의미한다. 아울러 이것은 '이론적 망설임'을 의미하기도 하는데, 이것은 관계로서 - 교육에 대한 일반적인 (혹은 어쩌면 지나치게 피상적인) 저편에 있는 혹은 그 범주의 밖에 있는 교육적 과정과 실천에 대한 인식을 의미한다."(Biesta, 2012: 1)

이런 의미의 "망설임"은, 비에스타가 "실용적"이라고 표현하는 맥락에서 표현하자면, 모종의 안전장치이다. "교육공간으로서 탄생적 상호주관성의 필수요소인 타자에 대한, 그리고 교육적 관계와 교육적 작용과 교육의 결과에 대한 지적 확신의 착각에 빠지지 않을 안전장치"(cf. Biesta 2011b: 317) 그리고 원천적으로 "예측불가하고 비정초적인 교육"(Biesta,

1998: 504; 2011b: 314)을 그 반대의 경우라고 오해하지 않을 안전장치를 교육학적 사유 안에 구비해 두기를 비에스타는 지난 10여 년간의 연구를 통해 꾸준히 주장해 오고 있다. 그렇지 않은 경우, 즉 타자에 관한 확신적 앎에 근거한 이른바 망설임 없는 교육은 사실상 "도구적 교육학"(Biesta, 2011b: 315-318)에 다름 아니다. 인간은 도구화될 수 없다. 이것은 비단 인간의 도구화가 윤리적으로 정당하지 않아야 한다는 규범적 이유 때문만이 아니다. 이것은 이른바 도구성의 교육이 탄생적 상호주관성의 공간에서 실제로 가능하지 않기 때문이다. "교육은 도구화가 아니라 응답이고, 이로써 교육적 관계는 윤리적 관계이다."(cf. Biesta, 1999: 215; 2011b: 314)

IV. 교육 - 만듦 또는 행위

교육의 공간, 즉 교육적 관계는 탄생적 상호주관성의 공간이라는 관점을 좇아 교육적 사유를 진행할 때 우리가 최종적으로 도달하게 되는 지점은 바로 지향성의 한계에 대한 비판과 교육의 재개념화에 대한 필요성이다. 물론 근대교육학의 사유틀로서 지향성에 대한 비판적·대안적 사유를 감행한 학자가 비단 비에스타만은 아니지만, 적어도 아렌트의 탄생적 상호주관성을 일관되게 그리고 근본적 차원에서 교육학적 사유의 토대로 탐구한 예가 바로 비에스타라는 점만은 이견이 없어 보인다. 이런 의미에서 비에스타의 기획에 대한 포드의 다음과 같은 차분한 정리와 평가는 학술적 반추의 필요가 충분하다.

"교육은 유일성의 주체가 타자와의 만남에 어떻게 응답하는가에 관한 문제이다. 이 만남이 계산불가·예측불가하기에, 여기에는 위험부담이 따른다. 만남은 학생의 삶 속으로의 개입이기에, 만남은 선험적 폭력성을 내포한다. 교육자는 타자와 만남을 통해 나타나는 그리고 다원성과 차이의 공간을 창조하고 유지함을 통해 나타나는 유일한 주체의 출현에 대해 책임이 있다. 그리고 이것은 곧 무근거적 책임이다."(Ford, 2013: 304)

이러한 맥락에서 우리는 비에스타가 "교육의 불가능성"이라고 표현한 그것에 관하여 재음미해 볼 필요가 있다. 교육은 불가능하지 않다. 현실적으로 교육은 항상 현재진행형이고, 경험적으로 교육은 항상 가능하다. 다만 비에스타가 "불가능성"이라는 자극적 표현을 사용하여 지목하는 "그 교육", 즉 "만듦(making)과 생산(fabrication)으로서 교육"은 이론적으로 타당하지 않을 뿐 아니라 경험적으로 가능하지 않다는 점, 따라서 그 한계와 부작용이 뚜렷하다는 점만은 분명해 보인다. 그리고 이에 대한 비에스타의 새로운 제안은 "행위(action)로서 교육"이다.(cf. Biesta, 1998: 504; 2001b: 392) 이 "행위"는 전적으로 아렌트의 행위 개념에 근거하고 있다. 아렌트의 "행위"가 "인간과 인간 사이의 직접적 활동"이기에 교육은 상호주관적 활동이고, 아렌트의 "행위"가 "탄생성"과 사실상 동일한 개념이기에 교육 역시 탄생의 연속이자 탄생 그 자체이며, 아렌트의 "행위"가 발생적 속성, 즉 "대화적 관계성, 역설적 다원성, 타자와의 공존으로 인한 우연성의 발생, 응답적 윤리성" 등의 계기를 내포하기에 교육 역시 관계적, 다원적, 우연적 그리고 응답윤리적 특성을 띤다. 교육은 사변적으로 선규정된 정체성의 인위적 실현도, 계획과 통제가 가능한 이른바 "기대의 경제학"(Edgoose, 2010: 398)도 아니다. 마스켈라인의 표현처럼 "인간은 만들어지는 것이 아니라 탄생되는 존재이다."(Masschelein, 1996b: 121)

상호주관성이라는 미지의 공간에서 우연적으로 펼쳐지는 탄생적 타자와의 대면과 동행은 피할 수도 없지만, 그렇다고 피해서도 안 되는 "아름다운 위험부담"이다. 교육(자)의 이러한 과업이 때로 얼마나 아름다울 수 있는지 혹은 얼마나 부담스러울 수 있는지, 그리고 심지어 얼마나 실패 가능성에 노출되어 있는지와 관련하여 아래 교단일기는 유용한 스케치를 제공한다.

"나는 교실에 들어간다. 그때 나는 나 자신의 마음을 가다듬어야 한다. 거기에는 갑작스러운 흐름이 있기 때문에 내가 유쾌하게 놀라게 되는 날들이 있다. 당신과 아이들은 공동의 비전을 향해 함께 활동하고 있다. … 우리는 모두 같은 마음 상태에 있고, 그날 하루는 모두 함께 흐르는 마음상태에 따라 진행되고 있다. 거기에는 단지 협동심이 있다. 그리고 그것은 항상 최고의 정서이다."(김영천, 2007: 275)

"나의 수업은 상냥한 미소 그리고 나지막한 목소리로 시작되었다. 그러나 … 아이들은 서로 이야기하려고 하였다. 아이들은 성난 야수처럼 변하기 시작하였고, 여기저기서 질문이 있다고 난리를 쳤다. 나의 목소리는 "조용히 해 주세요"에서 "야, 조용히!"라는 다소 명령조의 함성으로 거세게 변화되었다. 두더지 머리가 올라오면 망치로 때려죽이는 게임기처럼 한 명을 조용히 시키면 이쪽에서 그리고 다른 쪽에서 야단을 쳤다. 조용해지지 않는 교실, 바로 이곳이 전쟁터라는 생각이 들었다. 목은 쉬고, 수업진도는 나가지도 못하고, 시끄러워진 교실 속에서 수업 종은 울렸다."(김영천, 2007: 15)

논의을 맺는 시점에 비관례적으로 위와 같은 인용문을 제시한 것은 새로운 논의의 장을 열기 위함이 아니다. 위 인용의 목적은 "아름다운 위험부담으로서 교육"이나 "교육의 불가능성" 등과 같은 비에스타의 표현과 그 바탕의 사유들이 단지 교육현실의 미화를 위한 낭만적 수사나 유희를 목적으로 하는 해체론이 아니라 교육현장의 일상적 상황이자 난점이라는 사실을 경험적으로 공유하고자 함이다. 교육이 관계적 현상이자 발생이라는 점을 인정하는 순간, 우리는 교육이 "행위는 고립되어서는 결코 가능하지 않다. … 타인의 지속적인 현존이 행위의 전제조건이다"(Arendt, 1958/이진우·태정호, 2001: 249, 74)라는 아렌트의 탄생적 상호주관성의 대전제와 궤를 같이 하고 있다는 점을 발견하게 된다. 그리고 이러한 관점에서 관찰되고 이해된 교육, 즉 비에스타가 때로는 낯선 그리고 때로는 자극적인 표현들을 동원하여 개념화해 내고 있는 교육적 사유는 현대 교육학의 새로운 발견이나 포스트모던 시대의 일시적 유행이 아니라(cf. Biesta, 1998: 508f), 교육의 현장에서 상존하고 경험되어 온 교육의 본래적 실제라는 점 역시 확인하게 된다. 중요한 것은, 교육의 실제로부터 교육의 이론을 도출해 낼 것인가 혹은, 비에스타의 지적처럼, 종국적으로는 불가능한 기획으로 판명될 확률이 큰 방식, 즉 선규정된 교육의 이론적 기획에 맞추어 교육의 실제를 재단할 것인가 사이의 선택 앞에 현대 교육학이 서 있다는 사실이다.

참고문헌

곽덕주(2013). 근대교육에서의 교육적 역설과 그 교육적 의의. 『교육철학연구』
　　35(4), 1-27.

김상봉(1999). 『자기의식과 존재사유』. 서울: 한길사.

김영천(2007). 『별이 빛나는 밤』. 서울: 문음사.

김회용·박선영(2007). 한나 아렌트의 공교육 제안 논의. 『교육사상연구』21(3),
　　255-274.

송호근 외(1996). 좌담 - 하버마스: "비판적 독해" 『사회비평』 15, 238-293.

우정길(2007a). '부자유를 통한 자유'와 교육행위의 지향성 - 탈주체성 또는 상
　　호주관성의 교육이론을 위한 일 고찰. 『교육철학』38, 139-164.

우정길(2007b). 지향적 교육행위의 한계 또는 교육학의 경계적 속성, 그리고 대
　　안적 사유에 대한 일 고찰. 『교육의 이론과 실천』12(1), 231-255.

우정길(2007c). 의사소통적 상호주관성의 교육학적 수용가능성 검토 - 마스켈
　　라인(J. Masschelein)의 논의를 중심으로. 『교육철학』39, 99-122.

우정길(2009). 두 개의 세계, 두 개의 인간학 그리고 하나의 교육. 코메니우스의
　　기독교 우주론적 보편주의에 대한 소고. 『한국교육학연구』15(2), 5-29.

우정길(2013a). 아렌트(H. Arendt)의 '탄생성'의 교육학적 수용 - 마스켈라인(J.
　　Masschelein)의 논의를 중심으로. 『교육철학연구』35(3), 139-159.

우정길(2013b). Hannah Arendt의 '탄생성'의 교육학적 의미. 『교육의 이론과
　　실천』18(3), 47-71.

우정길(2014). 탄생적 상호주관성과 교육 - 비에스타(G. Biesta)의 아렌트(H.
　　Arendt) 수용을 중심으로. 『교육철학연구』36(1), 53-72.

우정길(2015). 교실 - 탄생성의 공간. 『교육철학연구』37(3), 131-153.

이은선(2003a). 한나 아렌트의 '인간의 조건'과 '공공성'에로의 교육. 『교육철학』
　　29, 45-73.

이은선(2003b). 한나 아렌트의 사상에서 본 교육에서의 전통과 현대. 『교육철학』
　　30, 139-159.

이은선(2007). 한나 아렌트의 '탄생성'(Natality)의 교육학과 양명의 '치량지'(致良知). 『陽明學』 18, 5-62.

조나영(2013). 한나 아렌트의 "교육의 위기"를 통해서 본 '탄생성' 교육의 의미. 『인문과학논총』 34(1), 331-364.

조나영(2015). 한나 아렌트 '탄생성'의 교육적 함의. 고려대학교 박사학위논문.

조나영(2017). 아렌트(H. Arendt)의 '탄생성'(natality) 개념과 교육적 사유의 실제를 위한 제안: The Freedom Writers Diary의 교육실천 분석. 『교육철학연구』 39(1), 75-99.

Arendt, H.(1958). *The Human Condition*. Chicago: Univ. of Chicago; 이진우 · 태정호 역(2001). 『인간의 조건』. 서울: 한길사.

Arendt, H.(1968). *Between past and future*. USA: Penguin; 서유경 역 (2005). 『과거와 미래 사이』. 서울: 푸른숲.

Biesta, G.(1995a). Pragmatism as a Pedagogy of Communicative Action. *Studies in Philosophy and Education* 13, 273-290.

Biesta, G.(1995b). Education/Communication: The Two Faces of Communicative Pedagogy. *Philosophy of Education*, 1-11.

Biesta, G.(1998). Say You Want a Revolution... Suggestions for the Impossible Future of Critical Pedagogy. *Educational Theory* 48(4), 499-510.

Biesta, G.(1999). Radical Intersubjectivity: Reflections on the "Different" Foundation of Education. *Studies in Philosophy and Education* 18, 203-220.

Biesta, G.(2001a). How is Education Possible? Preliminary investigations for a theory of education. *Educational Philosophy and Theory* 33(1), 7-21.

Biesta, G.(2001b). How Difficult Should Education Be? *Educational Theory* 51(4), 385-400.

Biesta, G.(2008). Pedagogy with Empty Hands: Levinas, Education, and the Question of Being-Human. Egea-Kuehne, D. (Ed.). *Levinas and Education*. N.Y.: Routledge, 198-210.

Biesta, G.(2010). How to Exist Politically and Learn from It: Hannah Arendt and the Problem of Democratic Education. *Teachers College Record* 112(2), 556-575.

Biesta, G.(2011a). Coming into the World, Uniqueness, and the Beautiful

Risk of Education: An Interview with Gert Biesta by Philip Winter. *Studies in Philosophy and Education* 30, 537-542.

Biesta, G.(2011b). Philosophy, Exposure, and Children: How to Resist the Instrumentalisation of Philosophy in Education. *Journal of Philosophy of Education* 45(2), 305-319.

Biesta, G.(2012). No Education Without Hesitation: Exploring the Limits of Educational Relations. *Philosophy of Education* 2012, 1-13.

Biesta, G.(2013). Cultivating Humanity or educating the human? Two options for education in the knowledge age. *Asia Pacific Education Review.* DOI 10.1007/s12564-013-9292-7

Bollnow, O.F.(1959). *Existenzphilosophie und Pädagogik.* Stuttgart: Kohlhammer.

Curtis, K.(2001). Multicultural Education and Arendtian Conservatism. Gordon, M., Green, M. (Ed.). *Hannah Arendt and Education.* Colorado: Westview, 127-152.

Dunne, J.(2006). Childhood and Citizenship: A Conversation across Modernity. *European Early Childhood Education Research Journal* 14(1), 5-19.

Edgoose, J.(2010). Hope in the Unexpected: How can Teachers Still Make a Difference in the World? *Teachers College Record* 112(2), 386-406.

Euben, P.(2001). Hannah Arendt on Politicising the University and Other Cilchés. Gordon, M., Green, M. (Ed.). *Hannah Arendt and Education.* Colorado: Westview, 175-200.

Ford, D.R.(2013). Toward a theory of the educational encounter: Gert Biesta's educational theory and the right to the city. *Critical Studies in Education* 54(3), 299-310.

Gordon, M.(2001). Hannah Arendt on Authority. Gordon, M., Green, M. (Ed.). *Hannah Arendt and Education.* Colorado: Westview, 37-66.

Habermas, J.(1988). *Der philosophische Diskurs der Moderne.* F.a.M.: Suhrkamp; 이진우 역(1994). 『현대성의 철학적 담론』. 서울: 문예출판사.

Habermas, J.(1995). *Theorie des kommnikativen Handelns* (Bd. 2). F.a.M.; 장춘익 역(1996). 『의사소통행위이론 II』. 서울: 나남출판.

Hellekamps, S.(2006). Hannah Arendt über die Krise in der Erziehung - Wiedergelesen. *Zeitschrift für Erziehungswissenschaft* (9), 413-423.

Higgins, C.(2003). Teaching and the Good Life: A Critique of the Ascetic Ideal in Education. *Educational Theory* 53(2), 131-154.

Higgins, C.(2011). The Possibility of Public Education in an Instrumental Age. *Educational Theory* 61(4), 451-2011.

Jessop, S.(2011). Children's Participation. An Arendtian Criticism. *Educational Philosophy and Theory* (43), 979-996.

Lane, A.(2001). Is Hannah Arendt a Multiculturalist? Gordon, M., Green, M. (Ed.). *Hannah Arendt and Education*. Colorado: Westview, 153-174.

Levinson, N.(2001). The Paradox of Natality. Gordon, M., Green, M. (Ed.). *Hannah Arendt and Education*. Colorado: Westview, 11-36.

Levinson, N.(2010). A "More General Crisis": Hannah Arendt, World-Alienation, and the Challenges of Teaching for the World As It Is. *Teachers College Record* 112(2), 464-487.

Lippitz, W. & Woo, J.-G.(2019). Pädagogischer Bezug, Erzieherisches Verhältnis. Brinkmann, M. (Ed.). *Phänomene der Bildung und Erziehung*. Springer, 83-102.

Mackler, S.(2010). And Worldlessness, Alas, Is Always a Kind of Barbarism: Hannah Arendt and the Challenges of Educating in Worldless Times. *Teachers College Record* 112(2), 509-532.

Masschelein, J.(1996a). Die Ergebnislose und Funktionslose Erziehung. Masschelein, J. & Wimmer, M. *Alterität Pluralität Gerechtigkeit*. Sankt Augustin: Akademia, 87-106.

Masschelein, J.(1996b). Die Frage nach einem pädagogischen Grundgedankengang. Masschelein, J. & Wimmer, M. *Alterität Pluralität Gerechtigkeit*. Sankt Augustin: Akademia, 107-126.

Masschelein, J.(1996c). Pädagogisches Handeln und Verantwortung. Erziehung als Antwort. Masschelein, J. & Wimmer, M. *Alterität Pluralität Gerechtigkeit*. Sankt Augustin: Akademia, 163-186.

Masschelein, J.(1996d). Individualization, Singularization and E-ducation (Between Indifference and Responsibility). *Studies in Philosophy and Education* (15), 97-105.

Masschelein, J.(2001). The Discourse of the Learning Society and the Loss of

Childhood. *Journal of Philosophy of Education* 35(1), 1-20.

Masschelein, J. & Simons, M.(2002). An Adequate Education in a Globalised World? A Note on Immunisation Against Being-Together. *Journal of Philosophy of Education* 36(4), 589-608.

Masschelein, J. & Simons, M.(2010). School as Architecture for Newcomers and Strangers: Perfect School as Public School? *Teachers College Record* 112(2), 533-555.

Mollenhauer, K.(1976). *Theorien zum Erziehungsprozess.* 3. Aufl. München: Juventa.

Obyrne, A.(2005). Pedagogy without a Project: Arendt and Derrida on Teaching, Responsibility and Revolution. *Studies in Philosophy and Education* (24), 389-409.

Schäfer, A., Wimmer, M.(2003). *Machbarkeitsphantasien.* Opladen: Leske + Budrich.

Schell, J.(2002). A Politics of Natality. *Social Research* 69(2), 461-471.

Schutz, A.(2001). Contesting Utopianism: Hannah Arendt and the Tensions of Democratic Educatio. Gordon, M., Green, M. (Ed.). *Hannah Arendt and Education.* Colorado: Westview, 93-126.

Woo, J.-G.(2014). Teaching the unkowable Other: humanism of the Other by E. Levinas and pedagogy of responsivity. *Asia Pacific Education Review* 15, 75-88.

5장

교실 - 탄생성의 공간(I): 관점의 비교*

I. 도입 - 교실 속 일상

"나의 수업은 상냥한 미소 그리고 나지막한 목소리로 시작되었다. 그러나 … 아이들은 서로 이야기하려고 하였다. 아이들은 성난 야수처럼 변하기 시작하였고, 여기저기서 질문이 있다고 난리를 쳤다. 나의 목소리는 "조용히 해 주세요"에서 "야, 조용히!"라는 다소 명령조의 함성으로 거세게 변화되었다. 두더지 머리가 올라오면 망치로 때려죽이는 게임기처럼 한 명을 조용히 시키면 이쪽에서 그리고 다른 쪽에서 야단을 쳤다. 조용해지지 않는 교실, 바로 이곳이 전쟁터라는 생각이 들었다. 목은 쉬고, 수업진도는 나가지도 못하고, 시끄러워진 교실 속에서 수업 종은 울렸다."(김영천, 2007: 15)

"나는 교실에 들어간다. 그때 나는 나 자신의 마음을 가다듬어야 한다. 거기에는 갑작스러운 흐름이 있기 때문에 내가 유쾌하게 놀라게 되는 날들이 있다. 당신과 아이들은 공동의 비전을 향해 함께 활동하고 있다. … 우리는 모두 같은 마음 상태에 있고, 그날 하루는 모두 함께 흐르는 마음상태에 따라 진행되고 있다. 거기에는 단지 협동심이 있다. 그리고 그것은 항상 최고의 정서이다."(김영천, 2007: 275)

---

* [출처] 우정길(2015). 교실 - 탄생성의 공간. 『교육철학연구』 37(3), 131-153.

학생으로서든 혹은 교사로서든 교실을 경험해 본 사람에게는 교실의 이러한 역동적 흐름이 그리 낯설지 않을 것이다. 위 교사의 고백에서 확인할 수 있듯이 교실은 언제나 놀라움의 연속이다. 계획을 기반으로 출발하되, 계획과 무관하게 형성되는 어떤 "갑작스러운 흐름"이 생기는가 하면, 교수 계획을 무력하게 만드는 모종의 "지적 난리"가 발생하기도 한다. 교실은 때로 "유쾌한 놀라움"의 공간인가 하면 또 다른 순간엔 구성원 모두에게 불쾌한 "두더지 게임장"이 되기도 한다. 교실은 교사와 학생이 함께 벌이는 "즐거운 춤판"(Palmer, 2007: 26)인가 하면 또 어느 순간 그야말로 상이한 의도와 견해가 교차하고 갈등하는 "전쟁터"가 되기도 한다.

물론 교실현장의 이러한 역동성이 모든 사람들에게 유쾌하거나 즐거운 유희의 공간은 될 수 없다. 오히려 그 반대의 경우에 대한 보고를 우리는 더욱 빈번히 접하곤 한다. 지놋(H. G. Ginott)이 자신의 저서 『교사와 학생 사이』의 첫 장 "교사들의 환멸"에서 기록하고 있는 이른바 "절망적 교사 모임"에는 학교와 교실이 교사라는 한 인간에게 얼마나 비극적인 공간일 수 있는가에 대한 직접적이고 자극적인 보고들을 접할 수 있다.(Ginott, 1972: 17f)[1] 물론 이러한 상황에 대한 일차적인 책임은 교사 자신에게 있다. 교직에 대한 전이해도 교사의 몫이었고, 교직을 선택한 이도 교사 자신이며, 지금 교실에 서 있는 이 역시 교사이다. 교사는 이러한 상황을 위해 전문적인 교육을 받았으며, 학생과 부모와 사회는 그들에게 학교교육이라는 과업과 동시에 권위를 부여하며, 신뢰를 선물한다. 그래서 어쩌면 지놋처럼 이 모든 교실 상황을 교사 개인의 능력으로 환원시키는 것이 일차적으로는 합당하고 안전해 보일 수도 있다.

---

1 "교직은 생명을 야금야금 갉아먹는 과정"(Anne) "방울뱀한테도 미소 지을 정도로 난 순진했어요. 물론 그러다 물렸어요. 지금은 나 또한 독이 잔뜩 올라 있어요."(Clara) "매일 등교할 때는 힘이 넘치지만, 퇴근할 때는 파김치가 돼요. 아이들이 떠들면 미치겠어요. 모든 것이, 그러니까 교육철학, 학습이론, 모든 호의가 떠드는 소리에 떠내려가요. 날 마비시키고 눈을 멀게 해요."(Florence) "난 날마다 혼자 다짐해요. '오늘은 평화로운 날이 될 거야. 열 받지도 않고, 성질부리다가 몸 상하는 일도 없을 거야.' 그러나 매일 교실에만 들어가면 자제력을 잃고는, 우울한 심정으로 내 자신에게 염증을 내며 집으로 돌아와요. 난 내 안에 입력된 지시에 마치 컴퓨터처럼 따라요."(Grace)

"교실의 분위기를 결정적으로 좌우하는 요인은 바로 나다. 나 한 사람의 태도에 따라 교실의 기후가 달라진다. … 교사인 나의 손안에는 어마어마한 힘이 쥐어져 있다. 아이들의 삶을 비참하게 할 수도, 즐거움에 넘치게 할 수도 있는 힘이다. 상황이 어떻든, 내가 어떻게 대응하느냐에 따라 위기가 고조되거나 완화되기도 하고, 아이가 인간다워지거나 인간다워지지 못하게 될 수도 있다."(Ginott, 1972: 15)

흡사 전쟁터의 고독한 장수 또는 베버의 "카리스마적 지도성"(Weber, 1947: 328f)을 연상케 하는 지놋의 교사환원주의는 한편으로는 교사 개인에게 각성과 용기를 촉구함과 동시에 교직의 중요성을 환기시킨다는 점에서 긍정적인 측면이 있다. 그러나 다른 한편으로 이러한 교사환원주의의 타당성과 부작용에 대한 고려도 필요하다. 즉 전자(타당성)와 관련하여서는, 교사환원주의는 전통적 교육학에서 제안되고 특히 계몽주의 교육학을 통해 강화된 교사중심적 교육낙관론 또는 교육만능론에 터하고 있다는 점, 그러나 근래에 들어 이에 대한 학문적 회의와 검토가 고조되고 있다는 점을 들 수 있다.[2] 후자(부작용)와 관련하여서는, 교육의 의도성과 영향력에 관한 전통적 이해에 터한 교사의 기능과 책무성에 대한 강조가 교사소진현상으로 이어지고 있다는 진단(Higgins, 2003; Edgoose, 2010; Woo, 2014)에 대한 고려가 있어야 한다. 교육의 현장 또는 교실 공간 안에서 교사가 코메니우스의 범교육학적 바램처럼 "모든 사람과 모든 것"을 예측하고 통제할 수 있는 존재라면 더할 나위 없이 좋겠으나(cf. Comenius, 1910: 2; Woo, 2014: 81), 현실적으로 교사는 성공적 교실 생활의 중요한 요소들 중 하나일 뿐, 지놋의 희망처럼 "인간의 인간다움을 결정하거나 심판할 만한 권한과 능력을 지닌 존재"가 아닐 수도 있기 때문이다. 이처럼, 교실 생활의 성공 여부를 교사중심적으로 파악하려는 시도는 이론적으로 완전하지 않을 뿐만 아니라 실제적 부작용으로부터 결코 자유롭지 않다. 위에서 묘사된 교실에서 교실의 교육적 분위기를 구성하는 데는 '교사 이상의 어떤 것'

---

2 대표적으로, Meyer-Drawe, 2000; Lippitz, 2002: 180f; Wimmer & Schäfer, 2003; Schäfer, 2007; Wimmer, 2003; Woo, 2007.

이 작용하고 있다. 교사는 교실 상황의 참여자이고 관찰자임과 동시에 불완전한 통제자이다. 때로 교실에서는 교사의 제안과 지도에 따라 이른바 "즐거운 춤판"이 생겨나기도 하지만, 또 때로 교실은 교사의 교육적 의사와 무관하게 고단한 "전쟁터"가 되기도 한다.

그렇다면 '교사 이상의 어떤 것'이란 무엇인가? 이른바 교사와 학생 사이 혹은 학생과 학생 사이에서 생겨나는 교육적 의도 너머의 역동성은 어떻게 설명가능한가? 이러한 질문에서 출발하는 가운데 본고에서는 교사-비의존적 교실 현상, 특히 교사의 지향성의 범주를 벗어나는 현상 발생의 이해를 위한 사유의 틀을 모색하려 한다. 이를 위해 우선적으로 고찰할 내용은 칸트(I. Kant)의 교육 개념이다. 근대교육학의 선구적 출발점 중 하나임과 동시에 오늘날까지도 가장 일반적으로 수용되고 있는 칸트의 교육 구상은 "만듦과 실현"으로 개념화될 수 있다. 이는 유기체적 교육관과 함께 전통적 교육학의 두 가지 큰 갈래 중 하나인 공학적 교육관을 대표하는 것이라 할 수 있다.(cf. Bollnow, 1959: 91f) 비록 이것이 학교나 교실 등의 제도적 교육 현장을 사유의 직접 대상으로 삼고 있지는 않으나, 본고가 중점적으로 다루고자 하는 교실 내 새로움의 생성이라는 주제의 대조적 부각을 위해 필요하다는 판단하에 본고에서는 고찰의 대상으로 선택하였음을 밝혀 둔다. 즉, 공학적 교육관의 대표적 사례로서 칸트의 교육개념에 새로움의 생성의 해명을 위한 공간이 있는가가 제 II장의 초점이 될 것이다. 이어지는 장(제 III, IV장)에서 고찰하게 될 이론은 고전적·현대적 조직이론들이다. 조직이론은 일반적으로 교육행정학 분야에서 연구되고 있지만, 교실 내 현상을 다루는 본고에서는 하나의 단위체로서 학교, 특히 교실에 대한 접근이 필요하다는 판단하에 조직이론의 일부를 참조하게 되었다. 흥미로운 것은 고전적 조직론, 즉 베버(M. Weber)의 관료제론에서 현대의 이완결합체이론나 쓰레기통이론에 이르는 동안 교실이라는 공간에 대한 이해에 현저한 변화가 있었다는 점이다. 즉, 교실 또는 그 속에서 이루어지는 상호작용은 권위나 위계성 또는 체계적 분업성(제 III장)이 아니라 불투명성·불확정성·모호성 등으로 파악되기에 이르렀다는 점이다(제

IV장). 이것은 곧 교실 내 교육적 관계 및 교수학습의 과정이 제 II장에서 다루었던 것과는 다른 방식으로 이루어진다는 사실의 방증이기도 하다. 여기에서 더 나아가 본고에서 가장 주안점을 두고 있는 제 V장에서는 위 세 가지 접근법, 특히 제 II장 및 제 III장과 선명히 구분되는 접근법으로서, 아렌트(H. Arendt)의 탄생성 개념 및 이에 근거한 새로움의 생성론, 그리고 이에 바탕한 교육적 계기들을 고찰하고, 이를 통해 본고의 서두에 제시된 교실상황의 이해에 적합한 관점을 모색해 보고자 한다.

II. "주형장"(鑄型場, moulding place)으로서 교실

앞서 언급한 바와 같이, 칸트의 교육 구상은 교육학사적으로 그 의미가 크기도 하지만 현대에 이르기까지 교육에 관한 가장 일반적인 이해를 대변하고 있는 것이기도 하다. 즉, 칸트의 교육개념은 유기체적 교육관과 함께 전통적 교육학의 두 가지 큰 갈래 중 하나인 공학적 교육관을 대표하는 것이라 할 수 있다.(cf. Bollnow, 1959: 91f) 그리고 그 사유의 선구적 대표적 출처로 우리는 칸트의 『교육학에 대하여』(1803)를 들 수 있다.

잘 알려진 바와 같이, 칸트의 교육학 강의는 "인간은 교육받아야 하는 유일한 피조물이다"(Kant, 1998: 697)라는 인간학적 정의로 시작된다. 이른바 "결핍존재론"(Ricken, 1999a: 96f참조)이라 불리는 칸트의 교육인간학은 다음과 같이 축약될 수 있다. 즉, "이 동물[인간]이 진정한 인간성으로 발달시키지 못한 야성"(Kant, 1998: 698)은 교육을 통해서만 진정한 인간성으로 발달될 수 있으므로, "인간존재는 교육이 그로부터 만들어 내는 것에 다름 아니다."(Kant, 1998: 699) 교육은 "훈육의 예술(Kunst), 문화화의 예술, 문명화의 예술 그리고 도덕화의 예술이며"(Kant, 1998: 702, 706), 이를 통해 인간은 아직은 불완전한 상태로부터 완전한 상태로 만들어지는 것이다. 이 불완전한 상태란 "도덕적 무정부와 어리석음의 상태이며, 사회적 적응에 부적절한 상태"(Kant, 1998: 706f)이다. 요약하자면, "칸트의 구상 속의 피교육자는 미성숙하고 불완전한 존재, 즉 결핍존재이다. 이들은 자기결정성과 도덕성 그리고 책임성이 결여된 존재들이다."(cf. Masschelein 1991: 126f, 146, 160) 칸트의 구상 속에서는, 결핍존재인 피교육자들을 마주하고 있는 교사는 그가 마주하고 있는 학생에 비해 지적으로 사회적으로 그리고 도덕적으로 우월한 상태에 있다. 교사는 자신의 학생으로 하여금 자기 속의 동물성을 통제할 수 있도록 훈육시킨다. 교사는 학생들이 알지 못하는 것을 알고 있으며, 학생들이 할 수 없는 것을 할 수 있다. 이렇게 교사는 지적 사회적 도덕적 측면에서의 상대적 우월성을 바탕으로 자신의 학생들을 위해 대리인으로서 기능하며, 학생들을 훈육하고 문화화하고 문명화하고 도덕화하여 진정한 인간성으로 만들어 간다.

위와 같은 칸트의 교육인간학 구상에서 본고의 주제와 관련하여 주목할 필요가 있는 지점은 교육적 관계의 철저한 일방향성이다. 교육적 실제는 교육자와 피교육자 사이에서 이루어지는 것이 사실이지만, 이 사이를 실질적으로 기획하고 주도하는 것은 교육자의 교육적 의도성이다. 칸트의 구상에 따르면, 이 사이 공간 내에서 피교육자의 능동적 역할은 없다. 결핍존재인 피교육자는 교육자의 훈육과 문화화와 문명화와 도덕화 노력을 적극적으로 수용하여야 하는 존재, 즉 적극적 수동성의 존재이다. 칸트의 교육은 피교육자의 결핍이 채워지거나 미숙이 완숙되어 가는 과정이며, 여기에는 피교육자의 주체적 창의성 혹은 새로운 아이디어와 구조의 생성을 위한 계기는 없다. 비록 칸트의 교육이 추구하는 인간상이 자율과 자유의 존재이기는 하지만, 그것은 칸트의 교육이 지향하는 관념적 목적지에 관한 것일 뿐, 그것이 교육의 과정에서 피교육자의 자유를 보장하는 것은 아니다. 칸트의 교육은 만듦과 영향미침이지 상호작용이 아니며, 목적론적 실현이지 생성이 아니다.3

---

3 본고에서 서술한 칸트의 교육이해와 관련하여 다음 두 가지가 함께 고려될 필요가 있다. 첫째, 본고는 이른바 교육학에 대한 칸트의 사실상 유일한 체계적 논술이라 할 수 있는『교육학에 대하여』에 국한하여 칸트의 교육개념을 도출하고 있다는 점이다. 이 경우 우리는 칸트가 제기했던 자기질문, 즉 "교육의 가장 큰 문제 중 하나는, 법칙적 강제에 굴복하는 것과 자기 자신의 자유에 기여하는 능력을 하나로 만들어 나갈 수 있는가이다. 왜냐하면 강제는 필요하기 때문이다. 어떻게 하

이런 맥락에서 칸트의 교실은 만듦과 영향미침과 교육적 의도의 실현 공간이라 할 수 있다. 교사는 이 공간의 주도자로서, 교육행위를 기획하고 실행하고 책임진다. 이러한 일련의 과정은 하나의 잘 기획된 학급운영계획과 학습지도안을 바탕으로 운영·수행되고 평가된다. 이 모든 과정 중에

면 강제 가운데 자유를 기를 것인가?"(Kant, 1998: 711)라는 질문에 특별히 유의할 필요가 있다. 실제로 이 문제를 "역설 또는 이율배반"으로 인식하고 그 해소를 위한 이론적 노력을 기울인 경우들도 적지 않지만(Benner, 1997: 65; Masschelein, 1991), 이러한 연구사적 사실과 무관하게『교육학에 대하여』라는 저술에서 이 문제를 대하는 칸트의 자세 역시 문제가 없지 않기 때문이다. 필자는,『교육학에 대하여』라는 강의에 국한하여 보자면, 위 문제에 대해 칸트가 별도의 해결책을 제시하지 않고 있다고 판단한다. 그리고 릭켄의 다음과 같은 단적인 비평에 깊이 공감한다: "이 대목에서 칸트는 이 문제를 해결할 능력도 의지도 없었다."(Ricken, 1999b: 96f) 물론 이러한 문제는 근래 한국의 교육학계에서도 구체적으로 논의된 바 있다.(우정길, 2007; 김창환, 2009; 곽덕주, 2013; 김상섭, 2012; 김상섭, 2014) 특히 김상섭은『교육학에 대하여』라는 저서에 나타난 칸트의 교육이해에 대해 "그 책자는 불행히도 칸트의 비판철학을 제대로 반영하고 있지 않을 뿐만 아니라, … 체계성과 독창성이 떨어진다고 평가 … 문헌적 신뢰성의 부족과 체계성의 결여라는 치명적 약점을 안고 있다"고 평하면서, 교육학자 칸트와 철학자 칸트 사이에서 발견되는 심대한 불일치에 대해 보완적 해석이 필요하다는 견해를 피력한다.(2014: 161f) 둘째, 그러나 만약 본고의 칸트해석이『교육학에 대하여』에 국한되지 않고 칸트의 모든 저작으로 확장되어야 한다면,『교육학에 대하여』에 나타난 칸트의 교육이해의 단편성이 보완적으로 해석될 수도 있을 것이다. 그러나 이 경우 교육학의 전통적 난제인 "자유와 강제 사이의 역설"은 - 교육학계의 일반적 평가와는 달리 - 처음부터 역설일 필요가 없으며, 교육학의 난제로 인식될 필요도 없다. 칸트의 비판서들을 중심으로 도덕교육의 개념을 구안하고 있는 김상봉(2006)과 카발라(1996)의 다음과 같은 견해가 이러한 경우에 해당된다. 즉, "만약 도덕적 강제가 타자가 나에게 강요하는 타율적 강제가 아니라 내가 나 스스로 자신에게 부과하는 강제라면, 그것은 노예적인 굴종이 아니라 도리어 인간의 근원적인 자유의 표현 … 따라서 도덕이 결과적으로는 똑같은 강제의 형식으로 나타난다 하더라도 그 강제의 주체가 무엇이냐에 따라 도덕은 타율적인 억압에 대한 노예적 굴종이 될 수도 있고 정반대로 본능적이고 자연적인 강제에 대한 자유의 표현일 수도 있다."(김상봉, 2006: 20; Cavallar, 1996: 92) 셋째, 그럼에도 불구하고 우리가 분명히 물어야 할 것은『교육학에 대하여』를 강의하고 있는 칸트의 견해가 과연 그러했는가이다. 적어도 본고에서 인용된『교육학에 대하여』의 맥락에서 강제는 "자기 강제"가 아니라 "타자 강제"임이 분명하다. 그것이 피교육자가 자기스스로를 강제할 수 있는 모종의 자율성을 지닐 수 있을 때까지의 한시적·잠정적 개념이라 하더라도『교육학에 대하여』에 나타난 강제의 개념이 "자기 강제"라고 주장할 만한 근거가 있는지는 의문스럽다. 그러므로 어쩌면 우리는 교육학자 칸트와 철학자 칸트를 나누어 고찰해야 할 필요를 인식하게 된다.

피교육자의 능동적 개입의 여지는 사실상 없다. 칸트의 결핍존재는 교육이라는 수단을 통한 만듦의 대상일 뿐, 대화의 상대이거나 혹은 이른바 사이세계의 능동적 구성자도 아니다. 그는 어떤 새로움이나 놀라움의 제공자일 수도 없다. 예상치 못한 놀라움은, 그것이 유쾌한 것이든 혹은 불쾌한 것이든, 칸트가 구상하는 교실의 역학의 범주에 속하지 않는다. 칸트의 교실에서 피교육자는 교실의 계획가능·통제가능한 요인 중 하나이어야 한다. 그리고 피교육자의 교육적 가소성이 지켜지기 어려운 경우, 교육자는 피교육자의 자유를 제한하거나 혹은 "강제라는 수단을 동원"(Kant, 1998: 711)하여 인류사회로부터 부여받은 것으로 여겨지는 교육의 목적을 실현시켜야 한다. 교실 내에서는 자기강제의 자유를 제외한 어떠한 자유의지의 발현이 허용되지 않는다. 칸트의 교실에서는 본고의 서론에서 제시된 "유쾌한 놀라움"이나 "두더지게임"의 풍경은 애초에 고려의 대상에서 제외된다.

III. "강철 새장"(iron cage[4])으로서 교실

학교 교실에 대한 기존의 학문적 고찰방식은, 무리를 무릅쓰고 대별하

---

4 필자는 "강철 새장"이라는 은유를 본장의 소제목에 사용하는 것에 그리 강한 확신을 갖고 있지 못하다. "…로서 교실"이라는 본고 소제목들의 형식 통일을 위해 "강철 새장"이라는 은유를 사용하고 있으나, 여기에는 다음 몇 가지 사항들이 함께 고려될 필요가 있다. 첫째, 이 용어는 일반적으로 기계적 합리성이 과잉된 상태의 근대 사회 - 특히 서구 자본주의 사회 - 및 그 속에서 목적론적 효율성의 덫에 빠진 개인들의 모습을 지칭하는 용어로서, 베버의 저서 『프로테스탄티즘 윤리와 자본주의 정신』의 제 II-2장 "금욕주의와 자본주의 정신"의 말미에 등장하는 "ein stahlhartes Gehäuse"(Weber, 2007: 160)의 번역어로 알려져 있다. 독일어의 원래 의미는 '강철 같이 단단한 틀 또는 집'이다. 둘째, "강철 새장"(iron cage)이라는 용어는 파슨스(T. Parsons)의 영역(2001)에서 유래된 것이지만, 이보다는 고쉬(P. Ghosh)가 채택하고 있는 중립적 번역어 "steel housing"이 원어의 의미에 더욱 충실할 뿐 아니라 오해의 소지도 적어 보인다. 비록 한국의 학계에서 "강철 새장"이라는 용어가 일반적으로 통용되고 있고, 따라서 본고에서도 "강철 새장"이라는 용어를 사용은 하고 있으나, 한국어 번역에서도 "쇠우리"(Weber, 2007/김덕영, 2010: 366), "강철의 우리"(Weber, 2007/김현욱, 2009: 196) 등이 있다는 사실은 공유될 필요가 있다. (독일어⇒영어 번역의 문제 및 이 용어의 사상사적 출처 및

자면, 학교를 사회체제로 보는 관점과 학교를 조직체제 혹은 관료체제로 이해하는 관점으로 구분될 수 있다. 이 두 관점은 현대 조직이론의 전개 과정에서 상보적인 연관을 맺어왔지만(cf. Hoy & Miskel, 2008: 89f), 굳이 구분하여 기술하자면 다음과 같다. 전자의 경우 일반적으로 사회체제이론으로 통칭될 만한 사회학적 전통에 기인하는 것으로서, 학교를 하나의 체제(system)으로 규정하고, 이러한 체제가 어떤 속성을 지니며, 사회라는 환경과 어떤 방식으로 관련을 맺고 어떤 구조의 의미체계를 형성해 나가는가가 주요 관심사라 할 수 있다. 여기에는 파슨스(T. Parsons)의 구조기능주의적 관점과 루만(N. Luhmann)의 기능구조주의적 체계이론, 그리고 이와 직간접적으로 연관된 상징적 상호작용이론 등이 속한다.5

본장에서 부분적으로 다루게 될 후자의 경우, 행정학의 학문적 전통과 궤적을 공유하는 관점으로서, 하나의 독립적 조직체로서 학교 고유의 목적과 기능의 실현을 목적으로 하는 일련의 이론적 활동이라 할 수 있다. 그리고 그 시발점이자 고전적 사례로 교육행정학계에서는 이견 없이 베버(M. Weber)의 관료제론을 들고 있다. 물론 베버의 관심은 학교조직에 있었

영향사와 관련된 논의는 Kent, 1983와 Higgins, 2011: 451f를 참조하기 바람). 셋째, 본고의 주제와 관련하여 오히려 더욱 주목하여야 할 부분은 이 용어가 유래된 문단에서 베버가 예언적으로 묘사하고 있는 관료제적 현대사회의 염세적 미래상이다. 즉, "기계화된 화석 … 영혼(Geist) 없는 전문가, 감정(Herz) 없는 감각주의자(Genussmenschen) – 이 공허한 존재들은 인류가 도달한 적 없는 인간성의 단계에 도달하였노라 자부할 것이다."(Weber, 2007: 160f) 어쩌면 이러한 인간상 혹은 교실상은 본장의 전반부에서 기술하고 있는 '관료제론에 대한 신뢰를 바탕으로 하는 혹은 관료제론의 관점에서 조직되고 운영되는 교실 및 교실구성원의 모습'에 부합될 수도 있다. 넷째, 본고에서 시도하지는 않겠으나, 위 논의를 연장시켜서 "[맹목적 수월성을 추구하는 교육의 경우에 교육의] 도구주의가 지배하면, 효율성과 생산성 그 자체가 목적이 되어 버린다"(Higgins, 2011: 452f)고 진단하는 히긴스처럼 혹은 신자유주의로 대표되는 현대 자본주의 질서 체제를 "강철 새장"으로 규정하고 그 속에 갇힌 교육의 탈주를 모색하는 마르텔 외(Martell, et. al., 2006)의 시도와 같이, 현대 사회 내 교육과 인간의 수단화에 대한 비판적 고찰 및 새로운 가능성의 모색 역시 어떠한 형태로든 필요해 보인다.

5 대표적으로 Parsons, 1959; Glanville, 1982; Luhmann & Schorr, 1988; Luhmann, 1984; Luhmann & Schorr, 1986; Vanderstraeten, 2001; Vanderstraeten, 2002. 특히 마지막 두 논문은 상징적 상호작용이론의 전통과 체계이론 그리고 조직론의 관점들이 종합적으로 논의되고 있음.

다기보다는 합리성을 바탕으로 한 조직의 이해와 능률적 관리에 있었다. 그러나 동시에 그의 관료제론은 교육학의 영역으로 도입되어 독립적 조직체로서 학교 조직의 이해와 운영을 위한 고전적 이론으로 자리잡게 되었다.

관료제론이라는 명칭이 암시하듯, 관료제론의 관점에서 본 학교는 대화와 의사소통의 장이라거나 혹은 교육적 상호작용의 공간이라기보다, 관료제적 권위를 통한 합목적적 실행의 공간이다. 보다 구체적으로 보자면, 베버의 관점에서 정당성의 근거는 "권위"이며, 그는 이를 "권위적, 전통적, 카리스마적 권위"로 나누고 있다. 그중 학교조직을 포함한 일반 행정조직은 주로 "합법적 권위"의 범주에 속하는데, 베버는 그 특징을 다음과 같이 제시하고 있다: 즉, "비인정적 질서, 규칙지향성, 체계적 분업, 위계성의 원칙, 공학적 규칙 또는 규범, 소유로부터 분리, 문서화" 등이 그것이다. 물론 베버는 학교를 염두에 두고 자신의 관료제론을 구상하지 않았으며, 또한 위와 같은 권위 유형의 구분은 "순수하고 이상적일 뿐"(Weber, 1947: 324-333)이라고 베버 자신이 밝히고는 있지만, 학교는 베버의 관료제론에 일정부분 해당되는 것도 사실이다. 국가에 따라 차이는 있지만, 초중등 교육기관의 경우 6-3-3 또는 4-8 등의 학(년)제로 분화되어 있고, 교원과 직원의 업무는 분리되어 있으며, 교원의 업무 역시 교무·연구·장학·생활지도·상담 등으로 세분화되어 있다. 교장과 교감, 부장교사와 평교사 등으로 구성되어 있는 교원 체계는 위계성을 띠고, 장학·교수 및 상벌 등의 제반 활동은 문서화된 규칙에 근거하여 이루어지고 있으며, 공무로서 교육활동은 비인정성·탈인격성(impersonality)으로 이해되고 수행된다. 분업과 위계성, 문서·규칙중심성과 비인정성을 바탕으로 하는 합법적 권위가 운영의 근간이 된다는 점에서 보자면, 학교는 분명 베버의 관료제 이론에 부분적이나마 부합하는 조직이다.

그러나 고찰의 초점을 관료체로서 학교 일반이 아니라 학교 교실로 맞출 경우, 관료제론은 그리 적합한 설명틀이 되지 못한다. 교실 내에서 교사는 교육관료체계의 각종 권위체로부터 독립적·자율적으로 혹은 심지어 전혀 무관하게 교수활동을 수행하며, 교사-학생 또는 학생-학생 관계는 기능적 분업과 위계성보다는 공존과 이해 그리고 경쟁과 협동의 원리로 특징지어진다. 교실 구성원들의 공동생활은 문서화된 규칙을 바탕으로 한 비인정성 원리의 적용보다는 상식과 소통과 합의에 기반한 인정성·인간미의 추구를 지향한다. 또한 교실공간은, 베버의 용어로 표현하자면, "합법적 권위"뿐만 아니라 "전통적 권위"와 "카리스마적 권위"가 공존하는 곳이거니와, 때로는 제 권위들에 대한 도전과 혁신이 시험되고 조율되는 공간이기도 하다. 그리고 이러한 도전과 시험과 조율과 혁신은 교사 개인의 의도와 계획의 결과라기보다는, 엄밀히 말하자면, 교실 구성원 전체의 의도적·무의도적 그리고 계획적·탈계획적 행위의 합작품이다. 민쯔버그(H. Mintzberg)의 구분으로 보자면, 교실은 "기계적 관료제"(machine beaurocracy)가 아니라 "전문관료제"(professional beaurocracy)에 가깝다.(Mintzberg, 1983: 163-213) 비록 교실의 구성원 중 교사만이 소정의 교육을 통해 제도적으로 인정된 전문가적 자격을 갖춘 것이기는 하지만, 의도성·비의도성 그리고 계획성·탈계획성이 교차하고 협응하는 공간인 교실 속에서라면, 교사 이외의 교실 구성원을 비전문가적 참여자라고 규정지을 근거가 그리 분명치는 않다.

이런 맥락에서 "공식체제와 비공식체제의 순환모형"으로 학교를 설명하는 호이 & 미스켈(Hoy & Miskel)의 모형은 흥미롭다. 이들에 따르면, 학교는 "위계, 분업, 공식화, 비인정성, 공식적 의사소통, 공식적 리더십 등으로 이루어지는 공식체계와 비공식 구조, 소규모 집단으로 분화, 비공식 규범, 개인적 관계, 비공식적 의사소통, 비공식적 지도성 등으로 구성되는 비공식 체제의 지속적 순환"으로 이루어지는 조직이다.(Hoy & Miskel, 2008: 100) 이런 맥락에서 학교는 "느슨하게 결합된 체계"(Weick, 1976)로 표현될 수도 있을 것이다. 부분적으로나마 관료제적 성격을 띠고 있는 학교 조직에 대해서는 호이 & 미스켈의 진단처럼 "공식적 체제를 비공식적 체제가 보완"(cf. Hoy & Miskel, 2008: 100)한다고 말할 수 있겠지만, 우리가 고찰의 대상으로 삼고 있는 교실의 특성은 아마도, 호이 & 미스켈의 용어를 활용하여 표현하자면, "공식적 체제 속의 비공식 체제" 또는 "공식성과 비공식성의 혼재" 등으로 표현될 수 있을 것이다. 교실은 교수학습을 위한 공식적 공간임에도 불구하고 교수학습 이상의 사건들이 끊임없이 생겨나는 비공식적·탈체계적 공간이다. 교실은 베버의 관료제론의 특징과 유관한 학교라는 조직 속에 있지만, 실상은 관료제론의 범주와 관련이 적은 혹은 심지어 호이 & 미스켈이 "반관료적 구조"(antibureaucratic structure: cf. Hoy & Miskel, 2008: 92f)로 명명하는 탈관료제성을 특징으로 하는 공간이다. 파슨즈에 의해 번역된 베버의 은유를 활용하여 표현하자면, 교실은 "강철 새장"임과 동시에 그 출입이 개방된 그러므로 안팎의 경계가 불분명한 "강철 새장"이다. 그러므로 그 속의 새들은, 보호를 위해 존재하는 "강철 새장"의 울타리 안에 있지만, 갇혀 있거나 고여 있기만 한 것이 아니라 그 안에서 상호적으로 작용하며 새로운 어떤 규빔과 가치들을 창출해 내기도 하는 존재들이다. 교실은, 학교 안에 있지만, 학교라는 조직과는 다른 조직 원리에 의해 조직적으로 혹은 심지어 탈조직적으로 유지·운영된다. 그리고 교실의 이러한 이중적·복합적 혹은 탈주적 성격이 제 Ⅳ장에서 고찰하게 될 "쓰레기통이론"과 같은 관점을 생성시키는 계기가 되었다고 볼 수 있다.

Ⅳ. "쓰레기통"(garbage can)으로서 교실

베버의 관료제론이 학교·교실을 하나의 체제로 이해하고, 그 체제를 하나의 체제로 유지시키는 체계적 속성을 파악하는 데 초점을 두었다면, 쓰레기통 이론은 이러한 체제 내 의사결정이 어떻게 이루어지는가에 대한 관점을 대변하고 있다. 코헨 외(Cohen, et. al. 1972)에 따르면, 조직, 특히 학교조직은 베버의 진단처럼 위계적이거나 분업적이지도, 규칙지향적이거나 비인정적이지도 않으며, 따라서 의사결정 역시 이러한 관료제적 특성을 통해 이루어지지 않는다. 오히려 이들이 파악한 학교조직은 "모호성과 불확실성"(cf. March, et. al., 1976)이 지배하는 공간으로서, 은유적으로 표현하자면, "질문과 대답이 불투명한" 혹은 질문과 대답의 경계가 불명확한 공간이다. "제대로 된 질문을 완성하지 못하면 해답도 찾지 못할 것이라는 격언은 있지만, 어떤 조직의 문제해결에 관련하여서는 오히려 해답을 발견할 때까지도 문제 자체가 무엇이었는지를 모르는 경우도 있을 수 있다."(Cohen, et. al., 1972: 3) 뫼비우스의 띠를 연상케 하는 연속적 불연속성의 공간이라는 의미에서 그들은 학교를 "무정부[상태]"(anarchy)라고 부른다. "무정부[상태]"이기는 하지만, 그 안에는 역설적이게도 나름의 체계성이 존재한다. 즉, "문제적 선호들, 불명확한 공학·기술, 유동적 참여" 등의 상시적 요인이 의사결정의 확실성·명확성을 방해하여 불확실성·모호성을, 역설적이게도, 지속적·체계적으로 유지시키는 구조이다. 이런 의미에서 모크 & 폰디(Moch & Pondy)는 이것을 "모호성에 대해 자연스러운 – 혹은 심지어 민감한 – 반응으로서 조직된 무정부[상태]"라고 표현하기도 한다.(Moch & Pondy, 1977: 351) 교실은 "문제가 불명확하고, 해법이 불규칙적이고, 참여자가 유동적이고, 그럼에도 불구하고 선택이 필연적인"(Cohen, et. al., 1972: 3) 공간이다. 이런 관점에서 학교·교실은, 쓰레기통의 원리와 마찬가지로, 합리성·목적지향성·예측가능성으로 설명되기에는 무리가 있다.

이른바 쓰레기통 이론(garbage can theory)이라 불리는 코헨 외의 관점은 교육조직, 특히 –추측컨대 그들이 의도하지는 않았겠으나 – 교실 내 교육적 상호작용의 역동성을 이해하는 데 기여한다. 이들이 들고 있는 교실 요소인 "문제적 선호들, 불명확한 공학·기술, 유동적 참여"는 교실이 왜 합리성·목적지향성·예측가능성과 거리가 먼 공간인지에 대한 조직론적 설명을 제공해 준다. 물론 이러한 설명이 기본적으로 카오스적이기는 하지만, 그럼에도 불구하고, 이들의 이론이 교실을 단순히 합목적적 실현의 공간으로 이상화하거나 혹은 혼란과 무질서의 공간으로 치부하지 않았다는 사실만으로도 이 이론은 있는 그대로의 교실의 이해를 위한 의미 있는 학술적 기여를 하였다고 평가될 수 있다. 그들의 이론은 쓰레기통 속 쓰레기의 총합은 불변하며, 그 산출의 과정은 무작위적이며, 따라서 그 결과 역시 불확실하고 모호하다는 점을 시사해 준다. 그리고 이러한 발견은 현상의 기술이라는 측면에서는 분명 교실의 사실성에 접근하는 데 기여하고 있다.

그러나 보다 심층적인 교실현상의 이해라는 측면에서는 아쉬움을 남긴다. 쓰레기통 이론의 제안자들에게 교실은 하나의 블랙박스이며, 그 블랙박스 구조를 이루는 세 가지 요소들은 블랙박스가 왜 블랙박스일 수밖에 없는지에 대한 하나의 가능한 대답을 제시해 주지만, 이 블랙박스 속의 역동성은 여전히 카오스라는 이름의 미지로 남는다. 달리 표현하자면, 쓰레기통 이론은 교실이라는 블랙박스 속 구성원들 사이의 상호작용의 구조 및 이러한 상호작용을 통해 발생하는 모종의 생성작용에 대해서는 설명하지 못한다. 쓰레기통으로부터는, 비록 그 순서는 불명확하다 하더라도, 투입한 것만 나오고 새로운 것은 나오지 않는다. 그러나 교실은 투입한 적 없는 새로운 것도 산출되고 창출되는 공간이다. 그러므로 교실은 쓰레기통과 질적으로 다르다. 결국 조직론적 관점은 교실을, 그것이 쓰레기통이든 혹은 블랙박스이든, 하나의 체제로 여기지만, 이러한 관점에는 교실의 구성원인 개별 인간과 그들의 관계와 상호작용에 대한 인간학적으로 보다 진지한 고려가 결여되어 있다. 그 결과 교실이라는 쓰레기통이 왜 쓰레기통인지, 블랙박스가 왜 블랙박스인지에 대한 설명은 가능해졌지만, 그 너머의 사유, 즉 교실이 쓰레기통이나 블랙박스와 질적으로 다른 공간이라는 사실, 즉 교실이 생성과 새로움과 창조의 공간이라는 사실을 파악하고 설명하는 데까지는 이르지 못하였다.

V. "산실"(産室, birth place)로서 교실

서론에서 언급한 바와 같이 "교실 내에는 교사 이상의 어떤 것"이 작용한다. 이것은 만듦·실현의 교육구상과 관료제적 기능주의에서는 진지한 고려의 대상이 되지 못한다. 그리고 비록 쓰레기통의 원리로 학교교실의 역학을 설명하려는 시도가 교실 내 의사결정의 불확실성과 모호성을 해명하는 데 일정 부분 기여한 것은 사실이지만, 이 또한 생성과 새로움과 창조의 공간으로서 교실을 근본적으로 설명하지는 못하고 있다. 이러한 상황에서 아렌트(H. Arendt)의 탄생성 개념은 교실 내 새로움의 생성론의 설명을 위해 유용해 보인다. 주지하는 바와 같이 아렌트는 그녀의 주저 『인간의 조건』(1958)을 통해서는 탄생성이 인간 실존의 이해를 위해 불가결한 조건이라는 점을 시사하였고, 교육비평 "교육의 위기"(1968)를 통해서는 "탄생성이 교육의 본질"이라는 견해를 피력한 바 있다. 그렇다면 그녀가 말하는 탄생성이란 무엇인가?

출생, 혹은 탄생은 일상적인 현상이다. 사람이 생명을 잉태하여 몸속에서 키우다가 때가 차서 몸 밖 세계로 낳는 행위, 혹은 누군가에 의해 잉태되고 때가 되어 모체 밖으로, 즉 세계 속으로 나오는 행위를 우리는 탄생이라고 부른다. 아렌트의 탄생성 개념은 탄생의 일차적 차원 즉 생물학적 현상인 탄생의 사건에서 비롯되었다. 아렌트는 이것을 제 1의 탄생이라고 명명한다. 개인의 존재는 제 1의 탄생을 통해 시작되고, 사회는 제 1의 탄생들을 통해 존속된다. 그러나 "탄생성이 교육의 본질이다"라고 말하는 아렌트는 탄생의 생물학적 차원 너머에 있는 탄생의 사회적·정치적·교육적 차원을 강조한다. 제 2의 탄생이라고 명명된 이러한 탄생성은 단지 관념적·은유적 차원의 구호가 아니다. "교육의 본질은 탄생성이다"라는 아렌트의 선언은 지극히 일상적이고 사실적이며 보편적이기까지 하다. 본고의 맥락에 맞추어 달리 표현하자면, "탄생성은 학교교실의 본질"이기도 하다. 즉, 학교·교실은 탄생성의 공간이며, 문자 그대로 인간의 산실이다. 아래에서는 아렌트 탄생성의 특징을 "다원성, 관계성, 우연성"(우정길, 2013a: 144-150; 2013b: 53-58참조)으로 정리한 후, 탄생성의 공간으로서 교실의 교육적 의미를 탐구해 보려 한다.

1. 다원성6

탄생은 탄생하는 당사자 개인만의 일이 아니라 일차적으로는 탄생시키는 이와의 관계적 현상이다. 탄생은 필연적으로 다원성을 기반으로 한다. 죽음이 엄밀한 의미에서 실존의 다원성·사회성으로부터 벗어남인 반면, 탄생은 아렌트가 "인간관계망"이라 표현한 관계성 속으로 진입하는 사건이다. "행위의 근본조건은 다원성으로서 인간조건, 즉 보편적 인간(Man)이 아닌 복수의 인간들(men)이 지구상에 살며 세계에 거주한다는 사실에 상응한다. … 다원성은 모든 정치적 삶의 '필요조건'일 뿐만 아니라 '가능조건'이라는 의미에서 절대적 조건이다."(Arendt, 1958/이진우·태정호, 2001: 56) 매 순간 새로운 생명이 태어나고 있다는 사실, 누군가가 누군가의 자녀로 혹은 친지로 태어난다는 사실, 분초마다 어떤 새로운 존재가 기존에 '우리'라고 불리던 인간 사이로 들어와서 '우리 중 한 사람'이 됨으로써 기존의 '우리'와는 다른 또 하나의 새로운 '우리'가 생겨나는 사건, 이것이 "제 2의 탄생" 혹은 탄생성의 교육적 의미이다. 즉, 탄생은 사실적 차원에 그치는 일회적 사건이 아니라 정치적·교육적 차원에까지 그 의미가 연관되어 있다는 것이다. 다원성은 인간행위의 조건, 즉 인간의 조건이다.

인간조건으로서 다원성과 관련하여 다음 몇 가지가 언급될 필요가 있다. 첫째, 다원성은 서로 다른 개인들을 전제로 한다. 다르게 태어나서 다르게 말하고 다르게 행위하는 사람들, 이것이 아렌트의 탄생성이 표방하

---

6 "plurality" 번역의 문제:『인간의 조건』의 옮긴이 이진우·태정호는 "다원성"으로, 『과거와 미래 사이』의 옮긴이 서유경은 "다수성"으로,『칸트 정치철학 강의』의 옮긴이 김선욱은 "복수성"으로, 교육학계 아렌트 연구의 선례자들인 이은선(2013)과 우정길(2013a; 2013b)은 "다원성"으로, 그리고 박사학위논문 "한나 아렌트 '탄생성'의 교육적 함의"(2015)에서 조나영은 "복수성"으로 각각 사용하고 있다. 본고는『인간의 조건』을 주로 참조하고 있기도 하거니와, 의미상의 차이를 굳이 고려하여서라도 '다원성'이라는 용어를 의도적으로 채택하여 사용하고 있다. 즉, 탄생성은 세계에 실존하는 개인들을 표시하는 양적 개념이 아니라 실존 내적 혹은 실존들 사이의 지속적 생성·변형을 나타내는 질적 차원의 개념이기에, 이를 부각하기 위하여 '다수성' 또는 '복수성'이라는 용어보다 '다원성'이라는 용어를 사용하고 있음을 밝혀 둔다.

는 다원성을 이루는 근본 요소들이다. "어느 누구도 지금껏 살았고, 현재 살고 있으며, 앞으로 살게 될 다른 누구와 동일하지 않다는 방식으로만 우리 인간은 동일하다. 이 때문에 다원성은 인간행위의 조건인 것이다. … 인간의 다원성은 유일한 존재들의 역설적 다원성이다."(Arendt, 1958/이진우·태정호, 2001: 57, 236) 둘째, 탄생성의 관점에서 각 사람의 이러한 고유성은 모종의 정적 실체가 아니라 역동적이고 가변적 과정을 의미한다. 그리고 이러한 역동적 다원성은 개별 존재뿐 아니라 사회 전체가 그러하다. 제1의 탄생과 제2의 탄생은 개별자에게뿐 아니라, 다원성을 본질적 특징으로 하는 사회에도 동일하게 적용되는 원리이다. 셋째, 이러한 개인적·사회적 차원의 역동적 다원성은 말과 행위를 통해 구현되고 드러난다. 아렌트에게 있어서 말과 행위는 인간과 인간, 인간과 세계를 연결해 주는 통로임과 동시에 존재의 정체성을 드러내고 확인케 해 주는 도구 또는 심지어 역동적 정체성 그 자체이다. "말과 행위로서 우리는 인간세계에 참여한다. 이 참여는 제2의 탄생과 비슷하다. … 이 새로 온 자의 존재를 해명할 수 있는 단서는 그의 행위와 말 속에 함축되어 있다."(Arendt, 1958/이진우·태정호, 2001: 237f) 넷째, 다원성은 다관점성을 의미한다. 아렌트는 말과 행위를 통해 세계에 참여하는 사람들이 둘러앉은 탁자의 비유를 통해 다관점성을 형상화하고 있다. "세계에서 함께 산다는 것은 본질적으로, 탁자가 그 둘레에 앉는 사람들 사이에 자리잡고 있듯이 사물의 세계도 공동으로 그것을 취하는 사람들 사이에 존재한다는 것을 의미한다. 모든 사이(in-between)가 그러하듯이 세계는 사람들을 맺어주기도 하고 동시에 분리시키기도 한다."(Arendt, 1958/이진우·태정호, 2001: 106) 탁자 비유에서 아렌트의 관심은 사람들을 연결해 주는 탁자라는 공동성의 근거 규명에 있지 않다. 그녀가 보기에 모든 참여자들에게 "공통적으로 적용되는 척도나 공통분모는 있을 수 없다."(Arendt, 1958/이진우·태정호, 2001: 111) 이는 인간의 조건을 탐구하는 아렌트의 기본 관점이 신적 창조자 시점 또는 전지적 작가 시점이 아니라 1인칭 참여자 시점(Arendt, 1958/이진우·태정호, 2001: 247참조)이기 때문이다. "폴리스"(Arendt, 1958/이진우·태정호, 2001: 261) 혹은 말과 행위를 통해 서로에게 자신을 드러내는 세계참여자들이 공존하는 공간인 "탁자의 비유"(Arendt, 1958/이진우·태정호, 2001: 106, 111)를 통해 아렌트가 강조하는 것은, 각 참여자의 상이한 위치와 관점들 및 그럼에도 불구하고 각 참여자들이 동일한 것을 바라보며 경험하고 있다는 사회적 실제이다. 그녀가 보기에 공동의 세계는 이 "탁자"가 아니라 다관점의 공존이라는 현상 속에 실재하는 어떤 것이다. "공동세계는 오직 이 세계의 관점들의 다양성 속에서만 실존하며"(Arendt, 1958/이진우·태정호, 2001: 112), 그러므로 다관점성의 부정은 곧 공동세계의 마감을 의미한다.

위와 같은 관점에서 우리는 교실을 다원성의 공간으로 파악해 볼 수 있다. 이것은 비단 교실 내에 많은 숫자의 학생이 있다는 것 이상을 의미한다. 실존적으로 서로 다른 그리고 다관점성의 개인들이 이루는 교실 내 인간관계망은 단순히 기계적으로 연결된 기능적 조직망이 아니다. 이것은 교실 내 "기능"이라는 것을 가능하게 해 주는 사회실존적 조건이자 각각의 "기능"에 의미를 부여해 주는 의미론적 토대이기도 하다. 교실의 조건과 토대로서 인간관계망은 가변적이고 역동적이다. 개인이 그러하듯 인간관계망 역시 지속적으로 태어나기 때문이다. 지속적 태어남은 곧 새로움의 출현을 의미한다. 어느 한 개인이 새로움을 창출하기 위해 태어나는 것이 아니라, 말과 행위를 통한 탄생 그 자체가 곧 새로움의 출현을 의미한다. "탄생은 발생이며, 발생은 계획과는 다른 차원의 것이다."(cf. Dunne, 2006: 14) 따라서 이 공간은, 외견적으로 그래 보일 수는 있지만, 실질적으로는 모종의 목적론적·관념론적 이상이나 교사의 교육적 의도가 지배할 수 있는 곳이 아니다. 교실은 학생뿐 아니라 교사 자신도 끊임없는 탄생을 경험하는 곳이다. 이곳에서 학생들은 교사의 "너는 누구인가"라는 질문에 대답하여야 하며, 교사 역시 학생들의 동일한 질문에 대한 대답을 피할 수 없다. 교실이 다원성의 공간이라는 것은, 이러한 질문과 대답의 지속적 과정을 통해 교실 내 구성원 모두가 개인적·사회적 차원의 새로움을 필연적으로 경험한다는 것을 의미한다. 교실은 만듦과 실현의 공간도 혹은 위계적 역할분담의 장소가 아니다. 교실은 탄생성의 공간이다.

2. 관계성

다원성의 공간은 필연적으로 구성원들 사이의 존재론적 관계성을 전제한다. 그리고 이러한 존재론적 관계성은, 아렌트에 따르면, 말과 행위를 통해 구현된다. 여기서 우리는 아렌트가 행위를 "인간 사이에 직접적으로 수행되는 활동"이라고 정의하였다는 사실에 주목할 필요가 있다. 말과 행위가 예측불가·통제불가한 이유는 말과 행위가 근본적으로 고립된 개인의 내면이 아니라 "인간 사이에서" 수행되는 관계적 사건이기 때문이다. 즉, 말과 행위에는 자아와 타자가 공동으로 참여되어 있다. "행위는 고립되어서는 결코 가능하지 않다. … 행위와 말도 주변에 있는 타인의 현존을 필요로 한다. … 타인의 지속적인 현존이 행위의 전제조건이다."(Arendt, 1958/이진우·태정호, 2001: 249, 74) 자아와 원천적으로 다른 존재인 타자의 말과 행위는 나의 예측력과 통제력이 미처 닿지 못하는 곳에서 시시각각 새롭게 탄생한다. 탄생은, 그것이 제1의 탄생이든 제2의 탄생이든, 혹은 제2의 탄생일수록 더욱, 관계적 특성을 띤다. 탄생적 관계성은 어느 한 주체의 독립적 공간도 독점적 성취도 아닌 상호주관적 과정이다. 탄생성의 관점에서 다원성은 단순히 행위자의 양적 다원성을 넘어 행위의 과정 속에 교차하고 섞이는 자아와 타자의 역동적 공존을 의미한다.

> "모든 사람들이 행위와 말을 통해 세계에 참여함으로써 자신의 삶을 시작할지라도 어느 누구도 자기 삶의 이야기의 저자이거나 연출자일 수 없다. 달리 말하면, 말과 행위의 결과물인 이야기들은 주체를 드러내지만 이 주체는 저자나 연출자가 아니다. 이야기를 시작한 누군가는 행위자와 수고하는 자의 이중적 의미에서 이야기의 주체일 수는 있으나 이야기의 저자일 수는 없다."(Arendt, 1958/이진우·태정호, 2001: 245)

이런 맥락에서 아렌트가 탄생성의 관점에서 행위의 특성으로 "결과의 예측불가능성, 과정의 환원불가능성"과 아울러 "작자의 익명성"(Arendt, 1958/이진우·태정호, 2001: 284)을 들고 있는 것은 당연한 귀결이다. 앞서도 언급하였듯이 참여자는 창조자가 아니기 때문이며, 탄생성 개념을 통해 아렌트는 철저히 참여자의 관점을 취하고 있기 때문이다.

교실은 분명 관계성의 공간이다. 물론 관계성은 비단 아렌트의 탄생성만의 독점적 계기는 아니다. 대부분의 교육학 이론들이 관계성을 교육행위의 전제조건으로 삼고 있다. 그러나 중요한 것은 이러한 이론들이 교육적 관계의 상호적 속성을 얼마나 충실히 담아내고 있는가이다. 엄밀한 의미에서 상호성은 기계적 조건화도, 자아중심적 타자 존중도 혹은 심지어 교육자 주도적 대화도 아니다. 아렌트의 행위 개념이 터하고 있는 인간 "사이" 영역은 기본적으로 "타인의 현존"을 전제로 하며, 이 "타인의 현존"은 나의 의도와 무관하게 말과 행위를 통해 자신을 드러내는, 즉 끊임없이 탄생하는 타자와의 대면이고 응답이다. "너는 누구인가"라는 물음과 이에 대한 대답은 비단 화용론적 차원에서 이루어지는 것이 아니라, 모든 참여자들이 존재론적 차원에서 쓰고 연출하고 수행해 나가는 일종의 시나리오 없는 드라마이다. 탄생성의 공간으로서 교실은 익명의 드라마가 매 순간 펼쳐지는 곳이다. 이 교실드라마에 교사와 학생은 말 그대로 상호-주관적으로 참여되어 있을 뿐, 어느 한 사람의 의도나 계획이 주도할 수 없다. 타자의 타자성은 항상 주체성의 범주를 넘어선다. 탄생성의 공간으로서 교실은 이러한 타자들의 관계망이며, 교사와 나는 거기에 일부분으로 참여되어 있을 뿐이다. 그래서 교실은 항상 새로움과 예측불가능으로 가득하며, 역동적이고 가변적이다. 새로움의 생성은 어느 누군가의 독점적 작품이 아니라, 다원성과 관계성을 계기로 하는, 탄생성의 공간으로서 교실의 기본 속성이다.

3. 우연성

인간 실존이 제1의 탄생에 그치는 것이 아니라 말과 행위를 통해 끊임없이 재연되는 제2의 탄생을 경험한다는 것은 교육학적으로 상당히 중요한 함의를 지닌다. 제1의 탄생이, 의학 기술의 발전에 의한 것이든 혹은 인간의 축적된 경험에 의한 것이든, 생물학적·의학적으로 상당 부분 예측 가능한 범위 내에 있을 뿐 아니라 대부분 통제가능한 사안인 데 반해, 제 2의 탄생은 예측불가능성과 통제불가능성으로 특징지어진다.

"이전에 발생한 무엇으로부터도 예상할 수 없는 새로운 어떤 것이 시작된 다는 것은 시작의 본질에 속하는 성격이다. '사건의 예측불가능성'은 모든 시작과 기원에 내재한다. 새로운 것은 언제나 기적으로 위장하여 나타난다. 인간이 행위할 수 있다는 사실은 예상할 수 없는 것을 그에게 기대할 수 있 다는 것과 또 매우 불가능한 것을 그가 수행할 수도 있다는 것을 의미한다. 이것이 가능한 것은 오직 각각의 인간이 유일하고 그래서 각자의 탄생과 더 불어 유일하게 새로운 무엇이 세상에 존재하게 되기 때문이다. … 말은 차 이성에 상응하며 다원성의 인간조건을 실현하는 것이다."(Arendt, 1958/이 진우·태정호, 2001: 238)

아렌트가 탄생성의 은유로 언어와 행위를 들고 있다는 것은, 거듭 강조 하건대, 탄생성이 단지 일회적 사건에 국한되는 생물학적 개념이 아니라 정치적·교육적으로 이해되어야 한다는 것을 의미한다. 즉, 탄생성은 이른 바 "아렌트식 새로움의 생성론"(Arendtian Genealogy of the New)의 다른 표 현이다. 인간은 말을 한다. 말을 하되, 배운 말들의 반복적 재생에서 그치 지 않고 배운 말을 다르게 하거나 심지어 배우지 않은 새로운 말을 하기 도 한다. 말을 하되, 계획된 말을 함과 아울러 계획된 말을 다 하지 못 할 때도 있는가 하면 계획에 없던 말을 쏟아내기도 한다. 인간은, 은유적 의 미에서 그리고 동시에 사실적 의미에서, 기존의 어법과 문법 속으로 탄생 하지만, 기존에 없던 전혀 새로운 어문법을 언어적 일상 속에서 창의하기 도 한다. 인간은 행위한다. 행위를 하되, 관습과 전통과 규범체계의 경계 를 넘나들며, 새로운 질서체계와 행위규범의 생성에 참여한다. 탄생의 순 간부터 사멸의 순간에 이르도록 인간은 끊임없이 말하고 행위한다. 아렌 트의 탄생성, 즉 인간이 탄생적 존재라는 사실은 인간이 어떤 새로움의 인 위적 생산자라거나 혹은 모종의 새로움을 창조하기 위해 인간이 탄생한다는 목적론적 접근을 의미하는 것이 아니다. 새로운 말과 전례 없던 행위를 하기 위해 탄생하는 것이 아니라, - 제 1의 탄생이든 혹은 제 2의 탄생이든 - 탄생 자체가 개인적 차원에서는 새로움의 시작이자 새로운 자기표현이며, 사회적 차원에서는 다원성의 확증이다. 탄생성의 관점에서 인간의 있음 그 자체가 극단적 새로움의 지속적 생성을 의미한다. 말과 행위를 통한 세계참여는 이러한 극단적 새로움이 다원적 차원에서 역동적으로 발생·전개된다는 사실을 의미한다. 그러므로 탄생성의 관점에서 이러한 극단적 새로움은 예측가능하거나 통제가능한 차원의 것이 아니다. "탄생 덕분에 각각의 사람이 할 수 있는 새로운 시작을 세계의 무대에 가져오는 행위가 없다면, '태양 아래 새로운 어떤 것도 존재하지 않는다.'"(Arendt, 1958/이진우·태정호, 2001: 267)

이러한 관점에서 우리는 교실 역시 우연성의 공간이라고 말할 수 있다. 그러나 이것이 교사의 교육의도가 불필요하다거나 혹은 수업계획·학습지도안이 무의미하다는 것을 의미하는 것은 아니다. 교육적 의도는 교사가 인지하고 견지하여야 할 보편적 요소이고, 수업의 계획과 준비는 좋은 교사의 필수덕목이다. 그러나 탄생성의 공간인 교실에서 우리가 간과하지 말아야 할 것은 교육적 의도나 이 모든 기술적 숙련이 교사중심적 교수활동의 성공을 보장하지 않는다는 사실이다. 교사가 학생들의 지적·정서적·도덕적 성숙을 위한 하나의 긍정적 요인일 수는 있어도, 그들을 탄생을 결정할 수는 없다. 즉, 교사는 학생들의 말과 행위를 촉진할 수는 있어도, 그들이 할 말이 어떤 것이고 그들이 하게 될 행위가 어떠해야 하는가를 선규정할 수 없다. 말과 행위를 통한 제 2의 탄생은 예측도 통제도 가능하지 않다. 다시 한번 아렌트를 인용하자면, "인간이 행위할 수 있다는 사실은 예상할 수 없는 것을 그에게 기대할 수 있다는 것과 또 매우 불가능한 것을 그가 수행할 수도 있다는 것을 의미한다. 이것이 가능한 것은 오직 각각의 인간이 유일하고 그래서 각자의 탄생과 더불어 유일하게 새로운 무엇이 세상에 존재하게 되기 때문이다."(Arendt, 1958/이진우·태정호, 2001: 238) 교실이 다원성의 공간이라는 것은 교실이 기존에 없던 새로운 말과 생각과 행위와 관계가 지속적으로 탄생되는 공간이라는 사실을 의미한다. 전에 없던 새로운 것이 탄생한다는 것은 전통에게는 파열이고 단절이다. 그러나 단절을 통하지 않은 새로움의 탄생은 없다. 이런 맥락에서 우리는 현대의 아렌트 연구가들이 탄생성의 교육적 의미 또는 탄생성의 교육학을 "파열함과 파열됨"(Masschelein, 1996)으로 특징짓거나 혹은 "이접 공간"(disjunctive space: Biesta, 1999: 209f), "과거와 현재 사이의 공백"(Levinson, 2001: 30)으로 형상화하여 표현하는 것을 주목할 필요가 있다. 즉, 탄생성의 관점에서 교실은 단순히 목적론과 필연성과 인과론의 공간이 아니라는 것이다. 이런 의미에서 우리는 "상호작용적 교실 생활의 기적적 차원을 인식하기"와 더불어 "교사들은 [산실로서 교실 내에서] 변화의 예측불가능한 그리고 진정으로 기적같은 본질을 믿기"(Edgoose, 2010: 398, 403)를 제안하는 에드구스의 권고에 진지하게 귀기울일 필요가 있다. 아렌트의 표현처럼 탄생은 "기적으로 위장하여" 발생하므로, 제 II장에서 "만듦·실현의 교육구상"으로 표현되었던 이른바 "기대의 교육경제학이 무너진 곳"(cf. Edgoose, 2010: 398)에서만 교실은 그 고유의 교육적 의미를 회복하게 된다. 탄생의 공간으로서 교실은 우연성의 공간이다.

위와 같은 관점을 바탕으로 우리는 서론에서 제시되었던 그 교실 풍경을 재고해 보기를 제안한다. 교실 내 활동은 계획을 기반으로 출발하되, 계획과 무관하게 형성되는 어떤 "갑작스러운 흐름"이 생기는가 하면, 교수 계획을 무력하게 만드는 모종의 "지적 난리"가 발생하기도 한다. 교실은 때로 '유쾌한 놀라움'의 공간인가 하면 또 다른 순간엔 구성원 모두에게 불쾌한 "두더지 게임장"이 되기도 한다. 교실은 교사와 학생이 함께 벌이는 "즐거운 춤판"(Palmer, 2007: 26)인가 하면 또 어느 순간 그야말로 상이한 의도와 견해가 교차하고 갈등하는 "전쟁터"가 되기도 한다.

VI. 맺음말

본고는 교육적 관계 또는 교실 상호작용의 역동적 현상에 관한 것이다. 특히 우리는 서론에서 교사의 증언을 토대로 제기한 문제적 현상의 구조를 파악하는 것을 그 목적으로 하였다. 그 문제적 현상이란 교실 내 누구도 의도하지 않았으나 모든 교실에서 일상적으로 관찰되는 새로움의 생성 그리고 교사의 교육적 의도의 범위 너머에 있는 교실의 익명적 역동성을 의미한다. 이러한 현상의 배경을 이해하기 위해 본고에서는 근대 교육학의 선구적 교육인간학 그리고 고전적·현대적 조직이론들을 고찰하였다. 교육적 인간의 가소성과 교육가능성 또는 교실운영의 위계적·기계적 합리성과을 바탕으로 하는 고전적 이론들과 달리, 혹은 그와 정 반대로 교실에 대한 인식론적 모호함과 불투명성을 표방하는 현대적 조직이론과 달리, "교육의 본질은 탄생성"이라고 규정한 아렌트의 사유를 연장해 보자면, 교실은 다원성과 관계성 그리고 우연성의 공간으로 개념화될 수 있다. 제 V장에서 검토해 보았듯이, 교실이 탄생성의 공간이라는 명제는 실상 추상적이지도 은유적이지도 않다. 교실은, 표현 그대로, 개인이 다시 태어나고 사회가 반복적으로 그리고 지속적으로 새롭게 시작되는 공간이다. 말과 행위를 통한 개인과 사회의 제2의 탄생들은 교실의 기본풍경에 속한다. 다원성과 관계성 그리고 우연성은 인간과 인간 "사이"의 기본원리들이다. 그리고 이러한 "사이"에서 교수와 학습과 사회화가 이루어진다.

교실에 대한 위와 같은 사유에 더하여, 서론에서 제기되었던 두 가지 사항을 간략히 언급하며 글을 맺고자 한다. 첫째, 근대 교육학이 기초하고 있는 교사중심적 교육낙관론 (혹은 심지어 교육만능론)은 재고되고 재개념화될 필요가 있다. 즉, 교수학습의 과정뿐 아니라 교실 내에서 일어나는 모든 일들에 대해 본고의 제II장에서 검토된 바와 같은 교사환원주의적 접근이 만연할 경우, 우리는 이론과 실제의 괴리, 즉 교실에 대한 관념적 이상과 실제적 현상 사이의 부조화에 필연적으로 부딪히게 된다. 교사의 자세와 자질과 역할은 교실의 다른 어떤 요소들보다 상대적으로 중요하다.

그러나 탄생성의 공간으로서 교실은 교사 개인에만 의존적이지는 않다. 탄생의 공간 속에서 상대적 적극성을 띠는 교사 자신도 탄생적 존재라는 사실 그리고 이와 아울러 탄생적 존재들이 맺는 교육적 관계 자체도 지속적인 제2의 탄생들의 과정 중에 있다는 사실을 간과할 경우, 우리는 교사와 학생 그리고 이들의 교육적 관계와 교실 역학을 오독하게 될 확률이 높다. 둘째, 이러한 오독은 교사의 교직정체성의 왜곡 및 교사소진현상으로 이어질 위험성이 있다. 교사 이상의 어떤 무엇이 중요하게 작용하는 탄생성의 공간에서 이 무엇을 교사에게 속한 것으로 이해하고 교사에게 그렇게 되기를 요구하는 것은 교실 내 모든 제2의 탄생에 대한 책임이 그에게 있다는 강박적 요구에 다름 아니다. 교육학의 역사에서 어느 시대에는 창조주의 대리인이기도 했었던 교사는 그러나 창조적 존재가 아니라 탄생적 존재이다. 교실의 탄생적 사실성을 수용한다는 것은 그래서 교사의 인간학적 위치와 의미의 확인을 위해서도 필요불가결하다. 창조주는 소진되지 않는다. 오직 인간만이 소진되며, 소진은 제2의 탄생들을 통해 회복된다. 이런 맥락에서 "탄생성이 곧 진정한 자유이자 희망이라는 교육적 해석"(Schell, 2002; Edgoose, 2010)은 낭만주의적 환상도 신비주의적 구호도 아니다. 이것은 교실의 구성원들이 함께 경험하고 공유하여야 할 교실의 일상적 사실성이다.

곽덕주(2013). 근대교육에서의 교육적 역설과 그 교육적 의의. 『교육철학연구』
35(4), 1-27.

김상봉(2006). 『도덕교육의 파시즘』. 서울: 길.

김상섭(2012). 칸트의 교육문제 '강제 속에서 자유의 계발'. 『교육사상연구』
26(2), 43-61.

김상섭(2014). '인간성이라는 굽은 목재'와 인간의 인간화 문제. 『칸트연구』 34,
159-194.

김영천(2007). 『별이 빛나는 밤』 (I). 서울: 문음사.

김창환(2009). 칸트. 『위대한 교육사상가들』 (pp. 381-420). 서울: 교육과학사.

박은주(2018). 『한나 아렌트의 '행위'개념을 통한 가르침의 의미 재탐색』. 서울
대학교 박사학위논문.

우정길(2007). '부자유를 통한 자유'와 교육행위의 지향성. 『교육철학』 38,
139-164.

우정길(2013a). 아렌트(H. Arendt) '탄생성'의 교육학적 수용 - 마스켈라인(J.
Masschelein)의 논의를 중심으로. 『교육철학연구』 35(3), 139-159.

우정길(2013b). Hannah Arendt의 '탄생성'의 교육학적 의미. 『교육의 이론과
실천』 18(3), 47-71.

이은선(2013). 『생물권 정치학 시대에서의 정치와 교육』. 서울: 모시는 사람들.

조나영(2015). 『한나 아렌트 '탄생성'의 교육적 함의』. 고려대학교 박사학위논문.

Arendt, H.(1958). *Victa activa oder Vom tätigen Leben*. München: Piper; 이
진우·태정호 옮김(2001). 『인간의 조건』. 서울: 한길사.

Arendt, H.(1968). *Between Past and Future*. New York: Viking Press; 『과거
와 미래 사이』. 서유경 옮김(2005). 서울: 푸른숲.

Benner, D.(1987). *Allgemeine Pädagogik. Eine systematisch-problemgeschichtliche
Einführung in die Grundstruktur pädagogischen Denkens und Handelns*.
Weinheim: Beltz.

Biesta, G.(1999). Radical Intersubjectivity: Reflections on the "Different" Foundation of Education. *Studies in Philosophy and Education* 18, 203-220.

Bollnow, O. F.(1959). *Existenzphilosophie und Pädagogik.* Stuttgart: Kohlhammer.

Cavallar, G.(1996). Die Kultivierung von Freiheit trotz Zwang (Kant). *Vierteljahrschrift für wissenschaftliche Pädagogik* 72, 87-95.

Cohen, M. D., March, J. G., Olsen, J. P.(1972). A Garbage Can Model of Organizational Choice. *Administrative Science Quarterly* 17, 1-25.

Comenius, J. A.(1910). *Orbis sensualium pictus.* Leipzig: Klinkhardt.

Dunne, J.(2006). Childhood and Citizenship: A Conversation across Modernity. *European Early Childhood Education Research Journal* 14(1), 5-19.

Edgoose, J.(2010). Hope in the Unexpected: How can Teachers Still Make a Difference in the World? *Teachers College Record* 112(2), 386-406.

Ghosh, P.(2014). *Max Weber and The Protestant Ethic: Twin Histories.* Oxford Univ. Press.

Ginott, H. G.(1972). *Teacher and Child.* N.Y.: Macmillan.

Glanville, R.(1982). Inside every white box there are two black boxes trying to get out. *Behavioral Science* 27, 1-11.

Higgins(2003). Teaching and the Good Life: A Critique of the Ascetic Ideal in Education. *Educational Theory* 53(2), 131-154.

Higgins, C.(2011). The Possibility of Public Education in an Instrumental Age. *Educational Theory* 61(4), 451-466.

Hoy, W. K., Miskel, C. G.(2008). *Educational Administration. Theory, Research, Practice.* 8th. ed. Boston: McGraw-Hill.

Kant, I.(1998). *Über Pädagogik. Immanuel Kant. Bd. VI.* W. Weischedel (Ed.). Darmstadt: WBG, 695-778.

Kent, S. A.(1983). Weber, Goether, and the Nietzschean Allusion: Capturing the Source of the "Iron Cage" Metaphor. *Sociological Analysis* 44(4), 297-320.

Levinson, N.(2001). The Paradox of Natality. Gordon, M., Green, M. (Ed.).

Hannah Arendt and Education (pp. 11-36). Colorado: Westview.

Lippitz, W.(2002). "Das Fremde Kind". Zur Verstehensproblematik aus pädagogischeer Sicht. Lux, R. (Ed.). *Schau auf die Kleinen ... Das Kind in Religion, Kirche und Gesellschaft* (pp. 178-192). Leipzig: Evangelische Verlagsanstalt.

Luhmann, N.(1984). *Soziale Systeme.* F.a.M.: Suhrkamp.

Luhmann, N., Schorr, K.E. (Ed.)(1986). *Zwischen Intransparenz und Verstehen.* F.a.M.: Suhrkamp.

Luhmann, N., Schorr, K.E.(1988). *Reflexionsprobleme im Erziehungssystem.* F.a.M.: Suhrkamp.

March, J. G. et. al.(1976). *Ambiguity and Choice in Organizations.* Bergen: Universitetsforlaget.

Martel, G. (Ed.)(2006). Education's Iron Cage and Its Dismantling in the New Global Order. *Our Schools//Our Selves* (Spring, Special Issue).

Masschlein, J.(1991). *Kommunikatives Handeln und Pädagogisches Handeln.* Sankt Augustin: Academia.

Masschelein, J.(1996). Die Ergebnislose und Funktionslose Erziehung. Masschelein, J., Wimmer, M. *Alterität Pluralität Gerechtigkeit* (pp. 87-106). Sankt Augustin: Akademia.

Meyer-Drawe, K.(2000). *Illusion von Autonomie. Diesseits von Ohnmacht und Allmacht des Ich.* 2. Aufl., München: P. Kirchheim.

Mintzberg, H.(1983). *Structure in fives: designing effective organizations.* Engelwood Cliffs: Prentice Hall.

Moch, M. K, Pondy, L. R.(1977). The Structure of Chaos: Organized Anarchy as a Response to Ambiguity. Book Review for March, J. G. et. al.(1976). Ambiguity and Choice in Organizations. Bergen, Norway: Universitetsforlaget. *Administrative Science Quarterly* 22(2), 351-362.

Palmer, P. J.(2007). *The Courage to Teach.* San Francisco: John Wiley & Sons.

Parsons, T.(1959). The School Class as a Social System. *Harvard Educational Review* 29(4), 297-318.

Ricken, N.(1999a). Subjektivität und Kontingenz. *Vierteljahrschrift für wissenschaftliche Pädagogik* 75, 208-237.

Ricken, N.(1999b). *Subjektivität und Kontingenz.* Würzburg: Königshausen

Schäfer, A.(2007). Kindliche Fremdheit und pädagogische Gerechtigkeit.

Schäfer, A. (Ed.). *Kindliche Fremdheit und pädagogische Gerechtigkeit* (pp. 7-21). Paderborn: Schöningh.

Schell, J.(2002). A Politics of Natality. *Social Research* 69(2), 461-471.

Vanderstraeten, R.(2001). The School Class as an Interaction Order. *British Journal of Sociology of Education* 22(2), 267-277.

Vanderstraeten, R.(2002). The Autopoiesis of Educational Organizations: The Impact of the Organizational Setting on Educational Interaction. *Systems Research and Behavioral Science* 19, 243-253.

Weber, M.(1947). *The theory of social and economic organization.* Transl. from German into English by Henderson, A. M., Parsons, T. N.Y.: The Free Press.

Weber, M.(2007). *Die protestantische Ethik und der Geist des Protestantismus. Erftstadt: Area; The Protestant Ethic and the Spirit of Capitalism.* Transl. by Parsons, T.(2001). London: Routledge;『프로테스탄티즘 윤리와 자본주의 정신』(2009). 김현욱 옮김. 서울: 동서문화사;『프로테스탄티즘의 윤리와 자본주의 정신』(2010). 김덕영 옮김. 서울: 길.

Weick, K. E.(1976). Educational Organizations as Loosely Coupled Systems. *Administrative Science Quarterly* 21, 1-19.

Wimmer, M.(2003). Machbarkeitsphantasien und Zukunftsvorstellungen in der Pädagogik. Schäfer, A., Wimmer, W. (Ed.). *Machbarkeitsphantasien* (pp. 185-203). Opladen: Leske + Budrich.

Wimmer, M. & Schäfer, A.(2003). Der Flucht aus der Leib-Eigenschaft. Schäfer, A., Wimmer, M. (Ed.). *Machbarkeitsphantasien* (pp. 9-32). Opladen: Leske + Budrich.

Woo, J.-G.(2007). *Responsivität und Pädagogik.* Hamburg: Dr. Kovac.

Woo, J.-G.(2014). Teaching the unkowable Other: humanism of the Other by E. Levinas and pedagogy of responsivity. *Asia Pacific Education Review* 15(1), 79-88.

6장

교실 - 탄생성의 공간(II): 사례의 분석*

< *The Freedom Writers Diary*(E. Gruwell) >

I. 아렌트 사상의 교육적 실제를 통한 접근

The Freedom Writers Diary(이하 *FWD*)는 미국 캘리포니아 주의 윌슨 고등학교에 새로 부임한 교사 에린 그루웰과 다양한 인종, 종교 그리고 문화를 지닌 학생들의 실제 이야기를 출판, 제작한 교육 시나리오이다. 이 이야기는 교사가 학교에 부임한 지 한 달이 지났을 무렵 한 학생이 흑인 학생의 입술을 과장해서 부풀린 인종차별적인 그림을 반 학생들과 몰래 돌려 보면서부터 시작된다. 교사는 반 아이들이 흑인 학생을 비웃는 것을 목격하고 "이건 나치의 홀로코스트 때 썼던 선전이랑 다를 바가 없어"라며 크게 화를 낸다. 이때 한 학생은 손을 들고 교사에게 홀로코스트가 무엇인지를 묻는다. 그 순간 교사는 자신이 계획하고 준비했던 수업내용 대신 학생들에게 맞추어 교육과정을 변경해야만 한다는 사실을 깨닫는다. 교사는 반목과 갈등 속에서 서로에게 참여하지 않고 자신들의 집단에만 천착하고 있는 학생들에게 자신이 누구인지 그리고 우리 모두가 누구인지

---

* [출처] 조나영(2017). 아렌트(H. Arendt)의 '탄생성(natality)' 개념과 교육적 사유의 실제를 위한 제안: *The Freedom Writers Diary*의 교육실천 분석. 『교육철학연구』 39(1), 75-99.

에 대해서 고민하도록 요청하는 일이 무엇보다 우선해야 한다고 생각한다. 이를 위해 교사는 학생들이 공감할 만한 실제 사례들 - 엘리 비젤의 『밤』, 토드 스트라서의 『파도』, 안네 프랑크의 『안네의 일기』, 즐라타 필리포비치의 『즐라타의 일기』 등 - 을 제공하고 학생들에게 자신의 이야기를 자유롭게 표현('일기쓰기')해 보길 권한다.

교사의 이러한 제안은 단지 '글쓰기 교육'을 통해 인종, 혈연, 빈곤, 질병, 가정환경 등이 야기한 비극적이고 고통스러운 삶의 조건들로부터 학생들이 벗어나도록 하는 참견이나 개입과는 거리가 있다. FWD의 교사에게 학생은 단순히 자신이 처한 삶의 세계에서 살아가기 위해 어떠한 "'고도로 복잡하고 놀라운 성취 구조'를 필요로 하고 자신의 '결핍'(Mängel)을 극복해야 하는 아직 '완성되어 있지 않은 존재'"(Gehlen, 2004/이을상, 2010: 40-41)가 아니다. FWD의 교사는 학생들이 궁금하다. 교사는 그들이 '일기'라는 형식을 빌려 자신들의 삶을 어떻게 다른 이들과 공유하며 그들에게 참여할지 그리고 어떻게 세계와 조우하며 세계를 새롭게 할지를 바라보며 기다린다. FWD에서 이루어지는 교육은 특정한 목표나 목적을 두고 한 인간을 길들이거나 통제하는 활동이 아니다. 예측도 계획도 하기 힘든 우연한 삶의 공간 속에서 인간은 자신의 탄생 그 자체를 목적으로 하는 예측불가능하고 통제불가능한 존재이다.(우정길, 2013a: 59참고) 이러한 관점에서 FWD의 교사는 전통적 교육학의 범주 속에서 글쓰기를 활용해 학생들을 제한하거나 변경하고 조정하려는 것이 아니라 그들이 자신들의 '이야기'(말과 행위)를 통해 '제 2의 탄생'을 하도록 학생들에게 반응하고 있는 것이다.

한나 아렌트(Hannah Arendt)는 '제 2의 탄생'이 우리가 "누구인가"에 대한 물음에 끊임없이 응답하는 과정 속에서 이루어진다고 했다.(Arendt, 1998: 178참고) 인간이 이 세계에 새로 온 '고유한' 자임을 증명해 내는 길은 그 자신의 말과 행위를 통해서이다. '제 2의 탄생'은 인간이 "말과 행위로서 세계에 참여하는 일"(Arendt, 1998: 176)과 관계가 있다. 이 세계는 인간의 탄생 곧 '제 2의 탄생' 없이는 새로워질 수 없다. 인간은 유일하며 따라서 각자의 탄생과 더불어 고유하게 새로운 무엇이 세상에 존재하게 되기 때문이다. 이전에는 존재하지 않았던 것, 예상할 수 없고 기대할 수조차 없었던 또는 불가능했던 모든 것들은 유일한 누군가의 탄생 곧 '시작' 없이 이루어질 수 없다.(Arendt, 1998: 177참고) 이로써 "한 아이가 우리에게 태어났도다"(Arendt, 1998: 247)는 일차적인 생물학적 출생의 의미와 함께 이 세계를 또 한 번 새롭게 할 누군가의 '시작'과 다름 없음을 언명한다. 그것은 우리가 지금껏 살았고, 현재 살고 있으며, 앞으로 살아가게 될 이 세계를 지속적으로 새롭게 하는 우선 조건이다. 그리고 우리가 말과 행위로서 자신을 증명해 보이며 이 세계에 참여해야 하는 이유이기도 하다.

이와 관련하여 아렌트는 자신의 초기 저작에서 인간을 '태어난 자'(the natal)로 정의하며 '시작'을 의미하는 말로 'new beginning'을 사용하였다. 그러나 "아우구스티누스의 사랑 개념"(Love and Saint Augustinus, 1929)에 관한 자신의 박사학위논문 일부를 수정하면서는 'natality' 개념을 언급한다. 아렌트가 아우구스티누스의 "'하나의 시작'이 존재한다. 이때 인간은 창조되었고 이 창조 이전에 누구도 없었다"(Arendt, 1998: 177)라는 말을 통해 차용한 '탄생성'(natality)은 '새로운 시작'의 의미로서 그녀 사상의 전체를 아우르는 근간이 된다. 아렌트의 '탄생성' 개념은 "인간 존재가 곧 창발자로서 각각의 새로운 인간들이 새로운 시작"(Canovan, 1992: 69)임을 상징한다. 이는 인간이 태어나서 이 세계로 유입될 때 자신의 '새로움'을 통해 세계를 경신(更新)하도록 한다는 점에서 사멸할 수밖에 없는 인간이 죽음으로 향해 있는 직선적 시간을 초월할 수 있게 해 주는 하나의 '창조적 가능성'으로 이해될 수 있다. 다만 한 가지 난점은 이 세계에 새로 온 이들이 어떻게 자신의 '새로움'으로 세계를 경신하도록 할 수 있을 것인가? 하는 점이다. 기존 세계는 신참자들이 이 세계에 가져온 '새로움'을 과연 보존하여 발현시킬 수 있는 것인가? '새로움'은 유일하고 고유한 한 인간에게서 비롯되는 그리고 말과 행위를 통해 다원화된 세계를 열어주는 인간 탄생 그 자체로서 획득되는 절대적이고 근본적인 무엇이다.(우정길, 2013a: 64) 그것은 어떠한 계획이나 의도 하에 정체된 상태로 보존할 수 있는 대상이 아니다.

이와 관련해서 일부 아렌트 연구가들은 그녀의 사상이 '탄생성의 역설'이라는 교육의 불가피한 난제를 수반한다는 논의(Levinson, 2001)를 통해 교육적 보수주의의 입장에서 교육자의 책임과 권위 회복, 그리고 참된 권위(Schutz & Moss, 1999; Gordon, 2001; 이은선, 2003b)를 대안으로 제시하기도 한다. 물론 다른 관점에서 교육자의 역할과 자질에 대한 과도한 기대에 따른 교사 소진 현상의 차원에서 에드구스(Edgoose, 2010)는 예측불가능한 기적의 발생을 기대하는 '아렌트적 희망'이 교육자에게 도움이 될 수 있음을 주장한다. 또한 히긴스(Higgins, 2003)는 교육자로서의 가르침의 의미가 무엇인지에 대해 숙고하며 학생의 '탄생성'을 촉진하기 위해 그들과 상호작용할 때 교사는 세계를 경신하는 일에 참여할 수 있다는 점에서 아렌트적 새로운 교사상을 제시한다. 교육자도 학생들과의 관계 속에서 지속적으로 새로워질 수 있다. 이상의 논의들은 아렌트가 '책임'의 차원에서 '탄생성'을 본질로 삼아 '교육의 위기'를 극복하고자 하며, 이때 교육자의 임무와 역할을 중시하고 있음을 보여준다. 아울러 '탄생성'은 "예측불가능한 무언가의 시작이 지속적인 새로움의 본질"(Jessop, 2011: 989)이라는 차원에서 순간마다 발현될 소지(素地)를 의미한다. 결국, "새로움의 연속이라는 차원에서 아렌트가 언급했던 교육에서의 '탄생성'은 그 실현가능성의 여부를 가늠하는 것보다는 '의지와 결정'의 차원에서 최소한의 교육적 희망으로서 교육과 교육자가 지향해야 할 지점"(우정길, 2013b: 154-155)으로 이해해 볼 수 있을 것이다.

그렇다면 '탄생성' 개념을 중심으로 한 아렌트의 교육적 사유 안에서 교육과 교육자는 무엇을 지향하고 있는 것인가? 그리고 이는 교육현장에서 어떠한 실천적 의미를 지닐 수 있는가? 교육에 대한 아렌트의 입장은 "리틀락 지역에 대한 성찰"(Reflection on Little Rock, 1959), "교육의 위기"(The Crisis in Education, 1958) 그리고 그녀의 제자 엘리자벳 영 브륄과 제롬 콘의 "서신 대화"(What and How Learned from Hannah Arendt: An Exchange of Letters, 1999-2000)를 통해 확인할 수 있다. 이상의 문헌들을 통해 아렌트가 교육에서 강조했던 바는 *FWD*에 드러난 교육에 대한 관점과 교육자의 역할과 책임 그리고 교육적 실천들로 구체화될 수 있다. *FWD*는 신참 교사 에린 그루웰이 학교와 교실 공간에서 이루어진 '전체주의적 삶의 양상'을 비판하며 고유한 개별 존재가 아닌 집단화되어 있는 학생들에게 그들이 누구인지에 대해 끊임없이 응답하도록 함으로써 이 세계를 위한 교육과 교육자의 '책임'이 무엇인지를 보여주고 있다.

다만 이러한 관점에서 *FWD*를 해석한 연구는 아직까지 없으며, 국내에서 이루어진 *FWD*의 연구는 글쓰기의 교육방식(김중철, 2015; 김지수, 2011)이나 교사와 학생간의 교육적 관계(이지은, 2016)에 관한 것뿐이다. 영미권에는 진보주의 교육철학을 근거로 *FWD*를 분석(Jung-Ah Choi, 2009)하고, 교육개혁을 위한 하나의 시나리오로서 *FWD*의 의미를 해석(Petersen, 2009)한 연구들이 있다. 아울러 *FWD*의 실제 사례를 통해 설립된 '자유의 작가 재단'에 참여한 교사들에 대한 조사(Lock, 2010)와 *FWD*에 나타난 학생들의 관용정신, 관계성, 협동심 그리고 창조적 사고 활동에 관한 연구(Ruiz, 2014)도 진행되었다. 이들 연구는 공통적으로 교사 에린 그루웰의 교육활동이 교육목표 설정에 따른 정해진 교육과정의 계획적인 수행이라는 형식을 벗어나 진행되었다는 점에 새로운 의미를 부여하고 있다. 그리고 교육활동에서 교육자의 역할이 학교와 학생들에게 중요한 변화를 가져올 수 있음을 시사한다.

이로써 본고는 *FWD*에 제시된 교육적 실례들을 통해 아렌트의 '탄생성' 개념과 이를 기반으로 한 교육적 사유가 실제 교육현장에서 어떠한 의미를 지닐 수 있는지를 확인할 수 있는 몇 가지 차원들 - 전체주의에 대한 항거로서의 인간의 복수성, 세계가 어떤 곳인지에 대한 인식(앎), 세계를 위한 책임으로서 참여와 행위 - 을 제시하고자 한다.[1] 이러한 작업은 교육학자

---

1 *The Freedom Writers Diary*에서 교사 에린 그루웰이 학생들을 "자유의 작가들"로 명명하며 교육에서 무엇을 강조했는지에 대해서는 글의 제목을 통해서 유추해 볼 수 있다. Freedom(자유), Writers(참여자), Diary(이야기)가 그것이다. 아렌트는 자유를 의미하는 리버티(liberty)와 프리덤(freedom)을 엄격히 구분한다. 아렌트에게 전자는 개인적이며 사적인 자유로서 소극적인 의미를, 후자는 정치적이며 공적인 자유로서 적극적인 의미를 지닌다.(Arendt, 1963/홍원표, 2007: 73) 그리고 이

로서는 물론 교육에 대한 어떠한 "이론도, 주의도 없는"(Young-Bruehl & Kohn, 2001: 234) 아렌트의 교육적 사유를 구체화해 주는 하나의 선례로서 차후 아렌트 사상에 대한 교육학적 합의와 논의를 이끌어 내는 데 하나의 근거로 활용될 수 있을 것이다.

II. 아렌트의 교육적 사유

우리는 모두 탄생을 통해 세상에 나왔고, 이 세계는 항상 탄생을 통해 새로워진다. 교육은 우리가 세계에 대하여 책임을 질만큼 세계를 충분히 사랑할지, 같은 이유에서 세계에 대한 경신(更新) 없이, 곧 새롭고 젊은이들의 출현 없이는 파괴될지도 모르는 세계를 구할지를 결정하는 지점이다. 또한 교육은 우리가 아이들을 우리의 세계로부터 내쫓아 그들 멋대로 살도록 내버려 두지 않고, 그들이 뭔가 새롭고 예측할 수 없는 일을 할 수 있는 기회를 제공하며, 또한 그들이 공동의 세계를 새롭게 할 수 있도록 미리 준비시킬 정도로 그들을 사랑할지를 결정하는 지점이다.(Arendt, 1969: 196)

아렌트적 관점에서 인간의 탄생은 우리 세계를 유지하고 새롭게 지속시

정치적이며 공적인 자유는 예측불가능하고 통제불가능한 인간 행위의 핵심 개념으로 인간의 복수성에 근거하고 있다. 복수의 인간들은 다른 사람들과 함께 말하고 행위하면서 스스로를 '쓸모없는 존재'(superfluousness)로 여기지 않게 된다. 아렌트는 인간이 잉여의 존재로 남겨짐으로써 세계에 한갓 무리로 부유하게 될 때 전체주의가 가능해진다고 역설한다. 아렌트가 그의 사상 전반을 통해 우려하고 비판했던 전체주의에 대해 에린 그루웰 역시 유사한 태도(인종차별적인 그림 한 장으로 인해 자신의 교육내용과 방법 등을 재고했음)를 취하고 있다. 아렌트와 그루웰은 인간이 잉여 존재로 전락하지 않기 위해서는 인간을 집단이 아닌 개별적인 복수의 존재로 이해할 수 있어야 한다고 보았다. 그것은 인간이 자신과 타인이 서로 동등하지만 다르다는 전제하에 서로에게 참여하기 위해 자신이 '말하고 행위하는 자'(writers)로서 "어떤 절대적이고 불변하는 가치가 아닌 다양한 인간들의 경험적 실상의 세계로서 개별적 삶의 이야기(Diary)를 중시하는 가운데 이루어지는 일"(Swift, 2009/이부순, 2010: 13)이다. 이러한 사항들을 고려하여 본고에서는 FWD의 교육적 실례와 아렌트의 교육적 사유를 연계해주는 몇 가지 차원으로 복수성, 세계이해, 그리고 행위(참여)를 제시함으로써 II장과 III장의 내용을 구성하였다.

킬 수 있는 가장 본질적인 사건이다. 이 세계는 누군가의 탄생을 통해 새롭게 등장하는 새로움으로 끊임없이 경신(更新)된다. 이때 교육은 이 세계에 새로 온 이들의 새로움을 그들 이전에 존재하고 있는 이 세계에 소개하도록 돕는다. 이러한 관점에서 아렌트의 교육은 세계를 있는 그대로 존속시키는 것이 아니라 탄생을 통해 지속적으로 새로워지게 하는 방식으로 이 세계를 책임지는 일과 관련이 있다.(Arendt, 1969: 185) 아렌트는 아이들의 새로움을 보호하고 책임져야 한다는 입장에서 교육적 보수주의를 주장한다.(Arendt, 1969: 192-193) 교육이 보수적이어야 한다는 아렌트의 사유는 그녀의 진보적인 정치사상과 상치되는 부분이다. 교육에 있어서 아렌트의 보수주의는 어떻게 이해할 수 있을 것인가? 이는 아이들에게 전통적으로 가치있는 내용들과 기본적이고 도덕적인 가치들을 전수할 필요가 있음을 의미하지 않는다. 아렌트의 교육적 보수주의는 아이들 안의 혁명적이고 혁신적인 것들과 관계한다.(Gordon, 2001: 3) 그것은 기존 세대가 과거의 것을 지켜내기 위해 '새로움'을 통제하고 억압함으로써 세계를 파괴하는 것이 아니라 미래의 희망을 위해 공동세계를 책임지는 '권위'의 방식을 취한다.

교육에서 권위의 상실은 책임의 부재 때문이다.(Gordon, 2001: 46) "아이들은 비록 다수의 어른들에 의해 억압받는 처지에 있을지라도 그들 스스로 교육적 권위를 내던질 수 없다."(Arendt, 1969: 190) 교육적 권위는 아이들에 의해 버려지는 것이 아니라 어른들이 아이들을 세계에 소개해야 하는 책임을 거부하는 가운데 이루어진다.(Gordon, 2001: 46) "세계에 대항하는 아이들, 아이들에게 대항하는 세계, 오래된 것에 대항하는 새로움, 새로움에 대항하는 오래됨, 세계에 대한 의미들까지 포괄하는 책임"(Arendt, 1969: 192) 곧 교육적 보수주의의 태도를 통해 교육적 권위는 지켜진다. 다만 아이들이 지닌 그들의 '탄생성'이 개별적 차이를 지닌 '새로움 그 자체'로서 이해되고 그것이 만일 교육적 보호로 인해 변질된다고 한다면 이때의 아이들은 변하지 않는 이미 정해진 존재로만 인식될 것이다.(Levinson, 1997: 443) 그러나 아이들은 정체되어 있는 대상이 아니라 역동적으로 세

계를 새롭게 할 수 있는 전에 없던 새로운 하나의 계기로서 이해되어야
할 존재이다. 따라서 아렌트의 교육적 보수주의는 '새로움'이 예측할 수도
없고 통제할 수도 없는 전혀 기대할 수조차 없었던 '기적의 선물'로 여겨
질 때 유효하며, 이때의 교육과 교육자는 미래를 위한 '희망'으로서 책임
의 형태를 취하게 된다.

이러한 아렌트의 '탄생성' 개념과 그것을 본질로 삼고 있는 그녀의 교육
적 사유를 보여주는 문헌으로는 "리틀락 지역에 대한 성찰"과 "교육의 위
기" 그리고 엘리자벳 영 브륄과 제롬 콘이 서로 교환한 서신 "한나 아렌트
로부터 배운 내용과 방법: 서신교환"2이 있다.

우선, "리틀락 지역에 대한 성찰"은 개별 인간의 탄생에 근거한 복수성
에 대한 존중을 다루고 있다. 아렌트는 1954년 공교육에서의 분리교육 철
폐에 관한 대법원 판결 이후 정부의 흑백통합교육에 반대하여 1957년 미
국 아칸사스주에 위치한 리틀락 지역에서 백인 시위가 일어나 흑인 학생들
에 대한 위협이 가해지자 정부군이 개입하여 이를 해결하고자 했던 사건에
대하여 비판한다.(Arendt, 2003: 193-213)3 이 사건과 관련해서 아렌트는 인

2 엘리자벳 영 브륄과 제롬 콘의 이 글은 『한나 아렌트와 교육』(*Hannah Arendt
  and Education*) 선집(選集)을 출판하고자 한 고든(Gordon)교수의 제안에 따라
  이메일을 통해 이루어졌다. 두 사람은 아렌트의 제자였으며, 30년 이상 관계를 지
  속하면서 아렌트의 사상과 그녀가 그들에게 가르쳤던 방식과 내용들을 중심으로
  많은 대화를 나누어 왔다. 그리고 이를 바탕으로 한나 아렌트에 관한 전기를 출판
  하고 아렌트의 저작들을 편집, 발간하였으며 아렌트에 관한 많은 연구를 진행했
  다. 두 사람이 아렌트를 함께 연구하고, 아렌트를 직접 알고 지냄으로써 아렌트에
  대한 실제적인 경험을 지니고 있다는 점에서 이 글은 그들의 주관적인 의견을 중
  심으로 기술되었다 할지라도 한나 아렌트 사상을 확인하는 데 중요한 근거 자료
  가 될 만하다고 평가할 수 있다.
3 1951년 캔자스주 토피카에 살던 흑인 올리브 브라운은 초등학교 3학년인 자신의
  딸이 1.6킬로미터나 떨어진 흑인 학교 대신에 가까운 백인 학교에 다닐 수 있도록
  전학을 신청하나 거절당하자 소송을 제기한다. 소송이 시작된 지 3년 만에 미국
  연방 대법원은 '공립학교의 인종차별은 위헌'이라는 판결을 내렸다. 이것이 1954
  년 미국 인종차별 철폐에 큰 획을 그은 '브라운 대 토피카 교육위원회' 소송의 판
  결(브라운 판결)이다.(Peters, 1987/김희경, 2016: 219-220) 인종적 편견이나 차별
  로부터 벗어나 인종 통합의 차원에서 인간이라면 누구나 타인의 맹목적인 배제,
  분리, 배척 등에 의해 희생당하지 않도록 하는 것이 교육의 중요한 목표일 것이
  다. 이런 관점에서 아렌트의 "리틀락 지역에 대한 성찰"은 다소 인종차별, 인종분
  리적인 정책을 강조하고 있는 것처럼 여겨지기도 한다. 그러나 아렌트가 자신의

간의 활동 영역 - 사적영역, 사회적 영역, 공적영역 - 에 대한 구분 없이 미국 연방 정부의 권력이 사적영역에 개입, 남용되어 개별적 인간의 자율과 권한을 침해했다는 점에서 문제를 제기하였다.(Young-Bruehl, 1982/홍원표, 2007: 510) 아렌트에게 중요했던 것은 어른들의 강제적 통합교육에 의해 아이들이 '희생'되었다는 점이다. 흑인 아이는 흑인이라는 출생에 뿌리를 두고 자연적이며 신체적인 차이를 드러내며 흑인이라는 사실에 긍지를 가지고 흑인으로서의 행위가 새로운 것을 시작할 수 있다는 점을 알아야 한다.(Young-Bruehl, 1982/홍원표, 2007: 514) 흑인은 분명 백인과 다르다. 아렌트는 "평등이라는 원칙이 전능한 것은 아니다"(Arendt, 2003: 200)라고 했다. 여기서의 평등은 일차적 탄생의 의미 곧 자신의 출생으로 인한 긍지를 불식시키는 '획일적 동등화'를 의미한다. 아렌트의 관점에서 이 획일적 평등화를 실현할 수 있다는 교육적 이상에 의해 강제된 흑백통합교육은 인간의 '탄생성'은 물론 '복수성'과 개별적 인간의 존엄성을 무시한 채 세계에 대한 적응을 이유로 아이들을 강압적으로 희생시킨다. 중요한 것은 교육에서 분리인가 통합인가가 아니라 기존 세대인 우리가 분리든 통합이든 이것이 이루어지기 전과 그 이후에 우리에게 일어나고 있는 차별적 인식들을 거둠으로써 아이들에게 개별적이고 고유한 인간으로서 자신에 대한 긍지를 상실하지 않도록 돕는 일일 것이다.(조나영, 2015: 97-98참고)

다음으로, "교육의 위기"에서 아렌트는 교육을 위태롭게 하는 세 가지 가설들을 통해 어른과 아이가 공존하는 세계에 대한 진지한 배움 곧 세계가 어떤 곳인지에 대한 앎의 중요성을 강조한다. 첫째, 아이들에게 허락된 과도한 자유와 그들만의 자율적인 세계의 허용이다.(Arendt, 1969: 181) 아

글을 통해 강조한 것은 국가적이고 정치적인 차원에서 획일적으로 그리고 어떤 거시적이며 절대적인 가치(이상)를 관철시키기 위해 강제된 정책이 한 인간의 고유한 특성, 개별적 인간의 자기 탄생의 의미보다 우선하지 않는다는 사실이다. 우리의 다문화교육에서도 인종 간, 민족 간, 문화 간 통합교육을 실시하는 것이 교육에서 차별을 불식시키는 하나의 대안으로 제시된다. 다만 그러한 사실에 앞서 아렌트가 던진 메시지 곧 "왜 차이를 두면 안 되는가"라는 물음에 직면해서 인간을 "분리할 것인가 통합할 것인가"하는 문제보다 근본적으로 각각의 개별 "인간이 누구인가"에 대한 응답을 간과할 수는 없을 것이다.

렌트의 입장에서 어른들의 세계에서 아이들이 사라졌다는 것은 아이와 어른의 관계가 단절되어 아이들이 저희들만의 제국에서 전제와 압력의 영향 하에 놓이게 된다는 것을 의미한다. 아렌트의 시선으로 볼 때 우리 교육현장의 학교 폭력이나 집단 따돌림 현상과 같은 문제도 이러한 이유에서 비롯되었을 것이라는 점을 짐작하게 한다. 이때 아이들은 저희들만의 세상 속에서 저희들만의 방식으로 세계를 받아들이게 된다. 둘째, 교육자의 전문성과 교육적 권위의 상실이다. 아렌트는 교수법에만 치중하여 정작 자신이 담당하는 교과에 능통하지 못한 교육자들을 비판한다. 그들은 수업보다 단지 한 시간 정도만 앞서 있을 뿐이다.(Arendt, 1969: 182) 교육자는 아이들의 배움에 참여함으로써 아이들이 그들의 새로움을 어떻게 창조적으로 표출해 내는지 기다리며 그들에게 열중할 수 있어야 한다. 또한 교육자는 아이들과 마주하며 그들에게 세계가 어떤 곳인지를 '충분히' 소개할 수 있을 정도로 그들에게 책임을 다할 수 있어야 한다. 이런 관점에서 오늘날 학생들에게 등진 채 그들 스스로 공부하도록 남겨 두는 교육의 형태는 가르침과 배움, 교사와 학생과의 관계 속에서 아렌트가 던지는 메시지를 고민해 보아야 할 것이다. 셋째, 진지한 배움의 부재와 기술적 학습의 강조이다.(Arendt, 1969: 183) 아렌트에게 배움은 단순한 정보와 기술의 습득을 위한 기계적인 활동이 아니라 진정한 관계 속에서 한 아이가 세계를 제대로 사유하기 위해 요구되는 무언가를 진지하게 성찰하는 태도이다. 진지함이 배제된 교육은 단지 처세술일 뿐이며 이를 통해서는 한 아이가 이 세계를 '제대로' 이해하고, 이 세계에 '제대로' 참여할 수 있도록 준비하는 일을 도울 수 없다. 교육은 젊은 세대가 세계에 대한 책임을 가질 수 있도록 준비하는 데 그 방향을 두어야 한다.(Gordon, 2001: 54) 아울러 교육은 세계가 지속적으로 새로워질 수 있도록 아이들이 목표지향적이며 기술적이고 기계적인 학습으로부터 벗어나 이 세계에 대해 진지하게 사유하는 태도를 갖도록 도와야 할 것이다.

마지막으로, "한나 아렌트로부터 배운 내용과 방법: 서신교환"에서 엘리자벳 영 브륄과 제롬 콘은 아렌트의 '가르침'에 관한 주제로 대화를 진행하면서 전체주의 체제가 다시는 반복되지 않도록 하기 위해 아렌트가 교육에서 강조한 사항들을 제시한다. 이와 관련해서 첫째, 엘리자벳 영 브륄과 제롬 콘은 아동교육과 성인교육4의 차이를 통해 아렌트의 교육적 보수주의에 대하여 일견을 제시한다. 그들에 따르면 아렌트는 "20세기의 정치적 경험"(Political Experience in the Twentieth Century)5이라는 강의에서 정치를 위한 준비에 적합한 아동교육으로 인간의 조건인 '탄생성'을 강조한다. '탄생성'은 아이들이 세계에 활기를 되찾게 해 주고, 세계를 새롭게 하기 위해 '새로운 시작'으로서 태어난다는 사실을 의미한다. 이런 의미에서 아렌트의 교육은 아이들을 그들 가족의 삶인 사적 공간으로부터 공적 세계로 끌어들이도록 함으로써 아이들에게 초점을 두고 권위를 가진 책임 있는 어른이 아이들을 보호해야 하는 교육적 보수주의를 지향한다(Young-Bruehl & Kohn, 2001: 226). 둘째, 엘리자벳 영 브륄과 제롬 콘은 아렌트 '가르침'의 핵심 주제가 전체주의 사건에 있었음을 보여준다. 전체주의 시대의 노예 노동과 학살수용소는 인간을 자유로운 존재가 아닌 불필요한 잉여의 존재로 만들었다. 아렌트는 그 힘이 외부로부터가 아닌 서구 문명의 중심부에서 일어났다는 점을 강조한다. "이것은 절대 일어나서는 안 된다."(Young-Bruehl &

---

4 정치사상가인 한나 아렌트는 '정치'와 '교육'이 구분되어야 함을 주장하면서 성인교육과 아동교육도 구별하고 있다. 성인교육은 '정치'의 영역에서 다루어진다. 성인교육과 밀접한 관련을 맺고 있는 '인간의 조건'은 '인간의 손에 의해 제작되는' 인위적 사물세계를 구성하는 힘으로서의 '세계성'(worldliness)이다.(Arendt, 1998: 7참고) 현대 세계에서 공동 세계를 형성해야만 하는 성인들은 공유된 전통들을 서로 보수적으로 제시하지 않는다. 그들이 서로에게 제공할 수 있는 교육은 "확장된 사고방식"(enlarged mentality)을 통한 정치적 이해를 위한 준비이다. 이러한 준비를 통해 성인들은 서로의 입장을 생각하고 세상을 보는 법을 배우게 된다.(Young-Bruehl & Kohn, 2001: 226참고)

5 엘리자벳 영 브륄은 아렌트의 첫 수업을 "20세기의 정치"(Politics in the Twentieh Century)로 명명하나 제롬 콘은 아렌트의 수업내용을 근거로 제시하며 그 강의는 "20세기의 정치적 경험"과 관련된 것이었음을 주장한다. 이유는 아렌트가 수업에서 정치 이론서가 아닌 시, 소설, 회고록, 그리고 전기를 주요 내용으로 삼았기 때문이다. 그리고 아렌트에게 있어 정치적인 '경험'에 대한 물음은 자유와 정의의 '근원적이고 경이로운 현실'에 대한 물음과 관련이 있기 때문이다.(Young-Bruehl & Kohn, 2001: 232) 이러한 사실을 바탕으로 할 때 아렌트는 아동교육에서 '탄생성'에 근거하여 교육적 보수주의를 주장하는 가운데 교육의 현실 경험에서 다양한 일화적 진술들을 가치 있게 다루었음을 확인할 수 있다.

Kohn, 2001: 247) 이를 위해 아렌트는 지속적으로 학생들에게 현재 일어나고 있는 이상하고 끔찍한 이야기의 중요성을 역설하면서 자신의 가르침이 실제적인 것이 되도록 하기 위해 노력한다.(Young-Bruehl & Kohn, 2001: 242) 그리고 아렌트가 언급했듯이 '하나의 자유 세계'(a free world) 곧 전체주의가 불가능한 세계를 위해 교육자는 세계 속에서 스스로 실망하고, 자신이 실망하도록 영향을 주는 불합리함이나 부조리 그리고 부정의 속에서 자기 자신을 교육해야 한다.(Young-Bruehl & Kohn, 2001: 247) 교육자는 이러한 자기 교육의 바탕 속에서 학생들이 세계와의 '관계'를 형성하고 그것에 참여할 수 있도록 그들을 사랑해야 할 것이다.

이상의 문헌들을 통해 확인할 수 있는 것은 아렌트가 교육은 국가 체제의 거시적인 목표나 목적에 의해, 그리고 절대적이며 이상적인 진리 추구를 위해 아이들을 강압적으로 이끌어서는 안 된다는 것을 강조하고 있다는 사실이다. 또한 아렌트의 교육은 '탄생성'이 하나의 계기로서 이 세계에 '새로운 시작'으로 발현될 수 있도록 그것을 어떻게 책임져야 하는지를 고민하는 지점에 놓여 있다. 엘리자벳 영 브륄의 표현대로 '하나의 괜찮은 세계'(a decent world)를 위해서 아렌트는 자신의 일화를 확대하여 제자들을 가르침으로써 어떻게 그들에게 세계를 소개할지에 대해 고심한다. 그리고 아렌트는 우리가 공동의 세계를 형성하고 유지하며 공유할 수 있도록 교육이 남녀의 복수성에 편견없이 반응하는 능력, 세계에 대한 인식과 실제 변화에 대한 감각, 공정한 의견 형성, 그리고 사유와 행위를 통한 세계에의 책임 있는 참여를 강조하는 방향으로 이루어지길 희망한다.(Young-Bruehl & Kohn, 2001: 255) 곧 아렌트의 '탄생성' 개념이 지닌 교육적 사유6는 우리

---

6 아렌트의 '탄생성'과 관련한 연구들은 이은선(2003a, 2003b)으로부터 시작되어 박영주(2011), 조나영(2013), 우정길(2013a, 2013b, 2014, 2015)로 이어져 오고 있다. 여기서 이은선은 '탄생성의 교육학'으로, 박영주는 언급하지 않았으며, 우정길은 '탄생성의 교육'으로 표현하였다.(우정길, 2013a: 47-49참고) 본고는 수식어(~의, ~에 대한, ~을 위한 등)가 지닌 여러 해석의 의미 가능성을 염두에 두고 '탄생성 교육'으로 제시하였다. 탄생성과 관련한 아렌트 교육에 대한 명확한 용어 정립이 부재한 가운데 아렌트의 탄생성과 그 교육(학)적 의미에 대한 의미론적·화용론적 합의는 앞으로 학계에서 이에 대한 논의가 확장될 때 가능할 것으로 보인다.(조나영, 2015: 4참고)

가 이 세계에 '함께' 머무르기 위해 무엇을 할 수 있는지를 방증한다.

III. *The Freedom Writers Diary*에 나타난 '탄생성 교육'의 실천적 의미

1. 인간의 복수성(Plurality)7에 편견 없이 반응하는 교육

아렌트에게 지구상의 세계에 거주하는 모든 인간은 단수가 아닌 복수로 존재하며 그들은 어떠한 '대상'으로 이해되거나 대체될 수 없다. 복수의 인간들은 말과 행위를 통해 다른 존재들과 '고유한 차이'를 드러낸다. "어떤 누구도 이전에 살았고, 현재 살고 있으며, 앞으로 살게 될 다른 누구와 동일하지 않다는 방식으로만 우리 인간은 동일하다."(Arendt, 1998: 8) 우리가 인간이라는 사실은 우리와 동일한 누군가의 존재를 통해 서로의 다름을 확인할 때 분명해진다. 인간이 인간일 수 있는 이유는 "함께-서로-존재함"(박혁, 2009: 266)을 통해 가능하다. 이러한 이유에서 아렌트는 자연의 종으로서의 '인류'(human species) 그리고 이성적 존재로서의 한 '인간'(man)보다도 공동체 안에서 더불어 살아가는 존재로서 '복수의 인간들'(men)에

---

7 'plurality'는 『인간의 조건』(The Human Condition)과 『혁명론』(On Revolution)에서 '다원성'으로, 『과거와 미래 사이』(Between Past and Future)에서는 '다수성'으로, 『정신의 삶1: 사유』(The Life of the Mind: Thinking)에서는 문맥에 따라 '다원성'과 '다수성'으로 번역되어 있다. 교육학 분야에서 이은선(2013)과 우정길(2013a)은 일반적 용례상 그리고 『인간의 조건』을 참고하여 '다원성'을 사용하였다.(우정길, 2013a 54-55참고) 이와 달리 『칸트 정치철학 강의』(Lectures on Kant's Political Philosophy) 번역자인 김선욱은 'plurality'가 '다원성', '다양성', '다수성' 등으로 번역되고 있기는 하지만 'plurality' 자체가 '복수'라는 말로 번역되어 오고 있으며, 다른 말들은 그에 상응하는 'diversity'나 'pluralism'과 같은 어휘가 존재하고 형용사 'plural'의 용례를 고려할 때 '복수성'으로 옮기는 것이 적절하다고 판단한다. 본고에서는 김선욱의 주장을 참고하여 '복수성'으로 표현하였다. 이는 아렌트의 'plurality'는 수적으로 둘 이상의 인간이 지구상에 존재한다는 것을 전제하며 아렌트의 고유한 'plurality'가 '활동적 삶'에서는 하나에 대한 외부의 다른 하나로서, '정신적 삶'에서는 하나 속의 다른 하나로서 이해된다는 점에서 전자는 '다원성'으로 후자는 '이원성'으로 구분된다는 점에서 이를 포괄할 수 있는 개념으로 '복수성'을 사용하는 것이 적합하다고 판단했기 때문이다.(조나영, 2015: 33참고)

더 큰 의미를 부여한다.(Arendt, 1982/김선욱, 2002: 26) 이는 인간이 집단이 아닌 개별 존재로서 살아가야 한다는 사실을 보여준다. 여기서 인류와 이성적 존재로서의 인간은 개별적 존재로서 고유함을 지니고 공동체적 삶을 사는 존재와 다소 거리가 있다. 자연에 종속되거나 자신의 정신 왕국에 귀속된 인간은 인간이 관계하는 경계선 밖에 위치한다.(Arendt, 1998: 180) 아렌트적 관점에서 오직 복수의 인간들만이 타인과 공존하는 세계에 자신을 드러낼 수 있게 된다. 이때의 인간은 그저 '한 사람', '한 사람'으로 존재하면 충분하다.

> 두어 명의 어른이 즐라타에게 크로아티아인인지, 무슬림인지, 아니면 세르비아인인지 물었다. … 그들은 방금 전까지 인종주의와 차별이 잘못되었다는 그녀의 말을 듣지 않았던가? 그리고 편견을 버려야 한다는 그녀의 말에 고개를 끄덕이지 않았던가? 질문을 받은 즐라타는 주위를 둘러본 뒤, 우리를 바라보며 짧게 대답했다. "저는 그냥 한 사람의 인간입니다." 그 말이 옳았다. 우리는 다른 사람을 또 한 명의 개인으로 받아들이면 될 것을, 서로 인종을 가리느라 너무 많은 시간을 허비한다. … 이전에는 항상 남미계이자 멕시코인인 것을 자랑스럽게 생각하도록 교육받아 왔고, 실제로 그렇게 생각했다. 아마도 한 사람의 인간이 되는 것보다 '사회적 꼬리표'를 다는 것을 더 자랑스럽게 받아들였던 것 같다. … 하지만 앞으로 누가 나의 인종을 묻는다면 즐라타처럼 "전 그냥 사람입니다."라고 대답할 것이다.(Gruwell, 1999: 93)

*FWD*의 교사 에린 그루웰은 학생들에게 그들 자신이 가진 내면과 외면을 글로 적게 하는 '땅콩 게임'을 실시한다. 그것은 한 장의 종이에 학생들 자신이 생각하고 있는 땅콩의 안과 밖을 묘사하는 것이다. 학생들은 각자 자신이 생각하는 땅콩의 모습을 그려낸다. 그러면서 그 땅콩에 자신의 모습을 투영시킨다. 한 학생은 작고 둥글며 못생긴 땅콩을 그리고 자신이 체중 때문에 겪었던 아픔을 떠올리며 "껍질이 아무리 달라도 땅콩은 땅콩"(Gruwell, 1999: 38)이라고 이야기한다. 우리가 태어날 때 누구나가 지니게 되는 외적, 내적 특징들이 있다. 다만 그것이 무엇이든 변하지 않는 유

일한 사실은 그리고 인간이라면 누구나가 공통적으로 지니는 특징은 바로 우리가 '인간'이라는 점이다. 우리가 이렇게 다른 누구와도 동일하지 않다는 한에서만 동등하다는 아렌트의 주장은 인간이 인간으로서 기본적으로 갖추어야 할 인간의 조건이 무엇인지를 말해 준다.

학생들이 서로 화해하고 조우해야 하는 이유는 이렇게 다른 누군가가 모두 자신과 같은 인간이라는 점 때문이다. 우리가 동등하게 태어났다는 사실에 대한 전제 없이 개별 인간에 대한 존중은 가능하지 않다. *FWD*에서 한 흑인 학생은 자신을 백인 학생들과 동등하게 존중하지 않았던 교사에 대해 언급한다. 그 교사는 흑인에 관한 교육내용이 제시될 때마다 흑인 학생에게 그 문제에 대해 대변해 보라고 무리하게 요구하며 흑인 문학을 폄하하는 발언을 한다.(Gruwell, 1999: 113) 이 흑인 학생은 흑인이라는 이유로 여러 가지 불합리한 상황이나 부조리한 조건 속에서 흑인을 대변할 수밖에 없는 처지로 흑인에 관한 많은 의문과 불만, 미움과 용기, 충돌과 희생 사이에서 갈등한다.(Gruwell, 1999: 114) 이러한 사실을 알게 된 흑인 학생 부모는 흑인문학 목록을 가지고 학교에 찾아가 항의한다. 그리고 자신의 아이에게 흑인으로서의 자긍심을 가져야 한다고 말한다. 부모의 역할 곧 이전 세대는 다음 세대에게 그들이 태어난 그 자체로 존중받아야 함을 깨우쳐주고, 이를 통해 스스로에 대한 자긍심과 긍지를 갖도록 도와야 할 것이다. 그래야만 자신에 대한 긍정, 그리고 타인에 대한 긍정이 가능할 수 있다.

이와 관련해서 *FWD*에서 에린 그루웰은 자신의 교실에서 무엇보다 먼저 해결해야 할 문제가 학생들이 서로에게 지니고 있는 미움, 분노, 적대감, 적개심 등을 없애고 화해적인 분위기에서 조화롭게 서로 함께하는 것이라고 생각한다. 교사에게 무엇보다 중요한 대상은 학생들이다. 그녀는 학생들을 강제하거나 억압하지 않고 기계적이며 일방적인 지식전달의 전통적인 교수법을 고수하지 않으면서 학생들이 서로에게 관심을 갖고 자신과 타인을 긍정하도록 돕는다. 에린 그루웰은 학생중심의 교육적 실천을 이끌어 낸다.(Jung-Ah, 2009: 245) 이를 위해 교사는 교실 바닥에 선을 긋고 학생들에게 선 앞으로 나섰다가 물러섰다가 하면서 서로의 눈을 바라보도록 요청한다. 선 앞에 서서 처음에는 서로의 눈을 바라보지 않으려고 애쓰던 학생들은 차츰 반복적으로 이 활동을 하고 난 뒤 어색해하면서도 서로의 눈을 바라보기 시작하고, 상대의 눈동자에 비친 자신의 모습을 확인하면서 상대 학생이 자신과 다른 인종, 성별, 종교 등을 지녔지만 자신을 미워하거나 해치려는 마음을 가지고 있지 않다는 사실을 믿게 된다. 에린 그루웰의 이러한 시도는 학생의 입장에서 그들이 자신에 대해 이해하고 이를 바탕으로 다른 학생들도 자신과 다르지 않은 '인간'이라는 사실을 깨닫도록 한다. 이는 자신과 타인을 부정하는 학생들에 대한 교사의 반응이다. 인간의 복수성을 상실한 아이들에게 이전 세대인 부모와 교사는 복수의 인간들에 대해 소개해 주어야 한다. 그것은 계획이나 의도에 의하지 않으며, 아이들이 자신은 누구인가에 대해 던지는 의문에 책임 있게 반응하는 방식을 따르는 일이다.

에린 그루웰의 교육활동 이후 학생들은 자신과 타인에 대한 적대적인 태도를 변화시키는 것으로 교사에게 응답한다. 다만 자신에 대한 이 긍지는 극단적인 주관성의 영역으로 치우칠 수도 있다. *FWD*에는 경제적 불평등의 양극화 현상으로 인해 그리고 '불평등의 동력'을 통해 이루어지는 사회경제적 지위에 따라 다른 계층 혹은 계급의 사람들에게 관심을 두지 않고 사적영역에 갇힌 이들도 있다. 그들이 자신을 긍정하는 유일한 방식은 '집단'만을 보호하는 일이다. 다른 집단과 다른 이들에게 관심을 두지 않는 이들을 위해 교육과 교육자는 어떠한 노력을 기울일 수 있는가?

> '같은 핏줄, 같은 인종을 배신해서는 안 돼!' … 지금까지 '같은 핏줄, 같은 인종을 배신하지 말라'는 말을 귀에 못이 박히도록 들었다. … 증인석에서 무슨 말을 할 거냐고 묻는 엄마에게 "우리 편을 보호해야죠 …. 아시잖아요. 엄마나 다른 사람들이 나한테 동족이 뭔지 가르쳐 줬잖아요"라고 대답했다. 엄마는 "그건 나도 알아. 하지만 모든 경우에 꼭 그래야 하는 건 아니잖니?"라고 말했다. … 엄마는 다시 물었다. "죄 없는 사람을 감옥에 보내는 걸 어떻게 생각하니? 아마 아버지가 무죄인 걸 알면서 거짓말을 했

던 사람과 같은 심정이겠지? 너도 알겠지만 그 사람도 자기 동족을 보호하려고 했던 것뿐이란다." 그 말을 떠올리며 엄마의 얼굴을 보니, 처음으로 나 자신이 현실을 바꿀 수 있다는 생각이 들었다.(Gruwell, 1999: 64-66)

위 일화는 자신의 친구들이 다른 집단의 학생을 죽이는 것을 목격한 한 여학생에 관한 것이다. 이 여학생의 양심은 자기 집단을 배신하지 않는 가운데 지켜지는 것이다. 우리가 '바람직한 삶', '선한 삶', '도덕적인 삶'이라고 말할 때 그것은 분명 우리가 속한 사회문화적 환경으로부터 영향을 받을 수밖에 없다. 우리 각자가 '옳다고 믿는', '갈망하고 희망하는' 가치와 대상들은 저마다 다르다. 그렇기 때문에 우리는 서로를 적대시할 소지가 있는 많은 상황들에 노출되어 있다. 그리고 이와 관련해서 한 개인의 잘못을 그와 관련된 모든 인간 전체에게로 환원시키기도 한다. 이런 관점에서 인간은 자연스레 편파적일 수밖에 없다. 반세계적이며 비세계적인 개인의 관점 하나가 다른 누군가에게는 상처가 되고 이것은 계속해서 다음 세대로 이어지게 된다. 따라서 교육은 아이들이 이 세계를 위해 서로를 집단이 아닌 개별 존재로 이해하며 편견 없이 서로에게 반응함으로써 이 세계를 책임지는 일에 참여할 수 있도록 준비시키는 방향으로 나아가야 할 것이다.

2. 실존적 세계 이해를 위한 교육

인간은 모두 특별하다. 이를 다른 측면에서 생각해 보면 어느 누구도 다른 누구보다 특별하지 않다. 그저 우리는 "서로 다르다는 전제하에서만 동등할 뿐"이라는 사실을 깨닫기 위해서 서로에 대해 알아야 할 필요가 있다. 그것은 세계에 관심을 두고 세계를 이해하는 일이다. 우리가 관심을 두고 있고, 알고 있는 이들에게 악의를 품기는 쉽지 않다. 자기 이외의 존재들을 근거 없이 맹목적으로 비난하거나 혐오의 대상으로 간주하고 증오하는 것은 그들이 누구인지에 대해 제대로 알지 못하기 때문이다. 이와 관련해서 마사 누스바움은 "어디서든 그들이 만나게 될 인류를 그 낯선 생김새에 방해받지 않고 인식하는 방법을 중점적으로 배워야 하고, 아무리 낯선 모습의 인류일지라도 기꺼이 이해하려고 노력해야 한다"(Nussbaum et, al., 2003: 11)고 주장한다. 그리고 이를 가능하게 하기 위해서는 교육적 차원에서 "수많은 문화와 그 역사에서 나타난 다양한 사례들을 통해 그런 공통의 목적들의 존재가 실증되고 있다는 점"을 학생들이 충분히 배울 수 있도록 해주어야 한다. 마르쿠스 아우렐리우스의 표현을 빌려 누스바움은 "다른 사람이 말하는 것에 주목하는 습관을 들이지 말고 가능한 한 그 사람의 마음에 들어가라. … 일반적으로 누구든 다른 사람의 행동에 대해 이해심을 갖고 판단할 수 있으려면 먼저 많은 것들을 배워야 한다"(Nussbaum et, al., 2003: 32)고 했다. 이러한 가운데 우리는 '다름'과 '차이'를 생각하고 또 상상하기에 이른다. 서로에 대한 차이를 상상할 줄 아는 능력 그리고 공감하는 능력은 세계 이해를 위해 중요한 요소이다.

그렇다면 우리가 이해해야 하는 세계는 어떤 곳인가? *FWD*에는 다양한 삶의 '이야기'들이 등장한다. 가정 내 학대와 폭력에 시달리는 학생(Gruwell, 1999: 71-73; 133-136), 부모의 이혼이나 가정의 불화로 공포와 불안을 경험하고 있는 학생(Gruwell, 1999: 190-191), 부모의 무관심 속에 방치되어 있는 학생(Gruwell, 1999: 188-189), 부모의 죽음으로 인한 상실감에 빠져 있는 학생(Gruwell, 1999: 218-220), 태어난 순간부터 낭포성 섬유증이라는 폐질환으로 육체적 고통을 받으며 항상 죽음을 준비하는 학생(Gruwell, 1999: 267), 유전적으로 '병적 우울증'을 지니고 있어 자신의 존재를 부정하면서 자살을 시도한 학생(Gruwell, 1999: 121), 안경을 착용(Gruwell, 1999: 60-61)하고, 다른 학생들에 비해 체중이 많이 나가고(Gruwell, 1999: 36-38), 다른 사람들과 다른 방식으로 글을 읽는 '난독증'이라는 학습장애(Gruwell, 1999: 23-24)를 가지고 있는 학생들, 그리고 여성이라는 이유로 야유와 멸시를 받고 폭행당하며 고통받는 학생(Gruwell, 1999: 74-76)들이 존재한다. 세계는 바로 이런 곳이다. 많은 이들이 우리 자신과 다른 공간 그리고 우리와 다른 삶의 조건 속에서 살아가고 있는 곳, 그곳이 '세계'이다.

에린 그루웰은 학생들에게 이러한 세계를 소개하기 위해 다양한 읽을거리를 제공하고, 강연을 준비하며, 영화나 박물관 관람 등의 기회를 제공하기도 한다.

관용의 박물관은 사회적 편견과 선입견, 학살 그리고 인종차별의 역사를 정리해 놓은 곳이다. 오해와 부정적 생각이 어떻게 폭력으로 이어질 수 있는가를 보여 주는 만화나, 홀로코스트의 희생자들을 상징하는 물품이 전시되어 있었다. 박물관에 입장할 때 한 아이의 얼굴과 이름이 적힌 입장권을 받았다. 견학을 하면서 그 아이에게 어떤 일이 생겼는지 알 수 있도록 프로그램이 마련되어 있었다. 해당 전시실의 컴퓨터에 입장권을 넣으면 그 아이의 운명을 설명해 주었다. … (우리가 본)「쉰들러 리스트」는『밤』,『파도』 그리고『안네 프랑크-어느 소녀의 일기』에서 받은 느낌을 더욱 생생하게 만들어 주었다.(Gruwell, 1999: 96-98)

이러한 일련의 교육과정은 모두 아이들과의 상호작용이나 아이들에게 일어난 변화들에 따라 마련된 것들이다.(Jung-Ah, 2009: 245참고) 교사가 역점을 두고 있는 것은 '서로 앎'이 부재한 상황에서 우리는 상대방을 반목과 갈등의 대상으로 먼저 인식하게 된다는 점이다. 그리고 이전 세대에 의해 이 세계가 어떤 곳인지에 대해 아이들이 잘못 전달받기도 한다는 사실이다. 이 세계에 새로 온 이들은 이전 세대들, 즉 부모와 교사에 의해 이 세계가 어떤 곳인지에 대한 이해를 얻게 된다. 아이들은 그들로부터 이 세계와 세계를 대하는 태도를 접한다. FWD에서 백인 친구와 가깝게 지내는 한 흑인 아이는 인종차별의 경험을 가진 아버지로부터 백인들과 어울리지 말라는 경고를 받는다. 이전 세대의 경험은 다음 세대의 경험을 결정할 수 있는 요소가 될 수 있다. 이전 시대인 아버지의 가치관, 상황, 그리고 삶의 양식들에 대한 사유들은 다음 세대의 아이에게 영향을 미친다. 세계를 제대로 전달하지 못한 아버지에게 이 세계에 대한 책임으로서의 교육적 권위는 부재하다.

FWD에서 교사는 이 세계를 학생들에게 소개하고 그들이 서로를 이해할 수 있도록 하기 위해 '자유로운 글쓰기'(일기쓰기)를 제안한다. '일기쓰기'는 논리실증적인 증명이 아닌 삶에 대한 그리고 삶을 통한 화해와 관련된다. 아렌트는 다름이 팽배한 상황에서 이해를 위해 공통의 이야기를 제공함으로써 갈등과 반목 그리고 삶의 전체성을 극복할 수 있다고 했다.8 에린 그루웰은 학생들을 강제하지 않으면서 누구든 형식에 구애받지 않고 어느 순간에나 자신의 이야기를 세상에 풀어낼 수 있도록 돕는다. 아이들은 저마다의 방식으로 '일기쓰기'에 참여한다. 학생들은 자신의 이야기를 들려주면서 스스로를 세상에 내어놓기 시작한다. 여기서의 '내어놓음'은 자신의 고통과 아픔, 불안과 두려움, 만족과 즐거움 등은 물론 자신의 관점, 입장 그리고 미래를 위한 희망 등 자신이 누군가와 다르다는 사실을 세계와 나누고 세계를 이해하고자 하는 적극적인 자기 표현이다.

일기를 쓰고 교정하기 전까지는 다른 십 대 아이들이 어떻게 살아가는지 전혀 몰랐다. 일기를 읽으면서 친구들이 안고 있는 개인적인 문제들을 더 잘 알게 되었다. … 다른 사람의 삶을 아는 것과 그들을 돕기 위해 나서는 것은 완전히 다른 일이다. 우리에게는 자신에 대해 말하기를 두려워하는 사람들을 도울 잠재력이 있다고 믿는다. 세상에 자신을 알리는 일은 쉽지 않다. 도중에 닫힌 마음을 가진 사람도 많이 만나게 될 것이다. 하지만 버스에 폭탄이 던져지고 폭도들에게 두들겨 맞아도 포기하지 않았던 자유의 여행자들처럼, "순순히 아득한 밤을 맞이하지 말라"(Not Go Gently Into That Good Night)는 딜런 토마스(Dylan Thomas)의 시처럼, 우리가 꿋꿋한 자세를 잃지 않았으면 좋겠다.(Gruwell, 1999: 160-161)

이해한다는 것은 과학적이며 분석적이고 사실적인 내용에 근거하는 것

---

8 한나 아렌트는 <아웃 오브 아프리카(Out Of Africa)>의 저자 아이작 디네센의 말 "어떤 슬픔이든 그것을 말로 옮겨 이야기를 만들거나 그것에 관해 이야기한다면 그 슬픔을 이겨낼 수 있다"를 즐겨 사용했다. 그리고 이 문구를『인간의 조건』제5장 행위를 시작하면서 제시하기도 했다. 아렌트는 왜 행위를 이야기하면서 인간의 슬픔 그리고 이야기와 그것의 극복가능성에 관해 언급했을까? 아렌트가 의미하는 이야기는 과연 무엇인가? 아렌트는 절대적이며 이상적인 가치나 대서사보다는 이 세계를 살아가는 우리들이 저마다 살아 내는 삶의 이야기에 관심을 기울였다. 아렌트에게 있어서 인간이 이 세계에 태어났다는 사실은 삶을 통해 매 순간 증명해 내는 일(이야기)과 관계하기 때문이다. 또한 '이야기'는 세상으로부터 벗어난 사적영역에 고립된 이들이 공적영역의 소통가능한 '탁자'(Arendt, 1998: 52)에 둘러앉아 자신을 드러내는 일과도 관련이 있다.

이 아니라 우리 주변에서 흔히 경험할 수 있는 인간의 감정, 정서, 일화 등에 얽힌 '이야기'를 통해 가능하다. 우리는 서로의 이야기에 반응함으로써 우리들 자신과 다른 이들을 이해하고 공감할 수 있게 된다. 이는 자신을 반추하게 하는 '사유' 없이는 불가능하고 이러한 생각은 끊임없이 학생들로 하여금 다른 존재들과 대상들에 대해 상상하고 공감할 수 있는 힘을 기르도록 해 준다.

아렌트는 공감이 '인간의 그 인간다움'(humanity of man)을 나타내는 감각으로서 만일 누가 이 공감능력을 상실한다면 그는 광인(狂人)으로 인식될 것이며, 이들은 자기 자신만의 감각(sensus privatus)을 논리적으로 고집스럽게 우김으로써 다른 이들을 이해하고 이해시킬 수 있는 표현력을 잃고 세계와 소통할 수 없게 된다고 했다(Arendt, 1982/김선욱, 2002: 40). 공감능력은 이 세계를 함께 살아가는 우리들이 서로를 이해함으로써 세계를 더 나은 새로운 방향으로 이끌어 가게 하는 '희망'이다. 에린 그루웰은 학생들이 서로의 이야기를 통해 상대방을 이해하고 공감함으로써 이 세계를 새롭게 하는 일에 함께 참여할 수 있길 바란다. 그리고 교사는 학생들이 자신의 이야기를 통해 다른 학생들과 함께 공유하고 소통함으로써 자기 자신에게는 물론 공동의 세계를 위한 공평하고 공정한 판단을 할 수 있게 되길 소망한다. 이를 위해 에린 그루웰은 학생들이 공정한 의견을 형성할 수 있도록 그리고 자신들의 문제를 보편타당한 관점에서 객관적으로 바라볼 수 있도록 '생각하는 습관'을 기르도록 요청한다. 이때 교육자는 "과거와 전통 그리고 새로움으로서 변화와 창조성을 매개"(Gordon, 2001: 47)하여 세계를 공정하게 전달하는 역할을 할 수 있어야 한다.

이러한 맥락에서 *FWD*의 교사는 학생들에게 정치적, 사회적으로 문제가 되고 있는 주제들을 제시하고 토론하도록 한다. 가령 교사는 교실에서 '반이민법'과 관련하여 학생들이 자유롭게 의견을 밝힐 수 있도록 배려함으로써 그 법이 특정 사람들에게 어떻게 영향을 미칠 수 있는지에 대해 학생들이 좀 더 실질적으로 이해할 수 있는 기회를 마련한다. 반이민법이 통과되면 정부는 불법이민자들에게서 의료보험뿐 아니라 학비 보조와 같은 공공

서비스를 모두 박탈할 수 있게 된다.(Gruwell, 1999: 22) 학생들 중 일부는 불법 체류자인 부모를 두고 있기 때문에 이 토론은 현실적인 문제에 그들이 다가가도록 도와주는 교육방법이 된다. 그리고 이러한 교육을 통해 학생들은 법이 사람들에게 어떤 영향을 미치는지 그리고 그것을 어떻게 판단해야 하는지를 포괄적으로 생각할 수 있게 된다. 이 외에도 교사는 성차별이나 성역할에 관한 인식이 왜 바뀌어야 하는지(Gruwell, 1999: 125-126), 인종 간, 민족 간 그리고 종교 간에는 왜 끊임없이 전쟁이 일어나게 되는지 그리고 우리는 왜 어느 한쪽에 소속되어 그것이 전부라고 생각하고 충성하고 있는지 등 학생들이 한 번도 생각해 보지 않았던 문제들에 관해 '생각거리'를 제공한다. 학생들은 결론도 내릴 수 없고 해답도 알 수 없는 물음들에 관해 끊임없이 생각해 봄으로써 주어진 현실에 대해 대항할 수 있는 깨달음 곧 세계가 어떤 곳인지에 대한 이해를 얻게 된다. 교육자는 아이들에게 이 세계의 많은 부분들을 '제대로' 소개함으로써 아이들이 "세계로부터 파괴적인 일을 당하지 않고"(Arendt, 1969: 186) 자신의 '새로움'으로 세계를 새롭게 할 수 있도록 책임 있는 행위를 해야 할 것이다.

3. 책임 있는 행위의 교육

아렌트는 목적과 수단으로 전락하고 유용성에 의해 도구화되어 무의미성의 곤경에 빠져 있는 인간을 걱정한다. 그리고 이를 극복하는 길은 "유의미한 이야기를 산출하는"(Arendt, 1998: 236) 행위 능력이라고 주장한다. 인간의 행위 능력은 다양한 존재들의 고유한 자기 현시를 가능하게 한다. 행위의 사라짐은 인간 세계의 다양성의 상실이며, 인간 존재와 그 관계에 대한 위기를 의미한다. 개별 인간의 '독특함'을 내재한 이 행위는 한 인간을 다른 존재와 구별해 준다. 이 세계에 홀로 존재하는 사람과 모두가 동일한 경우에는 굳이 말거나 행위함으로써 '서로-다름'을 확인할 필요가 없다.(Arendt, 1998: 175-176참고) 말과 행위는 우리가 '누구인가'를 드러냄으로써 그 무엇으로도 대체될 수 없도록 해 준다. 이에 아렌트는 행위를 통해 드러나지 않는 삶은 '죽은 삶'이며 말과 행위로서 이 세계에 참여하는 일이 '제 2의 탄생'이라고 강조한다.(Arendt, 1998: 176) 아렌트에게 '제 2의 탄생'이 중요한 이유는 그것이 인간의 '시작하는 능력'으로서 세계 참여를 가능하게 하기 때문이다. "이전에 누구도 존재하지 않았다"(Arendt, 1998: 177)는 '누군가의 시작' 곧 '시작하는 자의 시작'으로서 인간이 세계에 드러남을 의미한다. 이 '드러남'은 존재론적 출현이다. 이때 인간은 자신이 누구인가에 대하여 다른 존재들에게 답하게 된다.

자신이 누구인가에 대한 응답은 인간이 타인의 말과 행위의 그물망에 둘러싸여 그것과 계속해서 관계했을 때 가능하다.(Arendt, 1998: 188) 이로써 하나의 행위는 새로운 방식으로 다른 행위에 영향을 미친다.(Arendt, 1998: 190) 행위는 본래 상호의존적이다. 시작도 끝도 없는 행위들의 연속체 안에서 그 이야기의 저자를 알 수 없는 행위는 어떠한 목적으로 의도될 수도 계획될 수도 그리고 예측하거나 통제할 수도 없다. 아렌트는 인간사의 관계 그물망 속에서 새로운 시작으로서의 행위를 통해 이 세계가 새롭고 다양한 삶의 이야기로 이어진다고 했다. 인간은 행위를 통해서만 자유로운 존재로서 고유한 자신을 드러내는 것은 물론 다른 존재들과 함께 이 세계를 새롭게 할 수 있다. 인간이 이 세계를 새롭게 하는 능력은 행위에 있다. 이때 "행위는 기적처럼 여겨진다."(Arendt, 1998: 246) 이 기적과도 같은 '행위'를 통해 "한 사람은 온 세상을 바꿀 수 있다."(Gruwell, 1999: 152) 행위 없이 세계는 더 이상 새로움의 공간이 될 수 없다.

우리가 행위할 때 세계는 새로워진다. *FWD*에는 "세상을 바꾼 이야기" 들이 소개된다. 인종차별이 심했던 남부에서 한 흑인 여성 로자 팍스는 여느 때와 다름없이 버스의 흑인 지정석에 앉아 있었다. 버스 안에 백인 자리가 다 채워지자 운전기사는 그녀에게 일어나서 백인에게 자리를 양보하라고 한다. 로자 팍스는 인종차별적 관행을 거슬러 결국 체포되었고 흑인 여성의 용기 있는 행위에 대다수 사람들은 보이콧한다. 그리고 이 일을 계기로 인종차별에 맞선 시민운동이 일어난다.(Gruwell, 1999: 152-153) 로자 팍스가 그러한 행위를 하도록 이끄는 '힘'은 무엇이었을까? 이와 유사하게 일곱 명의 백인과 여섯 명의 흑인으로 구성된 '자유의 여행자들'은 "인종차별적인 문화를 없앰으로써 모든 사람의 삶을 영원히 바꾸고 … 변화가 필요하다는 사실과 관용의 미덕을 세상에 알리고자 노력했다."(Gruwell, 1999: 154) 이들의 행위는 남부 지방의 법률을 의도적으로 침해하는 시위였다. 버스 밖에는 인종차별주의자들이 그들의 행위를 저지하기 위해 기다리고 있었다. 이때 백인인 짐 츠베르그는 제일 먼저 버스에서 내려 인종차별주의자들과 대면한다. 백인인 그는 굳이 할 필요가 없었던 그 시위에 왜 참여했을까? FWD에서 학생들이 방문했던 홀로코스트 박물관 전시실 벽에 걸린 어느 목사의 글은 우리가 아무것도 하지 않으면 그리고 아무도 나서지 않으면 어떤 일이 일어날 수 있는지를 말하고 있다.(Gruwell, 1999: 169)

> "그들이 노조를 공격했지만, 나는 노동운동가가 아니기 때문에 침묵했습니다. 그 다음에 그들이 사회주의자들을 공격했지만, 나는 사회주의자가 아니기 때문에 침묵했습니다. 그 다음에 그들이 유태인들을 공격했지만, 나는 유태인이 아니기 때문에 침묵했습니다. 그 다음에 그들이 나를 공격했을 때, 나를 위해 말해 줄 사람은 아무도 남아 있지 않았습니다. … 전에는 나쁜 일을 보면 '내 일도 아닌데 무슨 상관이야'라고 생각하며 그냥 지나치곤 했다. 하지만 철십자 문양을 가린 일과 오늘 겪은 일들 덕분에 앞으로는 잘못된 현실을 모른 척하지 말아야겠다는 생각이 들었다. 남의 고통을 뒤늦게 동정하는 것보다 스스로 나서서 변화를 만들어 나가는 편이 훨씬 낫다."(Gruwell, 1999: 169-170)

FWD에서 에린 그루웰은 다락방에서 안네의 이야기가 탄생하고 지하실에서 즐라타의 이야기가 탄생했듯이, 203호 교실에서 자신들의 이야기가 탄생했으면 좋겠다고 고백한다.(Gruwell, 1999: 156) 학생들은 로자 팍스와 짐 츠베르그가 그랬듯이 그리고 안네와 즐라타가 했던 것처럼 이 세계를 위해 무언가 행할 수 있을 거라고 생각한다. 이런 이유로 학생들은 무분별한 폭력으로 목숨을 잃은 가족과 친구들을 위해 마련된 촛불 추모회에 참석한다. 학생들은 모두 손을 잡고 끊어지지 않는 인간 띠가 되어 행진한다. 그들은 누군가 던진 "지금 무엇을 하고 있는가?"라는 물음에 "세상을 바꾸고 있다"라고 응답한다. 학생들의 이러한 참여는 이전과는 다른 세상을 만드는 일이다. 학생들은 세상을 전에 없던 곳으로 바꾸어 나가고 있다.(Gruwell, 1999: 177) 우리가 이처럼 침묵하지 않으면 다음 세대의 우리들은 지금과 같은 세계에서 파괴적인 일을 당하지 않게 될 것이다. 이것이 세계에 대하여 우리가 책임지는 방식일 것이다. 에린 그루웰과의 만남 이후 *FWD*의 학생들은 공동세계가 어떤 곳인지 그리고 그 세계 속에서 자신들이 누구인지에 대한 물음과 지속적으로 마주하게 되었다. 그리고 저들만의 '고유한' 방식으로 학생들은 그 물음에 책임을 가지고 응답하기 시작했다. 이는 아렌트가 '탄생성'에 근거하여 책임의 차원에서 교육과 교육자에게 무엇이 요구되는지를 보여주는 부분이다. 또한 *FWD*에 나타난 공동세계를 위한 행위는 교육에서 '탄생성'을 염두에 둘 때 무엇을 고려해야 하는가를 생각하게 한다.

이와 관련해서 에린 그루웰이 학생들에게 제안하는 것은 교육내용을 '연극화'해 보는 일이었다. 이 활동을 통해 학생들은 누구나 자유롭게 무엇이든 표현해 낼 수 있다는 사실을 깨닫는다.(Gruwell, 1999: 26-27참고) 학생들은 자신이 누구인가를 드러냄으로써 이 세계에 표류하지 않고 스스로 이 세계를 변화시킬 수 있는 존재로 말하고 행위한다. 이는 학생들의 상황과 입장에 개별적으로 맞춘 교육활동이 이루어질 때 가능한 일이다. 학생들은 교사에게 세계에 대한 이해를 위해 무엇이든 요청할 수 있다. 학생들은 수업시간에 다룬 도서들에 등장하는 인물들과 만나기를 원한다. 에린 그루웰은 학생들의 질문과 요구에 진심으로 부응하며 전쟁 희생자, 홀로코스트의 생존자는 물론 안네프랑크를 도와준 실존 인물들 - 즐라타 필리포비치(Gruwell, 1999: 76-77), 제르다 사이퍼(Gruwell, 1999: 84-85), 미프 기스(Gruwell, 1999: 89), 마스 오쿠이(Gruwell, 1999: 40-41) - 과의 만남을 준비한다. 또한 교사는 학생들과 함께 현장학습을 가기도 하고, 전쟁으로 고통받고 있는 아이들에게 의료품과 음식을 후원하는 농구 행사에 참여하기도 한다. 이러한 교육활동을 통해 교사가 전하고자 했던 바는 누군가에게서 전해져 온 삶의 이야기들, 결코 다시 반복되어서는 안 되는 비극들, 그리고 이 세계에서 다음 세계로 전해야 할 희망들에 관한 것이었다.

> 나는 뚱뚱한 사람들에 둘러싸여 자랐다. 엄마도, 오빠도, 언니도, 이모도 모두 비만이다. 어릴 때는 정말 속상했다. 왜 난 뚱뚱해야 할까? 왜 난 몸무게 때문에 운동을 하지 못하는 아이가 되었을까? … 외롭고, 창피하고, 모든 것을 잃어버린 기분이었다. … 보스니아 후원을 위한 농구 행사는 내게 재탄생의 기회와도 같았다. 나는 위축된 태도를 떨쳐 버렸다. 경기가 끝난 뒤 우리는 열을 지어 코트 위에서 춤을 추었다. 내게 500명이나 되는 사람들 앞에서 춤출 용기가 있을 거라고는 상상도 못했다. 내가 춤을 추자 경기장에는 난리가 났다. 모두들 나에게 환호를 보내며 손을 흔들어 주었다. 마치 한 가족처럼 진심으로 환영받는 기분이었다. 나는 더 이상 이름 없는 아이가 아니라, 나만의 개성을 맘껏 표현할 줄 아는 스타였다.(Gruwell, 1999: 101-103)

이 이야기들은 시민운동, 자유투쟁, 촛불시위와 같은 거시적이며 정치적인 영역에서의 '활동'일 수도 있고, 미시적이고 일상적인 생활 속에서의 '움직임'에 근거할 수도 있다. 중요한 것은 이 이야기들을 통해서 우리는 스스로의 '탄생성'을 증명한다는 점이다. 그리고 *FWD*에 나타난 교육활동들 역시 인간의 탄생 곧 '우리가 태어났다'는 사실이 정체되어 있는 명제가 아니라 자기 삶의 과정 속에서 언제나 끊임없이 생성되고 변화할 수 있는 역동적인 그 '무엇'으로서 우리가 살아가면서 지속적으로 삶을 통해 응답해야 하는 것임을 상기시킨다. 물론 에린 그루웰의 교육적 실천들이 모든 교육현장에서 이루어지고 있는 교육활동들을 대변할 수는 없다. 그럼에도 불구하고 에린 그루웰의 교육방식과 학생들과의 상호작용은 그들에게 이 세계가 어떤 곳인지 그리고 이 세계를 위해서 '새로운 시작'이 있어야 한다는 사실을 이해하도록 했다는 점은 분명하다. 사적영역에 갇혀 이전 세계가 부여하는 의도적이고 계획적이며 예측가능하고 통제가능한 삶의 범주 속에서 자신을 재단하고 목적화하려고 했던 *FWD*의 학생들은 자신의 자유로운 행위와 말을 통해 지속적으로 그들이 누구인지를 세계에 드러냄으로써 이 세계에 책임 있게 반응한다. 교육에 대한 아렌트의 사유는 *FWD*의 교사 에린 그루웰이 학생들을 마주하는 방식으로 구체화된다. 교육은 인간이 자기 탄생의 긍정을 가지고 복수의 인간이 살아가고 있는 이 세계를 편견 없이 이해함으로써 다른 존재들과 공존하기 위해 그리고 이 세계를 지속시키기 위해 '새로운 시작'을 거듭할 수 있도록 그들에게 어떻게 책임을 다할지를 고민하는 일인 것이다.

IV. 새로운 하나의 계기로서 '탄생성' 교육에 대한 희망

인간은 '탄생'이라는 사건을 통해 이 세계를 처음 접한 이래 계속해서 자신을 둘러싸고 있는 세계와 관계하며 점차 세계에 '익숙한' 이가 되어 간다. 인간이 이 세계에 대한 '낯섦'으로부터 '익숙함'으로 이행한다는 사실은 인간 삶이 '이미'와 '아직' 사이에서 끊임없이 역동하는 일임을 상기시킨다. 이러한 역동성은 이 세계에 새로운 누군가가 지속적으로 '출현'할 때 가능하다. 만일 지금 우리가 살고 있는 이 세계에 '새로운 시작'을 행할 누군가가 부재하게 된다면 이 세계는 더 이상 경이롭거나 활기찬 공간이 될 수 없을 것이다. 이는 이 세계에 새롭게 등장한 아이들이 우리에게 건네는 기적과도 같은 '뜻밖의 선물'(unexpected gift)을 통해서 확인할 수 있다. 예측할 수도 통제할 수도 없는 인간 삶 속에서 우리는 예기치 못한 일들로 인해 '진부함' 속에 갇혀 지내기도 하지만 다른 한편 기대하지 않았던/못했던 순간들과 마주함으로써 '새로움'의 계기를 접하기도 한다. 이 '새로움'을 지속적으로 선물받을 수 있는 길은 이 세계에 아직 오지 않은 누군가를 위해 세계를 책임지는 일일 것이다. 우리가 잠시 머무는 이곳이 우리 이후에도 계속 남아서 새로워질 수 있도록 하기 위해서 말이다.

절대적 진리나 형이상학적 가치에 대해 비판적이었던 아렌트지만 그녀는 적어도 하나의 가치, 곧 우리의 공동 세계를 경신하기 위해 지켜야 할 하나의 덕목으로 '세계에 대한 책임'을 주장한다. 그리고 이것이 우리가 이 세계에 태어난 이유라고 강조한다. 그렇다면 우리는 어떻게 책임질 수 있는가? 이 세계를 위해 책임 있는 인간은 어떻게 가능한 것인가? 교육은 무엇을 할 수 있는가? 과연 아렌트가 교육의 본질로 제시한 '탄생성'은 세계를 위한 책임의 차원에서 실현될 수 있는 것인가? 아렌트는 '탄생성'에 근거하여 교육이 지향해야 할 바를 통해 세계를 위한 책임의 형태를 제시한다. 그것은 이 세계에 대한 사랑을 전제하여 아이들을 얼마나 사랑할지에 대한 정도를 결정하는 일이다. 우리는 아이들을 얼마나 어떻게 사랑해야 할 것인가? 본고에서 아렌트의 교육에 관한 사유와 *FWD*의 실례를 통해 교육은 아이들을 사랑하고 그들에게 책임져야 할 '세 지점'에 놓여야 함을 확인할 수 있었다.

첫째, 교육은 인간의 '복수성'에 편견 없이 반응할 수 있도록 서로를 집단이 아닌 개별 존재로 존중함으로써 아이들에게 이 세계를 책임지는 일을 준비시킬 수 있어야 할 것이다. 그리고 이를 위해 둘째, 교육은 아이들에게 이 세계가 어떤 곳인지를 '자세히', '제대로', '공정하게' 소개함으로써 그들이 세계를 이해하고 새롭게 할 수 있는 바탕을 마련해야 할 것이다. 이러한 가운데 셋째, 교육은 세계의 지속적인 '새로움'을 위해 아이들이 말과 행위로서 자신을 드러냄으로써 책임 있게 이 세계에 참여하도록 요청해야 할 것이다. 이것이 새로움의 보존과 발현이라는 역설적 의미를 내포하고 있는 '탄생성' 개념이 교육학적으로 지니고 있는 난제에도 불구하고 우리가 교육에서 '새로운 시작'으로서의 '탄생성'과 그것에 근간하고 있는 아렌트의 교육적 사유를 간과할 수 없는 이유이다. 세계가 새로워지지 않고서는 우리들 중 어느 누구도 삶의 '진부함'으로부터 벗어나 '기적'을 경험할 수 없을 것이다. 이에 비록 20여 년 전 미국의 상황(*FWD*)을 선례로 제시하긴 했지만 인간의 '탄생성'을 기만하는 삶의 형태들이 우리 사회에 여전하다는 점에서 본 연구가 우리의 교육과 교육자들에게 '또 하나의 새로운 계기'라는 메시지를 전할 수 있기를 희망해 본다.

참고문헌

김중철(2015). 영화 속 글쓰기 교육의 양상과 의미 - 영화 「프리덤 라이터스 (Freedom Writers)」를 중심으로.『동남어문논집』 40, 41-59.

김지수(2011).『존재적 삶의 태도 형성을 위한 '자각의 글쓰기' 교육방안 연구』. 이화여자대학교 석사학위논문.

박 혁(2009). 사멸성, 탄생성 그리고 정치-한나 아렌트(Hannah Arendt)에게 있어서 사멸성과 탄생성의 인간조건이 갖는 정치적 함의.『민주주의와 인권』 9(2), 251-279.

우정길(2013a). Hannah Arendt의 '탄생성'의 교육학적 의미.『교육의 이론과 실천』 18(3), 47-71.

우정길(2013b). 아렌트(H. Arendt) '탄생성'의 교육학적 수용-마스켈라인(J. Masschelein)의 논의를 중심으로.『교육철학연구』 35(3), 139-159.

우정길(2014). 탄생적 상호주관성과 교육-비에스타(G. Biesta)의 아렌트(H. Arendt) 수용을 중심으로.『교육철학연구』 36(1), 53-72.

우정길(2015). 교실-탄생성의 공간.『교육철학연구』 37(3), 131-153.

이은선(2003a). 한나 아렌트의 '인간의 조건'과 '공공성'에로의 교육.『교육철학』 29, 45-73.

이은선(2003b). 한나 아렌트 사상에서 본 교육에서의 전통과 현대.『교육철학』 30, 139-159.

이은선(2013).『생물권 정치학 시대에서의 정치와 교육 - 한나 아렌트와 유교와 의 대화 속에서』. 서울: 모시는사람들.

이지은(2016). Levinas의 "타자철학" 관점에서 본 교육적 관계맺음의 의미: 영화 <Freedom Writers>에 나타난 교사와 학생 관계를 중심으로.『교육과학연구』 47(3), 125-144.

조나영(2013). 한나 아렌트의 "교육의 위기"를 통해서 본 '탄생성' 교육의 의미. 『인문과학연구논총』 34(1), 331-364.

조나영(2015).『한나 아렌트 '탄생성'의 교육적 함의』. 고려대학교 박사학위논문.

Arendt, H.(1963). *On Revolution.* 홍원표 역(2007). 『혁명론』. 파주: 한길사.

Arendt, H.(1969). *Between Past and Future*(5th ed.). Cleveland: The World Publishing Company.

Arendt, H.(1982). *Lectures on Kant's Political Philosophy.* 김선욱 역(2002). 『칸트 정치철학 강의』. 서울: 푸른숲.

Arendt, H.(1998). *The Human Condition*(2nd Ed.). Chicago: University of Chicago Press.

Arendt, H.(2003). *Responsibility and judgment.* J. Kohn ed. New York: Schocken Books.

Canovan, M.(1992). *Hannah Arendt: A Reinterpretation of Her political Thought.* New York: Cambridge University Press.

Edgoose, J.(2010). Hope in the Unexpected: How can Teachers Still Make a Difference in the World?. *Teachers College Record* 112(2), 386-406.

Gehlen, A.(2004). *Der Mensch, seine Natur und seine Stellung in der Welt.* 이을상 역(2010). 『인간, 그 본성과 세계에서의 위치』. 서울: 지식을만드는지식.

Gordon, M.(2001). *Hannah Arendt and Education.* Westview Press.

Gruwell, E.(1999). *The Freedom Writers Diary.* New York: Broadway Books.

Higgins, C.(2003). Teaching and The good life: A critique of the ascetic ideal in education. *Educational Theory* 53(2), 131-154.

Jessop, S.(2011). Children's Participation. An Arendtian Criticism. *Educational Philosophy and Theory* 43, 979-996.

Jung-Ah, Choi.(2009). Reading Educational Philosophies in *Freedom Writers.* The Clearing House: A Journal of Educational Strategies, *Issues and Ideas* 82(5), 244-248.

Levinson, N.(1997). Teaching in the midst of Belatedness: The Paradox of Natality in Hannah Arendt's Educational Thought. *Eduactional Theory* 47(4), 435-451.

Levinson, N.(2001). Learning to live together: Hannah Arendt on the political conditions of ethical life. Ph.D. Thesis. University of Illinois.

Lock, P. A.(2010). Transcending Time through Professional Development: The Freedom Writers Institute. Ph.D. Thesis. University of Redlands.

Nussbaum et, al.,(1996). *For Love of Country?.* 오인영 역(2003). 『나라를 사

랑한다는 것』. 서울: 삼인.

Peters, W.(1987). *A Class Divided, That and Now.* 김희경 역(2016). 『푸른 눈 갈색 눈』. 서울: 한겨레출판.

Petersen, A. H.(2009). Their Words, Our Story: Freedom Writers as Scenario of Pedagogical Reform. *Film & History: An Interdisciplinary Journal of Film and Television (FilmH)* 39(1), 31-43.

Ruiz, R.(2014). A secondary data analysis of students' tolerance, relatedness, and collaborative, creative thinking activities. B.A. Thesis. California State University, Long Beach.

Swift, S.(2009). *Hannah Arendt.* 이부순 역(2010). 『(스토리텔링) 한나 아렌트』. 서울: 앨피.

Schutz, A. & Moss, P. A.(1999). Habermas, Arendt, and the Tension Between Authority and Democracy in Educational Standards: The Case of Teaching Reform. *Philosophy of Education* 1999, 266-275.

Young-Bruehl, E.(1982). *Hannah Arendt: For Love of the World.* 홍원표 역(2007). 『한나 아렌트 전기』. 고양: 인간사랑.

Young-Bruehl, E. & Kohn, J.(2001). What and How We Learned From Hannah Arendt: An Exchange of Letters. Gordon, M.(Ed.). *Hannah Arendt and Education.* Westview Press, 225-256.

제2부

교육적 사유의 새 지평

7장

활동적 삶과 교육: 행위*

Ⅰ. 교육의 목적으로서 개별화와 사회화

2015 개정 교육과정안은 이전의 교육과정에 비하여 '학습(자)중심'이라는 두드러진 특징을 보인다. 이와 같은 특징은 2015 개정 교육과정문서에서 개정 배경 및 필요성으로 "많이 가르치는 교육에서 배움을 즐기는 '행복교육'으로 교육 패러다임 변화", 개정의 기본 원칙으로 "자신의 꿈과 끼를 발휘할 수 있도록 학생 중심의 교육과정 운영", 그리고 교과 교육과정 개정 방향으로 "배움의 즐거움을 경험할 수 있는 학생 중심 교과 교육과정 개발"이라는 진술에서도 확인할 수 있다.(소경희, 2015: 199) 이와 같은 교육과정 문서상의 변화는 이전의 우리나라 교육과정 문서에서 일관되게 유지되어 왔던 교과 지식 중심의 진술에 비추어 볼 때 획기적인 변화라 할 만하다. 이는 그동안 우리나라의 교육이 교과중심으로 운영되어 왔으며, 상대적으로 학습자의 관심이나 필요가 많이 배제되었던 것에 대한 문제의식의 발로라고 할 수 있다. 그리하여 새로 개정된 2015 개정 교육과정에서는 전달되어야 할 내용의 가치보다는 배우는 학생들의 행복에 초점을 두고 학생들의 꿈과 끼를 발휘할 수 있는 교육과정을 운영하여, 21세

---

* [출처] 박은주(2017). 교육의 목적, 개별화인가, 사회화인가?: 한나 아렌트의 '행위' 개념을 중심으로. 『교육철학연구』 39(4), 35-62.

기가 요구하는 창의융합형 인재를 양성하겠다는 포부를 밝히고 있다. 이와 같은 교육과정의 방향은 교육목적의 측면에서 볼 때, 학생 개개인의 개성과 자유의 표현, 그리고 개인의 권리를 중요시하는 '개별화'(individuation)와 맥락을 같이 한다고 볼 수 있다.

그러나 다른 한편으로, 2015 개정 교육과정에는 이와 같은 인간을 기르기 위한 구체적인 방안으로 자기관리역량, 지식정보처리역량, 창의적 사고역량, 심미적감성역량, 의사소통역량, 공동체역량 등 6가지 핵심역량을 기술하고 있다.(소경희, 2017: 232) 이 연구의 맥락에서 특히 의사소통역량과 공동체역량이 눈길을 끈다. 이 두 가지 역량은 타인과 소통할 수 있고, 타인을 배려할 수 있는 공동체감각을 지닌 민주시민으로 발달할 수 있도록 하겠다는 취지로 읽힌다. 이것은 교육목적의 측면에서 볼 때, 위에서 살펴보았던 개별화보다는 '사회화'(socialization)에 더 가깝다고 할 수 있다. 그런데 여기에서 드는 의문은 이 두 가지 목적 간의 관계이다. 2015 개정 교육과정에서는 학생들의 꿈과 끼를 키울 수 있는 교육과정을 따로 마련하고 이것을 실현할 수 있는 일환으로 자유학기제를 운영하겠다고 밝히고 있는데, 그렇다면 꿈과 끼를 실현하는 교육과정을 통해 공동체역량과 의사소통역량도 함양하겠다는 것인지, 아니면 공동체역량과 의사소통역량은 다른 교과를 통해 함양하겠다는 것인지, 그 경우에 개별화와 사회화는 각각의 교과를 통해 별도로 추구되는지 잇따른 의문이 든다.

교육사상사의 측면에서 볼 때 '개별화'와 '사회화'는 경쟁하는 두 가지 교육목적으로서 긴장관계를 형성해 왔다. 개별화를 교육의 목적으로 보는 관점은 전통으로부터의 자유와 개인의 독립적 마음의 계발을 최우선으로 삼는 입장이며, 사회화를 교육목적으로 보는 관점은 세계에 입문함으로써만 개인의 마음의 발달이 가능하다고 보는 입장이라 할 수 있다.(곽덕주, 2013: 3) 예를 들어 개인의 자율성과 자유를 중시하는 진보적 교육관을 지지하는 입장은 한 인간이 된다는 것의 의미를 개인의 자유와 흥미, 자발성 속에서 찾고자 하였다면, 한 사회의 전통과 가치를 지지하는 보수적 입장은 한 인간이 된다는 것의 의미를 문화유산에로의 입문 속에서 찾고자 하였다.

그렇다면 개별화와 사회화라는 교육의 목적과 관련하여 이와 같은 대립이 빚어지는 이유는 무엇인가? 여기에는 교육을 자아와 세계를 관련짓는 일로 이해할 때, 실제로 가르침의 실천을 이루는 과정에서 자아와 세계 간의 항구적인 긴장이 발생하기 때문이다.(Mollenhauer, 1985/정창호, 2005: 116) 즉, 한 개인이 교육을 받는다는 것은 그 사회에서 가치롭다고 인정된 체계로서의 세계를 받아들이는 과정으로 이해될 수 있으며, 이 과정은 곧 그 사회 속에서 한 사람의 시민으로 자라가는 과정으로서의 사회화로 볼 수 있다. 그러나 한 개인이 세계를 받아들임으로써 사회화되어 갈수록 그 사회의 질서와 규범, 가치 등에 맞추어 정례화되어 가지만, 자아가 본래 가지고 있던 특이함(singularity)과 유별성(uniqueness)은 상쇄되는 것이 불가피하다. 그렇다고 하여 자아만의 고유한 주체로 있고자 할 때 그는 더 이상 세계에 속하지 않는다. 그 사회에서 용인되는 방식으로서의 언어와 표현양식, 공동의 규범이 없이는 다른 사람들과 소통할 수 없으며, 오직 자신의 내면 안에만 머물러 있어야 한다.

자아와 세계 간의 이 긴장과 대립을 몰렌하우어(K. Mollenhauer)는 자아와 세계 간에 발생하는 교육의 어려움, 즉 '아포리아'(aporia)라고 부른다.(Mollenhauer, 1985/정창호, 2005: 21). 교육의 역사에서 되풀이되어 왔던 개별화와 사회화, 두 사조간의 대립은 어떻게 보면 이 교육의 아포리아를 나름의 방식으로 해결하고자 한 시도였다고 볼 수 있다. 그러나 몰렌하우어는 교육에서 아포리아를 손쉽게 해결하려는 시도를 경계한다. 즉, 교육에서 자아가 세계를 받아들임으로써 사회화되는 과정이 중요하지만, 그 과정에서 개인의 자발성이나 자유가 억압받는다든지, 반대로 개인의 자유와 고유함은 존중되어야 하지만 세계 속에서 자아가 자리매김하는 것을 정당하게 존중하지 않는 교육은 모두 사회화와 개별화의 양극단으로 치우친 경우로서 교육에서의 아포리아를 회피한 결과라는 것이다. 오히려 몰렌하우어는, 교육은 회피할 수 없는 이 아포리아를 인정하는 것에서 출발한다고 조언한다. 그리하여 자아와 세계 간의 긴장을 회피하지 않으면서, 세계와의 관계 속에서 자아의 고유성을 보존할 방도를 찾는 것이 중요하다는 것이다.

몰렌하우어의 주장은 교육이 자아와 세계의 항구적인 긴장을 인정하는 것에서 출발하며, 그 긴장과 갈등에도 불구하고 양자의 의미 있는 관계방식을 모색하는 작업이라는 것을 상기시켜 준다. 그 긴장을 외면할 때 우리는, 세계에 대한 강조만으로도 고유한 주체성의 개인으로 자라도록 하는 교육이 가능하다거나, 혹은 개인의 개성과 자유에 대한 강조만으로 이 사회에서 별 문제 없이 살아갈 수 있다고 하는 양극단의 주장을 오갈 수밖에 없다. 그렇다면 세계 속에서의 개인으로 자리매김하면서도 각 개인의 고유함을 상쇄하지 않는 방안은 무엇인가? 다시 말하여 타인과 더불어 살아가는 시민이 되면서도 자신만의 주체성과 자율성을 잃지 않는 개인이 되는 것은 어떻게 가능한가? 이 점에서 벤하비브(S. Benhabib)가 한나 아렌트의 논의에서는 "사회화와 개별화가 동전의 양면을 이룬다"고 지적하였던 점에 주목할 필요가 있다.(Benhabib, 2003: 110) 즉, 아렌트의 논의 속에서는 각 개인의 고유함과 개성이 존중되면서도 그것이 타인들과의 관계 속에서 상호주관적으로 이루어지는 방식이 발견된다는 것이다. 벤하비브의 이 진술은 교육에서 개별화와 사회화의 접점을 찾고자 하는 이 연구에 통찰력 있는 하나의 관점을 제시해 준다.

이 연구의 목적은 교육의 항시적인 갈등의 주제였던 개별화와 사회화의 관계에 대하여 한나 아렌트의 '행위'(action) 개념을 통하여 교육에서 개별화와 사회화의 대립을 새롭게 바라보는 관점을 제안하고자 하는 데에 있다.1 그러나 정치철학자였던 아렌트의 논의를 교육적 논의로 끌어오기 위

---

1 혹자는 아렌트가 정치철학자였다는 점, 정치와 교육의 엄격한 분리를 주장하였다는 점을 들어 정치적 용어인 행위를 교육의 영역으로 가져오는 것의 적절성에 의문을 제기하는 사람도 있을 것이다. 더구나 행위의 개념적 기원 또한 고대 그리스의 폴리스에서 이루어지던 정치활동에 근거하고 있다는 점을 고려하면 이 같은 의문은 더욱 설득력을 얻는다. 그러나 임성훈(2007: 551)에 따르면, 아렌트의 정치이론은 정치적 조직이나 제도적 의미와 같은 일반적으로 이해되는 '정치'(Politik)에 관한 이론이 아니다. 왜냐하면 아렌트는 복수성에 바탕을 둔 사람들 사이의 다양성이 존중되며, 이에 따른 인간의 자유로운 자기실현이 가능한 소통의 장이 마련되는 '정치적인 것'(das Politische)에 그 주안점을 두고 있기 때문이다. 뿐만 아니라 아렌트의 저술 전반에 드리워진 실존주의적 색채 때문인지 히긴스(Higgins, 2011:

해서는 그동안 교육적 맥락에서 개별화와 사회화의 문제가 어떻게 다루어졌는지를 소개할 필요가 있다. 이를 위해서 II장에서는 그동안 교육사상사에서 개별화와 사회화가 어떻게 대립적으로 추구되어 왔는지, 또 그것의 대립을 화해하고자 한 시도로 어떠한 논의들이 있었는지를 살펴본다. III장에서는 아렌트의 행위 개념에서 발견되는 개별화와 사회화의 계기를 소개하고, 이것이 어떻게 대립하고 있는지를 살펴본다. IV장에서는 아렌트의 행위개념에서 개별화와 사회화의 긴장이 어떻게 화해될 수 있는지를 공동탁자의 비유를 통하여 살펴본다. V장에서는 결론적으로 아렌트의 관점이 기존의 개별화와 사회화에 대한 입장과 어떠한 차별성과 의의를 지니는지 그 교육적 함의를 살펴본다.

II. 교육사상사에서 사회화와 개별화의 대립

교육사상사는 그 세부명칭은 다르지만, 큰 맥락에서 보면 '사회화'와 '개별화' 사이를 왔다 갔다 한 대립의 역사라고 볼 수 있다. 피터즈(R. S. Peters)는 이 두 사조의 대립을 교육에서 각각 '내용'과 '방법'을 극대화한 결과로 파악하였고(Peters, 1966/이홍우·조영태, 2004: 41), 몰렌하우어는 이 대립을 세계와 자아 간의 경계선상에서 어느 한쪽을 극단적으로 강조함으로써 빚어지는 대립으로 보았다.(Mollenhauer, 1985/정창호, 2005: 29) 그렇다면 교육목적으로서 사회화와 개별화를 주장하는 입장은 각각 무엇을 최우선으로 강조하는가? 이하에서는 두 입장의 핵심주장이 무엇인지, 사회화와 개별화의 극단적 입장이라 할 수 있는 '제작모형'과 '반교육학'을 통하여 살펴보겠다.

---

94)를 비롯한 교육철학자들 뿐만 아니라, 캐노반(M. Canovan)을 비롯한 정치철학자들 중에서도 행위개념을 정치적 차원에 국한시키지 않고 인간의 존재론적 차원에서 폭넓게 해석하는 경향이 증가하고 있다. 이 점에서 아렌트의 행위개념 속에 들어있는 개별화와 사회화의 기제를 통해 한 사람의 인간존재가 된다는 것의 교육적 의미를 추적하는 것은 충분히 탐색할 가치가 있다고 생각된다.

제작모형은 다른 말로 '만듦의 교육'이라 할 수 있다. 마스켈라인(J. Masschelein)은 '만듦의 교육학'의 근대적 초석을 놓은 사람으로 칸트를 지목한다.(Masschelein, 1991: 5; 우정길, 2013: 143재인용) 즉, 칸트가 그의 『교육에 대하여』에서 "인간은 교육받아야 하는 유일한 피조물이다. … 인간은 교육이 그로부터 만들어낸 것에 불과하다"(Kant, 1998: 697)고 선언한 이래 교육은 인간을 만들어내는 기제로 이해되어 왔다는 것이다. 이 만듦의 교육에서 교육은 "근대 이전의 시대에 신적 지혜를 대변하던 교육자가 이제 보편이성의 담지자로서 아직 지적, 도덕적 미성숙의 상태에 있는 피교육자를 계몽하여야 할 책무를 담당하는 것"으로 이해된다.(우정길, 2013: 143) 미성숙한 개인을 자율적인 인간으로 만드는 과정에서 불가피하게 발생되는 강제성에 대해 칸트는 "강제는 불가피하다"라고 한다. 즉, 칸트는 "부자유를 통한 자유 또는 강제를 통한 자유"라는 역설로 교육에서 발생하는 강제성을 옹호한다.

정도의 차이는 있겠지만, 일반적으로 제작모형은 명확하고 분명하게 설정된 외적 근거를 통하여 아이를 형성하고자 한다. 전통적으로 외적 기준의 근거는 진리, 실재, 전통, 규범 등이 차지하였으며 근대 이후로는 실현 가능한 가시적이고 구체적인 목표가 그 자리를 대체해 왔다.(박은주·곽덕주, 2016: 55) 교육의 준거를 외적 기준에 두게 되면 교육은 그 기준에 맞추어 아이를 만드는 것으로 간주된다. 몰렌하우어에 따르면 제작모형은 교육을 "소재의 가공, 성형, 변형"으로 이해하며, "외적 강제와 일방적 수용"을 그 주된 특징으로 한다.(Mollenhauer, 1985/정창호, 2005: 29). 주어진 목표가 충분히 정당하고 타당하다면, 그것에 이르는 과정에서의 강제성은 불가피한 것으로 간주된다. 이와 같은 제작모형은 사회화를 이루는 데에는 매우 효과적인 기제로 작용할 수 있다. 그러나 여기에는 개인의 고유함이나 자발성, 주체성은 언제나 간과되는 측면이 있다.

반면에 개별화를 목적으로 하는 사조는 교육에서 내용이 아닌 학습자를 우위에 둔다. 이 사조에서 교육의 근거는 아동의 내면에 본래적으로 갖추어져 있는 고유함과 자발성이다. 아이들에게는 아이들만의 세계가 있으며,

아이의 관심이나 자발적 의사를 존중하지 않고 외적 기준에 의하여 일방적으로 학습자에게 내용을 주입하는 것은 아동을 억압하는 일이 된다.(박은주·곽덕주, 2016: 55) 개별화를 교육의 가장 큰 목적으로 보는 사조는 교육 사상사에서 미국의 진보주의나 영국에서 닐(A. S. Neill)의 자유교육, 독일에서의 반(反)교육학(Antipädagogik)을 들 수 있다. 그중에서도 개별화를 목적으로 삼는 사조 중 가장 극단적 형태라 할 수 있는 반교육학은 단순히 권위적인 교육을 비판하는 데 그치지 않고 기존의 모든 교육을 거부하고 "교육자체를 의문시하며"(Mollenhauer, 1985/정창호, 2005: 29) 아동에 대한 어른의 일체의 간섭을 부정하고자 하였다. 반교육학에서는 교육을 어린이의 발전 과정에 "동반하는 것으로", 즉 어린이를 존중하는 것으로 제한하며, "어린이의 권리에 대한 존경", "어린이의 감정에 대한 관용", "어린이의 태도로부터 배우려는 자세"를 강조한다.(Mollenhauer, 1985/정창호, 2005: 29) 몰렌하우어에 의하면, 반교육학적 태도를 가진 사람은 "그저 마음씨 좋은 아저씨"로서 어린이와 겪는 모든 가능한 상황들을 어떤 이론에도 의존함이 없이 자발적으로 경험한다.(Mollenhauer, 1985/정창호, 2005: 29) 반교육학은 개인의 자발성과 의지, 자유를 무엇보다 우선으로 놓는다. 반면에 이것에 영향을 미치고자 하는 어떠한 교육적 시도들도 '간섭'이나 '억압'의 기제로 해석되는 경향이 있다. 반교육학은 개별화를 교육의 가장 최우선의 목적으로 삼는 대신에 사회화에 대하여는 침묵한다고 볼 수 있다.

물론, 교육사상사에서 개별화와 사회화의 대립을 화해하고자 하는 시도도 꾸준히 있었다. 대표적으로 피터즈나 오크쇼트(M. Oakeshott)는 사회화의 관점에서 개별화를 통합하고자 한 입장이라 할 수 있다.

"학생에 관하여 생각해 보면, 여기에는 오래전부터 교육과 관련하여 지적되어 온, 이미 잘 알려진 딜레마가 하나 있다. 즉, 학습은 지식의 획득인가, 아니면 학습자의 인격의 발달을 의미하는가? 교수는 학생으로 하여금 인류 공동의 유산으로 입문하도록 이끄는 일인가 아니면 학생으로 하여금 자기자신을 최대한으로 실현하도록 도와주는 일인가? … 올바른 해결책을 찾기 위하여 우리가 분명히 알아야 할 것은, 한편으로 학생이 인류 공동의 유산을 상속받는 것과, 다른 한편으로 그가 자기 자신을 최대한으로 실현하는 것 사이에는 아무런 간극이 없다는 것이다. … 인간이 자기 자신을 최대한으로 실현하는 길이 있다면 그것은 이 인류 공동의 유산이라는 거울에 비추어 스스로의 존재를 인식하는 것을 학습하는 것 오직 이것뿐이며 이것 외에 다른 방법은 없다."(Oakeshott, 1989: 46-47)

위의 인용은 교육을 문화유산에의 입문으로 이해하였던 오크쇼트의 입장을 잘 보여준다. 위의 인용에서 오크쇼트는 교육의 목적에 대한 오래된 딜레마, 즉 학생에게 지식을 가르쳐 인류 공동의 유산으로 입문하도록 도와주는 것을 목적으로 할 것인지, 아니면 학생의 자아를 최대한 실현하는 것을 목적으로 할 것인지에 대한 문제를 제기하고 있다. 그런데 오크쇼트는 이 딜레마에 대하여 문화유산에의 입문과 자아실현 사이에는 아무런 간극이 없다고 한다. 오크쇼트가 보기에 한 사람의 자아가 된다는 것은 "문화유산이라는 거울에 비추어 스스로를 인식하는 법을 학습하는 것", 그것 이외에는 방법이 없다. 이 인류공동의 세계를 떠나 선험적으로 미리 존재하는 자아가 있어서 그것을 실현할 방도가 따로 존재하는 것이 아니라는 것이다. 이와 같은 오크쇼트의 주장에 대하여 곽덕주(2013: 10)는, 마치 문화유산으로의 입문자체가 필연적으로 자기실현으로 이어진다고 봄으로써 교육에서 학습자의 주체적이고 능동적인 태도의 역할과 가치를 충분히 인정하지도, 부각시키지도 못하는 결과를 초래한다고 비판한다. 만약 오크쇼트의 말대로 문화유산으로의 입문 자체가 학습자의 자기 의식성을 낳는다면 교육은 문화유산의 전달 자체로 모두 설명될 것이며, 더 이상 아포리아도 발생하지 않을 것이다. 이것을 자아와 세계의 관계에서 보면 자아의 발달을 세계로의 입문, 혹은 세계의 전수 자체로 설명함으로써 자아의 고유한 자유와 유일성을 간과하는 위험을 지닐 수 있다.

이것은 교육의 목적을 사회화로 보는 입장이 빠질 수 있는 위험성을 드러내어 준다. 이 위험은 애초에 세계에 입문하는 것은 어떻게 가능한가 하는 질문을 대면해 볼 때 더욱 분명하게 드러난다. 세계로의 입문이 곧 자아실현을 가능케 한다는 오크쇼트의 견해가 가지는 난점은, 세계로의 입문을 위해서 필연적으로 요청되는 자아의 능동적인 반응과 결단을 간과한다는 것이다.(곽덕주, 2013: 10) 이 점이 오크쇼트가 학습자의 자기의식적 학습을 강조함에도 불구하고 그의 교육관을 주지주의적으로 보이게 하는 약점으로 작용하기도 한다.

반면에 개별화의 관점에서 사회화를 통합하고자 하였던 입장도 있다. 교육에서 진보주의 입장은 이상과 같은 전통적, 보수적 교육관에서 상대적으로 간과되어 왔던 학습자의 능동적이고 주체적인 자기의식의 측면을 주목하였다고 볼 수 있다. 그중에서도 듀이(J. Dewey)는 사회화와 개별화의 대립을 "외부로부터의 형성"과 "내부로부터의 계발"이라는 두 가지 사조간의 갈등으로 파악하였다.(Dewey, 1902/박철홍, 2002: 93-106) 듀이에 의하면, 전통적 교육은 과거로부터 전해 오는 지식과 정보와 기술의 총체로 이루어진 교육내용을 학생에게 전달해서 그 표준에 맞추어 아이를 교육하는 것을 가장 중요한 과업으로 여긴 반면에, 새교육(극단적 진보주의)은 모든 교육의 방점을 아동의 개성의 표현과 신장을 중시하고 그것을 계발하는 데에 두었다는 것이다. 그러나 두 사조 모두 외부의 세계와 아동의 내면을 분리시켰다는 점에서 듀이에게 동일한 비판의 대상이 된다.

이와 같은 듀이의 문제의식은 다른 저서에서도 동일하게 표현된다. 듀이는 그의 저서 『민주주의와 교육』에서 교육의 목적을 언급하면서 한 사람을 시민으로 기르고자 하는 사회화2라는 목적과, 각 개인의 특이성이나 특출한 자질, 개성을 발달시키고자 하는 개별화라는 목적 간에는 기본적으로 간극이 없다고 한다.

> "민주주의에 도덕적 이상이 있다면 그것은 모든 사람이 사회에 대하여 응분의 공헌을 하여야 한다는 것이요, 또 모든 사람에게 각각의 특이한 능력을 발달시킬 기회가 주어져야 한다는 것이다. 교육에서 이 두 가지 목적이 분리된다는 것은 민주주의로서는 치명적인 결함이며, 좁은 의미에서의 사회

---

2 듀이는 『민주주의와 교육』에서 사회화를 '사회적 효율성'으로, 개별화를 '교양'으로 부르고 있으나, 의미상의 큰 차이는 없기 때문에 이 연구의 맥락에 맞게 사회화와 개별화로 표기하였다.

적 효율성을 교육의 목적으로 채택하는 것은 민주주의의 근본 의도를 무효화하는 것이다. … 그리고 '내적인' 퍼스낼리티를 완성시킨다는 생각은 사회적 분열의 확실한 징조이다. '내적'이라고 하는 것은 단순히 다른 사람들과 연결되지 않은 것, 자유롭고 충만한 의사소통이 불가능한 것을 가리킨다."(Dewey, 1916/이홍우, 2007: 202)

위의 인용에서 듀이는, 오크쇼트와 동일하게 사회화와 개별화라는 두 가지 목적은 분리되지 않는다고 주장한다. 그러나 그 강조점의 차이는 오크쇼트와는 상이한 방향으로 논의를 이끌게 된다. 사회화와 개별화를 분리하는 입장을 비판하면서 듀이는 한편으로, 한 개인을 그 사회가 필요로 하는 시민으로 기르고자 하는 사회화라는 목적이 각 개인의 특이성, 즉 개별화를 배제한 채 이루어지는 것을 좁은 의미에서의 사회적 효율성이라고 하여 비판한다. 다른 한편으로 듀이는, 사회화의 의미를 배제한 채 순전한 '내적인' 개별성을 완성한다는 생각 또한 비판한다. 타인에게 봉사하기 위해 자신을 희생시켜야 한다든가, 혹은 자신의 자아를 실현하기 위해 타인을 희생시켜야 한다는 것은 이분법적 사고로서 명백히 잘못이라는 것이다. 즉, '사회적 효율성'(사회화)과 '개인적 교양'(개별화)은 반대가 아니라 '동의어'에 해당한다는 것이다.(Dewey, 1916/이홍우, 2007: 203)

"사회적 효율성(사회화)을 다른 사람에게 외적인 봉사를 하는 것으로 규정하면, 그것은 경험의 의미를 심화한다는 목적과 필연적으로 상치되며, 마음의 내면적 세련으로 해석된 교양(개별화)은 사회화된 성향과 대립을 이룬다. 그러나 사회적 효율성이 진정한 교육목적이 되려고 하면 그것은 공동의 활동에 자유롭게 또 충만하게 참여하는 능력을 연마하는 것을 뜻하는 것으로 해석되어야 한다. 이것은 교양의 도움이 없이는 불가능하다. 그러나 또 한편, 이러한 공동 활동에의 참여는 교양에 도움이 되기도 한다. 왜냐하면 다른 사람과의 교섭에 참여하면서 학습을 하지 않는다는 것은 - 다시 말하여, 관점이 확장되어, 그 전에는 할 수 없었던 새로운 지각을 하게 되지 않는다는 것은 - 불가능하기 때문이다. 교양의 정의로서 가장 적합한 것이 있다면, 그것은 '의미지각의 범위와 정확성을 부단히 확장, 향상시켜 나가는

능력'이라는 정의일 것이다."(Dewey, 1916/이홍우, 2007: 204)

위의 인용에서 듀이는 진정한 의미의 사회화를 위해서는 개인의 충만한 교양이 없이는 불가능하다고 한다. 또한 개인의 교양 또한 그러한 공동의 활동에 참여함으로써 발달시킬 수 있다. 이것은 학습자의 '의미지각의 범위와 정확성'을 확장시켜 나감으로써 가능하다. 경험의 의미는 "개인적인 것인 동시에 사회적인 것이기도 하기 때문에"(Dewey, 1916/이홍우, 2007: 144), 듀이의 관점에서는 개인에게 유의미한 경험을 계속적으로 확장해 가는 것은 그 자체로 사회화의 과정과 분리되지 않는다. 이렇게 할 때에만 교육은 "아동, 청소년기의 개인적 발달을 도모하는 일일 뿐만 아니라 그들이 장차 구성원이 될 미래사회의 발달을 도모하는 일"로 될 수 있다.(Dewey, 1916/이홍우, 2007: 144) 그러나 개인에게 유의미한 경험이라고 하여 과연 사회적으로도 유의미한 경험으로 아무 갈등 없이 연결될 수 있는가? 개인의 흥미와 관심사에 맞추어 제공된 경험이, 한 개인이 훌륭한 시민이 된다는 것을 보장할 수 있는가? 아마도 일체의 이분법을 부정하고자 하는 문제의식에서 듀이는 개인과 사회의 연속성을 강조하였겠지만, 개별화와 사회화를 '동의어'로 보는 듀이의 관점은 양자 사이의 필연적인 긴장과 갈등을 간과한 것으로 볼 수 있다. 한 개인의 내밀한 경험의 차원에는 순전히 사회적 측면으로 환원되지 않는 사적인 차원이 존재하는 것이다. 아마도 이 점을 간과한 것 때문에 듀이는 표면적으로는 '집단적' 합의와 '공동의' 활동을 통해 사회개선을 추구한 사회적 실용주의자였음에도 불구하고, 실지로는 개인의 필요와 흥미에 초점을 맞추고 세계의 측면을 간과하였던 진보주의자로 쉽사리 오해받게 만들었는지도 모른다.

연구자가 보기에는, 개별화와 사회화의 화해를 시도하였던 오크쇼트나 듀이 모두 제한적 화해의 시도로 남는 것으로 평가될 수 있다. 아마도 그 이유는, 두 사람이 취하는 입장이 표면상 그 강조점은 상이함에도 불구하고, 개별화와 사회화의 분리를 반대하는 과정에서 양자 모두 개별화와 사회화 간의 합치할 수 없는 간극을 정당하게 존중하지 않는 것에서 기인하는 것으로 볼 수 있다. 즉, 사회화를 통한 개별화를 추구한다고 하는 입장이나 개별화를 통한 사회화를 추구하는 입장 모두 개별화와 사회화 사이에 존재할 수밖에 없는 간극을 정당하게 존중하지 않는 것으로 볼 수 있다는 것이며, 이 점에서 오크쇼트나 듀이의 화해방식은 제한적으로 될 여지를 남긴다.

한나 아렌트는 그녀의 저작 『인간의 조건』(1958)에서 인간의 활동양식을 노동(labor), 제작(work), 행위(action)로 구분하고, 각각의 활동양식에서 인간이 세계와 관계맺는 방식을 설명한다. 아렌트에 의하면, 노동은 육체를 가진 인간이 생계유지를 위하여 사적영역에서 이루는 활동이며, 제작은 사물세계를 만드는 고립된 인간의 활동, 그리고 행위는 공적영역에서 탄생성을 실현하는 활동으로 이해할 수 있다. 그런데 행위의 개념이 그 누구와도 다른 인간존재의 고유함이라는 '탄생성', 그리고 타인과 함께 세계에 관하여 소통하는 '공적영역'으로 구성된다는 점에서, 이것은 개별화와 사회화의 계기를 동시에 가진다고 볼 수 있다. 아렌트는 이와 같은 행위를 "사물이나 물질의 매개 없이 인간 사이에서 직접적으로 수행되는 유일한 활동"(Arendt, 1958/이진우·태정호, 1996: 57)이며, 한 사람의 인간으로서 출현하는 제 2의 탄생과 동일하다고 한다.(Arendt, 1958/이진우·태정호, 1996: 237) 이것은 한 사람의 인간존재가 된다는 차원에서 행위개념에 내재한 개별화와 사회화의 특이한 관련 방식을 탐색할 수 있는 가능성을 제안한다. 이하에서는 아렌트의 행위 개념 속에서 개별화와 사회화의 계기가 어떻게 발견되는지 살펴보겠다.

III. 한나 아렌트의 '행위' 개념에 드러난 개별화와 사회화의 긴장

1. 개별화의 계기: 탄생성

아렌트는 인간이 태어나는 현상에 주목하고 이로부터 진정한 인간존재가 된다는 것의 의미를 도출한다. 즉, 모든 인간이 '태어난다'는 사실로부터 저마다의 고유한 존재로서의 새로운 시작이 이루어진다는 것에 착안하고, 이것을 '탄생성'(natality)이라는 아렌트의 고유한 인간존재론으로 개념화하고 있는 것이다. 그런데 아렌트는 이 세계에 태어난다는 사실적 출생을 제1의 탄생, 그리고 이것과 별도로 인간세계에 하나의 고유한 존재로 태어나는 존재론적 출생을 제2의 탄생이라 하고, 이것을 '행위'라 부를 수 있다고 한다.(Arendt, 1958/이진우·태정호, 1996: 237) 그렇다면 아렌트에게 있어 한 사람의 개인이 진정한 인간존재로 되는 것과 행위는 불가분의 관계에 있다고 하겠다. 이것이 행위의 개념을 통해 아렌트가 그리고자 했던 인간존재가 된다는 것의 의미를 교육적 이상과 연결지어 해석해볼 수 있는 근거가 된다. 즉, 아렌트에게 있어 진정한 한 사람의 존재가 된다는 것은 바로 행위할 수 있는 인간이라는 것이다. 그렇다면 '행위'란 무엇인가?

> "행위는 탄생성의 인간조건과 가장 밀접한 관계를 가진다. 출생에 내재하는 새로운 시작은 새로 오는 자가 어떤 것을 새로이 시작할 능력, 즉 행위의 능력을 가질 때만 생각할 수 있다. 이러한 창발성(initiative)의 의미에서 행위의 요소, 즉 탄생성의 요소는 모든 인간활동에 내재한다."(Arendt, 1958/이진우·태정호, 1996: 57).

위 인용에 따르면, 행위는 탄생성이라는 조건과 가장 밀접한 관계를 가진다. 바로 탄생성이 행위의 존재론적 기반으로서, 행위를 가능하게 하는 기제가 된다는 것이다. 여기서 행위의 조건이 탄생성이라는 말은 무엇을 의미하는가?

행위가 탄생성을 조건으로 한다는 것은 먼저, 행위가 탄생성에 내재된 '새로운 시작'을 실현하는 활동이라고 이해할 수 있다. 그 이유는 위의 인용에서도 언급되었듯이 탄생성이 무엇보다 '새로운 시작'과 관련되기 때문이다. 탄생을 통해 주어진 근원적인 시작은 그가 자라는 과정에서 무엇인가를 새롭게 시작할 수 있는 능력으로 나타난다. 행위는 바로 이 탄생성에 내재한 시작을 자신의 삶 가운데 펼칠 수 있는 능력이라 할 수 있다. 이 때문에 행위는 '자유'와도 긴밀하게 관련된다. 자신의 새로움을 시작하는 것, 자신의 주도권을 쥐고 뭔가를 시작할 수 있다는 말은 무엇에도 구속되지 않고 그 사람만의 자유를 행사할 수 있다는 것을 의미하기 때문이다. 김비환(2001: 102)에 따르면, 아렌트의 행위개념이 의미하는 '시작으로서의 자유'는 주어진 몇 가지 선택대상 중에서 어떤 것을 선택하는 능력을 의미하는 아리스토텔레스적인 자유개념과는 다르다. 아렌트가 말하는 행위는 주어진 몇 가지 중에 선택하는 차원이 아니라, 이전에 없었던 전혀 새로운 것을 시작하는 능력으로서의 근원적인 자유라는 것이다. 이와 같은 자유의 원리는 아렌트가 시작의 개념을 설명하면서, "이 시작은 다른 누군가의 시작이 아니라 시작하는 자 자신의 유일한 시작"이라고 한 대목에서도 드러난다.(Arendt, 1958/이진우·태정호, 1996: 238) 즉, 다른 사람의 시작을 따라서 그대로 모방한다거나, 혹은 내 대신 다른 누군가가 나의 시작을 대신할 수 있는 것이 아니라는 것이다. 전적으로 새로운 것을 시작할 수 있는 자유를 본질로 가진다는 점에서 아렌트의 행위개념은 "어느 정도의 완전한 자의성"(a measure of complete arbitrariness)을 가진다고까지 말할 수 있다.(Arendt, 1965; 김비환, 2001: 103재인용)

행위의 조건이 탄생성이라는 것의 두 번째 의미는, 탄생성에 내재한 새로운 시작으로부터 뒤따라 나오는 것으로서 '예측불가능성'이라 할 수 있다.

> "이전에 발생한 무엇으로부터도 예상할 수 없는 새로운 어떤 것이 시작된다는 것은 시작의 본질에 속하는 성격이다. '사건의 예측불가능성'은 모든 시작과 기원에 내재한다. 새로운 것은 언제나 기적으로 위장하여 나타난다. 인간이 행위할 수 있다는 사실은 예상할 수 없는 것을 그에게 기대할 수 있다는 것과 또 매우 불가능한 것을 그가 수행할 수도 있다는 것을 의미한다. 이것이 가능한 것은 오직 각각의 인간이 유일하고 그래서 각자의 탄생과 더불어 유일하게 새로운 무엇이 세상에 존재하게 되기 때문이다.(Arendt, 1958/이진우·태정호, 1996: 238)

위의 인용에서 아렌트는 시작의 본질이 예측불가능성이라고 언급하면서, 새로운 시작으로서의 행위가 가지는 급진적 성격을 부각시키고 있다.

인간존재와 그의 행위가 시작으로 특징된다는 것은 전에는 없었던 새로운 무엇인가가 개시되었다는 가능성과 희망을 열어주지만, 그 결과나 종착지는 아무도 모른다. 이것은 행위가 바깥에서 미리 정해진 목적을 이루기 위한 수단으로서의 활동이 아니라는 것을 드러낸다. 또한 처음부터 끝까지 명확한 계획하에 완성될 수 있는 확실하고 분명한 결과를 산출하는 활동도 아니라는 점을 드러낸다. 행위는 단지 새로운 시작으로 나타나기 때문에 아무도 예측할 수 없고, 전에는 불가능했던 것을 시작할 수 있는 가능성을 나타내기 때문에 마치 기적에 비유될 수 있다. 따라서 어떤 사람이 행위할 수 있다는 것은 예상할 수 없는 것을 이룰 수 있고, 불가능한 것도 수행할 수 있다는 가능성과 희망을 이야기한다.

행위의 조건이 탄생성이라는 것의 세 번째 의미는 행위는 나의 고유한 인격, 즉 정체성을 드러내는 활동이 된다는 것이다. 그 누구와도 다른 자신만의 방식으로 새로운 시작을 할 수 있다는 것은 곧 다른 사람과는 구분되는 그 사람만의 고유한 주체성, 곧 그 사람이 누구인가를 드러내는 방식이 된다. 이러한 의미에서 행위는 "자신을 보여주고 능동적으로 자신의 고유한 인격적 정체성을 드러내는" 활동(Arendt, 1958/이진우·태정호, 1996: 239)이 된다.

> "말과 행위는 이러한 유일한 차이성을 드러낸다. 사람은 말과 행위를 통하여 다른 사람과 단순히 다르다는 것을 넘어 능동적으로 다른 사람과 자신을 구분한다. 말과 행위는 인간이 물리적 대상으로서가 아니라 인간으로서 서로에게 자신을 드러내는 양식이다. 단순한 육체적 존재와 구별되는 이러한 '출현'은 창발성에 의존한다. 그러나 이 창발성은 인간이면 누구나 억제할 수 없는 것이다."(Arendt, 1958/이진우·태정호, 1996: 236).

위의 인용에서 아렌트는 다른 사람과 구분되는 그 사람의 유일성은 말과 행위를 통해서만 드러난다고 한다. 단순히 육체적 존재가 아니라 한 사람의 인간으로서 자신의 존재를 전달하는 방식이 행위라는 것이다. 이것은 인간의 존재론적 욕구에 가까운 것으로서 "누구나 억제할 수 없는 것"

이다.(Arendt, 1958/이진우·태정호, 1996: 236) 이와 같이 행위를 통해 드러나는 그 사람의 존재는 곧 그 사람이 누구인가 하는 그의 인격, 즉 그 사람의 정체성이라고 할 수 있다. 이 점에서 행위가 탄생성을 실현한다는 의미는 주체를 현시하는 활동양식으로 이해된다.(김비환, 2001: 98)

이상의 논의를 종합하면 행위는 탄생성을 실현하는 기제로서 그 누구와도 다른 그 사람만의 고유함과 유일성을 드러내는 활동양식이다. 행위는 오직 그 사람만의 새로운 시작이기 때문에 예측불가능하며 근원적인 자유의 성격을 지닌다. 이와 같은 행위의 성격은 교육에서 한 개인의 성장을 도울 때 "전통으로부터의 자유와 개인의 독립적 마음의 개발을 최우선으로 삼는"(곽덕주, 2013: 3) 개별화의 계기와 일맥상통한다. 그런데 행위를 이와 같이 이해할 때, 행위가 가진 급진적인 성격에 내재한 위험성을 포착하게 된다. 왜냐하면 탄생성을 실현하는 활동으로서의 행위는 그 예측불가능성과 근원적 자유로 인하여 기존의 질서나 관습, 전통과 갈등을 빚을 수밖에 없다. 개인의 자유와 창발성은 종종 반사회적이고 기존질서에 대한 저항의 성격을 지니고 있기 때문이다. 또한 김비환(2001: 103)이 지적하고 있듯이, 탄생성에 내재한 새로운 시작으로서의 행위는 어느 누구에게도 구속되지 않는 근원적인 자유를 의미하기 때문에 자의적인 성격까지 지니고 있다. 이 점에서, 행위가 단지 탄생성의 실현으로만 규정된다면 그것은 주체중심 철학자들이 말하는 자기표현의 자유와 유사한 것으로서, 일종의 반사회적 성격을 띨 수 있다. 이와 같은 정치와 사회, 문화에서의 자유주의는 교육에도 영향을 미쳐 극단적 진보주의자들이나 반교육학에서 말하는 방임으로서의 자유와 유사한 형태로 드러난다. 여기에는 개인의 자유와 자발성만 강조될 뿐, 개인이 따라야 할 사회규범이나, 타인과의 관계 속에서 어떻게 해야 할지에 대한 논의는 찾기 힘든 것이다.

2. 사회화의 계기: 공적영역

"행위의 근본조건은 복수성(plurality)으로서 인간조건, 즉 보편적 인간
(Man)이 아닌 복수의 인간들(men)이 지구상에 살며 세계에 거주한다는 사
실에 상응한다. … 만약 인간들이란 같은 모델을 무한히 반복하여 재생산
할 수 있고, 따라서 그 본성과 본질은 모두 동일하며 다른 사물의 본질처럼
규정가능한 것이라면, 행위는 불필요한 사치이거나 일반적 행동법칙을 변덕
스럽게 간섭하는 것에 지나지 않을 것이다. 어떤 누구도 지금껏 살았고, 현
재 살고 있으며, 앞으로 살게 될 다른 누구와 동일하지 않다는 방식으로만
우리 인간은 동일하다. 이 때문에 복수성은 인간행위의 조건인 것이
다."(Arendt, 1958/이진우·태정호, 1996: 57)

위의 인용에서 아렌트는 행위의 또 다른 조건이 복수성(plurality)이라고
한다. 이것은 행위가 고립된 개인의 활동이 아니라 어디까지나 인간들 사
이에서 이루어지는 활동이라는 것이다. 아렌트에 따르면, 행위는 "사물이
나 물질의 매개 없이 인간 사이에 직접적으로 수행되는 유일한 활동"(Arendt,
1958/이진우·태정호, 1996: 57)이며, 이 때문에 다양한 활동양식 중에 가장
인간적인 활동양식이 된다. 아렌트에게 있어 인간존재는 늘 탄생성을 지
닌 복수의 인간들(men)로 제시된다는 것에 유의할 필요가 있다. 이것은
두 가지를 의미한다고 볼 수 있다. 한편으로, 만약 인간이 고립되어 혼자
살아가는 존재라면 행위는 불필요할 것이다. 자신의 탄생성을 드러낼 타
자가 없기 때문이다. 다른 한편으로 다수의 인간들이 인간종(human species)
으로만 존재한다면 행위는 역시 불필요할 것이다. 왜냐하면 모두가 동일
하기 때문에 동일한 행동법칙을 따라 살면 될 뿐, 행위를 통해 자신의 유
일성과 새로움을 드러낼 이유가 없는 것이다. 그러나 행위가 복수의
(plural) 인간들 간에 이루어지는 활동이라는 것은 개인의 탄생성을 실현하
는 방식이 고립된 개인의 자유의 표현이라거나, 혹은 모든 사람이 동일한
행동법칙을 따르는 식이 아니라, 다양한 타인들 앞에서, 즉 타인들의 현존

을 조건으로 하여 이루어진다는 것이다. 이것은 행위가 드러나는 장이 복수의 인간들로 구성된 '인간세계'라는 것을 의미하면서, 동시에 인간존재가 된다는 것의 의미 안에는 항상 타인들과 함께 존재한다는 복수성의 개념이 내재하고 있다는 것을 의미한다.

그러나 아렌트는 복수의 인간들 간에 행위가 이루어지는 공간이 개인의 생활사에 관해 논의하는 영역이 아니라 "공동세계에 관해 논의하는 영역"(Arendt, 1958/이진우·태정호, 1996: 80)이었다는 점을 분명히 한다. 즉, 행위는 우리가 함께 살아가는 이 공동세계를 어떻게 보존할 것인가를 함께 논의하는 활동이었다는 것이다. 그리하여 행위는 우리가 살아가는 이 '사물세계'에 관해 공동으로 논의하는 활동으로 그려진다.

> "말과 행위는 그 내용이 오로지 대상적이고 사물세계의 문제에만 관심을 가질 때조차도 주체를 계시하는 능력을 가진다. 물리적으로 사람들 사이에 놓여 있는 이 사물세계에서 사람들은 움직이고, 구체적이고 객관적이며 세상사적인 그들의 관심도 이 사물세계로부터 발생한다. 이 관심은 이 단어의 문자 그대로의 의미에서 존재-사이(inter-est), 즉 사람들 사이에 놓여 있는 어떤 것이며 따라서 사람들을 서로 관련시키고 묶어줄 수 있다. 대부분의 행위와 말은 사람들의 집단만큼이나 다양한 이 중간영역과 연관된다. 그래서 대부분의 말과 행위는 주체를 계시할 뿐만 아니라 세계의 대상적 실재에 '관해' 이루어진다."(Arendt, 1958/이진우·태정호, 1996: 243)

위의 인용에서 아렌트는 사물세계가 행위와 어떻게 관련되는지를 설명하고 있다. 한 인간이 된다는 것은 세상과 분리된 그 사람만의 고유함으로 형성되는 것이 아니라 사물세계와의 관계를 기반으로 하여 이루어진다. 인간은 이 사물세계에서 살아가며, 따라서 우리의 제반관심도 사물세계에서 비롯된다. 이 사물세계와 맺은 관계가 나 자신이 이해한 바의 세계가 된다. 대부분의 말과 행위는 이 사물세계에 '관해' 이루어진다. 이것은 이 세계를 내가 어떻게 생각하고 이해하는지를 다른 사람과 함께 이야기하는 것이 곧 행위라는 것이다. 여기서 사물세계가 가지는 중요한 기능이 제시되어 있다. 위의 인용에 따르면, 사물세계는 "사람들을 서로 연결시키고 묶어준다."(Arendt, 1958/이진우 · 태정호, 1996: 243) 이것은 사람들이 모여서 공동의 사물세계에 '관해' 대화하고 논의할 때 그것이 서로 다른 사람들 사이를 이어주는 하나의 공동의 끈과 같은 역할을 한다는 것으로 이해할 수 있다.

그렇다면 행위가 서로 다른 '복수의 사람들'이 함께 모여 '사물세계'에 관하여 논의하는 활동이라는 것은 어떻게 이해될 수 있는가? 아렌트에 의하면, 이 세계에서 함께 산다는 것은 "복수의 사람들이 사물의 세계를 가운데 두고, 그 둘레에 앉은 것처럼 존재한다"(Arendt, 1958/이진우 · 태정호, 1996: 105)는 것을 의미하며, 사물세계와 인간세계의 중층적으로 이루어진 세계를 아렌트는 공적영역(the public realm)이라고 부른다. 그렇다면 아렌트가 행위의 조건으로 언급하고 있는 인간세계와 사물세계는 바로 공적영역을 지칭한다는 것을 알 수 있다. 행위가 서로 다른 타인들이 모여서 공동세계에 관하여 논의하는 활동이었다는 것은 다르게 말하면 행위는 공적영역에서 이루어지는 활동이었다는 의미이다.(Arendt, 1958/이진우 · 태정호, 1996: 240) 아렌트에 의하면, "행위가 완전히 현상하기 위해 필요한 것은 빛나는 밝음, 즉 공적영역이다."(Arendt, 1958/이진우 · 태정호, 1996: 240) 이것은 공적영역이 탄생성과 함께, 행위가 이루어지기 위한 또 다른 중요한 조건을 형성한다는 것을 의미한다.

그렇다면 사물세계와 인간세계로 구성된 공적영역의 특성은 무엇을 중요하게 부각하는가? 첫째, 행위의 조건으로서 공적영역의 차원은 세계와 관계맺은 개인들이 함께 논의함으로써 연결되는 '관계망'을 부각시켜 준다. 각 개인과 사물세계의 관계로 형성된 그 사람의 존재는 개별적이고 고립된 한 사람의 자아로 존재한다. 우리가 사는 인간세계는 세계와 관계맺은 각각의 사람들로 구성되기는 하지만 그 각각의 사람들 자체가 인간세계의 성격을 보장해 주지는 않는다. 다시 말하여 인간세계는 그 사람들 '사이에' (in-between) 어떠한 관계가 형성되느냐에 따라 그 성격이 결정되는 것이다. 서로 다른 사람들이 함께 모여 세계에 관한 자신의 고유한 이해를 말로 설명하고 드러낼 때 인간만의 독특하고 고유한 공간이 형성되는데, 이를 아렌트는 '존재-사이'(inter-est; in-between)(Arendt, 1958/이진우·태정호, 1996: 243), 혹은 '인간관계의 그물망'(the web of relationships)(Arendt, 1958/이진우·태정호, 1996: 245)으로 부른다. 아렌트에 따르면, "인간사의 영역은 사람들이 함께 사는 곳이면 어디에서나 존재하는 인간관계들의 그물망으로 이루어진다."(Arendt, 1958/이진우·태정호, 1996: 245)

둘째, 인간-사이에 이루어지는 관계의 그물망은 무엇보다 '소통'이 이루어지는 공간이다.(임성훈, 2007: 554) 이것은 행위가 고립된 개인의 자기표현이 아니라 "복수의 사람들이 서로 협력하며 함께 행위하기 위해 서로 이야기하는 형태"를 취한다는 것을 드러낸다.(Arendt, 1999: 193; 박혁, 2014: 30재인용) 이것은 관계의 그물망으로 이루어지는 공적영역이 서로 간의 의견을 나누고 논의하는 소통의 공간이었다는 것을 부각시켜 준다.

셋째, 관계의 그물망으로서의 공적영역은 인간-사이에 이루어지는 소통을 근거로 '공공성'이 성립되는 공간이기도 하다.(임성훈, 2007: 554) 어째서 그러한가? 이것은 두 가지 측면에서 생각해 볼 수 있다. 하나는 개인의 탄생성이 기본적으로 언어를 초월해 있는, 언어로 다 포착될 수 없는 그 사람만의 고유함을 의미한다면, 공적영역은 언어로 전달가능한 것만이 등장할 수 있는 명시적이고 소통가능한 영역이라는 점을 생각해 볼 수 있다. 여기에 공적영역은 아무 것이나 다 등장할 수 있는 영역이 아니라 기본적으로 언어로 소통가능하고 이해가능한 것만이 등장하는 영역이라는 것을 알 수 있다. 다른 하나는, 공적영역이 가지는 공개성에서 그 이유를 찾을 수 있을 것이다. 즉, 아무도 없는 공간에서 나 혼자 있는 것과, 모두에게 공개되고 모든 것이 드러나는 자리에서 나 자신을 드러내는 것 사이에는 분명히 차이가 존재한다. 여기에는 드러나야 할 것과 감추어져야 할 것 사이의 구분이 작동하게 된다. 따라서 공적영역에서 자신의 탄생성을 드러낸다는 것은 아무 생각이나 내뱉는 것이 아니라 그것이 어떠한 모습으로 드러나게 될 것인지, 공적영역에 드러나기에 적합한 내용인지, 어떠한 내용이 들어가고 빠져야 하는지 등에 관한 여과의 과정을 거치게 된다. 이와 같은 공공성의 특성 때문에 공적영역은 무엇보다 "타자에 의해 보여지고 들려진다는 것"이 중요한 의미를 가지는 영역이며(Arendt, 1958/이진우·태정호, 1996: 111), 이와 같은 타인들의 시선에 노출되는 공적영역의 특성은 '빛나는 밝음'으로 비유되기도 한다.(Arendt, 1958/이진우·태정호, 1996: 240) 이 점에서 공적영역은 각 개인의 다양한 의견이 독백의 형태로 드러나는 것이 아니라 타인들을 대상으로 하여 드러난다는 점에서 하나의 규제의 역할을 하는 것으로 볼 수 있으며, 이를 통해 탄생성은 자의적이거나 파괴적이지 않은 모습으로 실현될 수 있다. 이렇게 놓고 보면 행위는 하이데거나 니체와 같은 주체중심 철학자들이 주장하는 근원적인 자유로서의 자기표현과는 차이를 보인다. 공적영역에서 행위가 이루어지기 위해서는 어떤 것이라도 자의적으로 드러내는 것이 아니라 '빛나는 밝음'과도 같은 타인들의 시선이라는 여과기를 통과해야 하기 때문이다.

이상에서 살펴본 공적영역의 의미는 교육에서 개인의 마음의 발달은 "세계에 입문함으로써만 가능하다고 보는 사회화의 맥락"과 일맥상통하는 측면이 있다.(곽덕주, 2013: 3) 예를 들어 보수적 입장의 학자들이 교육을 '문화유산에의 입문'으로 정의할 때 문제의식은, 세계에 입문하지 않은 개인의 발달은 불가능하다는 데 있다. 마찬가지로 행위개념에는 진정한 인간존재가 된다는 것의 의미를 고립된 개인의 상태가 아닌, 타인의 현존 가운데 공동세계에 관하여 함께 논의하는 공적영역에서 구현되는 것으로 보는 아렌트의 문제의식이 배여 있는 것이다. 이 점에서 행위의 구성요소로서의 공적영역은 사회화의 기제를 내포하고 있다고 볼 수 있다.

3. 행위에 내재한 긴장

이상의 논의를 종합하여 볼 때, 행위는 공적영역에서 저마다의 탄생성을 드러내는 활동양식으로 이해할 수 있다. 그러나 행위의 개념을 이와 같이 이해할 때, 여기에는 모종의 긴장이 존재한다는 것을 짐작할 수 있다. 한편으로 행위는 탄생성이라는 기제로부터, 그 누구와도 다른 자신만의 새로운 시작을 할 수 있는 활동양식이 된다. 여기에는 근원적인 자유와 예측불가능성이 수반되면서 행위가 위험하고도 자의적으로 될 수 있는 특징이 함의되어 있다. 다른 한편으로 공적영역이라는 기제로부터, 행위는 타인들의 현존 앞에 보여지고 들려질 만한 것으로 드러나게 됨으로써, 소통가능성이라는 특징을 지닌다. 김선욱(2002: 98)은 이 둘의 긴장을 자신의 고유한 관점이 드러나는 '개별적 차원'과, 다른 모든 이들과 공유할 수 있는 '일반적 차원'으로 표현한 바 있다. 즉, 탄생성을 실현하는 행위자는 그 누구와도 다른 그 사람만의 고유한 존재로서의 개별자이지만, 동시에 공적영역에서 타인들과 소통가능한 존재로서의 일반자이기도 하다는 것이다. 박혁(2014)은 행위의 개념 안에 내재한 이 두 가지 모순적 계기를 '분투성'과 '연대성'이라는 개념으로 파악한다. 분투성이란 행위의 개념이 "개인적 독특함을 드러내고 위대함을 추구하는 활동일 때" 지니게 되는 특성이다.(박혁, 2014: 29) 즉, 자신의 개성을 의식적으로 드러내는 데 치중함으로써 행위는 "경쟁적, 위대함, 영웅주의, 탁월함"과 같은 주관적인 자기표현의 활동양식이 된다는 것이다.3(박혁, 2014: 29) 반면에 행위의 연대성이란 서로 다른 복수의 사람들이 함께 모여서 행위함으로써 지니게 되는 특징이다. 아렌트는 "acting in concert"(Arendt, 1999: 193/박혁, 2014: 30재인용)라는 표현을 자주 쓰는데, 이 맥락에서 행위는 서로 다른 사람들이 협력하며 함께 행위하기 위해 이야기하는 형태로서, 무엇인가를 공동의 일로 삼거나 논의하는 연대성의 특성을 지니게 된다.

연구자가 보기에 이상에서 제기된 행위개념의 상충되는 성격은 탄생성과 공적영역이라는 행위의 두 가지 상이한 조건으로부터 비롯된다. 즉, 탄생성을 실현하는 행위는 그 누구와도 다른 그 사람만의 개성과 탁월성, 유일성이 출현하는 활동양식이 되지만, 공적영역에서 이루어지는 행위는 서로 다른 복수의 타인들의 시선 앞에 자신의 관점을 드러냄으로써 함께 소

---

3 박혁(2014: 29)에 따르면, 이와 같은 아렌트의 행위개념의 분투적 성격은 많은 비판가들로부터 "남성주의적이고, 영웅주의적이며, 폭력적이고, 경쟁적이고, 분열적"이라는 비판을 받아왔다. 연구자가 보기에 이와 같은 비판은 행위개념을 탄생성이라는 한 가지 기제로만 파악할 때 따르는 비판이다.

통하고 논의하는 활동양식이 되기 때문이다. 이상과 같은 상충되는 두 가지 기제로 인하여, 탄생성을 공적영역에서 실현한다는 행위의 개념에서 야기되는 어려움을 충분히 예상할 수 있다. 행위의 개념에 내재해 있는 긴장은 공적영역이 사물세계와 인간세계의 두 가지 차원으로 구성된다는 점에 비추어 볼 때, 두 가지 관점에서 생각해 볼 수 있다. 하나는, 탄생성과 세계성의 긴장이다. 이것은 무엇으로도 규정할 수 없는 새로운 시작으로서의 탄생성을 세계 속에서 실현하고자 할 때, 기존의 질서와 규범체계를 갖추고 오랫동안 지속되어 왔던 이 세계의 낡음이 탄생성의 새로움을 담아낼 수 있는가 하는 의문을 야기한다. 이를 반대로 말하면 예측불가능한 개인의 새로운 시작은 언제든 낡은 세계를 파괴할 수 있는 위험성을 지닌다는 것이다.

다른 하나는, 사적영역과 공적영역 간의 긴장이다. 개인의 탄생성은 사실 공유될 수도 없고 규정될 수도 없는 고유하고 유일한 존재의 특성이다. 그러나 아렌트는 탄생성을 개인의 내면이나 친한 친구들, 가족들과 같은 친밀한 사적영역 안에 머물러두지 않고 그것을 타인들의 시선이 있는 공적영역에서 실현할 때 진정한 인간존재가 출현할 수 있는 것으로 본다. 우리는 보통 나 혼자 있을 때 가장 나답게 여기고 자유롭다고 여기는데, 타인들의 시선이 있는 곳에서 나를 드러내는 행위가 가장 인간적인 활동양식이 된다는 것이다. 이것은 행위가 주관적이고 자의적으로 되지 않도록 해주면서 동시에 타인들의 따가운 시선이라는 엄격한 잣대로 인하여 탄생성이 억압될 위험도 가진다. 여기에는 분명 양립하기 힘든 사적영역과 공적영역 간의 긴장이 있는 것이다. 그렇다면 탄생성을 공적영역에서 실현한다는 행위의 개념에 내재한 긴장은 어떻게 화해될 수 있을까?

IV. 개별화와 사회화의 화해: '공동탁자'의 비유

이상에서 살펴본 바와 같이 탄생성의 계기와 공적영역의 계기가 서로 상충된다면, 탄생성을 공적영역에서 실현하는 행위의 개념은 어떻게 이해될 수 있는가? 이에 대한 본격적인 논의에 앞서, 행위의 개념에 들어있는 아렌트의 문제의식을 짚고 넘어가는 것이 필요하다고 생각된다. 일견 모순되는 두 가지 기제로 보이는 아렌트의 행위개념은 '그 누구와도 다른 고유한 개인의 탄생성을 타인과 함께 존재하는 공간에서 어떻게 실현할 수 있는가'라는 문제의식을 담고 있다. 이와 같은 아렌트의 문제의식에 비추어 볼 때, 아렌트가 교육의 본질이라고 밝힌 탄생성(Arendt, 1968/서유경, 2005: 237)을 상쇄하지 않는 방식으로 '세계와 관계맺는 방식은 무엇인가'라는 질문을 제기할 수 있다. 이에 대하여 아렌트가 행위를 출현할 수 없게 만드는 조건으로 비판하였던 '무세계성'(worldlessness)과 '사회적인 것'(the social)의 개념을 간략히 살펴보는 것이 도움이 된다. 왜냐하면 양자모두 탄생성과 공적영역이라는 개별화와 사회화의 두 가지 기제를 정당하게 존중하지 못할 때 처할 수 있는 상황으로서, 궁극적으로 행위할 수 없도록 만드는 조건이 되기 때문이다.

1. 행위할 수 없는 인간: 무세계성과 사회적인 것4

공적영역은 고대 폴리스에 기원을 둔 개념으로서, 폴리스는 삶의 필연성을 극복하고 말과 행위를 통하여 공동의 세계에 관하여 논의하던 영역이었다. 당시 폴리스의 시민은 '자신의 것'(idion)과 '공동의 것'(koinon)이라는 두 가지 구분되는 질서에 따라 '사적영역'(The private realm)과 '공적영역'(The public realm)이라는 구분되는 삶의 양식을 영위하였다.(Arendt,

---

4 김홍중(2014: 43)에 의하면, 아렌트는 '사회'라는 명사 대신 형용사에 정관사를 붙인 '사회적인 것'(the social)이라는 용어를 사용한 최초의 사상가이다. 아렌트는 사회적인 것이 어떻게 근대적 삶의 공간에서 하나의 객관적 실재로 등장하게 되었는지를, '공적인 것'(the public), 혹은 '정치적인 것'(the political)의 퇴조와 함께 고찰하고 있다. 이로부터 알 수 있는 것은 아렌트에게 등장하는 사회적인 것, 공적인 것, 정치적인 것의 의미가 영역이나 공간에 국한되지 않으며, 오히려 삶의 양식이나 태도와 관련된다는 점이다. 이 논문에서 '사회'는 삶의 양식으로서의 '사회적인 것'과 동일한 의미로 사용되며, 교육목적으로서의 '사회화'와는 구분되는 개념임을 밝혀 둔다.

1958/이진우 · 태정호, 1996: 76) 말과 행위를 통하여 공동세계에 관하여 논의하던 공적영역과는 달리 사적영역의 가장 큰 특징은 생명의 유지와 같은 필연성에 매인 삶의 영역이라는 것이다. 이 필연성을 담당한 대표적인 영역이 가정으로서, 가정에서는 생명의 유지를 위해 종족번식과 보호, 생계유지의 삶이 주도적으로 이루어졌으며, 이와 같은 사적영역에서의 대표적인 활동양식이 '노동'이었다. 여기서 필연성이란 인간의 생명유지를 위한 가장 기초적이며 필요한 활동이라는 의미와 동시에, 반드시 할 수밖에 없다는 점에서 자유의 박탈이라는 의미를 함께 지니고 있다.(Arendt, 1958/이진우 · 태정호, 1996: 90) 사적영역의 또 다른 특징은 '무세계성'이라고 할 수 있다. 아렌트는 사적영역의 활동양식인 노동을 "가장 자연적이면서 지극히 비세계적인 활동"(Arendt, 1958/이진우 · 태정호, 1996: 157)이라고 하는가 하면, "노동 자체는 오로지 삶과 삶의 유지에만 집착하며, 그래서 무세계성에 이를 정도로 세계를 망각해 버린다"(Arendt, 1958/이진우 · 태정호, 1996: 174)라고 설명한다.

사적영역과 공적영역이라는 두 가지 구분은 위계적인 것이 아니라, "생계유지에 관련된 활동과 공동세계에 관련된 활동"(김홍중, 2014: 46)이라는 구분으로서, "어떤 것은 공적영역에 드러나고 어떤 것은 사적영역에 숨겨야 할 것이 있다"는 구분에 따른 것이다.(Arendt, 1958/이진우 · 태정호, 1996: 132) 즉, 생명의 보존과 성장을 위해서는 안전한 어둠의 보호막이 필요하며, 먹고사는 문제도 사적영역에 귀속되어야 하는 활동이라는 것이다. 문제는 사적영역이 전면화될 때이다. 사적영역이 전면화된다는 것은 사적영역의 특징인 먹고사는 문제가 그 사람의 주도적인 관심사가 된다는 것을 의미한다. 이것의 필연적인 귀결은 무세계성이다. 즉, 타인과의 차이를 수반한 자유로운 의사소통이나 공동의 세계에 대한 관심이 사라지고, 오로지 먹고사는 문제, 삶의 필요를 채우는 문제가 그 사람의 주된 관심사로 대두된다는 것이다. 이와 같은 상황에서는 사적영역의 먹고사는 활동양식인 노동이 전면화되는데, 아렌트는 노동이 전면화되는 현상에 대하여, "자기 신체의 사적영역에 갇혀서, 즉 누구와 공유할 수도 없고 의사소통도 할 수 없는 필요의 충족에만 사로잡혀서, 세계로부터 추방되는" 상황에 처하게 된다고 비판한다.(Arendt, 1958/이진우·태정호, 1996: 175) 이와 같은 무세계성은 결국, 세계를 기반으로 하여 이루어지는 활동으로서의 행위를 추방하게 된다.

인간을 행위할 수 없도록 하는 또 다른 원인으로 사회라는, 사적영역과 공적영역의 중간영역이 등장한 것을 들 수 있다. 고대 폴리스에서 존재했던 사적영역과 공적영역이라는 확고한 구분은 중세를 거쳐 근대로 오면서 서서히 경계가 무너진다. 그리하여 근대의 사회란, 전에는 사적영역의 어둠 속에 은폐되고 숨겨져야 했던 사실, 즉 "단지 살기 위해서 상호의존한다는 사실이 공적인 의미를 획득하고 단순한 생존에 관련된 활동이 공적으로 등장하는 곳"이다.(Arendt, 1958/이진우·태정호, 1996: 99) 이로 인해 "사적 이해에 공적 의미를 부여하는 특이한 중간영역"(김홍중, 2014: 46)인 사회는 몇 가지 특징을 지니게 된다. 그 대표적인 것이 사회의 '순응주의'이다. 이 순응주의는 근대사회의 주된 기치였던 '평등'이 정치와 경제, 문화 등 전 영역으로 확장되면서 가져온 가장 큰 특징이라고 볼 수 있다. 순응주의는 모든 유형의 사회에서 드러나는 '획일적' 성격을 일컫는다. 즉, 오직 하나의 이해와 의견만을 허용하는 경향성으로, 이 순응주의는 궁극적으로 인류의 '단일성'에 뿌리박고 있다.(Arendt, 1958/이진우·태정호, 1996: 99) 둘째로, 사회의 순응주의에서는 행위가 아닌 '행동'(behavior)이라는 하나의 표준화된 행동양식이 우세하게 된다. 사회에는 따라야 하는 규칙이 있고, 조직이 있으며, 조직의 운영원리가 있다. 따라서 그 하나의 규칙에 따라 행동하는 것이 중요하게 부각되며, 무리에서 이탈하는 행위는 비정상적인 것으로 치부된다. 표준화된 하나의 행동양식이 사회의 활동양식으로 대두되면서, 사람이 많으면 많을수록 더욱더 비슷하게 행동하게 되고 더욱더 다른 행동을 관용하지 못하게 된다.(Arendt, 1958/이진우·태정호, 1996: 96) 셋째, 사회는 익명(nobody)의 시스템에 의해 지배된다.(Arendt, 1958/이진우·태정호, 1996: 97) 이것의 특징은 '주체 없는 과정'으로 진행된다는 것이다. 아무도 통치하는 주체는 없지만, 혹은 단일한 행동규범에서 이탈하여 자신을 드러내는 사람은 없지만, 대신에 익명의 독자적, 자기지시적, 자기생산적, 자기조직적인 시스템의 운영원리에 의해 사회는 유지된다.(김홍중, 2014: 50)

이상과 같은 사회적인 것의 특징으로 인해 초래되는 가장 큰 위험은 '행위'가 사라지게 된다는 것이다.(Arendt, 1958/이진우·태정호, 1996: 93) 사회의 순응주의로 인해 행위에서 강조되던 개인의 특이성과 차이는 사적영역으로 묻히게 되고, 따라서 개인의 탁월함을 공적영역에서 드러냄으로써 공동의 세계를 보존해 가는 행위의 개념을 상실하게 된다. 이제 사회의 구성원은 행위하는 존재가 아니라 표준화된 시스템 안에서 행동하는 존재가 된다. 이 행동은 타인의 존재를 요청하지 않는다. 타인에 대하여 자신을 드러내는 행위대신, 표준화된 통치규범에 따라 하나의 부품처럼 자신의 역할만 해내면 되는 것이다. 따라서 사회는 개인의 탄생성이 출현할 수 있는 공적영역의 특성을 익명성이 지배하는 관료체제나 대중사회로 바꾸어 버린다. 즉, '주체현시의 활동'으로서의 행위가 '주체없는 행동'으로 대체되는 것이다. 그러나 아렌트는, 사회적 동물로서 인간을 최고의 지배자로 만들고 사회의 차원에서 종의 보존을 보장하는 이와 같은 대중사회가 종국에는 인간성을 말살할 수도 있다고 경고한다.(Arendt, 1958/이진우·태정호, 1996: 99)

이상에서 행위의 장애물로서 무세계성과 사회 개념을 살펴보았다. 무세계성은 개인이 세계와 관련되지 못할 때 즉, 공적영역을 상실할 때 처하게 되는 인간의 상태를 나타낸다. 이와 같은 상황에서는 타인들과 함께 공동세계에 관하여 논의하는 행위가 사라지게 된다. 왜냐하면 사적영역에 매몰된 개인에게는 타인에 대한 관심도, 공동세계에 대한 관심도 들어설 자리가 없기 때문이다. 반면에 사회는 다른 사람과 함께 있지만 단일성에 기반한 순응주의가 지배하기 때문에 차이와 다양성에 기반한 행위가 드러날 수 없다. 동일한 행동규범에 따라 행동해야 하는 사회에서는, 타인과 다른 저마다의 탄생성을 실현함으로써 주체를 현시하는 행위를 일탈로 규정한다. 이 점에서 사회는 차이와 다양성에 기반한 개인의 탄생성이 출현할 수 없도록 시스템화함으로써 행위가 사라지도록 만든다.

2. 행위할 수 있는 인간: 공동탁자의 비유

김선욱(2002: 98)은 아렌트에게서 개별적 차원과 일반적 차원과 같은 대립되는 두 개념쌍이 '신비하게'(mysteriously) 결합된다고 한다. 또한 서론에서 밝힌 바와 같이, 벤하비브도 아렌트에게서 개별화와 사회화는 동전의 양면과 같이 동시적인 개념이라고 한다.(Benhabib, 2003: 110) 연구자가 보기에 이것은 아렌트의 행위 개념에 내재한 탄생성과 공적영역의 긴장이 어떻게 화해될 수 있는지를 탐색하는 데에 하나의 단초가 된다. 이것을 교육의 맥락으로 가지고 오면, 한 인간을 그 누구와도 다른 고유한 주체성의 존재로 자라도록 하면서, 동시에 타인과 함께 소통할 수 있는 공적차원을 갖춘 존재로 자라도록 하는 것이 어떻게 가능한가의 질문으로 표현할 수 있다. 즉, 행위의 개념은 다름 아닌 개별화와 사회화의 긴장과 갈등을 문제의식으로 삼고 있다고 볼 수 있는 것이다. 그렇다면 이것에 대한 아렌트의 대응은 무엇인가?

> "세계에서 함께 산다는 것은 본질적으로, 탁자가 그 둘레에 앉는 사람들 사이에 자리잡고 있듯이 사물의 세계도 공동으로 그것을 취하는 사람들 사이에 존재한다는 것을 의미한다."(Arendt, 1958/이진우 · 태정호, 1996: 105)

위의 '공동탁자'의 비유에서 아렌트는 행위가 이루어지는 공적영역의 성격을 공동의 탁자에 빗대어 설명한다. 이 비유에서 아렌트는 행위가 사물세계를 둘러싸고 복수의 인간들이 모여서 논의하는 공적영역에서 이루어지는 활동이라는 것을 예시적으로 설명하고 있다. 이 비유로부터 행위는 타인들 앞에 공동의 사안에 관한 나의 의견을 말하는 것으로 그려진다. 그렇다면 행위의 개념에 관한 아렌트의 견해가 가장 집약적으로 드러난 이 비유로부터 도출되는 행위의 개념, 즉 타인들에게 공동의 사안에 관한 내 의견을 말하는 것이 어떻게 개별화와 사회화에 대한 아렌트의 대응이 될 수 있는가?

위의 비유는 행위의 개념이 두 가지 차원으로 구성된다는 것을 드러내어 준다. 하나는 개인이 공동의 탁자와 맺는 관계의 차원, 다른 하나는 개인이 타인들과 맺는 관계의 차원이 바로 그것이다. 먼저, 개인이 공동의 탁자와 맺는 관계는 무엇을 의미하는가? 이것은 각 개인이 사물세계와 맺는 관계로서, 이 세계에 대한 나 자신의 고유한 이해방식을 의미한다고 볼 수 있다. 각 사람은 어떤 의미에서 이 세계를 이해한 바로서의 그 사람이라 할 수 있다. 공동의 세계가 있을지라도 어느 누구도 세계를 이해한 바는 동일하지 않다. 왜냐하면 각 사람이 자신만의 새로운 시작으로서 세계에 대하여 사유한 바가 곧 그 사람의 세계가 되기 때문이다. 이 점에서 행위가 공동세계에 대한 나의 견해를 말하는 것이라고 할 때, 그것은 각 개인이 세계와 맺은 관계를 전제로 하고 있다고 볼 수 있다.

그러나 그 사람의 세계이해가 서로 다른 타인들과 소통되지 않는다면 그것은 근원적 다름으로서의 유일성을 보장받지 못한다. 개인이 다른 타인들과 맺는 관계의 차원은 세계에 대한 각 개인의 고유한 자기 이해방식이 소통되어야 한다는 것을 드러낸다. 아렌트에 의하면, 각 사람이 "혼자 있을 때 발견한 것(사유)을 구두상으로나 서면으로 타인에게 어떤 방식으로든 노출하여 검증하거나 소통할 수 없다면, 고독가운데 작용했던 이 기능은 소멸해 버릴 것이다."(Arendt, 1982/김선욱, 2000: 88) 이것은 그 누구와도 다른 자신만의 사유를 타인들 앞에 드러내는 일이 중요한 이유를 드러내어 준다. 첫째는 하나의 의견에 불과한 한 사람의 견해를 타인들의 시선이라는 여과기를 통과함으로써 그 의견을 검토하는 역할을 할 수 있다. 이 과정에서 개인은 자신의 의견이 가진 모순이나 불일치를 발견하고 그것을 타인과 보다 소통가능한 형태로 조율해 갈 수 있다. 각 사람이 이해한 바로서의 내면에 머물던 세계가 타인들의 시선 앞에 드러날 때, 그 이해는 개인의 내면에서 머물렀던 것이 타인들에게 '드러날 만하고', '보여질 만하며', '들릴 수 있는' 형태와 방식으로 표현된다. 이와 같은 타인들의 시선이라는 일종의 여과기를 통과하면서, 그 사람의 고유한 세계이해는 타인과 소통가능한 공적인 차원을 갖추게 되는 것이다.

둘째는 이 과정을 통하여 서로 다른 의견들이 소통될 때, 공동의 실재가 형성된다. 이 공동의 실재는 아렌트가 인간관계의 그물망, 혹은 존재-사이라는 용어를 통해 드러내고자 하였던 바와 상응한다. 이것이 서로 다른 복수의 인간들이 모여서 논의할 때 형성되는 공적영역의 가장 큰 특징이다. 캐노반은 공적영역이 실재가 출현하도록 해 준다고 지적한다.(Canovan, 1992: 111) 다시 말하여 실재가 출현하는 유일한 공간은 공적영역뿐이라는 것이다. 이것이 무슨 의미인가? 서로 다른 사람들이 공동세계에 대하여 논의한다는 것은 곧 공동세계에 관한 다양한 관점이 드러난다는 것이다. 공동의 세계가 다양한 관점에서 논의될 때 공동세계의 다양한 측면이 드러나며, 이와 같이 "사물세계 주변에 모인 사람들이 극도의 다양성 속에서도 동일한 것을 볼 경우에만 세계의 실재성은 진정으로 그리고 확실하게 나타날 수 있다."(Arendt, 1958/이진우·태정호, 1996: 110) 아렌트에 의하면 이 실재성은 "다수의 관찰자에게 제시하는 제 측면들의 총계로부터 생겨나는 실재성"(Arendt, 1958/이진우·태정호, 1996: 111)이며, "수많은 측면과 관점들이 동시에 존재한다는 사실에 기초해 있다."(Arendt, 1958/이진우·태정호, 1996: 110) 이 점에서 공동세계에 관한 하나의 관점만 존재한다는 것은, 그것이 탁월한 한 사람의 관점이든지 아니면 모두가 획일적인 관점이든지 상관없이, 공적영역의 실재성을 파괴하게 된다. 아렌트에 의하면, "공동세계는 단지 한 측면에서만 보여지고 단지 한 관점만을 취해야 할 때 끝이 난다."(Arendt, 1958/이진우·태정호, 1996: 112) 공동세계가 진정으로 사람들 사이를 연결해 주고 분리시켜 주는 역할을 할 수 있는 것은 공동세계 그 자체보다는 그것이 다양한 관점에 의하여 다양한 측면에서 조명되었을 때 드러나는 공동의 실재성 때문이라 할 수 있다.

공적영역 속에서 실재성을 경험하는 것은 세계를 더욱 면밀하고 있는 그대로 경험하게 해 줄 뿐만 아니라 더 나아가 이 실재성은 개인의 정체성을 형성하는 과정에도 영향을 미친다. 아렌트에 의하면, 공적영역이 없다면, 그리고 공적영역에서 이루어지는 행위가 없다면 "자아, 즉 자기 정체성의 실재성도, 또 주변 세계의 실재성도 결코 확립될 수 없다."(Arendt, 1958/이진우·태정호, 1996: 271) 왜냐하면 타인들의 말과 행위 속에 공동의 세계의 다양한 측면들이 드러날 때, 그리고 나 자신의 존재가 보여지고 들려짐으로서 세계에 대하여, 그리고 나의 존재에 대하여 실재감을 가지게 되기 때문이다. 이 점에서 한 인간이 다양한 관점이 오가는 관계의 그물망 속에 존재하는 것이 무엇보다 중요하다는 것을 알 수 있다. 이 경험이 없는 사람은 세계의 제측면을 경험하지 못하는 것으로서 완전히 사적으로 될 위험에 처한다. 즉, 아렌트가 지적한 대로, "그들은 타인을 보지도 듣지도 못하며, 타인도 그들을 보거나 듣지 못한다. 그들은 모두 자신들만의 고유한 경험의 주관성에 갇혀 있다."(Arendt, 1958/이진우 · 태정호, 1996: 111)

이상에서의 논의는 교실에서 말이나 글, 혹은 행위를 통하여 자신만의 목소리를 타인들에게 드러내는 일의 중요성을 시사한다. 학생들은 자신의 이야기를 사람들 앞에서 말하는 것을 주저한다. 여기에는 자신의 이야기를 하는 것에 대한 부끄러움이나, 혹은 다른 사람들이 나를 어떻게 생각할지 평가받는 것에 대한 두려움도 작용할 것이다. 그러나 아렌트의 행위개념은 타인들 앞에서 자신만의 목소리를 내는 것이 교육적으로 필요하고도 중요한 일이라는 것을 제안하고 있다. 그 이유는 무엇인가? 아렌트의 관점에서 이것을 두 가지 정도로 생각해 볼 수 있다.

하나는, 타인들 가운데서도 매몰되지 않는 '자신만의 목소리'를 찾는 것이 진정한 실존과 관련되기 때문이다. 이것은 탄생성을 교육의 본질(Arendt, 1968/서유경, 2005: 237)이라고 본 아렌트의 문제의식과도 일맥상통한다. 아렌트의 탄생성 개념은 타인들과 동일한 행동코드로 동일화되지 말고 나자신만의 진정한 주체로 있으라는 요구라고 할 수 있다. 이 점에서 탄생성에 깃들어 있는 아렌트의 문제의식은 무엇보다 한 인간으로서의 '진정성'이라는 김홍중의 지적은 일리가 있다.(김홍중, 2014: 78) 즉, 누구에게나 타자와의 관계, 세계와의 관계로 환원되지 않는 그 사람만의 실존적 차원이 있는 것이다. 이와 같은 '진정한 자아'로서 한 개인의 진정성은 무엇보다 소중하고 고유한 것으로 존중받고 보호받아야 할 필요가 있다는 것이다. 그러나 그 누구와도 다른 유일한 자신으로 있는 것은 세계와 무관하게 나만의 내면세계에 고립된 채 머물러 있는 상태와는 다르다. 오히려 다른 사람과 구분되는 나만의 목소리는, 비록 낡고 오래된 세계일지라도 그것을 기반으로 하여 그것에 대한 '새로운 시작'으로서 자신만의 세계이해로 자리할 때, 이 세계에 대한 자신만의 목소리로 된다. 이와 같은 목소리는 세계에 대한 다른 사람과는 다른 해석, 다른 이해를 제기할지라도 그 사람만의 방식으로 자유롭게 해석할 수 있도록 격려되고 보호되어야 한다. 그러나 아렌트는 이 고유하고 유일한 자신만의 목소리는 무엇보다 타인들과 소통가능해야 한다는 것을 역설한다. 이 점에서 그 목소리는 타인들 앞에 드러나고 소통되어야만 다양한 목소리 가운데서 타인들과 구분되는 자신만의 목소리로 들리게 된다고 할 수 있다. 이것이 "세계 속에 태어난다"(Arendt, 1968/서유경, 2005: 237)는 탄생성의 본래적 의미라고 볼 수 있다. 아렌트는 타인들 앞에 자신이 누구인지 드러내는 것을 "자신을 세계에 전달한다", 혹은 한 존재가 "세계에 출현한다"는 것으로 표현한다.(Arendt, 1958/이진우·태정호, 1996: 236) 다시 말하여, 말과 행위를 통하여 타인으로부터 자신을 능동적으로 구분하고 타인들 앞에서 자신의 유일한 차이성을 드러낼 때, 인간은 물리적 대상으로서가 아니라 한 사람의 인간으로서 '출현'(appear)하게 된다는 것이다.(Arendt, 1958/이진우·태정호, 1996: 236)

다른 하나는, 자신만의 목소리를 타인들 앞에 드러낼 때, 비로소 우리의 공동세계를 새롭게 보존할 수 있는 길이 되기 때문이다. 우리에게 남겨진 사물세계는 그 자체로 완전하지 않다. 사람들의 손으로 만들어진 것이기 때문에 기본적으로 오래된 과거의 것이고 낡아서 파멸이 불가피하다. 또한 그 사물세계에 대하여 나만의 새로운 시작으로 형성된 나의 생각과 관점도 이 세계를 이해하는 '하나의 관점', 혹은 '하나의 목소리'일 뿐이다. 그러나 이 다양한 목소리가 드러날수록 우리의 공동세계의 다양한 측면이 조명됨으로써 그것을 통해 공동세계에 대한 새로운 제3의 실재가 형성될 수 있다. 그것은 아마도 이 세계에 대한 공적인 차원의 공동의 목소리, 다시 말하여 일종의 공통감에 기반한 목소리라고 할 수 있다. 이 공적인 목소리는 "타자에 의해 보여지고 들려질 만한 것"(Arendt, 1958/이진우·태정호, 1996: 111)의 형태로 드러나고 소통되는 가운데 울리는 목소리들의 합의이다. 아렌트는 이 합의와 소통된 목소리들을 통해 우리의 낡고 오래된 공동세계를 새롭게 혁신할 수 있는 가능성을 찾을 수 있다고 본다.

V. 결론

행위의 개념에 드러난 아렌트의 관점은 교육에서 개별화나 사회화 어느 하나를 배타적으로 강조하는 입장과는 차이를 보인다. 혹은 개별화를 통한 사회화나, 사회화를 통한 개별화를 주장하는 입장과도 차이를 보인다. 피터즈나 오크쇼트는 문화유산에의 입문을 통한 개인의 발달을 주장하였다는 점에서 사회화를 중심으로 개별화를 통합하고자 하였다면, 듀이는 학생의 경험으로부터 출발해서 그 안에서 교과를 통합해야 할 것을 주장하였다는 점에서(Dewey, 1902/박철홍 역, 2002: 196), 개별화를 중심으로 사회화를 통합하고자 했다고 볼 수 있다. 다르게 말하면, 이 두 입장은 자아와 세계의 관련을 추구하는 교육에서 각각 '세계'와 학생의 '자아' 어느 하나를 거점으로 하여 통합을 시도하였다고 평가할 수 있다. 아렌트는 교육에서 '세계'와 학생의 '탄생성' 중, 어느 하나를 전면화하거나 어느 하나를 거점으로 나머지를 통합하는 방식을 취하지 않는다는 점에서 독특한 접근을 보인다. 오히려 아이의 탄생성과 세계, 이 두 가지는 교육을 지탱하는 두 기둥과도 같다고 본다. 이와 같은 아렌트의 관점은 "아이는 세계로부터 파괴적인 일을 당하지 않도록 특별한 보호와 보살핌을 받아야하고, 마찬가지로 세계 또한 새로운 세대가 매번 쏟아 내는 새내기들의 습격으로부터 황폐화되고 파괴되지 않도록 자신을 지켜야 한다"(Arendt, 1968/서유경, 2005: 251)는, 아이와 세계 각각에 대한 보호를 주장하는 데서도 확인할 수 있다. 물론 아렌트는 교육에서 탄생성에 대한 책임과 세계에 대한 책임이 서로 모순된다고 인정한다.(Arendt, 1968/서유경, 2005: 250) 그럼에도 불구하고 두 가지 책임 모두 외면될 수 없으며 교육에서 동등하게 추구되어야 할 핵심적 가치라는 것을 피력하고 있다.

이와 같은 아렌트의 견해는 행위 개념에서 가장 집약적으로 드러난다.

행위 개념에 드러난 아렌트의 대안은 탄생성을 공적영역에서 실현하는 것이라고 할 수 있다. 이것은 서로 다른 타인들 앞에서 그 누구와도 다른 자신만의 새로움과 혁신적인 시도로서 탄생성이 드러날 수 있을 때, 우리의 공동세계 또한 새롭게 보존될 수 있는 길이 열린다는 것을 뜻한다. 여기에는 진정한 인간존재는 세계와 상관없이 방치되어서는 안 된다는 것, 또한 우리가 살아가는 세계는 그 누구와도 다른 각 개인의 다양성과 차이가 인정될 때에만 지속될 수 있다는 문제의식이 들어 있다. 왜냐하면 사적영역에 매몰된 '무세계성'의 조건이나, 동일하고 획일적인 행동규범이 주도하는 '사회적인 것'의 조건에서 행위는 소멸되기 때문이다. 이와 같은 아렌트의 문제의식을 탄생성의 관점에서 진술하면, 탄생성은 세계를 기반으로 하여 자라 가야 하며, 규율이나 법칙에 따라 움직이는 것이 아니라 오직 타인들과의 관계 속에서 자유로운 소통의 방식으로 실현되어야 할 것을 제안하는 것이라 볼 수 있다. 그럴 때에만 개인은 무세계성의 위험에 빠지지 않도록 보호될 수 있다. 이것을 공적영역의 관점에서 기술하면, 공적영역은 다양성과 차이가 드러날 수 있는 공간이 될 때 사회적인 것이 아닌 탄생성의 공간이 될 수 있다. 왜 그런가? 탄생성을 공적영역에서 실현하는 행위하는 존재들이 출현할 때에만, 개인의 탄생성을 실현하는 것이 곧 공동세계를 보존하는 일로 될 수 있기 때문이다. 이것이 개별화와 사회화의 대립에 대한 아렌트의 대응이라고 조심스럽게 제안해 볼 수 있다.

참고문헌

김비환(2001).『축복과 저주의 정치사상: 20세기와 한나 아렌트』. 서울: 한길사.

김홍중(2014). 사회로 변신한 신과 행위자의 가면을 쓴 메시아의 전투. 김항 외. 『정치의 임계, 공공성의 모험』. 서울: 혜안.

박은주·곽덕주(2015). 가르침의 의미 회복을 위한 일고찰: 몰렌하우어(K. Mollenhauer)의 교육개념을 중심으로.『교육의 이론과 실천』20(2), 47-76.

곽덕주(2013). 근대교육에서의 교육적 역설과 그 교육적 의의.『교육철학연구』35, 1-27.

김선욱(2002).『한나아렌트 정치 판단 이론』. 서울: 푸른숲.

김선욱(2009). 한나 아렌트의 일관된 주제로서의 말과 정체성, 그리고 "실천적 보편성". 홍원표 외.『한나 아렌트와 세계사랑』. 고양: 여국동.

박병준(2014). 한나 아렌트의 인간관-『인간의 조건』에 대한 철학적 인간학적 탐구.『철학논집』38(0), 9-38.

박혁(2013). 철학적 인간학에 대한 비판.『글로벌정치연구』6(2), 5-29.

박혁(2014). 활동적 삶과 정치: 한나 아렌트에게서 다원성과 인간활동양식의 관계에 대한 연구.『글로벌정치연구』7(1), 5-43.

소경희(2015). 2015 개정 교육과정 총론 개정안이 남긴 과제: 각론 개발의 쟁점 탐색.『교육과정연구』33(1), 195-214.

소경희(2017).『교육과정의 이해』. 서울: 교육과학사.

우정길(2007). '부자유를 통한 자유'와 교육행위의 지향성: 탈주체성 또는 상호주관성의 교육론을 위한 일고찰.『교육철학』38, 139-164.

우정길(2013). Hannah Arendt의 '탄생성'의 교육학적 의미.『교육의 이론과 실천』18(3), 47-71.

이은선(2003). 한나 아렌트의 '인간의 조건'과 '공공성'에로의 교육.『교육철학』29, 45-73.

임성훈(2007). 미학과 정치-아렌트가 읽어낸 칸트 미학의 정치적 함축성에 관한 소고.『미학대계』2권. 서울대학교 출판부.

Arendt, H.(1958). *The Human Condition*. 이진우 · 태정호 역(1996). 『인간의 조건』. 서울: 한길사.

Arendt, H.(1968). "The Crisis in Education". *Between Past and Future*. 서유경 역(2005). 교육의 위기. 『과거와 미래 사이』. 서울: 푸른숲.

Arendt, H.(1982). *Lectures on Kant's Political Philosophy*. 김선욱 역(2000). 『칸트의 정치철학 강의』. 서울: 푸른숲.

Benhabib, S.(2000). *The Reluctant Modernism of Hannah Arendt*. Maryland: Rowman & Littlefield.

Canovan, M.(1974). *The Political Thought of Hannah Arendt*. New York: Harcourt Brace Jovanovich.

Canovan, M.(1992). *Hannah Arendt: A Reinterpretation of Her Political Thought*. New York: Cambridge Univ. Press.

Dewey, J.(1902). *The Child and the Curriculum*. 박철홍 역(2002). 『아동과 교육과정/ 경험과 교육』. 서울: 문음사.

Dewey, J(1916). *Democracy and Education*. 이홍우 역(2007). 『민주주의와 교육』. 서울: 교육과학사.

Higgins, C.(2011). *The Good life of Teaching*. West Sussex: Wiley-Blackwell.

Kant, I.(1803). *Pedagogik*. 조관성 역주(2007). 『칸트의 교육학 강의』. 서울: 철학과 현실사.

Mollenhauer, K.(1985). *Vergessene Zusammenhaenge*. 정창호 역(2005). 『가르치기 힘든 시대의 교육』. 서울: 삼우반.

Oakeshott, M.(1989). "Learning and Teaching". T. Fuller(Ed.). *The Voice of Liberal learning: Michael Oakeshott on Education*. New Haven and London: Yale University Press. 43-62. 차미란 역(1992). "학습과 교수"(상 · 하). 『교육진흥』 봄-여름, 126-143, 155-169.

Peters, R. S.(1966). *Ethics and Education*. 이홍우 · 조영태 역(2004). 『윤리학과 교육』. 서울: 교육과학사.

8장

정신적 삶과 교육(I): 사유*

I. 서론

아마도 학생들을 가르치면서 갖게 되는 우선적인 질문은 '어떻게 하면 사고하는 법을 가르칠 수 있을까?'일 것이다. 교육의 중요한 목적 중의 하나는, 선생이 가르치는 내용을 수동적으로 받아들이는 것에서 벗어나 스스로 사고하는 학습자가 되도록 하는 데 있기 때문이다. 필자도 강단에 처음 섰을 때는 이 질문이 언제나 최우선이었다. 그러나 학생들을 가르치는 햇수가 늘어가면서 점차로 필자에게 우선적으로 다가오는 질문의 성격이 바뀌었다. 정보가 홍수처럼 넘쳐나는 시대에 자신에게 필요한 정보를 잘 찾아내는 학생들, 또 대학 수능에서 높은 점수를 받고 대학에 들어온 우수한 학생들, 주어진 문제상황에서 문제해결을 잘하는 학생들 등등, 그들은 아마도 지금 시대가 요구하는 인재상에 가까울 것이다. 그러나 배운 내용을 달달 외워서 답을 쓰는 것은 잘하는데 그것이 무슨 의미인지를 물으면 난감해하고, 필요한 정보를 잘 찾지만 그것에 대한 자신만의 비평을 써 보라고 하면 머뭇거리기 일쑤이다. 성적은 높은데도 기본적인 텍스트 이해도 잘 못하는 경우도 부지기수이다. 필자는 이러한 학생들을 자주 만나면

---

* [출처] 박은주(2020). 한나 아렌트의 '사유'(thinking) 개념 탐색. 『교육사상연구』 34(1), 85-112.

서, '사고하는 방법'을 아는 것도 중요하지만, '어떤 종류의 사고'를 하는지도 그에 못지않게 중요하다는 생각을 갖게 되었다. 아마도 필요한 정보검색을 잘 하고, 주어진 내용을 잘 외우고, 문제해결을 잘하는 것도 매우 유용하고 필요한 능력일 수 있고, 또한 그것이 이 시대 교육에서 학생들에게 요구되는 사고역량일 수 있다. 그러나 이와 같은 학생들이 늘어가는 것을 볼 때마다 마음 한편에서는 무엇인가 중요한 것이 결여되어 있다는 인상을 지울 수가 없다. 이것은 비단 필자만의 기우인가?

곽덕주(2003)는 생존과 경쟁, 성공만을 위해 몰두하고 살아가는 우리의 아이들에게 삶의 의미와 가치에 대한 질문이 점차 주변화되어 온 현상을 문제사태로 주목하면서, 이것이 지금 삶의 무의미성을 양산하는 데에 관련이 있을지도 모른다고 지적하고 있다. 저자에 따르면, 우리의 학교교육에서 학생들이 교과지식과 맺는 관계방식은 우리를 둘러싸고 있는 환경과 자연을 인간의 목적에 따라 지배하는 데 필요한 만큼으로만 제한함으로써, 이제 우리의 목적에 잘 길들여지고 복종적인 것으로 만드는 근대의 주도적인 사고방식을 확장하는 식으로 이루어져 왔다. 이와 같은 환경에서 교과지식을 비롯한 교육내용을 '인식하는 일'과 개인의 '삶의 의미와 가치 추구'와는 아무런 관계가 없어지게 되었으며, 학생들이 배우는 교과내용도 수단화되어 있을 뿐, 자신의 삶에서 의미를 주는 데까지는 나아가지 못하고 있다는 것이다.(곽덕주, 2003: 11) 이에 저자는 우리의 삶과 교육에서 주변화되어 왔던 삶의 의미와 가치에 대한 질문을 회복해야 할 필요성을 제기하고, 이 질문이 가지는 교육적 가치를 탐색하고 있다. 저자의 분석에 비추어 볼 때, 필자가 지금의 우리 학생들을 보면서 느끼는 불편함은 이 세계와 관계맺는 방식이, 주로 나의 필요를 해결하기 위한 수단에만 방점이 놓여 있을 뿐, 그것이 내 삶에 가지는 의미가 무엇인지를 파악하지 못하는 데서 생기는 아쉬움일 수 있다. 즉, 학교에서 가르치는 내용을 받아들이고, 시험에 유리한 형태로 사용할 수는 있지만, 그것이 내 삶에 어떤 의미를 지니는지는 생각하지 못하게 되었다는 것이다. 그렇다면 이와 같은 삶의 의미와 가치를 회복하기 위해서는 어떻게 해야 할까?

이 연구의 목적은 지금 교육에서 경도되어 있는 문제해결식의 사고에서 벗어나, 우리 삶의 의미를 탐색하는 데까지 나아갈 수 있는 보다 근원적인 힘으로서 한나 아렌트의 사유(thinking)개념을 소개하고, 이것의 교육적 의의를 밝히는 데에 있다. 지금까지 교육에서 사고력은 언제나 교육의 중요한 목적을 차지해 왔다. 이는 우리 교육에서, 창의적 사고, 비판적 사고, 융합적 사고, 과학적 사고, 문제해결식 사고 등, 사고와 관련된 용어가 넘쳐나는 것만 보아도 잘 알 수 있다. 그러나 이 연구에서 수많은 사고력 가운데서도 특히 한나 아렌트의 사유개념에 주목하는 데에는, 이것이 근대 이후의 교육이 경도되었던 문제해결식의 사고와는 다른, 보다 근원적이고 인문적인 방식의 사유개념을 모색하는 데 도움이 될 것으로 보이기 때문이다.

그럼에도 불구하고, 지금까지 한나 아렌트의 사유에 대한 연구는 활발하게 이루어지지 않았고, 그 연구 분야도 대부분 철학이나 정치학 등의 특정분야에 한정되었다는 데서 아쉬움을 남긴다. 지금까지 아렌트의 사유개념에 대한 정치철학계 연구들의 경향으로는 크게 사유와 행위(이론/실천, 관조적 삶/활동적 삶)의 관계를 다룬 연구(장영란, 2016; Bradshaw, 2000; Canovan, 1990; Jerome, 1990), 아렌트의 사유와 하이데거의 사유에 대한 비교연구(강학순, 2018; Maier-Katkin, 2010), 아이히만(A. Eichmann)의 사례에서 보이는 사유와 악의 관계에 대한 연구(Bernstein, 1996; 2000), 아렌트 사유의 정치적 적용과 시사를 밝히는 연구(홍원표, 2013; 2010; 육혜원, 2015) 등으로 구분해 볼 수 있다. 이에 비하여 국내외 교육학계에서 아렌트의 연구 동향으로는 '행위'(action)에 대한 연구, '탄생성'(natality)에 대한 연구, '공적 영역'(the public realm)에 기반한 학교공간에 대한 연구, 교육적 권위에 대한 연구 등 '활동적 삶'과 관련된 주제들에 치우친 경향을 보인다.[1] 그에

---

1 국내외 교육학계에서 아렌트에 관한 연구는 양적으로나 질적으로 지속적인 증가추세에 있고, 그 분량도 매우 방대하여 여기에 아렌트 연구동향에 대한 참고문헌을 다 기재하기에는 지면이 턱없이 부족하다. 해외 교육학계에서 아렌트의 연구를 이끈 대표적인 학자들로는 비에스타(G. Biesta)와 마스켈라인(J. Masschelein)을 들수 있는데 이들은 주로 아렌트의 탄생성에 주목한 상호주체성(intersubjectivity)의 개념, 탄생적 교육학, 탄생적 공간으로서의 학교의 역할과 의미 등을 연구하였고 이들의 연구방향은 후속연구에도 많은 영향을 미쳤다. 국내외 교육학계의 아렌트

비하여, '정신적 삶'에 대한 연구는 '판단'과 관련된 내용을 몇 편 찾아볼 수 있을 뿐이고(장원순, 2007; 최진, 2017; 박은주, 2019), 그중에서도 국내 교육학계의 사유에 관한 연구는 거의 찾아보기 힘든 형편이다. 그나마 교육학 내에서 아렌트의 사유개념에 대한 연구로는 포스트모던의 구성주의 영향하에 이루어지는 협동학습이 갖는 한계를 아렌트의 사유개념에 비추어 비판적으로 고찰한 연구(Duarte, 2001), 그리고 가르침에서 아렌트의 사유와 판단개념의 인문적 가치를 조명한 연구(Kwak, 2015) 등을 들 수 있을 뿐이다.

그동안 아렌트의 사유에 관한 연구가 많이 이루어지지 않은 몇 가지 이유를 생각해 볼 수 있다. 그중 한 가지는 아렌트의 사유개념이 매우 이해하기가 난해하다는 것이다. 아렌트의 사유개념은 난해할 뿐만 아니라 일견 모순처럼 보이는 부분도 더러 발견된다.(최치원, 2019; Bernstein, 2000; Canovan, 1978) 아렌트의 사유개념에 대한 가장 충실한 연구자로 손꼽히는 번스타인(R. J. Bernstein)은 아렌트의 저작 전반에 걸친 특징과 한계를 "맹점과 통찰의 미묘한 상호작용"이라는 표현으로 압축하고 있다.(Bernstein, 1996/김선욱, 2009: 299) 아렌트의 저작들은 여기저기 통찰이 번득이지만 곳곳에 모순처럼 보이거나 혹은 충분히 설명되지 않는 맹점이 존재한다는 것이다.

사유개념의 난해함뿐만 아니라 사유용어 자체의 모호한 사용 또한 아렌트 사유연구의 난점으로 들 수 있다. 아렌트는 애초에『정신의 삶』(*The Life of the Mind*)을 '사유'(thinking), '의지'(willing), '판단'(judging)의 3부작으로 기획하였는데,2 이 때문에 보통 아렌트의 사유는 주로『정신의 삶』에서

연구동향에 관한 보다 상세한 내용은 국내의 아렌트 연구물들(우정길: 2013, 조나영, 2015; 박은주, 2018 등)에서 확인할 수 있다.

2 아렌트의 대표적인 저작인『인간의 조건』이 인간의 활동적 삶을 '노동'(labor), '작업'(work), '행위'(action)라는 세 가지 양식을 통해 탐색하였다면,『정신의 삶』은『인간의 조건』에서 다루지 못한 인간의 정신적 삶의 양식을 탐구하기 위하여 기획되었다. 애초에『정신의 삶』은 '사유'(thinking), '의지'(willing), '판단'(judging)의 3부작으로 기획되었으나 마지막 '판단' 작업을 남겨 두고 아렌트는 1975년 12월 4일에 심근경색으로 생을 마감한다. 따라서『정신의 삶』에는 사유와 의지만 수록되어 있고, 판단은 아렌트의 강의원고를 모아『칸트 정치철학강의』(*Lectures on*

다루고 있는 '사유'(thinking)를 의미한다. 그러나 어떤 때는 『정신의 삶』에서 다루는 '사유'와 '판단'을 함께 포괄하여 '사유'로 통칭하기도 하며, '판단'개념 또한 일종의 '사유'로 소개되기도 한다. 뿐만 아니라 아렌트 저작 전반에 작동하는 아렌트 자신의 생각을 일컬을 때에도 아렌트의 '사유'로 언급되기 때문에, 사유라고 할 때 정확히 어떤 것을 지칭하는지 모호할 수 있다. 이상과 같은 몇 가지 난점들 때문에 최치원(2019: 205)은 아렌트의 사유개념을 매우 모호하고 미스터리하다고 비판하기도 하였다.

필자가 보기에 이와 같은 아렌트의 사유개념의 난해함과 모호함은 일부분 그녀의 저작 스타일과 관계된다. 아렌트의 사유와 글쓰기의 스타일은 체계적이고 논증적인 방식이라기보다는 문학과 예술적 방식을 취한다. 실지로 아렌트는 논증적이고 체계적인 이론적 설명보다는 수많은 문학작품이나 시, 비유 등을 통하여 시적이고 은유적인 방식으로 이야기하기를 시도한다. 이 때문에 홍원표(2010)는 아렌트의 정치이론이 문학과 예술과 긴밀하게 관련이 있다는 점을 중요하게 강조하고, 아렌트 저작의 특징을 정치와 문학예술의 경계를 넘나드는 융합적 사유방식으로 포착하고 있기도 하다. 이와 같은 문학과 예술에 대한 의존은 아렌트의 사유를 매우 신비스럽게 보이도록 만들기도 하지만, 애초에 아렌트가 철학적으로 사고할 수 있는 사유 능력이 결여된 사람이었던 데 기인한다는 혹평을 야기하기도 한다.(최치원, 2019: 211)

모두 일리가 있는 비판들이고 그렇게 읽힐 여지가 있는 것도 사실이다. 그러나 이 때문에 아렌트의 사유개념 전체의 가치를 평가절하하는 시도는

Kant's political Philosophy)라는 제목으로 사후에 출판되었다. 『정신의 삶』에서 다루고자 했던 세 가지 양식은 모두 이 현상세계와 관련된 한 개인의 정신활동이라는 특징이 있다. 즉, '사유'는 나 자신과의 대화를 통해 자신만의 관점에서 이 세계의 의미를 탐색하는 활동이라면, '의지'는 아렌트가 필수적인 것으로 보는 개인의 자유문제가 의지와 같이 우연적이고 덧없는 토대 위에 자리한 모순적 상황 속에서 자기 자신과 갈등하는 활동, '판단'은 현상세계의 개별자들에 대한 옳고 그름, 아름답고 추함을 구별하는 활동으로서, 자신의 관점을 타인의 관점에까지 확장하여 타인과 소통가능한 형태로 만드는 활동이라 할 수 있다. 조나영(2015)은 이 세 가지 활동을 각각 '자신과 하나되기'(사유), '자신과 갈등하기'(의지), '자기로부터 벗어나기'(판단)로 개념화한 바 있다.

매우 성급한 것으로 보인다. 아렌트를 비판하는 학자들조차도 아렌트를 "가장 상상력이 풍부한 사상가"(Bernstein, 1996/김선욱, 2009: 294)로 평가하는 상황에서, 몇 가지 맹점들에 매달려 아렌트의 사유가 주는 통찰들을 통째로 버리는 것보다는 아렌트의 사유가 주는 통찰을 중심으로 맹점처럼 보이는 빈틈을 메꾸어 가는 것이 우리에게 더욱 유익이 될 것이기 때문이다. 아렌트 저작에서 발견되는 빈틈들은 아렌트의 저작스타일에 맞게 텍스트를 읽어 낸다면 충분히 해결될 문제라고 생각된다. 상식적으로 우리가 시를 감상할 때 그것으로부터 과학적으로 증명가능한 명확한 결론을 도출하려는 시도를 요구하지 않듯이, 통찰과 은유와 같은 시적 언어로 이루어진 아렌트의 사유개념을 읽으면서 논증적이고 체계적인 하나의 정합적 이론을 요구하는 시도는 무리한 것일 수 있다. 아렌트의 사유는 사실에 대한 논증이라기보다는 현상의 의미에 대한 통찰을 문학적 언어로 표현하고 있는 것으로 이해하는 태도가 필요하다. 이는 곧 아렌트 자신이 사유의 태도로 설명한 바 있는, 바다 곳곳에 숨겨진 진주와 산호를 캐내는 '진주조개잡이'(pearl diver)가 될 것을 요청한다.(Arendt, 1983/홍원표, 2010: 281) 우리가 할 일은 마치 진주조개잡이처럼 바다로 들어가 심해 깊숙이 묻혀 있는 진주와 산호를 찾아서 그것을 땅 위로 가지고 오는 것, 그리고 우리의 삶에 아름다움을 주는 진주와 산호의 형태로 새롭게 만드는 것이다. 그렇다면 진주조개잡이로서의 우리 독자에게 요청되는 것은 아렌트의 텍스트 곳곳에 번득이는 통찰들을 포착하여, 그 통찰을 우리 교육의 상황에 맞게 명시화하는 것일 수 있다. 그러한 시도들이 축적될 때에 아렌트 텍스트의 통찰들 사이로 존재하는 '맹점' 혹은 '빈틈'의 행간이 조금씩 메꾸어지리라 생각된다.

이와 같은 맥락에서 이 연구는 아렌트의 사유개념이 지닌 통찰에 주목하여 그 행간을 우리의 교육적 맥락에 맞게 재구성하여 소개하는 것을 주된 목적으로 한다. 국내 교육학계 내에 사유개념에 대한 충실한 소개가 거의 이루어지지 않은 그간의 사정을 감안할 때, 이 연구는 아렌트 사유개념 자체를 충실히 소개하는 기초연구로서의 성격을 지닐 것이다. 이하의 구성은 다음과 같다. II장에서는 아렌트의 사유개념을 이해하기 위한 배경작업으로 기존의 사유개념에 대한 아렌트의 문제의식이 무엇이었는지를 살펴본다. III장에서는 아렌트의 사유의 개념 및 특징들을 소개할 것이다. IV장에서는 이와 같은 한나 아렌트의 사유개념이 교육적으로 어떠한 의의와 한계를 지니는지를 살펴보고, 향후 이 연구를 기초로 하여 더욱 연구될 가치가 있는 연구과제를 제시하는 것으로 마무리하고자 한다.

II. 전통적 사유에 대한 아렌트의 문제의식

1. 존재(Being)와 현상(appearance)의 위계 거부

아렌트는 우리가 몸을 가지고 살아가는 현상의 세계를 중요시한 정치철학자로 알려져 있다. 이는 마치 형이상학적 세계를 부정하고 현상세계만 강조한 것으로 오해될 여지가 있지만, 아렌트의 세계에 대한 이해는 그렇게 단순하지가 않다. 아렌트는 지금의 시대를 고대의 존재(Being)/현상(appearance)의 위계에 기초한 두 세계로부터, 존재의 세계(형이상학적 세계)를 점차적으로 제거하면서 플라톤의 위계를 도치시켜 온 이행의 과정으로 파악한다. 존재/현상의 이원론적인 두 세계 구분은 플라톤의 저작에서 가장 전형적으로 나타난다. 주지하다시피, 플라톤은 『국가』(467c)에서, 이 세계는 우리의 몸을 가지고 살아가는 현상세계와 그것이 모방하고 있는 이데아의 세계로 이루어져 있으며, 이 이데아는 다른 것으로는 알 수 없고 인간의 이성의 눈으로만 파악할 수 있다고 한다. 그러나 우리에게 시력이 있어도 태양이 없으면 사물을 볼 수 없듯이, 우리의 이성으로 사물의 본질을 파악할 수 있는 것은 그것을 비추어 주는 태양, 즉 궁극의 선으로서의 이데아가 있기 때문이다. 이 이데아는 각 사물과 인간이 구현하고 있는 존재의 로고스로서, 이 세계를 움직여 가는 합일된 질서라고 할 수 있다. 이 현상세계는 이데아의 그림자에 불과하기 때문에, 인간의 선한 삶은 이데아라는 존재의 질서를 보고 그것을 향할 때에만 가능하다. 이 진리를 보는 힘은 오직 이성에 의해서만 가능하며, 이 이성의 능력을 가진 철학자가 파악한 진리에 따라 공동체를 통치할 때 정의가 구현된다. 이와 같은 플라톤의 이원론적 세계관에서는 존재와 현상의 명확한 위계를 따라 우리의 인식도 진리의 영역과 의견의 영역으로 위계화되었으며, 이때 사유는 존재의 영역에 해당하는 올바른 질서에 대한 직관을 의미한다.(Taylor, 2015: 252) 이는 곧 존재의 영역에 속한 진리를 탐구하는 소수의 철학자(Man)와, 현상세계에서 의견을 가지고 살아가는 보통의 사람들(men)의 위계로 이어진다. 철학자들은 가변적이고 감각에 의존하는 육체의 세계를 떠나 불변하는 영원의 세계로 들어가 진리를 탐색하는 소수의 사람들로 묘사되며, 그들이 파악하는 진리는 현상세계에서 몸을 가지고 살아가는 보통 사람들의 의견과는 비교할 수 없이 고귀한 것이다.

진리를 탐구하는 이론적 활동의 우위를 주장하는 플라톤의 이분법적 위계는 아리스토텔레스의 이론적 활동(theoria)과 실천적 활동(praxis)의 구분에서 관조적 활동을 인간이 누릴 수 있는 첫째 행복으로, 덕에 따른 실천적 활동을 둘째 행복으로 규정하는 것으로 이어진다.(『니코마코스 윤리학』, 1177a-1178a) 이 존재와 현상의 위계는 근대의 데카르트를 비롯한 철학자들의 사유에 더 강화된 형태로 계승된다. 데카르트는 확실한 진리의 토대를 탐색하는 과정에서 진리의 소유처로서 세계도, 타인도, 나의 신체와도 구분되는 나의 정신, 즉 이성에서 진리를 탐구할 수 있는 토대를 발견하게 된다. 모든 것을 의심하기 시작한 데카르트에게서 확실하게 붙들 수 있는 진리란 오직 나의 정신으로 명석판명하게 알 수 있는 것만이 남는다. 아렌트는 『정신의 삶』에서, 오직 정신 속에서 확실성의 토대를 세우고자 한 데카르트적 사고의 중요한 특징은 "자급자족성과 무세계성"이라 지적한다.(Arendt, 1978/홍원표, 2004: 80) 여기서 자급자족성은 "내가 어떠한 지위도 필요로 하지 않고, 어떤 물질적 대상에 의존하지도 않는다는 것"을 의미하며, 무세계성은 자기성찰에서 "나는 육신도 갖고 있지 않으며, 내가 존재할 세계나 자리도 없다는 것"을 의미한다.(Arendt, 1978/홍원표, 2004: 81) 이와 같은 데카르트의 철학은 존재/현상이라는 플라톤의 이원론을 정신/신체의 더욱 엄격한 이원론의 형태로 계승하고 있다.

아렌트는 이와 같은 데카르트적 사고의 가장 큰 오류를 '유아론'이라고 본다. 유아론의 오류는 무엇인가? 아렌트에 의하면, 모든 유아론은 자아 외에 아무것도 존재하지 않는다고 근본적으로 주장하거나, 또는 자아와 자아 자체에 대한 자기의식만이 검증가능한 지식의 일차적 대상이라고 주장한다.(Arendt, 1978/홍원표, 2004: 78) 즉, 자신의 정신에 명료하고 분명하게 드러나는 것을 대상으로 하여 자기 의식이 부여한 절차에 따라 검증가능한 지식들만이 확실한 진리로 판명될 수 있다고 봄으로써, "마치 구체적인 사람들이 아닌 추상적인 사람만이 지구상에 존재하는 것 같이 단수로, 즉 완전한 고독 속에서 살고 있는 것"처럼 만들었다는 것이다.(Arendt, 1978/홍원표, 2004: 79) 이와 같은 존재와 현상의 위계에 기초한 일련의 철학사상의 흐름은 사유하는 자아의 관점에서, 육체는 단지 방해물에 불과"하며, "우리가 마치 현상의 세계에 존재하고 있다는 것을 경험하는 것처럼 "물자체들(things in themselves)도 이성으로만 알 수 있는 특별한 영역에 존재하고 있다"는 것을 가정하는 일종의 오류를 범하는 것으로 아렌트는 비판한다.

아이러니하게도 근대 이후의 철학은 이 존재와 현상의 위계를 도치시키려는 시도였다고 아렌트는 평가한다. 존재의 진리를 탐구하려는 철학에 대한 반감으로 시작된 철학과 형이상학의 위기는 철학자들 자신이 철학과 형이상학의 종말을 고했을 때 본격적으로 가시화되었다.(Arendt, 1978/홍원표, 2004: 25) 그러나 아렌트가 보기에 전통적 질서의 전복과 도치에도 불구하고 개념의 기본 골격은 그대로 남아 있다.(Arendt, 1958/이진우·태정호, 1996: 66) "신의 죽음"을 선언한 니체로부터 활동적 삶 중에서도 노동을 인간의 가장 고귀한 활동으로 위치짓고자 한 마르크스에 이르기까지 형이상학의 종말을 고하면서 현상세계 자체를 우위에 놓고자 하는 시도에 대해 아렌트는 "플라톤적 위계"와 동일한 오류를 범하는 것으로 비판한다. 아렌트에 의하면, "두 세계 간의 항상 불안정한 균형이 일단 깨지면, '진정한 세계'가 가상세계를 소멸시키든 그 반대가 되든, 우리의 사유가 습관적으로 지향하

는 전반적인 준거틀은 붕괴될 것이다."(Arendt, 1978/홍원표, 2004: 29)

여기서 존재와 현상의 두 세계에 대한 아렌트의 생각은 참으로 독특하다는 것을 알 수 있다. 아렌트는 존재의 세계, 즉 형이상학적 세계를 우위에 놓는 시도나, 혹은 그와 반대로 현상세계를 우위에 놓는 시도 모두 위계적인 방식의 연결로서 거부한다. 그렇다고 하여 아렌트는 두 세계의 구분까지 없애는 일원론자는 아니다. 아렌트는 형이상학적 세계를 제거할 때 나머지 현상세계 역시 소멸될 수밖에 없다고 경고한다.(Arendt, 1978/홍원표, 2004: 28) 아렌트는 형이상학과 철학의 종말을 추구하는 이 시대에도 이 영역은 우리에게 여전히 유의미한 역할을 할 수 있다고 본다. 왜냐하면 형이상학적 세계가 어떠한 형태로든 남아 있어야 형이상학적 세계를 사유할 수 있는 우리의 능력이 보존될 수 있고, 이러한 능력으로 인하여 이 현상세계에 대한 의미가 풍부해질 수 있는 원천이 되기 때문이다. 다시 말하여, "비가시적 영역 안으로 이동할 수 있는 능력이 점진적으로 약화되어가는" 오늘날 우리에게, 형이상학적 영역은 "어떠한 전통에 얽매이거나 이끌리지 않고 새로운 눈으로 과거를 고찰할 수 있는", "보물"로 우리에게 남겨져 있다는 것이다.(Arendt, 1978/홍원표, 2004: 30)

이와 같은 아렌트의 진술은 몸을 가지고 살아가는 현상세계 속에서 형이상학적 세계의 의미까지도 포괄하는 아렌트적 사유가 지향하는 큰 방향성을 알려준다. 하나는 "비가시적 영역 안으로 이동할 수 있는 능력"(Arendt, 1978/홍원표, 2004: 30), 즉 사유할 수 있는 이성의 성격과 범위가 기존의 현상세계 내에서 가시적이고 확실한 결과를 도출할 수 있는 능력을 넘어 더욱 확장될 것이 암시되어 있다. 또 하나는 그러한 작업을 하는 데 있어 과거를 보는 "새로운 눈"이 필요하다는 것이다. 이것은 우리가 과거라는 보물을 대할 때, 기존의 영원불변하는 형이상학적 진리를 찾고자 하는 낡은 방식이 아니라 이 시대에 맞는 "새로운 방식"으로 이 영역에 대한 탐색이 이루어질 것을 암시한다.

2. 인식과 사유의 구분

고대에서 근대로의 이행 과정에서 명시적으로 드러나는 것은 진리의 개념의 변화이다. 아렌트에 의하면, "고대의 실재와의 일치라는 차원의 '진리'(truth)는 진술에 관한 일련의 '진실'(verity)로 변형되거나 오히려 그렇게 분류되었다."(Arendt, 1978/홍원표, 2004: 92) 이것이 의미하는 바는 무엇인가? 고대에는 실재에 얼마나 일치하는가의 여부에 따라 진리인지 아닌지가 정해졌지만, 세계의 확실성에 대한 의심이 제기된 근대 이후로는 더 이상 실재에의 일치 여부가 아니라 확실하고 타당한 절차에 따른 결과로 도출된 진술을 더 확실한 진실로 신뢰하게 되었다는 것이다. 아렌트는, 내 정신에 재현된 대상을 이성의 방법적 절차에 의해 엄밀하게 검토함으로써 확실한 지식에 도달할 수 있다는 데카르트의 기획을 '나 자신이 만든 것만을 인식할 수 있다'는 근대성의 중대한 확신을 추구하는 것으로 비판한다.(Arendt, 1978/홍원표, 2004: 22) 데카르트는 '결과에 대한 고찰'이라는 표현을 고려하면서 자신이 신의 존재, 영혼의 본질, 그리고 이와 유사한 문제들에 대해서도 '확실한 지식'에 도달할 수 있었다고 믿었다는 것이다.(Arendt, 1978/홍원표, 2004: 22)

아렌트는 데카르트로부터 구축된 근대적 사고의 유형을 지성(intellect)에 의한 '인식'(knowing)이라고 명명하고, 이를 이성(reason)에 의한 '사유'(thinking)와 구분한다. 아렌트의 기획에서 인식과 사유의 구분은 매우 중요하다. 이는 이성의 두 가지 차원과 관련되기 때문이다. 아렌트가 중요하게 여기는 이 구분은 칸트의 '지성'(Verstand; intellect)과 '이성'(Vernunft; reason)[3]의 구분에서 착안한 것이다. 이 구분은 칸트가 이성의 한계를 비판(Kritik)하는 과정에서 사용한 것으로서, 분명하고 확실한 지식을 얻을

---

3 이와 같은 아렌트의 구분은 특이하다. 아렌트는 Verstand를 오성(understanding)으로 번역하는 것을 오역이라고 주장한다. 칸트는 라틴어 'intellectus'를 독일어 'Verstand'로 표현하였기 때문이다. 따라서 홍원표의 『정신의 삶』 한글 번역본에도 Verstand는 지성, Vernunft는 이성으로 번역되었고, 이 글의 표기도 번역본 표기를 따랐다.

수 있는 영역과 그렇지 못한 영역으로 구분한 데서 비롯되었다. 형이상학이 위협을 받는 상황에서 칸트는 이성의 한계를 비판하는 작업을 수행하였는데, 이 과정에서 칸트는 물자체(Dinge an sich)와 같은 우리의 지성으로 알 수 없는 영역과, 감각경험에서 발생하는 확실하고 검증가능한 형태의 지식을 얻을 수 있는 영역을 구분하였다.(Arendt, 1978/홍원표, 2004: 32) 아렌트는 칸트가 이 구분을 통해 우리의 지력이 닿을 수 없는 물자체를 발견함으로써 '이성의 불명예'에 직면하였다고 설명한다. 이성의 불명예란, 일종의 이성의 한계를 지칭한 것으로, "우리의 정신이 사유하지 않을 수 없는 문제들과 질문들에 관한 확실하고 검증가능한 지식을 포착할 수 없다는 사실"을 의미한다.(Arendt, 1978/홍원표, 2004: 32)

애초에 지성과 이성을 구분한 칸트의 의도는 형이상학적 영역을 보존하기 위함이었다고 알려져 있으나, 그의 의도와는 상관없이 이후의 철학자들은 인간의 이성으로 알 수 없는 영역에 대한 관심보다는 이성이 확실하게 알 수 있는 영역에 대한 관심에 몰두하게 된다. 아렌트에 의하면 칸트 이후의 철학자들, 즉 피히테, 셸링, 헤겔 등은 데카르트로부터 단서를 택하고 확실성을 계속 추구하였으며, 이로 인해 인식과 사유 사이의 구별은 점차 희석되었다. 그들은 자신들의 사유의 결과가 인식과정의 결과와 동일한 형태의 정당성을 지니고 있다고 강하게 믿었다.(Arendt, 1978/홍원표, 2004: 105) 그러나 이들의 오류는 '확실한 지식을 얻을 수 있는 영역'과 '확실한 지식을 얻을 수 없는 영역'을 구분하지 못한 것이라 할 수 있다. 보다 상세히 말하면, 감각의 영역에서 증거와 검증을 통해 확실한 지식을 얻는 절차와 방법을 형이상학적 영역에도 적용함으로써, 이 영역에서는 확실한 지식을 얻을 수 없다는 결론에 도달한, 일종의 영역혼동의 오류를 범한 셈이다. 이로 인해 인간의 이성에 의해 확실하고 검증가능한 지식을 축적할 수 있는 영역에만 주목함으로써 이 영역에 대한 확실한 지식의 축적을 통해 인류의 문명을 진보시키고자 하는 근대적 이성관이 확립되어 왔다고 볼 수 있다.

"지성의 개념이 지각대상을 인지하는 데 기여하듯이, 이성의 개념은 그것을 이해하는 데 기여한다. 달리 표현하면, 지성은 감각에 나타난 것을 파악하고자 하며, 이성은 그것의 의미를 이해하고자 한다. 인지의 최고기준은 진리이다. 그런데 인지는 자신의 기준을 현상세계로부터 도출한다. 우리는 감각지각을 통해 이 현상세계에서 우리의 태도를 취한다. 감각지각의 증거는 자명하여 논박에 의해 흔들리지 않고 다른 증거를 통해서만 대체될 수 있다. … 그러나 [감각지각적] 진리는 결코 의미를 지닌 것이 아니며, 의미를 추구하는 사유능력을 지니고 있는 것도 아니다. 사유능력은 중요한 것이 무엇인가를 질문하거나 그것이 전적으로 존재하는가를 질문하지 않고, 그것의 **존재가 무슨 의미를 갖는가**에 대해 질문한다. 내가 보기에 진리와 의미의 구별은 인간적 사유본질에 관한 탐구에 결정적일 뿐만 아니라 지성과 이성을 구별하는 칸트의 중요한 시도에 나타나는 필연적 결과이기도 하다."(Arendt, 1978/홍원표, 2004: 95).

아렌트에 의하면 우리의 사고활동 중에서 지성은 지각대상을 '인식'하는 데 기여한다. 즉, 우리의 감각에 나타난 것을 정확하게 파악하고자 애쓰며, 우리가 부여한 정신의 합리적 절차를 통해 검증하고, 확실한 결과에 도달하고자 한다. 이 과정은 우리의 알고자 하는 욕구로부터 비롯되며, 이것의 확실한 결과는 지식(진리)이다. 지성은 우리가 명확하게 인식하고 파악할 수 있는 능력이라 할 수 있다. 이 지성의 과정을 통해 확실한 결과로 도출된 지식은 자명하고 논박에 흔들리지 않으며, 다른 확실한 증거를 통해서만 대체될 수 있는 진리가 된다. 이것이 근대적 의미의 진리이다. 아렌트는 데카르트의 인식을 지성에 의한 "결과에 대한 고찰"로서, 증거와 실험 등 합리적 절차와 과정을 통해 도출된 "확실한 지식"(Arendt, 1978/홍원표, 2004: 22)이라고 본다.

그러나 이 인식의 방법은 형이상학이나 종교, 철학과 같이 눈에 보이지 않는 영역을 다루는 데는 부적합하다. 우리의 이성은 확실한 결과를 얻는 데서 만족하지 않고 끊임없이 그것의 의미를 묻는 질문을 한다. 이 질문에 대하여서는 실험이나 증거 등의 합리적 절차를 따를 수 없고, 또 인식과정에서의 확실한 결과와 같은, 반박할 수 없고 증명될 수 없는 대답이 도출될 수도 없다. 그러나 사실에 관한 확실한 지식과 별도로, 그것의 의미에 관하여 질문하고 탐색하는 능력 또한 우리 이성의 중요한 능력이다. 우리의 이성은 아렌트의 표현대로 더 이상 대답될 수 없는 한계라는 "이성의 불명예"를 넘어서고자 하는 욕구가 있다는 것이다. 인간에게 의미를 추구하고자 하는 욕구는 우리에게 인식과 같은 형태의 확실한 결과물로 안내하지는 않지만, 그와는 다른 방식으로 우리 삶을 매우 유의미하게 안내할 수 있다. 의미추구는 아렌트의 표현에 의하면 이성이 답할 수 없는 영역에 까지 질문을 하려고 하는, 이른바 "이성의 중대한 필요"(Arendt, 1978/홍원표, 2004: 33)에 해당하며, "지식에 대한 단순한 탐구나 욕구"와는 다르고 그 이상의 의미를 지닌다.(Arendt, 1978/홍원표, 2004: 33) 따라서 지성(intellect)과 이성(reason)의 구분은 완전히 상이한 두 가지 정신능력으로서, 그것에 따른 정신활동인 인식(knowing)과 사유(thinking)의 차이에 상응하며, 그리고 완전히 상이한 두 가지 관심인 지식(knowledge)과 의미(meaning)의 차이에 각각 상응한다.(Arendt, 1978/홍원표, 2004: 33)

이상과 같은 인식과 사유의 구분은 근대 이후로 경도되어 온 인식 일변도의 인간의 사고로부터 그 영역과 범위를 확장할 것을 요청한다. 이것은 이성의 대상에 대하여, 분명하고 확실한 지식을 얻을 수 있는 감각세계에서부터 감각에 포착되지 않는 보이지 않는 세계로 확장할 것을 요청하며, 또한 이성의 활동의 성격에 대하여, 이성이 부여한 절차와 규준에 따른 확실한 지식으로부터 아무런 가시적인 결과를 주지 않는 의미추구로 확장할 것을 요청한다. 이 두 가지 이성의 활동은 동일하지 않다. 아렌트에 의하면, "이성의 필요는 진리탐구가 아니라 의미탐구에 의해 촉진된다. 그리고 진리와 의미는 동일하지 않다."(Arendt, 1978/홍원표, 2004: 34)

III. 사유: '의미탐구'의 활동

이상에서 살펴본 바와 같이 한편으로 존재와 현상의 위계를 거부하면서도 존재의 세계, 즉 형이상학적 세계의 필요성을 요청하면서, 다른 한편으로 근대 이후로 경도되었던 인식과 구분되는 사유의 필요성을 수용한다면, 이로부터 추측할 수 있는 사유의 개념은 무엇인가? 아렌트가 제시하는 사유의 개념은 이 현상세계의 삶을 의미 있게 하는 방식으로서, 그것에 대한 의미를 탐색하는 '의미탐구'(the quest for meaning)로서의 사유로 개념화할 수 있겠다. 이하에서는 아렌트가 제시하고 있는 의미탐구로서의 사유의 사례를 살펴보고, 이로부터 도출되는 사유의 개념과 방법을 보다 자세하게 살펴보겠다.

1. 사유의 사례 : 소크라테스

아렌트가 사유개념을 탐색하는 방식은 독특하다. 아렌트는 사유가 무엇인지 그것의 개념에 대한 정의로부터 시작하는 것이 아니라, 사유의 의미를 가장 잘 드러내어 주는 사례를 통해 사유의 의미를 그림을 그리듯이 스케치하는 방식으로 이야기를 시도한다. 의미탐구로서의 사유하기를 가장 잘 보여주는 사례로, 아렌트는 특이하게도 소크라테스를 들고 있다. 소크라테스에 대한 아렌트의 해석을 살펴보면 아렌트가 왜 소크라테스를 사유의 사례로 뽑았는지 짐작할 수 있다.

> "(현상세계의 경험과 이들에 대한 성찰의 필요성 사이를 연속적으로 부단히 오가며, 두 영역에서 동일하게 편안함을 느끼고 한 영역에서 다른 영역으로 외견상 최대한 편하게 이동한다는 의미와 관련된; 필자요약) 이러한 역할을 담당하는 데 가장 적합한 사람은 자신을 소수 또는 다수로 분류하지 않고, 사람들의 지배자가 되려는 열망을 갖고 있지 않으며, 자신의 탁월한 지혜 덕택에 집권자들에게 조언하는 데 적임이라고 주장하지 않는 사람이다. 그러나 그는 굴종적인 지배를 용인하지 않는다. 간략하게 말하면 그는 항상 다수 가운데 한 사람으로 존재하였고, 시장을 피하지 않았으며, 자신의 관점에서 모든 시민이 갖추어야 할 것과 권리를 제외하고는 아무것도 주장하지 않는 시민들 가운데 한 사람이었던 사상가이다."(Arendt, 1971: 259)

위의 인용은 전통적으로 철학자로 알려져 있던 소크라테스를 아렌트만의 시각으로 재해석한 내용으로서, 특히 아렌트가 의도하던 '사유'가 무엇인지를 가장 집약적으로 드러내 주는 사례로 평가된다. 위의 인용에서 흥미로운 것은, 소크라테스는 철학자가 아닌 한 사람의 사상가, 혹은 사유하는 사람(a thinker)으로 진술되어 있다는 점이다.4 여기서 사상가는 곧 아렌트적 의미의 '사유하는 사람'을 나타낸다고 할 수 있다. 그렇다면 위의 인용에 드러난 사유하는 사람의 특징은 무엇인가? 먼저, 사유하는 사람은 현상세계와 형이상학적 세계라는 두 세계 중 어느 하나에 매몰되거나 다른 하나를 제거하지 않으면서 양자 사이를 이동하는 데 자유로운 사람이다. 이와 같은 사람은 곧 현상세계의 경험에 기반해서 살아가면서 그것에 매몰되지 않고 그것에 대한 성찰의 필요성을 아는 사람이다. 앞서 고찰한 용어로 표현하면 존재와 현상의 위계를 주장하지 않으면서, 어느 하나를 소멸시키거나 매몰되지 않는 방식으로 두 세계를 동등하게 존중하는 사람이라 할 수 있다.

둘째로, 사유하는 사람은 소수도 다수도 아니다. 여기서 소수는 사상가와 대비되는 철학자를 의미한다고 볼 수 있다. 철학자들은 직업적으로, 혹은 전문적으로 사유하는 사람들로서, 현상세계에는 관심이 없다. 그들은 존재와 현상의 위계를 고수하며 존재의 세계에서 진리를 찾는 소수의 전문가들로서, 의견을 가지고 살아가는 사람들의 현상세계를 등한히 여긴다. 그들은 자신들이 진리를 안다고 생각하기에 그것을 알지 못하는 다수의 지배자가 되려는 열망을 가지고 있고, 집권자들에게 조언하기에 적임자라고 생각한다. 이와 반대로 다수는 어떠한 사람들인가? 그들은 자신들은 아무 것도 모른다고 생각하며 다른 사람의 지배에 굴종하는 것을 당연하게 받아들이는 사람들이다. 한마디로, 그들은 현상세계에 대한 검토함이 없는 사람들이다.

셋째로, 사유하는 사람은 다수도, 소수도 아닌, 항상 다수 가운데 한 사

---

4 그래서인지 아렌트는 자신을 결코 철학자라 부르는 법이 없었고, 항상 사상가로 불리기를 원했다는 사실은 흥미로운 대목이다.

람으로 존재한다. 즉, 자신의 진리를 주장하며 다수 위에 군림하는 자도 아니고, 자신의 의견에 대한 성찰이 없이 소수에 의한 굴종적인 지배를 용인하는 자도 아니라는 것이다. 여기서 아렌트가 주목하는 사상가로서의 소크라테스는 시장을 기반으로 사유활동을 하였던 사람이다. 시장은 의견을 가지고 살아가는 사람들의 세계를 가장 단적으로 드러내 주는 은유이다. 그가 시장을 피하지 않았다는 것은 이 현상세계를 사랑하며 그것을 기반으로 살아가는 사람이라고 볼 수 있다. 그러나 이 현상세계 속에 매몰되어 사는 것이 아니라 그것에 대한 성찰을 통해 자신만의 고유한 '관점', 즉 자신만의 고유한 세계이해를 지닌 사람이라 할 수 있다. 이 때문에 그는 자신이 진리를 안다고 주장하지도 않으면서 자신의 의견에 대한 성찰 없이 타인의 지배에 굴종하며 살아가지 않을 수 있다.

아렌트는 소크라테스가 이와 같이 자신만의 고유한 관점을 가지고 한 사람의 사유하는 사람으로 살아갈 수 있었던 이유를 그의 사유에서 찾는다. 즉, 소크라테스는 누구보다 사유하는 활동을 멈추지 않았기 때문에 다수도 소수도 아닌 자신만의 고유한 세계이해를 가지고 살아갈 수 있었다는 것이다. 그렇다면 사유하는 동안 소크라테스가 실제로 한 일은 무엇인가? 우리가 플라톤의 『대화편』을 통해 아는 바로는, 소크라테스는 항상 답이 아닌 질문을 하는 사람이었다는 것이다. 이 과정에서 소크라테스가 실지로 한 일은 그 질문에 대한 상대방의 의견을 '검토'하는 일이었다. 아렌트는 소크라테스를 "특정 신념이나 교의를 위해서가 아니라, 다른 사람의 의견을 계속 검토하고 그들에 대해 사유하며 그의 대화자들에게 같은 것을 행하라고 요청하는 권리를 위해서 자신의 목숨을 포기하기로 결정한 사람"(Arendt, 1978/홍원표, 2004: 259)이라고 설명한다. 소크라테스는 "검토되지 않은 삶은 영위할 가치가 없다"고 할 정도로 의견을 검토하는 것을 목숨처럼 소중히 여겼다. 이렇게 볼 때 아렌트의 사유개념에서 '검토하기'(examining)는 사유의 핵심 활동이라 할 수 있겠다. 그렇다면 이와 같은 의견을 검토하는 일을 통해 궁극적으로 도달하게 되는 것은 무엇인가? 그것은 바로 진리라기보다는 이 현상세계의 '의미'(meaning)라고 할 수 있다.

소크라테스는 길가는 사람 누군가를 붙잡고, '덕 있는 사람, 용기 있는 사람, 아름다운 것' 등의 사례를 들고, 그것에 대한 그 사람의 의견을 묻는다. 그 의견에 대해서 다시 묻고, 그것에 대한 의견과 질문이 오가면서 궁극적으로 소크라테스가 묻는 질문은 "덕이란 무엇인가", "용기란 무엇인가", "아름다움이란 무엇인가"와 같은, 그것의 의미를 묻는 것으로 귀착된다.(Arendt, 1978/홍원표, 2004: 263) 다시 말하여, 상대방과의 대화를 통해 구체적으로 소크라테스가 한 것은 어떤 것의 **의미에 대해 묻고**, 그것에 대한 상대방의 **의견을 검토하는 일**이라 할 수 있다. 이 때문에 아렌트의 사유는 다른 무엇보다, "의미탐구(the quest for meaning)의 활동"으로 특징될 수 있다.

그런데 의미에 대해 묻고, 의견을 검토하는 일이 왜 우리를 사유하게 만드는가? 소크라테스의 사유는 질문만 던지고 답이 주어지지 않기 때문에 우리에게 당혹감을 준다.(Arendt, 1984: 19) 이 당혹감의 원인을 따지고 올라가면, 현상세계와 보이지 않는 세계의 불일치에서 비롯된다고 볼 수 있다. 이것이 무슨 의미인가? 예를 들어 '누가 정의로운 사람인가'라는 질문에 보통, 우리는 정의로운 누군가를 예로 들어 답을 한다. 그 사람이 왜 정의로운지, 동일한 행위를 나쁜 동기로 하는 사람은 정의롭지 않은지, 함께 그 사람의 의견들을 검토하는 과정에서 궁극적으로 도달하는 지점은, 결국 그것의 의미, 즉 '정의란 무엇인가'라는 질문으로 귀착된다. 이 과정에서 내가 발견하는 것은 내가 정의에 대해 모르고 있다는 사실이다. 정의로운 행위를 행하기 위해서 나는 정의가 무엇인지 알고 있어야 한다. 그런데 정의로운 행위를 보고 정의롭다고 판단을 하면서도, 정작 그것의 의미를 물어오면 내가 정의의 의미를 모르고 있다는 사실과 직면하게 되는 것이다. 현상세계를 보고 판단을 하면서도 정작 그 판단의 준거가 없다는 사실, 이 모순으로부터 나는 당혹감을 느끼고, 이 당혹감이 나를 '정의란 무엇인가'와 같은 정의의 '의미'에 대한 탐구로 다시 이끈다. 그런데 이와 같은 의미에 대한 탐구는 진리탐구와는 달라서, 그 대화가 어떤 특정 결론이나 답으로 귀결되지 않는다. 상대방과 함께 그 사람의 의견을 검토한 후에 도달하는 결론은 언제나 소크라테스 자신도 모른다는 대답뿐이다. 그리하여 이 탐색은 만족할 만한 결과물을 얻고 끝이 나는 것이 아니라, 오히려 그렇기 때문에 그 탐색은 다시 시작된다는 특징을 지닌다. 소크라테스는 이 탐색이 한 바퀴 돌고 나면, "항상 다시 시작할 것을 기꺼이 제안하고"(Arendt, 1978/홍원표, 2004: 262), 다시 그것의 의미를 함께 검토해 볼 것을 제안한다. 정확한 답이라는 가시적인 결과물이 주어지지 않기 때문에 이것은 매우 무용한 활동으로 보일 수 있다. 그러나 아렌트는 사유활동을 '바람'에 비유하면서 사유의 바람이 불기 전과 후는 분명히 차이가 있다고 한다. 아렌트에 의하면, "바람 자체는 눈에 보이지 않지만, 바람으로 인한 결과는 우리에게 뚜렷이 나타나며, 우리는 어쨌든 바람이 접근하는 것을 느낄 수 있다"고 한다.(Arendt, 1978/홍원표, 2004: 269)

2. 사유의 개념 및 특징들

이상의 소크라테스의 사례로부터 도출할 수 있는 사유의 개념은 무엇인가? 아렌트는 사유를 "우연히 발생하거나 관심을 끄는 모든 것을 결과나 특이한 내용에 관계없이 그 자체로 검토하는 습관"(Arendt, 1978/홍원표, 2004: 19)이라고 설명한다. 아렌트는 소크라테스가 대화자들과 나누던 대화를 통해 하던 검토하기를 자기 자신 안에서 이루는 것을 사유라고 본다. 즉, 어떤 현상에 대하여 다른 사람과 함께 그것의 의미를 검토하는 활동을 내 안에서 내가 또 다른 나 자신과 함께 검토하는 것이 사유라는 것이다. 이를 "나와 나 자신 간의 소리 없는 대화", 혹은 "하나 속의 둘"(two-in-one)이라고 부른다.(Arendt, 1978/홍원표, 2004: 286) 아렌트는 인간이 사유활동을 하는 동안 이원성으로 실재화한다고 설명한다.(Arendt, 1978/홍원표, 2004: 287) 내가 나 자신과 공존하는 이러한 이원성이야말로 사유를 진정한 활동으로 만든다는 것이다.

아렌트는 왜 사유의 본질이 하나 속의 둘의 분리를 경험하는 것에 있다고 보았을까? 이것은 인간세계의 근원적 힘을 복수성(plurality)에서 찾았던 아렌트 사상의 독특함과 관련이 있는 것으로 보인다.5 아렌트는 내 안의 둘의 분리를 경험하는 것, 이것이야말로 인간이 본질적으로 복수(plural)로 존재한다는 것을 암시한다고 하였는데(Arendt, 1978/홍원표, 2004 287), 이것은 내가 받아들인 내용이나 의견에 대해 '다른 관점으로' 다시 검토하는 것으로 볼 수 있다. 아렌트는 "나는 다른 사람과의 불일치보다 나 자신과의 불일치가 더 불편하다"(Arendt, 1978/홍원표, 2004 281)고 한 소크라테스의 고백을 통해 현상세계에 대하여 자신과의 내적 대화를 나누고, 그 결과 자신과의 합의를 추구해 가는 삶이 소크라테스에게 가장 중요하였다는 것을 알려준다. 아렌트는 "소크라테스다운 사유의 유일한 기준은 합의, 즉 자신과 일치하는 것"(Arendt, 1978/홍원표, 2004: 288)이라고 한다. 이것은 곧 사유가 내 안의 둘의 분리를 경험하고, 그 분리에서 이루어지는 불일치와 대화를 통해 내 안의 합의를 이루는 과정이라는 것을 의미한다.

그렇다면 나와 나 자신 간의 분리를 통하여 어떠한 사안에 대해서도 그 자체로 검토하는 아렌트의 사유개념은 어떠한 특징을 가지는가?

먼저, 사유를 위해서는 "일상적인 활동의 중지"(Arendt, 1984: 13)가 요청된다. 아렌트는 활동적 삶과 정신의 삶을, 명확히 구분되는 다른 종류의 활동으로 본다. 사유를 위해서는 모든 일상적인 활동을 멈추거나 중지하는 것이 필요하다. 이것은 사유가 현상세계의 활동과 동시에 이루어질 수 있는 것이 아니라, 사유를 위해서는 그 자체의 활동에 몰두해야만 하는 독자적인 성격을 지니는 것을 의미한다. 아렌트에 의하면, 어떠한 사안이든지 우리가 하는 일상의 활동은 사유를 방해하며, 사유는 일상적 활동을 방해

---

5 아마도 아렌트의 사유개념에 가장 큰 영향을 미친 사람은 하이데거일 것이다. 실지로 아렌트는 하이데거의 제자로서, 세계내적 존재나 현상, Man/men의 구분 등 주요개념을 하이데거에 빚지고 있다. 그러나 하이데거와 아렌트가 결정적으로 다른 지점은 아마도 복수성(plurality)의 개념일 것이다. 그래서 인간의 복수성에 희망을 걸었던 아렌트는 나와 다른 복수의 사람들이 함께 모인 공적영역으로서의 세계개념을 제시함으로써 하이데거와 결정적으로 구분된다. 정윤석(2006)에 따르면, 양자 모두 이 세계에서 인간들의 안정된 거처를 마련하고자 노력하였지만, 하이데거가 존재의 세계, 본질의 세계에서 그 안식처를 찾은 반면, 아렌트는 일상의 세계, 현상의 세계, 나와 다른 복수의 사람들이 모여서 현상하는 세계에서 안식처를 찾게 된다.

한다. 이 때문에 사유는 "다른 모든 활동의 중단에 내재되어 있다."(Arendt, 1978/홍원표, 2004: 271) 따라서 사유한다는 것은 일상의 하던 일을 중지하고 마치 다른 세계로 이동하는 것과 같다고 한다. 아렌트는 이를 "멈춰서서 생각할 여유"(Arendt, 1978/홍원표, 2004: 18)를 가지는 것이라고도 표현한다. 우리가 현상세계 속에 매몰되어 하던 일을 멈추고 잠시 생각할 여유를 가지는 것, 즉 활동을 하는 것으로부터 물러남이라는 적절한 고독(solitude)을 요청하는 것, 그것이 사유의 특징이라는 것이다.

다음으로, 위에서도 살펴보았듯이, 아렌트의 사유는 '검토하기'를 핵심적 활동으로 한다. 소크라테스에게서 의견에 대한 검토하기로 드러난 사유활동의 특징을 이해하기 위해서는, 아렌트가 비유적으로 설명하는 해빙하기 개념을 참조하는 것이 도움이 된다. 의견을 검토하는 사유의 과정은 '응축된 사고'(frozen thought)와 '해빙하기'(unfreezing)를 오가는 과정이라고 할 수 있다. 우리가 현상세계를 살아가면서 접하게 되는 단어나 개념, 신조, 법칙, 전통 등은 일종의 주어진 것으로서, 우리가 무비판적이고 일방적으로 받아들이기 쉬운 내용들이다. 이와 같은 내용들은 하나의 '응축된 사고'에 해당한다고 볼 수 있다. 우리는 그것을 응축된 채로 받아들이고, 또 그것을 사용하며 살아갈 수도 있지만, 그렇다고 하여 그것의 의미를 아는 것은 아니다. 말하자면 사유는 그 응축된 사고를 해빙시키는 것과 같은 것으로서, 내가 사용해 오던 단어나 법칙의 다양한 함축들을 풀어내는 것으로 이해할 수 있다. 이와 같은 해빙하기를 통해 우리가 무비판적으로 수용하고 사용해 오던 내용의 의미를 풀어내는 데 이를 수 있다. 예를 들어 어떤 유목민의 텐트를 보고 '집'이라고 판단한다면, 이때의 '집'은 그 사람에게 하나의 응축된 사고가 된다. 그러나 하나의 개념으로 머물러 있는 상태는 그것의 의미를 이해하는 것과는 다르다. 그 유목민의 텐트를 보고 왜 집이라고 불렀는지, 그와 유사한 다른 캠핑텐트도 집이라고 할 수 있는지 등등의 질문에 부딪히면 비로소 내가 집이라고 부르는 것이 현상세계 속에서 가지는 다양한 의미들을 하나씩 풀어내게 된다. 여기서 집의 의미를 검토한다는 것은 마치 집이라는 단어에 응축되어 있는 다양한 함의들, 예를 들어 거주하기, 가정 꾸리기, 보관하기, 편안함 등으로 하나씩 풀어내는 과정과 유사하다. 이때 내가 해빙시킨 다양한 함의들은 내가 생각하는 집이라는 개념의 의미를 형성하게 되며, '지구는 집'과 같은 표현을 볼 때 다시 그 의미를 풀어낼 수 있는 근거가 된다. 그런데 내가 가진 개념 속의 다양한 함의들을 해빙하였을 때 내가 현상세계에서 목격하는 집과 일치하지 않는다면 나는 그것이 집이 아니라는 판단에 이를 수 있고 이것은 그 현상에 대한 나의 개념을 다시 검토할 것을 요청하게 된다. 이렇게 볼 때 이 응축된 사유와 그것을 해빙하는 과정은 궁극적으로 의미탐구의 구체적 과정을 표현한다고 볼 수 있다. 이 의미추구의 활동으로서 사유의 과정은 비단 집뿐만 아니라 용감함, 정의, 아름다움 등등 우리가 현상세계 속에서 경험하는 모든 형용사적 현상(용감한 사람)과 그것에 대한 명사(용감함)로의 전환을 오가는 과정이라 할 수 있다.

응축된 사고를 해빙하는 것이 왜 중요한가? 아렌트는 응축된 사고의 사례로 철학자들이 사용하는 은유를 예로 들고 이 또한 해빙되어야 할 것을 설명하면서 "우리가 그 용어들을 **원래의 맥락**으로 해체할 때, 은유의 진정한 의미는 노출된다"(Arendt, 1978/홍원표, 2004: 161)고 진술하고 있다. 여기에서 해빙하기란 응축된 형태로 있는 개념이나 은유를 원래의 맥락 속에서 가지는 의미로 해체하는 것과 관련되어 있다는 것을 알 수 있다. 즉, 아렌트에게서 사유는 현상세계와 별개로 이루어지는 철학자들의 고립된 사유활동과 달리 현상세계라는 원래의 맥락 속에서 그것이 가지는 다양한 의미를 풀어내는 것과 관련된다는 것이다. 이와 같은 해빙하기로서의 사유는 분명히 현상세계의 다양한 의미를 그 전체 맥락 속에서 풀어냄으로써 내가 몸을 가지고 살아가는 이 현상세계 속에서 그 용어가 가진 의미를 탐색하고, 이와 같은 사유를 통해 궁극적으로 이 현상세계를 새롭게 하려는 아렌트의 의도를 엿볼 수 있다.

이와 같은 사유는 인식과 같이 하나의 답을 가진 것으로 끝이 나는 것이 아니라 항상 새로운 시작으로만 나타난다는 특징이 있다. 즉, 이것은 의미에 대해서도 그 단어의 사전적 정의를 구하는 것이 아니라 그 단어가 현상세계 속에서 가진 다양한 함축들, 즉 그것이 전체 맥락 속에서 지니는 의미들을 풀어내는 과정을 지속하기 때문에 항상 '새로운 시작'으로 드러난다. 아렌트는 이 새로운 시작을 사유의 중요한 특징으로 제시하고, 이를 마치 페넬로페의 뜨개질에 비유할 수 있다고 한다. 사유는 오늘 열심히 뜨개질을 하고 내일 아침이 되면 그것을 다 풀고 다시 뜨개질을 시작하는 것과 비슷하다는 것이다. 이와 같은 새로운 시작으로서의 사유는 위에서도 이미 언급하였듯이 인식과 뚜렷하게 구분되는 지점이기도 하다. 인식이 확실한 결과에 도달하기 위한 사고의 활동으로 명확한 시작과 끝을 갖는 것에 비해, 사유는 "결과나 특이한 내용에 관계없이", 그리고 어떠한 사안에 대해서도 "그 자체로" 검토하는 것을 의미한다. 이와 같은 아렌트의 사유는 '난간 없는 사유'(thinking without barrier)로도 알려져 있다. 여기서 난간 없는 사유는 "낯선 영토 이곳저곳을 지지대 없이 자유롭게 돌아보기 위해 아무런 기둥이나 지주도 필요 없고 어떤 규준이나 전통도 필요 없는 새로운 종류의 사유"(Arendt, 1968; Bernstein, 2009: 77 재인용)로서, 어떤 근거를 토대로 사유하는 것이 아니라 현상세계의 어떠한 의견, 어떠한 현상, 어떠한 사안에 대하여서도 자유롭게 그 자체로 사유하는 것을 의미한다. 아렌트는 어떤 토대에 의지하지 않고 어떤 사안에 대해서도 스스로 자유롭게 검토할 수 있는 개인의 사유하는 힘을 회복하는 데에서 이 세계를 새롭게 할 수 있다는 희망을 피력하였다고 볼 수 있다.

그렇다면 여기에서 한 가지 의문이 제기된다. 아렌트가 주장하듯이, 사유가 인식과 다른 활동이고, 인식능력과 상관없이 현상세계에서 몸을 가지고 살아가는 모든 사람이 사유에 참여해야 한다면, 인식과 사유의 관계는 무엇인가? 사유는 인식능력의 부족이라는 우매함과 다르며 지식의 부족이라는 무지함과도 다르며, 사유의 부재는 매우 지성적인 사람에게도 나타날 수 있다면(Arendt, 1978/홍원표, 2004: 32), 인식은 없어도 되는 것인가? 이 질문에 대하여 당연히 그렇지 않다고 답해야 할 것이다. 왜냐하면 아렌트는 근대 이후로 우리의 사고가 인식의 형태로만 국한되어 온 것에 문제를 제기하고 있는 것이며, 우리가 그동안 망각해 온 사유의 능력을 회복해야 할 것을 주장하고 있을 뿐, 이 주장이 인식의 무효성을 주장하는 것은 아니기 때문이다. 오히려, 사유와 인식은 별개의 활동이기 때문에 우리가 거의 모든 영역에서 강박적으로 요청받고 있는 인식과 별도로, 사유의 활동도 적극적으로 이루어져야 할 것을 주장하는 것으로 이해할 필요가 있다.

> "지식과 진리에 대한 추구, 그리고 의미에 대한 추구는 결코 단절되어 있지 않다. 오히려 인식과 사유를 혼동하거나 동일시해서는 안 되겠지만, 사유가 없는 진정한 인식은 불가능하며, 사유 자체는 인식을 전제한다."(Bernstein, 2000: 283)

아렌트의 사유와 인식의 구분에 대한 해석에서, 번스타인은 사유와 인식의 관계를 단도직입적으로 위와 같이 진술하고 있다. 양자는 구분된 별개의 활동이기는 하지만 그 관련성까지 부인해서는 안 된다는 것이다. 오히려 사유가 없이는 진정한 인식이 불가능하고, 뿐만 아니라 사유 자체도 인식을 전제한다는 것이다. 이것은 우리가 무엇인가를 안다고 하는 것은 그것이 우리 삶의 전체 맥락 속에서의 가지는 의미를 이해하는 데까지 나아가야 한다는 것으로 해석될 수 있으며, 이 때문에 무엇인가의 의미를 알기 위해서는 먼저 우리가 무엇인가를 배우고 받아들이는 앎의 활동이 전제되지 않으면 안 된다.

Ⅳ. 의미탐구로서의 사유의 교육적 의의 및 한계

의미탐구로서의 사유가 왜 중요한가? 아렌트에 의하면 현상의 의미들, 즉 그것의 개념들은 각 개인에게 "보이지 않는 척도"(Arendt, 1978/홍원표, 2004: 265)로 작용할 수 있다. 절대적인 가치 준거가 무너진 시대, 즉 형이상학과 철학의 종말을 구하는 시대에도 각 개인이 의미탐색을 통해 자신이 도달한 현상의 의미들, 즉 개념들은 그 사람에게 현상세계를 대할 때 일종의 보이지 않는 척도로 작용할 수 있다는 것이다. '난간 없는 사유'로 알려진 아렌트의 사유는 보편적 준거가 사라진 포스트모던 시대에 더욱 중요성을 가질 수 있다. 아렌트가 사유개념에 천착하게 된 배경은 두 번의 세계대전과 홀로코스트와 같은 "전반적인 도덕적 붕괴"였다고 알려져 있다.(Bernstein, 1996: 261) 이와 같은 전례 없는 상황에서 기존의 도덕법칙이나 규범이 작동하지 않는 현상을 목격하면서, 아렌트가 도달한 결론은 어떠한 사안이든지 그 자체로 사유하는 능력을 가진 개인만이 "판돈이 탁자 위에 있는 흔치 않은 경우에도 최소한 자아를 위해 파국을 방지할 수 있는" 힘(Arendt, 1978/홍원표, 2004: 299)을 가질 수 있다는 것이다. 어떻게 보면 의미탐색의 사유가 끝이 없이 날마다 새로운 시작으로 드러난다는 것은 우리가 사용하는 이 척도를 날마다 세밀하게 정련해 가는 과정으로, 이 현상세계 속에서 다수에 휩쓸리지 않고 나만의 고유한 관점과 의미를 가지고 그 준거에 의해서 다른 사람과 다른 나만의 방식으로 살아갈 수 있도록 하는 힘이 될 수 있다는 것을 시사한다. 이와 같은 사유의 힘은 궁극적으로 세계에 대한 자신만의 의미를 형성할 수 있는 사람이 지닌 힘, 즉 이 세계에 대한 자신만의 고유한 관점을 지닌 사람이 가진 힘과 다르지 않을 것이다. 이 때문에 아렌트는 사유가 "박학하든 무지하든, 지성적이든 우매하든 정상적인 모든 사람들이 행사하도록 요구해야 하는" 능력이라고 역설하고 있다.(Arendt, 1978/홍원표, 2004: 32) 이것은 개념을 응축된 사고의 형태로 소유한 자의 능력이 아니라 오히려 그 응축된 사고를 나의 삶의 맥락 가운데서 해빙할 수 있는 사람이 가진 능력이며, 이는 곧 누구나 자신이 하는 일의 의미를 알고 살아갈 것에 대한 요청이라 할 수 있다.

그렇다면 이와 같은 아렌트의 사유가 오늘날 우리 교육에서 삶의 의미와 가치를 회복하는 데에 어떻게 기여할 수 있는가? 보다 구체적으로 아렌트의 사유가 의미추구의 활동이라는 것을 받아들이더라도, 그것이 어떻게 가치를 지향하는 데까지 나아갈 수 있는가? 이 질문은 사유와 도덕의 관계를 통하여 일부분 대답될 수 있다고 본다. 아렌트는 사유가 그 자체로 도덕적 행위를 산출하는 것은 아니라고 한다. 사유를 한다고 해서 더 도덕적으로 되거나 더 지성적으로 되는 것은 아니지만, 적어도 사유는 악행을 자제할 수 있는 전제조건이 될 수 있다고 한다. 이것은 의미추구로서의 사유가 도덕에 대하여 소극적 조건이 될 수 있다는 것으로 해석될 수 있다. 즉, 사유가 도덕을 형성하는 적극적 조건은 아닐지 몰라도, 악행을 방지하는 소극적 조건으로 작용할 수 있다는 것이다. 이것은 의미를 추구하는 활동이 우리 삶에 모종의 가치지향성을 형성할 수 있음을 암시하며, 여기에서 아렌트의 의미추구로서의 사유가 지닌 교육적 가치를 발견할 수 있다.

우리는 사유활동이 부재할 때 악으로 더 쉽게 빠질 수 있는 사례를 아이히만에서 볼 수 있다. 아렌트는 사유를 알지 못했던 인물의 전형으로 아이히만의 사례를 들고, 이를 무사유(thoughtlessness)의 전형으로 제시한 바 있다. 아이히만은 홀로코스트 전범으로서 수많은 유대인들을 죽음으로 몰아넣은 장본인이었지만, 정작 재판정에 선 아이히만은 자신이 무죄라고 주장하였다. 왜냐하면 군인으로서 자신은 주어진 명령에 충성했을 뿐이라는 것이다. 그런데 아이히만의 재판을 목격했던 아렌트가 발견했던 아이히만의 특징은, 일상적인 관용어나 상투어, 나치 치하의 행동규범 등을 거의 외우다시피 반복적으로 답변하면서도 정작 그것의 의미에 대해서는 전혀 모르고 있었다는 것이다. 그에게는 주어진 상황을 이해하고 판단할 수 있는 그 자신만의 척도(의미)가 없었을 뿐만 아니라 설사 그 척도가 있었다고 하더라도 그것이 의미하는 바에 대한 검토가 전혀 없었다는 것을 알 수 있다.

의미에 대한 검토함, 즉 사유가 없을 때 드러나는 특징은 '천박함'(shallow-ness)이라고 한다. 아렌트는 아이히만의 그 천박함에 충격을 받았다고 기술하고 있다.(Arendt, 1978/홍원표, 2004: 17) 그리고 그 천박함은 우매함과는 다른, 바로 '사유하지 않음'에 기인하는 것이었다.(Arendt, 1978/홍원표, 2004: 17) 이 천박함은 다른 말로 내 안의 둘의 분리를 경험하지 못하는 데서 오는 얕음으로 이해할 수 있다. 무사유가 악으로 쉽게 연결되는 것은 자기 안에 다른 관점에서 이의를 제기하고 내면의 불일치, 즉 양심의 가책을 경험할 또다른 자아가 없는 데서 더욱 쉽게 촉발된다. 이 때문에 선한 사람일수록 작은 일에도 더 양심의 가책을 쉽게 받고, 악한 사람일수록 더 떳

떳할 수 있는 것이다.(Arendt, 1978/홍원표, 2004: 19) 다른 곳에서 아렌트는 사유가 없을 때 이르는 천박함을 '내면의 깊이를 알지 못하는 사람'으로 표현하고 있다. 우리 모두가 사유에 참여해야 하는 이유가 있다면 이 무사유가 주는 천박함의 상태를 벗어나는 것, 다시 말하여 내 안의 둘의 분리를 통하여 타인의 관점으로 검토함으로써 자신만의 의미에 도달할 수 있는 내면의 깊이를 갖춘 사람으로 길러 내는 것이 아닐까 한다.

이와 같은 아렌트의 의미탐구로서의 사유개념은 삶의 태도로서 인문적 교양교육의 맥락에서도 적극적으로 활용될 가능성이 크다고 볼 수 있다. 곽덕주(Kwak, 2015: 682)는 포스트모던 시대에 인문적인 가르침을 회복하는 데에 있어서도 아렌트의 의미추구의 사유가 가지는 의의가 크다는 것을 역설하고 있다. 저자는 전통적 규범과 가치가 무너진 포스트모던 시대의 교육에서, 전통적인 자유교육의 권위주의적이고 설교조의 가르침과, 구성주의가 기반하고 있는 상대주의와 허무주의, 이 양극단을 극복하는 것을 인문적 가르침의 과제로 제안하면서 이와 같은 인문적 가르침의 회복의 가능성을 아렌트의 의미추구의 사유가 가진 자기의미화의 힘에서 모색하고자 한다. 특히 보이지 않는 척도로 작용하는 개념을 응축된 사고(frozen thought)로, 그것을 해빙하는 활동을 사유로 규정하는 아렌트의 사유개념에 기대어, 이와 같은 활동이 지속되면 바람과 같이 눈에 보이지 않는 어떤 효과(invisible effect)를 그 사람의 마음에 남길 수 있다고 주장한다. 이러한 눈에 보이지 않는 효과들이 그 사람의 마음에 지속적으로 쌓이면 그것이 결국 그 사람의 인문적 태도를 형성하게 될 것이다. 이와 같은 해석은 인문적 교육의 회복을 위해서 아렌트의 사유가 적극적으로 적용될 수 있는 가능성을 제시한 것이라는 점에서 의의를 지닌다.

그러나 정치철학의 맥락에서 제기된 아렌트의 사유개념을 교육의 맥락으로 가져오는 일은 상당히 조심스럽고 신중하게 진행되어야 할 것으로 보인다. 예를 들어 어떠한 근거나 규범에 의존하지 않는 아렌트의 난간 없는 사유는 자칫 임의적이고 자의적인 사유로 치달을 수 있다. 이 때문에 아렌트 사유의 가장 큰 난점으로 종종 해체적 성격으로 인한 허무주의가 가진 위험성이 지적된다. 사유의 과정에서 내가 검토를 통해 도달한 의미, 즉 내가 가진 척도와 현상이 맞지 않다면, 현상세계의 규칙이나 관습을 따르지 않는 행위로 연결될 수 있다는 것이다. 아렌트도 이 점을 인정하는 것 같다. 아렌트에 의하면, "의미탐구는 기존의 모든 교의와 규칙들을 철저하게 해체하고 새로이 검토한다. 그것은 어떤 순간에 반대의 결과를 초래하고, 기존 가치의 반전을 초래하며, 이러한 반대의 경우를 '새로운 가치'라고 선언한다."(Arendt, 1978/홍원표, 2004: 272) 여기에서 의미탐구에서 일어나는 검토하기는 기존의 가치체계에 대한 해체와 재구성의 과정을 수반할 수밖에 없다. 이 과정을 통하여 기존의 규칙을 허물기도 하고, 내가 생각하던 결과와 반대의 결과에 이르기도 하고, 가치의 반전을 초래하기도 한다. 이 때문에 아렌트의 의미탐구로서의 사유는 "위험하고 이익이 없는 활동"(Arendt, 1978/홍원표, 2004: 272)으로 될 위험성을 가진다. 그러나 이것이 해체주의와 다른 점은, 이 의미탐구의 과정을 통하여 낡은 가치를 전복시키는 데서 끝나는 것이 아니라 새로운 가치를 창출할 수 있는 기반이 되기 때문이다. 아렌트는 기존의 가치체계를 해체하는 허무주의가 사유활동 자체에 내재된 위험이기는 하지만, 그 자체로 위험한 사유는 없다고 주장한다. 즉, 사유에 허무주의라는 위험성이 내재하지만 허무주의는 하나의 인습주의의 다른 측면일 뿐 사유자체의 산물은 아니라고 한다.(Arendt, 1978/홍원표, 2004: 273) 왜냐하면 허무주의는 자신이 의도한 구체적 결과물이 주어지지 않을 때 그에 대한 반발로 귀착되는 태도인 반면, 사유는 기존의 의견에 대한 비판과 검토를 통해 그것의 의미를 탐구함으로써 궁극적으로 자신만의 척도를 끊임없이 다듬어 가는 활동이기 때문이다. 아렌트에 의하면 모든 비판적 검토는 그 의미와 무언의 가정을 추적함으로써 기존의 의견과 가치를 적어도 가설적으로 부정하는 단계를 거쳐야 한다. 이를 통해서만 이 세계에 대한 새로운 의미, 즉 자신만의 새로운 관점이 형성될 수 있기 때문이다.

위의 난점 외에도, 아렌트의 사유개념에는 교육의 장에서 자주 인용되어 왔던 기존의 사고개념과 상충하는 몇 가지 지점들이 발견된다. 예를 들어,

아렌트는 사유를 '멈춰서서 사유하기'(stop and think)로 규정하지만, 이는 쉰(D. A. Schön)의 '행위중 반성'(reflection-in-action) 개념과 대비된다. 쉰(1983) 은 『반성적 실천가』(The Reflective Practioner)에서 실증주의에 기반한 기술적 합리성(technical rationality)이 가지는 한계를 비판하고, 이에 대한 대안으로 실천이 이루어지는 현장의 실천가들이 자신의 행위에 보다 의식적으로 됨으로써 실천을 보다 질적으로 나은 것으로 향상시킬 수 있는 '행위중 반성' 개념을 제안한 바 있다. 그런데 쉰의 행위중 반성 개념은 행위 중에 반성이 이루어진다고 함으로써, 활동 이후에 이루어지는 아렌트의 사유개념과 상충되는 지점이 있다. 이 같은 양자의 차이점은 우리가 교육현장에서 사유를 실행하고자 할 때 구체적인 실행방법의 차원에서 고민되어야 할 지점으로 보인다.

또한, 아렌트의 의미탐구의 사유는 구체적인 문제해결식의 과정을 따르는 '인식'과 상충된다. 이는 그동안 반성적 사고의 이름으로 널리 활용되었던 인식기반의 사고유형에 비추어 고민할 지점을 제시한다. 예를 들어 듀이가 제안한 '반성적 사고'의 방식을 보면 근대적 인식에 기반한 과학적 사고와 매우 유사하다는 것을 알 수 있다.(Dewey, 1933/정회욱, 2011: 83)[6] 듀이는 이와 같은 반성적 사고의 과정을 통해서 사고하는 능력을 기를 수 있다고 주장하는데, 이러한 인식에 기반한 사고의 유형은 아렌트가 구분한

---

6 듀이의 반성적 사고는 다음의 다섯 단계로 제시되어 있다.
  1) 어려움을 느끼는 단계: 사고의 첫 번째 단계는 문제 상황을 마주하여 느끼는 당혹감, 혼란, 의심이다. 이 당혹감은 그냥 주어지지 않는다. 반드시 문제 상황을 만났을 때 작동한다.
  2) 어려움을 확인하고 정의하는 단계: 어려움을 느끼면 그것을 확인하고 정의한다.
  3) 가능한 해결책을 가정하는 단계: 문제해결책에 대한 숙고에 이른다. 이 단계에서는 주어진 자료를 가지고 문제의 해결책에 대한 가정을 해 보고, 다양한 해결방법에 대해 숙고해 본다. 내게 주어진 자료로는 문제의 해결책을 제시할 수 없고, 다만 그 가정을 제안할 수 있을 뿐이다.
  4) 가정의 의미를 논증함으로써 전개하는 단계: 여러 가지 문제 해결책에 대한 가정들을 탐구하고 검증하게 된다. 이 단계에서 가정을 발전시킬 새로운 자료나 증거를 찾고, 그 가정을 증명하거나 부적절성을 명백하게 만들 부가적인 증거, 새로운 자료를 탐색하는 것을 의미한다.
  5) 실험적 확증 혹은 검증의 단계: 마지막으로 그 가정을 수용하거나 거부하기 위해 관찰과 실험을 해서 믿거나 믿지 않는다는 결론을 내리게 된다.

'인식'이 가지는 한계를 지니는 것으로 비판될 수 있다. 그러나 양자의 차이는 인식이나 사유, 어느 하나의 사고유형에 지배되는 것으로 귀착되기보다 양자의 비판적 검토를 통해 적절한 균형점을 모색함으로써 인식을 통해 의미탐색에까지 나아가도록 할 교육의 과제를 제시한다고 볼 수 있다.

또한, 어떠한 규범이나 도덕법칙에 근거한 도덕행위가 아니라 난간 없는 사유로 지칭되는 아렌트의 사유는 기존의 도덕규범의 큰 지형을 형성해왔던 공동체주의와 자유주의의 논쟁과는 또 다른 지점에서 도덕에 관한 논쟁점을 제시한다고 볼 수 있다. 즉, 도덕에 관한 아리스토텔레스의 전통에 따르면 덕 있는 개인이 되기 위해서는 덕이 번성할 수 있는 공동체를 전제로 하고, 칸트의 도덕전통에 따르면 이성이 부여한 절차에 따르는 것이 무엇보다 중요하다. 그러나 아렌트는 20세기 전체주의를 겪으면서 관행, 관습, 습관, 규칙, 전통적 규준 등 전통적으로 우리의 도덕체계를 형성해 왔던 준거들이 모두 "쉽게" 바뀌는 것을 목격하면서(Bernstein, 1996/김선욱, 2009: 264), 이것에 대하여 다소 회의적으로 된다. 따라서 기존의 도덕개념에 대한 비교·검토와 함께, 사안을 그 자체로 검토하는 한 개인의 사유하는 힘이 얼마나 도덕적 효과를 가질지는 앞으로 더욱 면밀히 검토되어야 할 것으로 보인다.

V. 결론

전통적으로 '사고하는 인간'은 교육의 중요한 목적을 차지할 정도로, 사고는 교육받은 사람이 갖추어야 할 필수적인 소양으로 여겨져 왔다. 지금 시대가 요청하는 사고력은 급변하는 정보의 홍수시대 속에서 필요한 정보를 잘 찾아서 적재적소에 배치할 수 있고, 무한 경쟁의 시대 속에서 다른 사람과는 차별되는 창의적인 아이디어를 제안할 수 있으며, 한치 앞도 예측할 수 없는 불확실한 상황 속에서 어떠한 문제를 만나도 그것을 잘 해결해서 좋은 결과를 산출할 수 있는 능력과 무관하지 않을 것이다. 아마도 미래 사회에서는 이와 같은 경향이 더욱 강화될 것으로 보인다. 그러나 한 가지 우려되는 점은, 지금의 교육현장을 지배하는 분위기는 이와 같은 문제해결식 사고로서의 인식에 경도된 사고력이 사고의 전부인 듯 오해되는 측면이 많다는 것이다. 그것도 중요한 사고의 한 유형이기는 하지만, 그것이 인간이 행사할 수 있는 사고의 전부는 아니다. 이 경우에 문제해결을 잘하고 주어진 일은 잘 처리하지만, 그것의 의미는 잘 알지 못하는 경우가 생길 수 있다. 자신이 하고 있는 일의 의미를 파악하지 못하는 경우, 특정 목적을 이루기 위한 수단으로 소외되기 쉬우며, 삶의 무의미성으로 고통받는 일이 생길 수 있다. 이와 같은 교육적 상황에서 아렌트의 의미탐구로서의 사유는 시사하는 바가 큰 것으로 보인다.

이하에서는 지면의 제한 때문에 충분히 다 다루지는 못하였지만 앞으로 연구될 가치가 있는 중요한 주제들을 제안함으로써 이 글을 마무리하고자 한다. 먼저, 사유와 행위의 관계이다. 아렌트는『인간의 조건』에서 인간의 활동적 삶의 양식을 노동, 작업, 행위로 구분하여 인간다운 삶의 조건을 탐색한 바 있다. 이와 유사하게, 아렌트는『정신의 삶』에서 인간의 정신적 삶의 양식을 사유, 의지, 판단으로 구분하여 탐색하고 있다. 여기에서 자연히 드는 질문은 활동적 삶과 정신적 삶의 관계는 무엇인가하는 것이다. 특이하게도 아렌트는 두 가지 삶은 별개로 이루어지는 활동이라는 것을 강조한다. 즉, 하나가 어느 다른 하나를 대체할 수는 없다는 것이다. 그럼에도 불구하고 공적영역에서 말과 행위로 타인들에게 자신이 누구인지를 드러낼 때 작동하는 정신능력을 사유와 판단이라고 함으로써, 양자가 긴밀하게 관련되어 있음을 시사하고 있다. 이것은 우리의 활동적 삶과 그것을 위한 정신적 삶의 관계가 무엇인지 연구할 단초를 제공하며, 이에 대한 연구는 이론적 삶과 실천적 삶 간의 관계에도 시사하는 바가 많을 것으로 보인다.

두 번째 주제는 사유와 도덕의 관계이다. 아렌트는 아이히만의 사례를 통하여 아이히만이 그토록 큰 악을 저지를 수 있었던 원인을 그의 무사유에서 찾고, 이를 통하여 사유와 도덕의 관계를 모색하고 있다. 이 관계에 대하여 아렌트는 사유를 한다고 해서 우리가 도덕적이 되는 것은 아니라고 하지만, 사유를 하는 사람은 적어도 근본적인 악에 동참할 가능성은 적게 된다고 한다. 이러한 통찰은 전통적으로 교육에서 중요한 주제였던 지식과 도덕의 관계에 새롭게 시사하는 바가 있을 것으로 기대된다.

셋째, 사유와 판단의 관계이다. 아렌트는 타인들과의 소통이 이루어지는 공적영역에서 작동하는 정신능력을 판단이라고 하고, 이 판단은 사유의 부산물이라고 설명한 바 있다. 그러면서도 사유와 판단은 분명하게 구분되는 정신활동이라고 한다. 아렌트는 개인이 홀로 이루는 사유가 다양한 관점에서의 검토를 거치지 않는다면 소멸되고 말 것이라고 함으로써 궁극적으로 사유의 지향점이 공적영역에서의 소통능력에 관계하는 판단이라는 것을 암시하고 있다. 그러나 이 판단은 사유가 없이는 가능하지 않다고 함으로써 사유와 판단이 긴밀히 관련되어 있다는 것을 밝히고 있다. 특히, 공적영역에서 작동하는 정신능력인 판단의 전제조건이 사유라는 것은 아렌트의 사유가 전통적인 인식론이나 철학에서의 논리적, 인식적 사유와는 구분되며, 사유가 그 출발점부터 타인들과 함께 소통하며 이 세계를 새롭게 만들어 나가는 활동적 삶을 염두에 두고 탐색되고 있다는 것을 암시한다.

이상의 주제들은 우리 교육의 장에서 앞으로 더욱 활발하게 연구될 가치가 있는 내용들을 제시하고 있다. 이 연구는 사유에 관한 기초연구에 머무는 성격이 강하고 그 때문에 관련된 주제를 깊이 있게 다루지 못한 측면들이 많다는 한계가 있지만, 모쪼록 이 연구를 기초적인 마중물로 삼아 우리 학계에 아렌트의 사유개념에 관한 논의가 더욱 풍성해지기를 바란다.

참고문헌

강학순(2018). 하이데거와 아렌트의 비교연구. 『철학탐구』 49, 1-34.

곽덕주(2003). 삶의 의미와 가치에 대한 질문의 교육적 가치 탐색: Blumenberg 의 철학사적 고찰을 통하여. 『아시아교육연구』 6(1), 1-23.

박은주(2018). 『한나 아렌트의 '행위' 개념을 통한 가르침의 의미 재탐색』. 서울 대학교 박사학위논문.

박은주(2019). 한나 아렌트, '판단' 개념의 교육적 의의. 『교육사상연구』 33(4), 1-25.

장영란(2016). 아리스토텔레스와 아렌트의 활동적 삶과 관조적 삶. 『철학연구』 115, 247-273.

소경희(2017). 『교육과정의 이해』. 서울: 교육과학사.

우정길(2013). Hannah Arendt의 '탄생성'의 교육학적 의미. 『교육의 이론과 실 천』 18(3), 47-71.

육혜원(2015). 한나 아렌트의 정치사상에서 '사유'와 '판단'. 『대한정치학회보』 23(1), 1-21.

장원순(2007). 초등사회과교육에서 정치적 판단력 증진을 위한 민주시민교육 접근법. 『사회과 교육』 46(1), 107-125.

정윤석(2006). 아렌트의 하이데거 비판: '세계' 개념을 중심으로. 『철학』 88. 207-230.

조나영(2015). 『한나 아렌트 '탄생성'의 교육적 함의』. 고려대학교 박사학위논문.

최진(2017). '미적판단'에 주목하는 인문적 예술교육의 접근을 위한 일고찰: '정 치적'인 것과 '인문적'인 것의 개념적 관련성을 중심으로. 『교양교육연구』 11(2), 339-371.

최치원(2019). 정신의 삶에 나타난 아렌트(Hannah Arendt)의 미스터리한 사유 개념 비판: 아렌트의 이론은 왜 진정한 정치이론이 될 수 없는가? 『정치사상 연구』 25(1), 205-241.

홍원표 외(2009). 『한나 아렌트와 세계사랑』. 고양: 인간사랑.

홍원표(2010). 한나 아렌트의 '정신적 왕래'와 정치적인 것: 정치와 문학예술 사이에서. 『세계지역연구논총』 28(3), 31-57.

홍원표(2013). 시간 개념에 대한 한나 아렌트의 성찰: 시간적 사유와 정치적 사유의 만남. 『정치사상연구』 19(2), 31-57.

Arendt, H.(1958). *The Human Condition*. 이진우, 태정호 역(1996). 『인간의 조건』. 서울: 푸른숲.

Arendt, H.(1965). *Eichmann in Jerusalem*. New York: Viking Press. 김선욱 역(2006). 『예루살렘의 아이히만』. 서울: 한길사

Arendt, H.(1978). *The Life of the Mind*. 홍원표 역(2004). 『정신의 삶』. 서울: 푸른숲.

Arendt, H.(1983). *Men in Dark Times*. 홍원표 역(2010). 『어두운 시대의 사람들』. 서울: 인간사랑.

Arendt, H.(1971). Thinking and Moral Considerations: A Lecture. *Social Research: Spring*, 38(3), 7-37.

Aristotle. *The Nichomachean Ethics*. 강상진·김재홍·이창우 역(2011). 『니코마코스 윤리학』. 서울: 길.

Bradshaw, L.(2000). *Acting and Thinking: The Political Thought of Hannah Arendt*. Toronto: Univ. of Toronto.

Canovan, M.(1978). The Contradiction of Hannah Arendt's Political Thought. *Political Theory* 6(Feb.), 5-26.

Canovan, M.(1990). Socrates or Heidegger? Hannah Arendt's Reflections on Philosophy and Politics. *Social Research* 57(1), 135-166.

Bernstein, R. J.(1996). *Hannah Arendt and the Jewish Question*. 김선욱 역(2009). 『한나 아렌트와 유대인문제』. 서울: 아모르문디.

Bernstein, R. J.(2000). Arendt on Thinking. D. Villa (Ed). *The Cambridge Companion to Hannah Arendt*. 277-292. Cambridge: Cambridge Univ. Press.

Dewey, J.(1933). *How We Think*. 정회욱 역(2011). 『하우 위 싱크: 과학적 사고의 방법과 교육』. 학이시습.

Duarte, E.(2001). The Eclipse of Thinking: An Arendtian Critique of Cooperative Learning, Gordon, M(Ed.). *Hannah Arendt and Education: Renewing Our Common World*. 201-223. Colorado: Westview Press.

Jerome, K.(1990). Thinking/Acting. *Social Research* 57(1), 105-134.

Kwak, D. J.(2015). The Implications of Arendt's Concept of Judgment for Humanistic Teaching in a Postmetaphysical Age. *Educational Theory* 65(6), 681-697.

Maier-Katkin, D.(2010). *Stranger from Abroad: Hannah Arendt, Martin Heidegger, Friednship and Forgiveness.* W.W.Norton & Company.

Platon, *Republic.* 박종현 역(2004). 『국가』. 파주: 서광사.

Schön, D. A.(1983). *The Reflective Practitioner: How Professionals Think in Action.* New York: Basic Books.

Taylor, C.(1989). *Sources of the Self.* 권기돈 · 하주영 역(2015). 『자아의 원천들』. 서울: 새물결.

9장

정신적 삶과 교육(II): 판단*

I. 서론

요즘 학생들 사이에 '개취'(개인의 취향), '취존'(취향존중), '개취존'(개인취향 존중) 등 취향과 관련된 말들을 종종 들을 수 있다. 이 용어들은 주로 내 개인의 취향이니 더 이상 신경쓰지 말라거나, 혹은 남과 다르다고 해서 함부로 비판하지 말라고 할 때 많이 쓰인다. 이 말들이 쓰이는 맥락을 살펴보면 다른 사람과는 구별되는 개인의 독특함을 존중할 것에 대한 요구가 강하게 두드러진다. 즉, 내가 무엇을 좋아하든, 개인의 사적영역에 속한 문제이니 공적 준거로 재단하지 말아 달라는 것이다. 이는 더 이상 하나의 잣대나 규범으로 저마다 다른 차이들을 평가하지 말아 달라는, 포스트모던 시대를 살아가는 젊은이들의 다양성에 대한 존중의 요구로 해석된다. 이러한 경향성의 증대는 저마다의 고유하고 유별한 개성들이 꽃피는 계기가 될 수 있다는 점에서 한편으로 긍정적으로 보인다. 뿐만 아니라 이와 같은 경향성은 근대교육이 지향해왔던 단일하고 보편적 규범에 기초한 인간관에 대한 비판과 반성의 일환으로 제기되었다는 점에서 의미가 있다. 즉, 개인의 자유와 개별화를 강조하는 맥락에서 보면, 개인의 취향존

---

* [출처] 박은주(2019). 한나 아렌트, '판단'개념의 교육의 의의. 『교육사상연구』 33(4), 1-25.

- 257 -

중에 대한 요청은 일면 긍정적으로 평가될 수 있는 측면을 가지고 있는 것이다.

그러나 다른 한편으로, 개인의 취향존중에 대한 요청은 점점 자신의 사적영역 안으로 침잠하는 개인의 주관주의 경향을 가속화할 위험이 있다. 지금의 개인의 취향존중이 더 이상 타인과의 대화나 소통이 아닌 공적영역과의 단절로 이어질 때, 이는 곧 타인과 함께 소통하며 살아가는 공적영역으로부터의 후퇴를 의미한다. 이는 우리가 함께 살아가는 공동세계의 기반을 약화시켜 파편화된 개인을 양산할 위험으로 작용할 수도 있다는 점에서 다소 우려되는 대목이다.

테일러(C. Taylor)는, 우리 인류 문명이 "발전하고 있음"에도 불구하고 우리가 상실감과 몰락의 느낌, 혹은 근원적 불안을 갖게 되는 원인을 탐색하면서 그 첫 번째 원인으로 개인주의의 강화를 지적한다.(Taylor, 1998/송영배, 2001: 10) 개인주의는 근대 문명이 이룩한 최고의 업적이라 할 수 있을 정도로 우리는 그 어느 때보다 개인의 권리와 자유가 강조되는 사회에 살고 있다. 테일러에 의하면 우리는 자신의 생활방식을 스스로 선택하고, 어떠한 신념을 신봉할 것인가를 자신의 양심에 따라 판단하며, 우리 조상들은 도저히 가늠하거나 통제할 수 없었던 다양한 방식으로 우리 삶의 형태를 결정할 수 있는 권리를 누리는 세상에 살고 있다. 그러나 이와 같은 근대인의 자유는 "존재의 거대한 고리"(Great chain of being)에서 떨어져 나오는 과정, 즉 "탈주술화"(disenchantment)의 과정에서 쟁취된 것으로서, 다르게 말하면 자유의 획득은 우리 삶을 하나로 연결해 주던 의미의 지평의 상실을 수반하면서 이루어진 것이다. 그래서 우리는 그 어느 때보다 자유롭고, 나만의 방식의 삶을 살면서도 아이러니하게도 그 어느 때보다 불안하고, 삶의 무의미성으로 고통받고 있는지도 모른다. 이에 대하여 테일러는 우리가 근대이전으로 다시 돌아갈 수 없는 이상, 개인의 개성과 자유를 존중하며, 나다운 삶의 존재방식에 대한 요청은 거부할 수 없는 우리의 삶의 조건이 되었다고 진단한다. 오히려, 이 조건을 주목하면서 삶의 무의미성으로 파편화된 개인이 되지 않으려면 우리에게는 우리를 연결해 줄 의미의 지평에 잇닿아 있을 필요가 있다. 즉, 획일화되고 보편적인 방식의 전근대적 질서가 아니라 우리 삶을 유의미하게 뒷받침해 줄 수 있는 의미의 지평에 연결되어, 그것을 자신만의 방식으로 표현해 내는 작업이 요청된다는 것이다. 그와 같은 삶의 방식은 분명 자신의 내면의 주관주의로 침몰하는 방식과도 다를 것이며, 단 하나의 획일적 규범을 따라 살아가는 전체주의적 방식과도 다를 것이다.

이와 같은 맥락에서 지금의 취향존중에 대한 요청도 다시 재해석될 수 있는 가능성이 있다고 본다. 개인의 취향존중에 대한 증대하는 요구를 긍정적으로 수용하여 개인의 개성을 더욱 강화하는 입장과, 그것에 대한 우려와 걱정으로 공동체에 대한 규범을 강화하는 입장으로 대응을 하게 되면 우리는 문제의 본질을 놓칠 수 있다. 현대의 문명이 가속화하고 있는 주관주의로의 침몰과, 그에 대한 반작용으로 하나의 획일적 규범의 차원으로 환원시키려는 경향 사이에서 우리가 물을 수 있는 물음은, 우리는 '어떤 방식으로' 취향을 행사할 것인가 하는 질문이다. 이를 테일러의 맥락에서 다시 서술하면, 어떻게 하면 우리의 취향이 한편으로, 개인의 고유한 개성의 표현을 존중하여 자신만의 존재방식을 드러내면서도, 다른 한편으로 그것이 개인의 내면으로 침몰되지 않고 이 세계와 연결될 수 있는 방식을 취하는가 하는 질문이다.

이상과 같은 질문에 대하여 한나 아렌트(Hannah Arendt)의 판단개념을 탐색하는 것이 도움이 될 것으로 보인다. 아렌트의 판단개념은 칸트(I. Kant)의 취미판단을 정치적 맥락에서 재해석한 것이다. 아렌트는 "문화의 위기"(The Crisis in Culture)에서, 아름다운 대상을 대할 때 작동하는 취향(taste)을 "아름다운 것을 자신만의 '개인적인' 방식으로 보살피고, 그 결과로 '문화'를 생산해 내는 능력"(Arendt, 1968/서유경, 2005: 299)이라고 해석하고 있다. 이 연구에서 주목하는 것은 자신만의 '개인적인' 방식으로 사물과 관계맺는 태도가 어떻게 이 세계의 아름다운 '문화'를 생산해 내는 것으로 연결될 수 있는가 하는 것이다. 왜냐하면 취향의 개인적인 방식은 주관주의적 요소와 관련되고, '문화'는 타인과 함께 살아가는 공동의 세계와 관련되기 때문이다. 일견 모순되는 것처럼 보이는 아렌트의 판단개념은 위에서 제기한 취향을 어떻게 행사할 것인가라는 질문을 탐색하는 데 유의미한 자료가 될 수 있을 것으로 보인다. 이와 같은 판단개념의 탐색은 곧 개인의 주관주의적 계기와 공동세계의 계기를 어떻게 조화시킬 수 있는가하는 문제, 그리하여 취향을 가장 자유롭게 행사하는 것이 어떻게 이 세계를 가장 잘 보살피는 태도로 연결될 수 있는가 하는 문제를 탐색하는 것이 될 것이기 때문이다.

한나 아렌트의 판단개념을 탐색하기 위하여 먼저 II장에서는, 예비적 고찰로 한나 아렌트의 공적영역의 개념을 살펴본다. 이 작업이 필요한 이유는 아렌트의 판단개념은 무엇보다 공적영역에서 가장 요청되는 개념으로 제시되었기 때문에 아렌트의 공적영역에 대한 개념을 이해할 필요가 있기 때문이다. 이어서 III장에서는 공적영역에서 작동하는 판단 개념의 전개과정을 살펴본다. 아렌트의 판단개념은 전술하였듯이 칸트의 취미판단을 정치적 맥락에서 재해석하는 과정에서 제시되었기 때문에 예술의 영역에서 작동하는 취미판단을 공적영역에서 작동하는 개념으로 전유하는 것이 어떻게 가능한가 하는 문제가 제기된다. 이 때문에 칸트의 취미판단개념과 아렌트의 판단개념이 어떤 접점을 공유하는지, 그리고 양자의 차이점은 무엇인지를 살펴볼 필요가 있다. 그런 이후에 아렌트의 판단개념의 주요 요소를 통해 판단의 과정이 어떻게 이루어지는지를 살펴볼 것이다. 이어지는 IV장에서는 아렌트의 판단개념이 교육적으로 어떠한 함의를 가지는지를 쿨투라 아니미(Cultura animi)의 개념을 통해 고찰하고자 한다. 쿨투라 아니미는 아렌트가 판단을 잘 행사하는 사람의 이상적 모습을 제시한 것으로서, 이는 곧 교육받은 사람이 갖추어야 할 인문적 자질과 관련된다는 것을 밝히는 작업이 될 것이다.

II. '공적영역'의 개념

아렌트의 판단개념은 공적영역에서 작동하는 정신능력으로 제안된다는 점에서, 판단개념을 이해하기 위해서는 우선적으로 공적영역의 개념을 살펴볼 필요가 있다. 아렌트는 '세계사랑(amor mundi)의 철학자'라는 별명이 붙을 만큼(홍원표 외, 2009: 7), 아렌트의 사상에서 세계개념은 중요한 위치를 차지한다. 그중에서 공적영역(the public realm)의 개념은 아렌트의 세계개념의 핵심으로서, 아렌트 사상 전반을 꿰뚫는 중심축이라 할 수 있다. 이 장에서는 아렌트의 공적영역 개념을 살펴봄으로써, 공적영역의 두 가지 계기가 판단개념에도 중요하게 내재하고 있다는 것을 보이고자 한다.

공적영역이란 무엇인가? 우리는 어떤 경우에 '공적'이라는 말을 쓰는가? 아렌트는 주저 『인간의 조건』(*The Human Condition*)에서 '공적인 것'(the public)의 의미를 두 가지로 구분하여 설명하고 있다. 그 첫 번째 의미는 공동의 세계(common world)와 관련된다. 아렌트에 따르면, "'공적'이라는 용어는 세계가 우리 모두에게 공동의 것이고, 우리의 사적인 소유지와 구별되는 세계 그 자체를 의미한다."(Arendt, 1958/이진우 · 태정호, 1996: 105) 여기에서 말하는 공적인 것은 우리가 살아가는 '공동의 세계'로서, 자연환경이나 지구라기보다는 "인간이 손으로 만든 인공품과 관련된 인공세계"(Arendt, 1958/이진우 · 태정호, 1996: 105)를 의미한다. 예를 들어, 사람들이 공동으로 쓰는 건물을 '공공장소'라고 부르는 것은 그것이 어느 개인의 소유물이 아니라 다수의 사람들이 공동으로 사용하는 건물이기 때문이다. 뿐만 아니라, 오래된 건축물, 문화재, 제도 등 처음에는 특정한 사람들이 만들었더라도 세월이 오래되어 우리 모두의 것으로 남아 있는 문화물은 우리가 함께 공유하는 공동의 세계와 관련된다고 할 수 있다.

이와 같은 공동의 세계로서의 공적인 것의 의미는 그 기원이 고대 그리스의 폴리스로 거슬러 올라간다. 여기서 폴리스는 사적 소유지가 아닌 일종의 공적영역으로서 우리 모두에게 공동의 것(koinon)이라는 의미를 지닌다. 공동의 세계는 "우리가 태어나면서 들어가 죽어서 뒤에 남겨 두는 그 무엇"(Arendt, 1958/이진우 · 태정호, 1996: 108)이다. 당시의 아테네 시민들은 모두 사적 소유지를 가지고 살아가는 가장들로서, 그들이 함께 살아가는 세계에 관하여 논의하기 위하여 항상 폴리스로 모였고, 그것의 일차적인 의미는 공동의 것이었다. 즉, 개인의 먹고 사는 문제가 아니라, 우리 모두에게 공통된 사안들에 대하여 논의하는 곳이 폴리스였으며, 이 때문에 폴리스는 사적영역과 대비되는 공적영역이라는 의미를 부여받았다. 이 세계는 한 세대의 수명을 초월해서 지속한다. 이 잠재적 불멸성 때문에 "시간의 자연적 파멸로부터 보존하기를 원하는 모든 것을 수용하여 수세기에 걸쳐 빛을 발하게 할 수 있고"(Arendt, 1958/이진우·태정호, 1996: 108), 우리보다 오래 지속하는 이 세계 때문에 우리는 그 속에서 안정감을 얻게 된다. 이 때문에 이 세계는 우리가 태어나기 이전부터 존재했고, 내가 살아갈 터전이 될 뿐만 아니라 다음 세대도 거주할 인간의 안식처이자 터전이 된다. 그러나 이 세계는 인간의 손으로 만들어진 인공물로 구성되기 때문에 언젠가는 낡아서 허물어질 수밖에 없다. 각 시대마다 제도나 생활양식이 다르고, 다음 시대의 새로운 양식이 등장함으로써 대체되는 것도 인간의 손으로 만든 이 사물세계는 영원불변지 않다는 것을 보여준다. 따라서 우리는 이 세계에 대하여 그것을 소중히 다루며, 어떻게 새롭게 보존해 갈 것인지 관심을 가지고 보살펴야 하는 것이다.

공적인 것의 두 번째 의미는 "공중 앞에 나타나는 모든 것은 누구나 볼 수 있고 들을 수 있기에 가능한 가장 폭넓은 공공성"(Arendt, 1958/이진우·태정호, 1996: 102)과 관련된다. 여기에서 등장하는 공적인 것의 두 번째 의미는 공중 앞에 공개된다는 '공개성'의 의미를 지닌다. 여기서 공개성은 나와 타인들 앞에 동시에 나타남으로써 갖게 되는 공적 특징과 관련된다. 예를 들어, 우리가 유명한 연예인이나 정치가를 공인이라고 부르는 것은 그것이 사람들 앞에 드러난 직업이기 때문이다. 또한 어떤 모임을 공적인 자리라고 말한다면, 그 자리가 사적인 친밀한 관계로 맺어진 자리가 아니라 나와 다른 타인들이 모인 자리라는 뜻이다. 이렇게 볼 때 공적인 것의 두번째 의미인 공개성은 '타인들의 현존'(the presence of others)과 밀접하게 관련되어 있다는 것을 알 수 있다. 내가 보고 있는 세계의 확실성은 어디에서 확인받을 수 있는가? 내가 경험한 사실이 아무리 강렬하고 확실한 것이라고 해도 그것을 함께 보고 듣는 타인들이 없다면 그 경험은 나만의 사적 경험으로 될 뿐이다. 그러나 내가 보고 듣는 것을 함께 보고 듣는 타인들이 있다면 그로 인해 나는 세계와 나 자신의 실재성을 확인할 수 있다.(Arendt, 1958/이진우 · 태정호, 1996: 103)

이와 대척점에 있는 사적영역은 내가 보는 것을 함께 볼 수 있고, 내가 듣는 것을 함께 들을 수 있는 타인들이 부재한 곳이라는 것을 알 수 있다. 아렌트는 근대로의 이행과 함께 공적영역이 쇠퇴하면서 사람들은 사적영역에서 친밀성을 느끼게 되고 그곳에서 자신의 정체성을 발견하게 되었다고 진단한다. 근대 이후 사적영역의 확대는 주관적 감정과 사적 느낌을 강화하고 또 그것을 묘사하는 양식을 풍부하게 발전시키는 계기가 되었다. 근대인들은 자신의 진짜 모습을 드러내는 공간을 공적영역으로부터 사적영역으로 점차로 이동시켜 왔다. 근대 이후의 인간이 중요하게 여겨 온 사랑이나 자기 진실성 같은 감정들은 공적영역에 드러내기에는 부적절하지만 오히려 공적영역의 시선들로부터 차단되고 은폐된 사적영역에서 우리의 내면을 더 풍부하게 해 주는 대표적인 예시라 할 수 있다. 그러나 아렌트에 따르면 사적영역의 강화는, "항상 세계와 인간이 실재한다는 확신을 상실하는 대가를 치르고서만 가능하다."(Arendt, 1958/이진우 · 태정호, 1996: 103) 왜냐하면 내가 경험하는 그것이 아무리 강렬할지라도 그것을 보증해 줄 타인들이 부재하기 때문에 근본적으로 나의 사적 경험은 공유될 수 없고, 공중 앞에 드러남으로써 가지게 되는 실재성을 가질 수 없기 때문이다. 뿐만 아니라 아렌트는 사적영역의 전면화는 공적영역을 소멸시킬 뿐만 아니라 결과적으로 사적영역까지 위태롭게 할 것이라고 경고한다. 왜냐하면 두 세계의 올바른 균형 속에서만 사적영역이 보존될 수 있기 때문이다. 이 점에 비추어 볼 때, 개인의 취향이 공적영역에 적절하게 발휘되는 법을 알지 못한다면 소통되지 않는 개성의 파편화로 남게 될 가능성이 있다.

이상에서 논의한 공적인 것의 두 가지 의미는 완전히 일치하지 않고 그렇다고 분리되지도 않는 방식, 즉 서로 구분되는 방식으로 긴밀하게 관련되면서 '공적영역'(the public realm)을 구성한다. 아렌트는 공적인 것의 두 가지 의미를 공적영역을 구성하는 두 축으로 소개하고, 이를 공동탁자의 비유로 제시한다. 아렌트에 의하면, 공적영역은 마치 공동의 탁자를 가운데 두고 서로 둘러앉아 있는 사람들에 비유할 수 있다. 여기에서 공동의 탁자는 공동의 세계를 의미하며, 탁자 주위에 둘러앉은 사람들은 공동세계를 둘러싸고 모인 타인들을 의미한다. 그렇다면 공동의 탁자가 다양한 사람들 사이에 존재한다는 것은 무엇을 의미하는가?

> "공동세계가 모두에게 공동의 집합장소를 제공할지라도 여기에 모이는 사람들의 위치는 상이하다. 두 대상의 위치가 다르듯이 한 사람의 위치와 다른 사람의 위치는 일치할 수 없다. 타자에 의해 보여지고 들려진다는 것이 의미가 있는 것은 각자 다른 입장에서 보고 듣기 때문이다. 이것이 공적 삶의 의미이다. … 가족 세계(사적영역)는 한 대상이 다수의 관찰자에게 제시하는 제 측면들의 총계로부터 생겨나는 실재성을 획득할 수 없다. 사물들이 그 정체성을 잃지 않고도 많은 사람들에 의해 다양한 관점에서 관찰될 수 있을 때, 그래서 그 사물 주변에 모인 사람들이 극도의 다양성 속에서도 동일한 것을 볼 경우에만 세계의 실재성은 진정으로 그리고 확실하게 나타날 수 있다."(Arendt, 1958/이진우·태정호, 1996: 111)

우리가 이 세계에 살아간다는 것은 세계의 실재성 속에서 살아간다는 것이다. 이 세계의 실재성은 공동세계 하나의 측면으로 구성되지 않고, 또한 다양한 사람들만으로 구성되지도 않는다. 우리 모두가 공동으로 보고 듣고 논의할 공동의 세계에 함께 연결되어 있다는 사실, 더 나아가 내가 보고 듣는 것을 다른 사람들도 함께 보고 듣는다는 사실로부터 이 세계의 실재성은 획득된다. 즉, 자신의 정체성을 잃지 않고 동일하게 유지되는 공동세계가 존재한다는 것, 그리고 그 동일한 세계가 하나의 관점에서만 파악되거나 제시되는 것이 아니라 다양한 사람들에 의하여 다양한 관점에서 제시될 수 있을 때 세계의 다양한 측면들이 점차로 드러나면서 세계에 대한 제3의 실재성이 획득될 수 있다는 것이다. 여기서 제3의 실재성은, 공동세계의 제측면이 다양한 사람들의 의견을 통해 드러날 때 우리 모두가 함께 공유하게 되는 공동의 이해와 같은 것으로서, 그것이 아렌트가 제시하는 세계의 의미라고 생각할 수 있다. 즉, 이와 같은 세계의 의미는 각 사람의 상이한 세계이해가 서로 소통되면서 구성되는 '사이-세계'(in-between)와 같은 것으로 이해된다.

이렇게 볼 때 아렌트가 공적인 것의 두 가지 구분을 통하여 드러내려고 하는 공적영역은 우리가 살아가는 공동세계에 관하여 저마다의 다양한 사람들이 모여서 함께 논의하고 소통하는 공간이라는 것을 알 수 있다. 이와 같은 공적영역은 저마다의 다양한 사람들이 공동의 세계에 연결됨으로써 드러나는 세계의 다양한 제측면들이 서로 이야기되고 반박되고 소통됨으로써 형성되는 '인간관계의 그물망'과 같은 것이라고 한다. 이렇게 볼 때 공적영역은 무엇보다 세계에 관한 다양한 의견들이 소통되는 공간이라 할 수 있다. 이 지점을 주목하여 임성훈(2007: 554)은 공적영역의 가장 큰 특징을 소통가능성(communicability)이라고 한다. 즉, 개인이 혼자 고립되어 있는 사적영역과 비교하여 볼 때, 공적영역은 우리가 함께 살아가는 이 세계에 대하여 나와 다른 타인들과의 소통이 이루어지는 영역이라는 것이다.

그런데 여기에서 한 가지 의문이 생긴다. 이 세계에 대하여 나만의 고유하고 독특한 관점을 지닌다는 것은 다른 사람과는 구별되는 개인적 특이성과 관련된다. 이러한 개인적 특이성은 기본적으로 소통불가능성을 전제하고 있다. 우리가 개인의 취향에 대해서 존중의 영역이라고 하는 것도, 개인의 특이한 개성에 속한 사안은 공적영역에서 논쟁할 수 없기 때문에 우선 인정해 달라고 요청하는 것이다. 그런데 저마다의 다양하고도 특이한 개성에 기반한 취향을 어떻게 다른 사람과 소통가능하게 만들 수 있을까?

이 질문에 대하여 아렌트는 공적영역에서 가장 중요하게 작동하는 정신활동으로 판단 개념을 제시하고, 이를 통하여 우리가 어떻게 공적인 태도를 기를 수 있는지를 보이고자 한다. 이하에서는 아렌트의 판단개념을 고찰함으로써 다양한 관점을 가진 개인이 공적영역에서 어떻게 서로 소통가능하게 될 수 있는지를 살펴보고자 한다.

Ⅲ. 아렌트의 '판단'(judging) 개념의 전개과정

1. 판단 개념의 출발: 칸트 취미판단의 정치적1 전유

원래 판단력은 칸트(I. Kant)가 취미(taste)의 작용 가운데 발견한 정신기능이다.(김선욱, 2002: 89) 우리가 장미꽃을 보고 아름답다고 할 때, 그와 같은 어떤 대상의 미추에 대한 판단에는 그것이 나에게 유발하는 '쾌·불쾌라는 감정'이 관련되어 있다. 이것은 꽃이라는 보편적 개념을 먼저 떠올리고 나서 그 장미꽃에 적용하는 것이 아니고 다른 사람이 아름답다/추하다를 판단했기 때문에 그것을 따라서 판단하는 것도 아니다. 이 판단은 내 눈 앞에 있는 '이 꽃'에 대하여 느끼는 내 안의 쾌·불쾌의 감정과 관련된 것으로, 이것이 취미판단의 성격이다. 아렌트의 판단개념은 이와 같은 칸트의 취미판단 개념을 정치적 맥락에서 재해석함으로써 탄생되었다. 그렇다면 아렌트는 예술의 영역에서 작동하는 취미판단의 어떠한 지점에서 공적영역에서 작동하는 판단으로 전유할 가능성을 발견하였을까?

> "논리적 양에서 본다면 모든 취미판단은 **단칭판단**이다. 왜냐하면 [취미판단을 내릴 때] 나는 대상을 나의 쾌·불쾌의 감정에서 직접 파악할 뿐이며 개념을 통해 파악해서는 안 되므로, 취미판단은 객관적으로 타당한 판단의 양을 가질 수 없기 때문이다. … 예를 들어 내가 바라보고 있는 이 장미에 대해 나는 취미판단에 의해서 아름답다고 언명한다. [그리고 '이 장미는 아름답다'라는 취미판단은 단칭판단이다.] 그에 반해 [장미에 대한] 많은 단칭판단들을 비교함으로써 획득되는 판단, 즉 '장미들은 일반적으로 아름답다'라고 진술된 판단은 이미 감성적 판단이 아니라, 감성적 판단에 근거를 둔 논리적 판단이다."(Kant, 1913/김상현, 2005: 34)

---

1 여기서 정치적인 것은 정치제도나 시스템을 의미하는 '정치'(politik)에 관한 이론을 의미하는 것이 아니라, 복수성에 바탕을 둔 사람들 사이의 다양성, 이에 따른 자유로운 소통의 장이 마련되는 '정치적인 것'(das Politische)에 그 주안점을 두고 있다.(임성훈, 2007: 551) 이것이 아렌트의 정치에 관한 사유가 비단 정치학뿐만 아니라 미학, 철학, 사회학, 교육학 등 다양한 분야에서 연구되는 이유일 것이다. 판단개념의 정치적 성격도 이와 같은 맥락에서 이해되어야 한다.

위 인용은 『판단력비판』에서 칸트가 취미판단의 특징에 대해 설명하는 부분이다. 이 설명을 보면, 취미판단은 '단칭판단'이라는 특징을 가진다. 즉, '개별자'를 대상으로 작동하는 것이 판단이라는 것이다. 예를 들어, '이 장미는 아름답다'는 진술은 취미판단이다. 왜냐하면 내가 지금 바라보고 있는 눈 앞의 장미를 대상으로 하기 때문이다. 그러나 "모든 꽃은 아름답다, 이 장미는 꽃이다, 따라서 장미들은 아름답다"라는 과정을 통하여 장미가 아름답다고 판단을 내린다면 이것은 논리적 판단이 된다. 여기에서의 '장미들'은 장미에 관한 보편적 개념으로서 일종의 이념형의 성격을 지닌다. 이로 볼 때, 아렌트가 칸트의 취미판단에서 주목한 것은 개별자를 개별자 자체로 다루는 정신능력이었다고 볼 수 있다. 철학사적으로 볼 때 칸트의 취미판단 개념은 개별적인 것과 다양성을 보편적 원리로 환원하거나 그의 적용대상으로 간주하지 않고 개별자를 개별자 자체로서 다루는 거의 유일한 것이다.(김선욱, 2002: 89)

개별자에 대한 존중은 판단개념이 반성적 판단의 성격을 지니는 것으로 연결된다. 규정적 판단은 개별자를 일반적 규칙 아래 종속시키는 데 반하여, 반성적 판단은 개별자로부터 규칙을 도출한다는 특징이 있다.(Arendt, 1982/김선욱, 2000: 155) 즉, 우리가 어떤 대상을 아름답다고 판단할 때는 미의 개념이 먼저 있어서 그 개별자에 적용하는 것이 아니라, 그 개별적 대상으로부터 '아름답다'는 미의 일반적인 개념에 도달한다는 것이다. 개별자를 통하여 일반적 개념을 도출하는 방식을 취하기 때문에 판단개념은 규정적 판단이 아닌 반성적 판단의 성격을 지닌다. 개별자를 보편자에 귀속시키지 않고, 개별자를 통해 일반적 개념을 도출해 내는 판단작용을 통하여 인간의 개체적 삶에 기쁨을 주는 요소를 분별함으로써 각 사람은 우리의 공동세계에 일어나는 현상뿐만 아니라, 자신의 행위를 평가하는 방법을 판단할 수 있는 것이다.(Arendt, 1982/김선욱, 2000: 15)

또한 칸트의 『판단력 비판』에 등장하는 인간은 순수이성비판이나 실천이성비판에 등장하는 지적 존재도, 인식적 존재도 아닌, "실제로 존재하는 그대로의, 사회 가운데 살고 있는 복수의 다양한 인간"이다.(김선욱, 2002:

89) 왜냐하면 인식이나 논리에 의해 판단하는 것이 아니라 쾌·불쾌라는 감각에 의해 내리는 판정이 취미판단이기 때문에, 그러한 판단을 행사하는 사람도 자신의 감각에 기반해서 판단하는 구체적 개별자들이다. 복수의 다양한 사람들이 제각기 자신의 개성을 가지고 출현하는 공적영역에서 작동하는 정신능력을 탐색하는 아렌트에게 이와 같이 도덕법칙이나 보편적원리에 환원되는 '보편적 인간'(Man)이 아니라 실지로 감각을 가지고 살아가는 개별자로서의 인간들(men) 사이에 작동하는 판단이야말로 마치 진주와 같은 것으로 보였을 것이다. 그리하여 아렌트에게 칸트의 취미판단은 복수의 개별자로서의 인간들이 모인 공동체로서 공적영역을 적극적으로 구상하는 데 중요한 기반이 되었을 것이라고 추정할 수 있다.

"여기서 이제 우리가 알 수 있는 것은, 취미판단에는 개념을 매개로 하지 않는 만족에 관한 그와 같은 보편적 일치만이 요청될 뿐이며, 따라서 모든 사람들에 대해 타당하다고 간주될 수 있는 감성적 판단의 가능성이 요청된다는 사실이다. 취미판단 자체가 모든 사람의 동의를 요청하는 것은 아니다. 취미판단은 이러한 동의를 규칙의 한 사례로서 모든 사람들에게 요구할 뿐이며, 이 사례의 확증을 개념에 기대하는 것이 아니라 다른 사람들의 찬성에 기대하는 것이다."(Kant, 1913/김상현, 2005: 35)

위 인용에 의하면, 취미판단에 작동하는 타당성은 개념을 매개로 하는 논리적 타당성(logical validity)과는 다르다. 취미판단에서는 삼단논법과 같은 추론과정을 거쳐서 결론에 도달하지 않고, 또 논리적 무모순성을 따지지도 않는다. 그보다 취미판단에서의 타당성은 다른 사람의 '동의'를 요청하는 방식을 취한다. 즉, 내가 이 꽃이 아름답다고 판단할 때는 다른 사람도 그러할 것이라고 그들의 찬성을 기대하게 된다는 것이다. 이 때문에 칸트의 취미판단에는 다른 감관판단과는 달리 "주관적 보편성에" 대한 요구가 결합되어 있다.(Kant, 2005: 28)

보편적 주관성 혹은 주관적 보편성이라고 하는 취미판단의 이 흥미로운 지점으로부터, 아렌트는 인간사 전반에 적용되는 판단개념으로의 전환을 모색하게 된다. 이것이 아렌트가 칸트의 취미판단에서 공적인 본질을 발견한 또 다른 지점으로서, 취미판단은 어떠한 개념에 의거해서 내리는 판단이 아니라 우리의 감각과 감정에 의거한 것이면서도 단지 주관적인 차원에 머무르지 않고 보편성을 가질 수 있다는 점이다.(최진, 2017: 342) 아렌트는 이를 복수의 사람들이 소통하는 공적영역에서의 일반적 소통가능성(general communicability), 혹은 일반적 타당성(general validity)을 지향하는 것으로 개념화한다.(Arendt, 1982/김선욱, 2000: 88) 여기에서 아렌트가 판단의 소통가능성의 성격을 도출하는 지점을 발견할 수 있다. 판단의 힘은 타인과의 잠재적 합의에 근거하고 있는데, 이 과정은 기본적으로 내가 궁극적으로 어떤 합의에 도달해야 한다고 알고 있는 사람들과의 예견된 의사소통을 내 안에 이루는 것이다.(Arendt, 1968/서유경, 2005: 294) 판단은 이러한 잠재적 합의로부터 그것의 타당성을 도출한다. 이와 같은 판단의 타당성은 논리적 타당성과는 다른 종류의 타당성, 즉 소통가능성에 기반한 타당성이라 할 수 있다. 아마도 아렌트는 단일한 하나의 잣대를 따라 모든 사람이 동일하게 행동하는 방식보다는, 저마다의 다양하고 특이한 관점의 개인들이 타인들의 동의를 구하면서 합의를 찾아가는 방식이 인간사를 바라보고 해석하는 데 더 필요하고도 중요한 방식이라고 본 것 같다. 인간사에 관련된 일들은 단지 합리성의 절차에 따라야 하는 논증의 결과만을 수용할 수도 없고, 단지 도덕적 규범만을 따를 수도 없으며, 또 인과관계만을 고집할 수 없는 '새로운 경우들'이 많기 때문이다.(Zerilli, 2005: 162)

이 외에도, 칸트의 취미판단과 아렌트의 판단 개념 간의 공통점으로 '정신의 확장'(the enlargement of the mind), '사교성'(sociability), '공통감'(common sense) 등의 요소들을 들 수 있다. 아렌트의 판단개념은 칸트의 취미판단에 들어 있는 공적요소에 주목하여 이를 타인과 함께하는 공적영역에서 작동되는 공동체감각으로 적극적으로 재해석된다는 특징이 있다. 그런데 이와 같은 많은 공통점에도 불구하고, 칸트의 취미판단은 여전히 예술의 영역에 한정되어 사용된다는 것, 그리고 아렌트의 판단개념은 공적영역으로 확장되어 인간사 전반에 대한 정신능력으로 전유된다는 것이 양자의 차이점이라 할 수 있다.

그런데 여기에서 한 가지 의문이 생긴다. 판단의 타당성, 즉 칸트가 주관적 보편성이라고 하였고 아렌트가 일반적 소통가능성이라고 불렀던 판단의 이 특징에는 모종의 긴장이 내재한다. 바로, 감각적 주관성은 소통이 불가능하다는 점이다. 개인의 특이성에 기반한 감각적 주관성은 애초에 어떻게 타인과 소통가능하게 되는가? 사실 아렌트도 취미가 개인의 특이성에 속한 감각이라는 것을 인정한다. 아렌트는 취미(taste)가 미각에 기반하고 있는 감각으로서, 전적으로 사적이고 소통가능하지 않은 내적감각의 대표적인 예라고 설명한다.(Arendt, 1982/김선욱, 2000: 126) 아렌트에 의하면, 우리의 오감 중 시각이나 청각, 촉각은 대상을 직접적으로 다루고 이들은 재현이 가능하다는 점에서 현존하지 않는 어떤 것을 존재하게 한다는 특성을 공통으로 가지고 있다. 반면에, 미각이나 후각은 나를 즐겁게 하는지 불쾌하게 하는지, 즉 쾌와 불쾌와 관련된, 전적으로 개성의 영역(idiosyncratic)에 속한 감각이다.(Arendt, 1982/김선욱, 2000: 127) 어떤 대상에 관한 판단이 인지적인 것이 아니라 사적 감각에 기반한 취미의 문제가 될 때, 이것의 난점은 그것에 대하여 소통할 수 없기 때문에 그것에 대해 논쟁을 벌일 수도 없다는 것이다. 아렌트도 칸트 당시부터 유행어처럼 회자되었던 "취미에 대하여는 논쟁할 수 없다"(De gustibus non disputandum est)는 문구를 인용하면서 이 난점을 확인한다.(Arendt, 1982/김선욱, 2000: 127) 그럼에도 불구하고 취미의 현상을 출발점으로 하는 판단을 아렌트는 "순전한 이론적 활동보다는 정치적 활동(공적활동)을 함축하고 있다"(Arendt, 1968/ 서유경, 2005: 293)고 하면서 공적영역에서 작동하는 정신능력으로 재해석하고 있는 것이다. 왜 그런가?

이 긴장에 대하여 아렌트의 판단개념이 기초하고 있는 두 가지 공적계기, 즉 '공동의 세계'와 '타인들의 현존'을 중심으로 답변이 가능하다고 본다. 아렌트에 따르면 판단은 이 세계의 아름다운 것들, 혹은 역사적 사건들, 우리 눈앞에 펼쳐진 광경이나 현상처럼 이 세계 속에 일어나는 일들, 혹은 이 세계를 구성하는 사물 등, 이 세계에 대한 관찰자의 정신활동과 관계된다. 우리가 세계에 대하여 어떤 결정을 내릴 때, 그 결정은 세계에 대한 '나'의 결정이기 때문에 언제나 특정한 주관성을 가질 수밖에 없다. 즉, 각 개인이 세계를 바라보고 판단하는 자기만의 자리에 머무는 것이다. 따라서 개인이 세계와 맺는 관계만 문제삼는다면 이때의 판단은 "주관적이고 사적인 조건"에 머무는, 그리하여 개인의 고립된 고독 속에 이루어지기 때문에 개인의 특이성에 머무는 정신활동에 불과할 것이다.(Arendt, 1968/서유경, 2005: 294) 그러나 이때의 판단은 개인이 혼자 자기 내면에 머무는 순전한 주관성과는 다르다. 왜냐하면 판단에서 개인의 특이성이라는 주관적 조건은 '세계'라는 공동의 대상에 대한 특이성으로서, 우리가 관계하는 세계 자체가 객관적 자료라는 사실, 즉 모든 거주자에게 공통적인 무엇이라는 사실에 의해 어느 정도는 극복되기 때문이다.

그러나 여기에 머물지 않고 아렌트는 판단개념의 또다른 측면을 설명하고 있다. 아렌트는 판단이 이 세계에 대한 개인의 관점을 타인의 관점으로 확장하는, 일종의 '확장된 사고방식'의 형태를 취한다고 한다. 아렌트에 따르면 판단은 언제나 "타인의 현전"을 필요로 한다(Arendt, 1968/서유경, 2005: 294). 왜냐하면 판단은 "'타인들의 입장'에서 사유해야 하고, 타인들의 관점을 고려해야 하며, 타인들이 없다면 작동할 기회조차 갖지 못하기 때문이다."(Arendt, 1968/서유경, 2005: 295) 이로 인해서 판단은 순전한 개인의 주관성에서 벗어나 타인들과 소통할 수 있는 상태로 나아갈 수 있는 것으로 보인다. 아마도 이 '타인들'의 차이가 칸트의 취미판단을 공적영역에서 작동하는 판단개념으로 전유할 때 가장 뚜렷한 차이점을 빚는 대목일 것이다. 즉, 동일하게 확장된 사유방식을 말하고 있지만, 칸트의 사유방식에서 등장하는 타인은 어떤 의미에서는 이성적인 존재의 전형처럼 가정되는 것으로 보인다.(Markell, 2014: 84; 최진, 2017: 358재인용) 즉, 칸트의 취미판단에서 등장하는 타인의 위치는 곧 "모두의 위치"로 상정되고, 이 위치에는 이상적인 자아가 놓이면서 어떤 형식적 특수성에 "홀로" 주목하는 방식을 취한다는 것이다. 이 때문에 칸트의 취미판단은 공적본질을 내재하고 있음에도 불구하고 여전히 이상적이고 이념적인 성격에 머무는 경향이 있다.(최진, 2017: 359) 이 확장된 사유방식에서의 정치적 성격을 간과한 점 때문에 칸트의 판단은 여전히 미적판단의 영역에 머무르게 된다.(박혁, 2016: 123) 반면에 아렌트의 확장된 사유방식에 등장하는 타인은 추상적이고 이상적인 존재가 아니라 실제로 공동체를 구성하고 있는 사람들이다. 이 때문에 아렌트의 판단개념은 독백적인 사유과정을 따르지 않고 현재 동일한 대상이나 외양을 바라보는 실제로 존재하는 타인들의 공동체에서 작동하는 과정을 따르게 된다. 아렌트가 복수의 타인들을 고려할 때 주안점을 둔 것은 다른 이의 감정상태가 아니라 자신이 보는 '동일한 대상'을 타인이 다른 조건 및 다른 위치에서 바라볼 때 생겨나는 '차이'인 것이다.(Zerilli, 2005: 165) 아마도 이것이 아렌트가 판단개념을 재개념화할 때, 판단이 작동하는 구체적 공동체로서의 공적영역의 두 계기를 적극적으로 관련짓는 이유로 보인다. 그렇다면 공적영역의 두 가지 계기와의 관련 속에서, 판단개념은 구체적으로 어떤 과정을 거쳐 공적영역에서 타인과 소통가능한 감각으로 되는가?

2. 판단의 두 계기

이하에서는 판단의 과정을 공적영역의 두 가지 계기와의 관련 속에서 재구성하여 설명하도록 하겠다. 먼저, 공동의 세계와의 관련 속에서 판단의 과정을 살펴보자. 판단의 과정에서 관찰자가 이 세계의 사물을 대할 때, 사물의 드러난 모습, 즉 외견을 있는 그대로 보는 것이 중요하다. 즉, 소비나 오락의 대상이나, 또는 나의 개인적 목적을 성취하기 위한 수단으로 보는 것이 아니라, 사물을 그 자체로 대하는 태도가 필요한 것이다. 이를 위해서 요청되는 것이 '거리두기'이다. 아렌트에 의하면 사물의 순수한 외견이 중요할수록 올바른 감상을 위한 거리두기가 한층 더 요구된다.(Arendt, 1968/서유경, 2005: 281) 이는 우리 자신의 삶의 걱정이나 이해관계, 충동을 잊어버리는 입장에 서야 사물을 사물 그 자체로 감상할 수 있는 전제조건이 된다는 것을 말해 준다. 여기서 거리두기는 세계를 대하는 올바른 태도의 전제조건으로서, 먼저 순전한 자신만의 요소나 조건으로부터 벗어나야 한다는 것을 주요 내용으로 한다. 즉, "우리 자신의 판단에 우연히 부과된 제한적 요소들에 대해 추상적으로 됨으로써"(Arendt, 1982/김선욱, 2000: 94), 혹은 "수많은 이들이 제약을 받는 주관적이고 사적인 요소들을 배제함으로써"(Arendt, 1982/김선욱, 2000: 94), 우리는 자신에게 매몰된 관점에서 벗어나 보다 공정한 관점을 얻을 수 있다는 것이다. 아렌트는 이를 '무관심성'(disinterestedness)이라고도 부른다. 즉, 어떤 사태나 사건에 대해 자신의 이해관계를 결부시키지 않고 공정하게 바라보는 태도로서의 무관심성이 전제되어야 그 이후에 그 관점은 '불편부당성'(impartiality)을 갖추게 되어 타인과 소통할 수 있는 기반이 될 수 있다는 것이다.(김선욱, 2002: 95)

그런데 거리두기를 통해 우리 자신의 사적인 관점에서 벗어나더라도, 그 판단이 함께 대화하는 공동체에 받아들여질 만한 것인지의 문제가 남는다. 이것은 자신의 사적 이해로부터 벗어나는 것이 필수적이지만, 그것에 머물러서는 안 되고 보다 적극적으로 그 관점을 타인들의 관점으로까지 확장해야 한다는 것을 의미한다. 여기서 공적영역의 두 번째 계기인 '타인의 현존'이 요청된다. 아렌트는 우리의 판단을 타인의 실제적 판단이 아닌 가상적 판단과 비교함으로써, 그리고 우리 자신을 타인의 입장에 놓음으로써 우리의 판단이 공적영역에서 타인과 소통가능한 형태로 나아가야 한다고 주장한다.(Arendt, 1982/김선욱, 2000: 93) 이와 같이 이 세계에 대한 개인의 관점에 타인의 관점을 적극 초대하는 것을 아렌트는 '정신의 확장'(enlargement of the mind)이라고 부르고, 판단의 핵심개념으로 강조한다. 우리 자신의 판단을 타인의 입장에 놓음으로써 어떤 일이 일어나는가? 왜 나 자신의 관점을 타인의 관점에까지 확장해야 하는가?

아렌트는 타인의 관점을 고려함으로써 나의 이전의 판단, 즉 나의 주관적이고 사적인 조건에서 이루어졌던 판단에 모종의 변화가 일어난다는 점을 기술하고 있다. 즉, 이 세계와의 관계에서 나의 개인적 특이성을 갖추었던 의견은 타인의 입장을 고려해 봄으로써 제 3의 견해로 변화된다는 것이다. 이 변화의 성격에 대해 아렌트는 '불편부당성'(impartiality)을 갖추게 되는 것이라고 설명한다. 타인의 관점을 고려함으로써 불편부당한 제 3

의 견해로 변모하는 것이 의미하는 바는 무엇일까? 이를 아렌트는 공적으로 소통가능한 입장으로의 변화로 기술한다. 우리는 "[우리 내면에] 타자들을 등장시킴으로써 잠재적으로 공적이며 모든 입장에 공개된 공간, 즉 공적영역으로 들어가게 된다"는 것이다.(Arendt, 1982/김선욱, 2000: 93) 공적영역으로 들어가게 된다는 것은 공적영역의 가장 큰 특징인 '소통가능성'(communicability)을 가지게 된다는 것을 의미한다. 소통가능성은 언제나, 말을 들을 수 있고, 경청할 수 있는 사람들(men)의 공동체를 함축하고 있다.(Arendt, 1982/김선욱, 2000: 89) 즉, 나의 내면에 고립되어 소통할 수 없는 말과 생각이 아니라 타인들과 대화할 수 있고, 논의할 수 있는 형태의 말과 생각으로 바뀐다는 것이다. 아렌트는 이 소통가능성을 공공성과 동의어로 사용하고 있을 정도로(Arendt, 1982/김선욱, 2000: 135), 공적영역의 가장 큰 특징으로 보고 있다.

이렇게 볼 때, 이 세계에 대하여 아름답고 추함을 분별하는 판단의 과정은 이 세계에 대한 개인의 관점을 가지는 것, 그리고 그 관점을 타인의 관점으로까지 확장해 가는 것, 크게 보아 이 두 국면으로 구성된다고 볼 수 있다. 이 중 전자는 공동세계, 그리고 후자는 타인의 현전이라는 공적영역의 두 가지 계기와 관련된다는 것도 살펴보았다. 세계와의 관계에서, 관찰자가 이 세계를 대할 때 자신의 주관적이고 사적인 조건을 극복한 무관심성의 태도로 바라볼 것, 그리고 타인과의 관계에서, 나의 관점에 타인의 관점을 초대하여 검토함으로써 불편부당한 관점을 갖추는 것, 이 두 국면을 통하여 판단은 공적영역에서 소통가능한 형태의 판단으로 변화하게 된다는 것이다. 이와 같은 특징을 염두에 두고 베이너(R. Beiner)는 아렌트의 판단개념을 "특수자가 적절하게 평가되는 잠재적 대화 상대자들로 이루어진 가상적 공동체와 자기 자신을 만족시키기 위해 무관심적 반성이라는 반사실적(counterfactual) 상황에로 자신을 투사시키는 정신적 과정"(Arendt, 1982/김선욱, 2000: 16)이라고 정의한 바 있다.

3. 판단의 구성요소 및 공동체감각(community sense)으로서의 성격

그러나 공동세계와 타인들의 현존이라는 공적영역의 두 가지 계기에 의하여 판단이 공적영역에서 소통가능한 정신능력이 된다고 할 때 생기는 의문은, 구체적으로 어떤 정신의 작용에 의하여 사적이고 내밀한 감각이 소통가능한 것으로 될 수 있는가 하는 것이다. 이것을 다른 말로 표현하면 판단의 구성요소는 무엇인가 하는 질문이 될 것이다. 왜냐하면 미각(taste) 은 우리의 오감 중에 가장 사적이고 소통가능하지 않은 감각의 대표적인 예이기 때문이다. 시각이나 청각, 촉각은 대상을 직접적으로, 또 객관적으로 다루고, 이 감각들을 통하여 대상들이 확인되고 다른 사람과 공유가능하게 된다.(Arendt, 1982/김선욱, 2000: 126) 더욱이 이 세 가지 객관적 감각은 재현(representation)할 수 있다는 점에서, 현존하지 않는 어떤 것을 존재하게 한다는 공통된 특성을 가지고 있다. 예를 들어 건물, 멜로디, 벨벳 등은 우리가 그 대상으로부터 기억을 해 낼 수 있다.(육혜원, 2015: 10) 즉, 재현가능한 것이다. 그러나 후각과 미각은 전적으로 사적이고 소통가능하지 않은 내적 감각이다. 내가 맛보고 냄새맡은 것을 말로 옮기는 것이 가능하지 않은 이유는, 그것이 사적감각이기 때문이다. 이 경우에 내가 맛보고 냄새맡은 것은 곧 대상성 자체가 없어지거나 현존하지 않게 되기 때문에 주관적으로 머물 수밖에 없다. 이 말을 다시 하면, 미각은 재현이 불가능하다는 말로 바꿀 수 있다. 그런데 대상에 대한 쾌와 불쾌를 다루는, 그래서 전적으로 개성기술적인(idiosyncratic) 취미가 공적감각인 판단력으로 전환되는 데에는 어떠한 요소들이 작동하는가?

이에 대하여 아렌트가 판단의 구성요소로 들고 있는 상상력과 반성, 두 가지를 원인으로 들 수 있다. 먼저, 아렌트의 취미판단이 소통가능한 공적 감각으로 될 수 있는 요소는 '상상력'(imagination)에 기인한다.(Arendt, 1982/ 김선욱, 2000: 127) 상상력은 존재하지 않는 것을 현존하게 하는 능력으로서, 객관적 감각대상을 '감각된' 대상으로, 마치 그들이 내적 감각의 대상인 것처럼 변형한다. 이는 눈 앞에 있는 직접적인 대상에 대해서가 아니라 그것의 재현과정에 대한 반성으로 변형시킨다. 재현된 대상은 이제 직접적 대상지각을 유발하는 것이 아니라 재현된 대상을 반성함으로써 사람의 쾌와 불쾌를 유발하게 된다. 이뿐만 아니라 상상력은 정신의 확장에서도 핵심적 역할을 한다. 즉, 우리 자신을 타인의 입장에 놓아보도록 하는 것, 우리 안에 타자들을 불러오는 것도 상상력의 힘에 의해 가능하다. 왜냐하면 이때의 타자들은 눈앞의 실제 타자들이라기보다는 내가 마음에 염두에 두고 있는 잠재적 공동체의 타자들이기 때문이다. 이 타자들을 초대하여 검토를 받음으로써, 대상에 대한 주관적이고 사적인 하나의 취향은 "잠재적으로 공적이며 모든 입장에 공개된 공간"(Arendt, 1982/김선욱, 2000: 93) 속으로 이동할 수 있고, 이를 통하여 아름다움과 추함, 옳고 그름을 분별하는 공적 감각으로서의 판단으로 고양될 수 있다는 것이다. 이제 판단은 직접적 대상지각을 유발하는 것이 아니라 상상력의 힘에 의해 재현된 대상들을 반성하는 활동으로 변모한다. 다시 말하여, 판단은 이제 그 재현된 대상을 반성함으로써 사람의 쾌와 불쾌를 유발하는, "반성작용"(the operation of reflection)으로 변모하는 것이다.(Arendt, 1982/김선욱, 2000: 128)

이상의 설명은 소통가능하지 않은 내적 감각인 취미의 문제를 어떻게 소통가능한 공적감각으로 변형시킬 수 있는지를 말해 준다. 상상력과 반성의 작용으로서의 판단은 더 이상 감각의 쾌/불쾌에 머무르는 것이 아니라 공적세계에서 소통가능한 공적 감각의 면모를 지니게 된다. 아렌트가 재해석한 판단개념은 "자기 자신의 관점뿐 아니라 그곳에 불가피하게 현전하게 된 사람들 모두의 시각으로 볼 수 있는 능력"(Arendt, 1968/서유경, 2005: 295)을 말한다. 아렌트는 이와 같은 판단능력에 대하여, "공적영역, 즉 공통의 세계에 인간이 적응하도록 할 수 있는, 한 인간이 정치적 존재로서 가진 가장 근본적인 능력 가운데 하나"(Arendt, 1968/서유경, 2005: 295)라고 그 중요성을 역설한다.

이상과 같은 상상력과 반성의 작용에 의해 판단개념은 자신의 내적감각에 기인하면서도 공동체에서 작동할 수 있는 일종의 공통감각(common sense)의 면모를 갖추게 된다. 공통감각은 타인들과 함께 있는 곳에서 타당하고 정당화되는 감각이라 할 수 있다. 아렌트는 공통감(각)을 인간의 정치적 삶을 가능하게 해 주는 매우 중요한 감각으로 간주하는데, "엄격히 개인적인 우리의 오감과 그것들이 지각하는 엄격히 특수한 자료들을 현실에 적합하게끔 만드는 유일한 감각"이기 때문이다.(박혁, 2016: 120) 칸트는 '사적인 지각을 다른 사람과 공유하는 공동세계와 조화시키는 감각지각'이라는 의미에서 공통감각을 '공동체에 걸맞는 별개의 정신 능력'과 같은 것으로 사용하였으며, 이 때문에 공통감각을 특별히 라틴어 'sensus communis'로 사용하였다고 한다.(육혜원, 2015: 15) 아렌트는 이를 보다 적극적으로 공동체감각(community sense)으로 해석한다. 즉, 공통감각을 통해 나는 나만의 사적이고 주관적인 오감과 그 감각자료를 타인들과 공동으로 소유하고 있다는 것을 알게 되고, 이를 타인들과 공유하는 객관적인 세계에 맞게 스스로 조절할 수 있게 된다는 것이다.(육혜원, 2015: 5) 따라서 일종의 공통감각으로서의 판단은 '세계를 타인들과 공유함'(sharing the world with others)의 의미를 깨닫는 중요한 활동인 것이다. 아렌트는 판단을 공통감각의 대표적 예로 제시하면서, 이와 같은 공통감각의 대척점에 있는 것이 사적감각(sensus privatus)이라고 한다. 사적감각은 타인들과 소통할 수 없는 감각으로서 그 극단적인 예를 광기에서 찾아볼 수 있다. 광기는 우리로 하여금 관찰자들처럼 판단하게 하는 공통감각을 잃어버리게 만들기 때문에 공통감각에서 가장 먼 형태, 즉 어느 누구와도 소통할 수 없는 형태로 자기 안에 갇힌 사적이고 주관적 상태가 된다. 이러한 광기에 대하여 아렌트는 "다른 사람이 있는 곳에서만 타당하고 정당화되는 경험으로부터 분리되었으며, 바로 그 이유 때문에 비정상적인 결과에 이르게 된다"고 지적하고 있다.(Arendt, 1982/김선욱, 2000: 126)

Ⅳ. 판단(judging)개념의 교육적 이상 : 쿨투라 아니미

아렌트의 판단 개념은 정치철학적 개념으로 알려져 있기 때문에 이를 교육의 맥락으로 가져와 직접적으로 적용하는 것이 가능한가라는 비판이 제기될 수 있다. 그러나 위에서도 언급하였듯이 아렌트가 추구하는 정치적인 것의 의미가 시스템이나 정치제도 등 정치영역에 관한 것이 아니라 복수의 인간들이 자신이 누구인지를 자유롭게 드러내고 소통함으로써 만들어 가는 공동의 세계에 관한 것이라면, 정치적 개념이라고 하여 교육의 장에서 배제할 성질의 것도 아니다. 아렌트의 '정치적인 것'(das Politishe)의 추구는 인간다운 삶의 양식과 관련되기 때문이다. 이 장에서는 공적영역에서 작동하는 판단개념을 교육적 맥락에서 재해석해 보고자 한다.

먼저, 판단개념이 교육적으로 적용가능한지를 탐색하기 위해서는 학교를 공적영역으로 볼 수 있는지의 문제부터 다루어야 한다. 판단은 공적영역에서 작동하는 정신능력이기 때문이다. 이 질문에 대하여 아렌트의 "교육의 위기"(The Crisis in Education)에 나오는 학교의 역할을 생각해 보는 것이 도움이 될 것 같다. "교육의 위기"에서 아렌트는 학교를, "가족으로부터 세계로의 이동을 가능하게 하기 위해 우리가 가정이라는 사적영역과 [공적]세계 사이에 걸쳐 놓은 매개 기관"이라고 소개한다.(Arendt, 1968/서유경, 2005: 254) 아렌트는 사적영역과 공적영역을 매개하는 역할로 학교의 위치를 설명하면서 그것의 책임을 두 가지로 제시한다. 하나는 아이들의 인성적 자질 및 재능의 자유로운 발달을 통해 각 사람을 다른 사람과 구별짓는 유별성의 존재로 성숙하도록 돕는 것, 다른 하나는 이를 위해서 세계를 소개하는 것이 그것이다. 즉, 세계 속에서 자신이 누구인지를 드러내는 사람으로 키우는 것이 학교의 책임이라는 것이다. 여기서 각 사람의 유별성(uniqueness)은 어느 누구와도 같지 않은, 저마다의 차이를 지닌 복수의 사람들과 연결된다. 세계는 우리가 살아가는 터전이 되는 인공세계로서 공동세계를 의미한다. 이렇게 볼 때 아렌트가 제시한 학교의 두 가지 역할은 공적영역의 개념에 조응한다는 것을 알 수 있다. 왜냐하면 공적영역은 이 세계에 대하여 다른 사람과 구별되는 나 자신, 즉 내가 누구인지를 다른 사람들에게 드러내고 소통하는 공간이기 때문이다.

그렇다면 학교는 사적영역과 공적영역의 매개영역이라는 말은, 학교가 그 자체로는 사적영역도 아니고 공적영역도 아니지만, 학교의 역할이 공적영역의 두 가지 계기와 조응한다는 점에서, 마치 그 자체로 하나의 가상적 공적영역인 것처럼 해석할 수 있는 여지를 남긴다.(박은주, 2018: 102) 여기서 가상적 공적영역이라 함은, 학교는 엄밀히 말하여 진짜 공적영역은 아니지만, 그 자체로 공적영역의 핵심적 특징을 고스란히 지니고 있는 또 하나의 진짜 공적영역인 것처럼 생각해 볼 수 있다는 것이다. 학교를 하나의 가상적 공적영역으로 간주할 때 이 공간은, 공동의 세계를 자신만의 방식으로 관계맺음으로 형성된 개인의 특이성을 다른 사람과 소통할 수 있는 공간으로 이해된다. 즉, 학교에서 아이들은 자신의 말과 사유로 서로를 드러낼 때 생기는 차이로부터 형성되는 사이 공간에서 서로를 조율하며 "세계를-타인들과-공유함"(Arendt, 1968/서유경, 2005: 296)의 의미를 알아갈 수 있다. 학교를 이와 같은 맥락에서의 공적영역으로 이해한다면, 이 공간에서 요청되는 인문적 자질은 어떠한 것인가라는 중요한 질문이 제기된다.

이 질문에 대하여 판단을 잘 행사하는 사람이 갖추어야 할 인문적 태도로 '쿨투라 아니미'(cultura animi)를 소개하는 것이 도움이 될 것 같다. 아렌트는 세계의 아름다운 사물과 올바른 교제를 하는 방식을 갖춘 사람의 태도를 '쿨투라 아니미'에서 찾는다. 쿨투라 아니미는 로마의 키케로(M. T. Cicero)가 인문주의(humanitas)정신을 나타내기 위해 '정신의 경작', '잘 훈련된 정신'이라는 의미로 최초로 사용한 것으로 알려져 있다. 아렌트는 이 용어를 "미를 기준으로 삼은 외견의 세계를 지키고 보살피도록 훈련되고 계발된 정신"(Arendt, 1968/서유경, 2005: 292)으로 해석하면서, 취향을 잘 행사하는 사람, 즉 판단의 능력을 갖춘 사람의 모습이 곧 쿨투라 아니미를 갖춘 사람이라고 양자를 관련지어 설명하고 있다. 이 점에서 판단능력을 잘 갖춘 사람의 정신으로 쿨투라 아니미를 소개하는 것은 그 자체로 하나의 인문적인 교육적 이상을 탐색할 수 있는 좋은 근거가 될 것으로 보인다.

아렌트에 의하면 "진정으로 잘 닦은 정신의 활동"(쿨투라 아니미)으로서 취향은 진정으로 아름다운 것이 쉽게 포착되는 곳에서 활동을 시작한다.(Arendt, 1968/서유경, 2005: 299) 여기서 중요한 것은 그 사물의 자질을 구별하고 선정하는 힘, 즉 세계의 사물에 대해 '경계'를 짓는 힘으로서의 판단의 작용이다. 사물들에 거리두기를 통하여 사물의 외견 자체로 아름다움을 판단할 때, 그 판단의 기반 위에서 행사되는 개인의 취향은 세계의 사물의 아름다움에 무분별하게 압도되지도 않으면서도, 그것에 인간적 의미를 부여함으로써 그것을 탈야만화한다.(Arendt, 1968/서유경, 2005: 299) 왜냐하면 사물자체의 외양의 아름다움에 의해 자신의 감각에 기반한 쾌가 작동하기 때문에 자신만의 고유한 감각에 기반하면서도, 그것이 야만화되지 않도록 하는, 아렌트의 표현에 따르면 "목표를 조준해서" 경계를 넘지 않도록 하는 어떤 "분별, 식별, 판단"하는 힘(Arendt, 1968/ 서유경, 2005: 287)이 작동하기 때문이다.

이것을 위에서 살펴본 판단의 과정으로 설명해 보자. 어떤 사물을 대할 때, 그것의 외양 자체의 아름다움을 보기 위해서는 자신의 사적 관심사로부터 '거리두기'가 되어야 한다는 전제조건이 있다. 그 거리두기를 통하여 사물자체의 아름다움을 볼 줄 아는 사람은 그 아름다움이 주는 독특한 즐거움을 느끼는 사람이다. 그러나 판단이 순전한 다른 감관작용과 다른 것은 그것에 대한 반성작용이 이루어지기 때문이라 볼 수 있다. 이 반성작용에는 내가 속한 공동체의 타인들의 입장을 방문하고 그 사람들과의 합의를 구하는 과정이 수반된다. 여기에는 어떤 도덕법칙에 따른 결론이나, 논리적 무모순에 의한 강제성, 혹은 입증가능한 증거에 의한 강제의 방식과는 다른, 이 사물에서 느낀 나의 즐거움에 타인들도 함께 동의해 주기를 바라는 호소가 작용한다. 그러나 이 과정은 나의 입장을 강요하는 것이 아니라 나의 입장이 다른 사람의 입장에서도 타당한지를 공동체 안에서 조율하는 과정에 가깝다. 즉, 나와 타인들과의 합의를 구하는 과정인 것이다. 이와 같은 과정에서 아름다운 사물에 작동하는 개인의 취향은 아름다운 것을 자신만의 개인적인 방식으로 보살피는 방식이 되면서, 타인의 합의를 요청하는 방식, 즉 "동일한 기쁨을 다른 사람들과 공유하기를 희망"하는 마음(Arendt, 1968/ 서유경, 2005: 296)이 함께 작동하는 것이다. 이것은 이 세계에 대한 나만의 고유한 이 기쁨에 다른 사람도 함께 동의해 주기를 원하고 함께 해 주기를 바라는, "다른 모든 사람들과의 합의를 기대"하는 마음이 작동하기 때문이다(Arendt, 1968/서유경, 2005: 296). 이 때문에 아렌트는 개인의 취향은 '이 세계가 어떤 모습이어야 하는가' 뿐만 아니라 '누가 그 속에 함께 속해야 하는가'까지도 결정하는 힘이 있다고 한다(Arendt, 1968/서유경, 2005: 298). 뿐만 아니라 "우리의 공통세계의 사물을 판단할 때면 으레 사물 자체보다 그들 자신의 판단에 더 많은 것이 함축"되어 있고, 이로 인해 인간은 "자신의 판단 양식을 통해서 자신이 어떤 종류의 사람인지를" 드러내게 된다.(Arendt, 1968/서유경, 2005: 298) 따라서 아름다운 것을 자신만의 '개인적인' 방식으로 보살필 줄 아는 취향은 곧, 아름다운 '문화'를 생산해 내는 힘이 되는 것이다.(Arendt, 1968/서유경, 2005: 299) 바로 이것이 쿨투라 아니미로서, 취향을 잘 행사하는 것은 진정으로 아름다운 것에 인간적인 의미를 부여하고, 우리의 공동세계를 창조하는 능력이 될 수 있는 이유이기도 하다.(Arendt, 1968/서유경, 2005: 299) 이와 같은 인문적 자질로서의 쿨투라 아니미는 세계의 사물을 보살피고 보존하고 아끼는 방법을 아는 태도를 갖춘 사람의 잘 훈련된 마음이라 할 수 있다. 이것은 곧 판단의 감각을 잘 훈련받고 행사할 수 있는 사람의 인문적 소양과 다르지 않다.

이와 같은 맥락에서 볼 때, 판단의 능력을 잘 행사하는 사람은 어떠한 사람인가? 아마도 이 세계의 아름다운 사물을 분별하는 이 능력은 사물을 나와의 관계에서만이 아니라, 더 나아가 이 세계와의 관련 속에서 파악하는 힘이라 할 수 있다. 아렌트는 쿨투라 아니미의 개념을 소개하면서 이것을 고대 그리스의 경기나 축제를 지켜보던 '구경꾼'(spectator)들이 가진 태도와 유사하다고 설명한다.

> "예술가와 행위자 사이의 갈등을 중재하는 것은 바로 쿨투라 아니미, 즉 미를 기준으로 삼은 외견의 세계를 지키고 보살피도록 훈련되고 계발된 정신이다. 키케로가 문화에 철학적 훈련을 귀속시켰던 이유는 그가 보기에 오직 철학자, 즉 지혜의 애호가만이 사물에서 자신을 위한 무엇인가를 얻으려

고 하지 않고, 단순한 '구경꾼'으로서 사물에 접근하기 때문이었다. 그래서 그는 철학자들을 큰 경기나 축제에서 '영광스러운 월계관의 영예를 따내고 자' 하거나 '이득을 사고팔지 않지만', '펼쳐진 광경에 매료되어 경기의 내용과 방법을 면밀히 주시하는' 사람에 비유할 수 있었던 것이다. 오늘날 우리식으로 표현하자면, 철학자들은 모든 것에 완전히 제 3자적 사람들이었으며, 이 때문에 판단에 가장 적합하고, 광경 자체에 가장 매료된 사람들이었다."(Arendt, 1968/서유경, 2005: 292)

위의 인용에서 쿨투라 아니미는 아름다운 사물들을 지키고 보살피도록 훈련되고 계발된 정신으로 소개된다. 이 정신은 구경꾼(관찰자)의 태도로 접근하는 사람들에게서 가장 특징적으로 드러난다. 구경꾼들의 태도는 어떤 특징을 지니는가? 구경꾼들은 사물에서 자신을 위한 무엇인가를 얻으려고 접근하지 않는다. 즉, "영광스러운 월계관의 영예를 따내고자 하거나", "이득을 사고파는" 태도로 접근하지 않는다. 이것은 앞서 거리두기를 통하여 무관심성의 태도로 사물을 대하는 판단의 특징과 일맥상통한다. 구경꾼들의 또다른 특징적인 태도는 오직 "펼쳐진 광경에 매료되어 경기의 내용과 방법을 면밀히 주시하는" 태도로 사물을 대한다는 것이다. 여기서 구경꾼은 경기장에서 행위를 하는 사람이 아니라, 단순한 구경꾼으로서 펼쳐진 광경 자체에 매료되어 그곳에서 일어나는 모든 내용과 방법을 면밀하게 주시한다. 이것은 각 사물의 세밀한 내용과 방법을 전체의 펼쳐진 그림 속에서 보는 것으로, 전체의 드러난 모습 속에 그 사물의 개체적인 특성과의 관련이 주는 조화를 보는 것에 가깝다. 이것은 반성의 과정을 요하며, 이 때문에 아렌트는 철학자들이 이 일을 가장 잘 수행할 수 있다고 한다. 이 구경꾼의 비유에서 알 수 있는 쿨투라 아니미의 특성은 사물을 대할 때 나의 사적 관심사로부터의 거리두기를 통해 사물 자체의 아름다움을 전체와 조율할 수 있는 능력에 가깝다. 이 때문에 제릴리(L. Zerilli)는 판단을, "우리의 경험을 이해하고 질서짓는 능력"이라고 해석한 바 있다.(Zerilli, 2005: 161) 즉, 현상세계 속에서 다양한 사물들이나 사건들과 같은 개별자들을 이해하기 위해, 그것을 개념과 연결짓고, 이야기의 형태로 연결지어야 그것이 내 삶에 가지는 의미를 알 수 있다. 즉, 개별자들을 전체의 맥락 속에서 이해하기 위해 필요한 능력이 판단이라는 것이다. 이와 같은 판단의 능력을 잘 행사하는 사람은, 내가 사물과 맺은 관계가 이 세계 속에 어떠한 모습으로 드러나야 할지에 대한 안목을 지닌 사람으로서, 이와 같은 판단의 정신능력이 곧 쿨투라 아니미에 가깝다고 추정해 볼 수 있다.

여기서 아렌트는 개인이 세계와 의미 있는 관계를 맺는 태도로 쿨투라 아니미를 설명하면서, 세계와 잘못된 방식으로 관계맺는 두 가지 태도를 함께 소개하고 있다. 그중 하나는 세계를 한낱 소비나 오락의 대상으로 보는 태도이다.(Arendt, 1968/서유경, 2005: 275) 예를 들어 대중사회에서는 문화가 아니라 오락을 원하며 오락산업이 제공한 문화상품은 사회에서 다른 소비재와 똑같이 소비된다.(Arendt, 1968/서유경, 2005: 275) 이와 같은 태도는 다른 모든 소비품처럼, 소비되어 없어질 운명의 소비품으로서의 문화를 양산하게 되어 이 세계에 지속될 수 있는 아름다운 사물을 남기지 않게 된다. 다른 하나는 자신의 특정 목적을 이루기 위한 수단으로 세계를 대하는 실리주의적 태도이다.(Arendt, 1968/서유경, 2005: 270) 이는 모든 것을 즉각적인 유용성과 물질적 가치로 판단하여 문화와 예술품 같은 무용한 물건과 직업에는 아무런 관심도 갖지 않는 태도이다.(Arendt, 1968/서유경, 2005: 270) 실리주의는 이와 같은 세련되지 못하고 흔해 빠진 태도를 비판하는 사람들에 의해서도 동일하게 드러난다. 즉, 이 세련된 부류들은 사회적 지위나 위신과 같은 자신의 개인적 목적을 위해 문화를 소유하고자 하며, 자신의 완성을 기하고자 하는 수단으로 문화를 사용한다. 아렌트는 이러한 두 가지 태도들은 궁극적으로 이 세계의 왜곡 혹은 파멸을 불러올 수밖에 없다고 경고한다. 그와 같은 태도를 지닌 사람들에 의해 남겨질 세계는 어떠한 외양을 지니게 되겠는가? 이와 같은 태도들은 "과거에 만들어진 불멸의 작품들이 사회적이고 개인적인 고상함과 그에 적합한 지위를 표상하는 물건으로 변하자마자, 수세기에 걸쳐 독자와 감상자를 사로잡고 감동하게 했던 가장 중요하고 기본적인 특질을 잃어버리게" 만든

다.(Arendt, 1968/서유경, 2005: 272)

여기에서 판단개념이 궁극적으로 지향하고 있는 것이 바로 이 세계에 대한 사랑이라는 것을 눈치챌 수 있다. 판단능력을 잘 행사하는 사람들은 과거와 현재와 미래 가운데서 자신과 동행할 자신의 아름다운 친구를 잘 알아보고 선택하고 아끼고 돌볼 줄 아는 사람이다. 그러한 사람은 사물들을 한낱 자신의 욕구를 위해 소비하고 버리는 태도로 대하지 않고, 혹은 자신의 고상한 지위를 나타내는 수단으로 소유하지 않는다. 사물을 전체 세계 가운데 어떠한 외양으로 드러나야 할지에 대한 감각을 가진 사람이 돌보는 이 세계는 그야말로 아름다운 문화로 지속될 세계가 될 것이다. 우리가 세계를 소비 또는 오락의 대상이나, 개인의 목적을 이루기 위한 실리주의적 태도로 보지 않고, 있는 그대로의 아름다움을 제대로 감상하고 향유하는 태도에 의해서만 이 세계는 아름답게 보존될 수 있을 것이다. 공적 영역에서 사물세계와 올바른 관계를 맺는 태도로서의 판단능력을 갖추는 것이 중요한 이유가 여기에 있다.

판단 교육은, 우리 학생들에게 이 세계의 사물과 올바른 관계를 맺을 수 있는 태도를 기르도록 하는 것과 관계있다. 교과를 배울 때 그 내용을 한낱 입시를 위한 수단이나, 나의 개인적 목적을 위해 그것을 소비하거나 소유하는 방식이 아니라, 있는 그대로의 내용 자체와 관계맺을 줄 아는 사람, 그리하여 그것을 자신만의 방식으로 이해하고 그 의미에 대해 타인들에게 함께 설득하고 동의를 요청할 수 있는 사람을 기르는 일과 관련된다. 이 일이 왜 중요한가? 아렌트에 의하면, "자신의 취향을 자유롭게 행사하는 법을 배운 사람만이 전문화와 온갖 종류의 실리주의 위로 올라설 수 있을 것"이기 때문이다.(Arendt, 1968/서유경, 2005: 302) 이와 같은 의미에서의 정신을 잘 닦은 사람의 모습은 어떠한가? 아렌트가 지적하듯이, 아마도 모두가 플라톤은 시대에 맞지 않는 고리타분한 이데아주의자라고 비판할지라도, 그러한 비판자들보다 플라톤이 더 나은 동행임을 발견하는 안목을 지닌 사람일 것이다. 왜냐하면 "로마인들에게 정신을 잘 닦은 사람(쿨투라 아니미)은 과거는 물론 현재의 사람들, 사물들, 사상들 가운데서 자신의 동행을 선택하는 방

법을 알고 있는 자"이기 때문이다.(Arendt, 1968/서유경, 2005: 302)

V. 결론

이상에서 학생들에게 자신만의 특이한 방식으로 타인과 함께 살아가는 공동의 세계를 돌보는 태도를 기르는 것이 어떻게 가능한지를 아렌트의 판단 개념을 통하여 논의하였다. 판단 개념에 들어있는 공적인 것의 두 가지 계기는 우리의 공교육과 관련하여 시사하는 바가 많다고 생각된다. 교육받은 사람이 갖추어야 할 공적 차원이 무엇인가라는 질문을 생각해 볼 때, 아렌트의 두 가지 공적차원에 관한 논의는 우리가 참조할 만한 유의미한 지점들이 있다. 아렌트의 논의에 의하면, 교육받은 사람이 갖추어야 할 한 가지 공적 차원은, 우리의 공동세계에 대한 안내를 통하여 각 사람이 사적인 차원에 매몰되지 않고 우리의 공동의 것에 대한 감각을 갖추도록 도울 수 있다. 공동의 세계에 연결됨으로써 저마다의 다른 배경과 차이에도 불구하고 우리는 함께 논의할 공동의 대상을 갖게 된다. 공동의 세계와 관계맺을 때 실리주의나, 개인의 사적목적을 이루기 위한 수단으로 대하지 않고 있는 그대로의 세계를 대하는 법을 배움으로써 개인의 주관성에 매몰되는 것을 극복할 수 있다. 이와 같은 무관심적 태도로 세계를 대하는 법을 배움으로써, 나는 이 세계에 대한 나의 이해에 기반한 하나의 관점을 갖출 수 있다.

이와 동시에 고려해야 할 또 하나의 공적인 차원은 나 한 사람의 세계에 대한 이해에 머물지 않고 나의 관점이 타인들의 현전 속에서, 즉 전체 세계 속에서 어떠한 모습으로 드러나야 할지에 대한 감각을 가지는 것과 관련된다. 이것은 나만의 고립된 세계이해에서 벗어나 그것을 타인들과 함께 소통할 수 있는 차원을 가지는 것이라 할 수 있다. 내가 보고 듣고 느낀 것, 이 세계에 대한 나의 판단을 타인의 입장에서 생각해 보는 정신의 확장을 배움으로써 나는 타인들과 소통가능한 영역, 즉 공적영역에서 요청되는 감각을 갖출 수 있다.

아렌트의 판단개념은 이와 같은 공적영역에서 작동하는 정신능력으로서, 우리의 공동 세계에 대하여 타인들과 소통할 수 있는 방식으로 세계와 관계맺는 태도로 제안되고 있다. 아렌트는 공동의 세계와 타인들의 현존이라는 두 가지 공적영역의 계기들을 판단의 개념과 관련지음으로써 자신만의 방식으로 이 세계를 보살피는 법을 알고, 그것이 타인과 함께 살아가는 이 세계 가운데 어떠한 모습으로 드러나야 할지를 아는, '취향을 갖춘 개인들'을 길러낼 뿐만 아니라, 그러한 개인들에 의하여 우리의 공동세계를 어떻게 새롭게 보존해 갈 수 있는지를 함께 제안하고 있다. 이는 곧, 공적영역에서 작동하는 능력인 판단을 잘 행사할 수 있는 개인의 인문적 소양으로서 쿨투라 아니미를 기르는 것과 다르지 않을 것이다.

아렌트의 논의에 비추어 볼 때, 지금까지 우리의 교육은 교과라는 공동의 세계 한 차원에 치중되어 있었다고 볼 수 있다. 또한 그것에 대한 이해 방식도 자신의 인식에 의한 무모순을 찾도록 하는 인식론적 차원에 치중해있었다고 볼 수 있다. 물론, 이 차원도 공적인 것의 중요한 한 가지 축을 이루는 것은 의심의 여지가 없으나, 그것이 공적인 것의 전부는 아닐 것이다. 이 차원만 강조될 때, 자신만의 방식으로 사물을 아는 측면은 형성되겠지만, 그것이 우리와 함께 살아가는 세계 속에서 어떠한 모습으로 드러나야 하는지, 혹은 내가 이해한 사물의 의미를 "타인들과-함께-공유함"으로서의 세계의 의미에는 이르지 못할 가능성이 있다. 이 세계에 대한 개인의 이해방식도 교육에서 일차적으로 중요하겠지만, 그것을 타인과 소통하는 방식으로 이해하는 차원이 요청되는 이유가 여기에 있다. 즉, 세계에 대한 나의 생각과 이해가 타인들의 관점에서는 어떻게 이해될 수 있는가, 이것이 타인들에게 드러날 때에는 어떠한 형태와 태도로 드러나야 하는가 라는 공적인 것의 두 번째 차원도 공교육에서 적극적으로 고려될 필요가 있다.

또한 이와 같은 공적인 것의 두 가지 계기를 중심으로 재해석된 아렌트의 판단개념은 공적인 차원을 갖춘 한 사람의 시민으로 자라가는 데 시사하는 바가 크다. 아렌트의 판단개념은 논리적 합의에 기반한 사유의 방식을 타인의 관점에까지 확장해 봄으로써 다른 사람과 소통할 수 있는 정신능력이라 할 수 있다. 아렌트는 아름다운 것을 대할 때 작동하는 취미판단을 인간사의 영역에로 범위를 확장함으로써 나의 특이하고 주관적인 감각에 기반한 내적감각을 타인과 소통할 수 있는 일종의 공동체감각으로 고양시키고 있다. 아렌트의 독특한 판단개념은 우리 개인의 주관적인 감각이 어떻게 공적으로 소통가능한 형식을 갖춘 공동의 감각으로서, 모든 시민이 행사해야 되는 품격 있는 태도로 될 수 있는지, 그리고 그러한 정신의 교육적 이상으로서의 '쿨투라 아니미'에 대하여 앞으로 더욱 연구될 부분이 크다고 생각된다.

물론, 이것은 시론적인 작업에 불과하며, 이와 같은 시도에 대하여 아렌트의 정치철학논의를 교육영역에 끌어오는 것에 대한 근본적인 비판도 제기될 수 있을 것이다. 그러나 우리 아이들이 살아가야 할 터전이 나와 타인들이 함께 소통하며 살아가야 할 공적영역이라면, 공적인 감각을 갖춘 사람으로 자랄 수 있도록 그들을 안내하고 준비시키는 것이 교육의 중요한 과업이 될 것이다. 이 점에서 연구자는 아렌트의 공적영역과 판단개념이 교육적으로 적극 해석될 필요가 있다고 생각하며, 앞으로 이와 관련된 후속연구들이 계속되기를 기대한다.

김선욱(2002). 『한나아렌트 정치 판단 이론』. 서울 : 푸른숲.

김인순(2006). 아렌트의 정치적 판단의 이론과 그 의의: 아렌트에 의한 칸트의 미적 판단 개념의 정치적 판단 개념으로의 전유를 중심으로. 『시대와 철학』 17(1), 55-80.

박은주(2018). 『한나 아렌트의 '행위'개념을 통한 가르침의 의미 재탐색』. 서울 대학교 박사학위논문.

박혁(2016). 정치와 공통감: 아렌트의 공통감 개념에 대한 연구. 『21세기정치학 회보』 26(1), 117-140.

육혜원(2015). 한나 아렌트의 정치사상에서 '사유'와 '판단'. 『대한정치학회보』 23(1), 1-21.

임성훈(2007). 미학과 정치-아렌트가 읽어낸 칸트 미학의 정치적 함축성에 관한 소고. 『미학대계』 2권. 서울대학교 출판부.

최진(2017). '미적판단'에 주목하는 인문적 예술교육의 접근을 위한 일고찰: '정 치적'인 것과 '인문적'인 것의 개념적 관련성을 중심으로. 『교양교육연구』 11(2), 339-371.

홍원표 외(2009). 『한나 아렌트와 세계사랑』. 고양: 인간사랑.

Arendt, H.(1958). *The Human Condition*. 이진우, 태정호 역(1996). 『인간의 조건』. 서울: 한길사.

Arendt, H.(1968). *Between Past and Future*. 서유경 역(2005). 『과거와 미래 사이』. 서울: 푸른숲.

Arendt, H.(1978). *The Life of the Mind*. 홍원표 역(2004). 『정신의 삶』. 서울: 푸른숲.

Arendt, H.(1982). *Lectures on Kant's Political Philosophy*. 김선욱 역(2000). 『칸트의 정치철학 강의』. 서울: 푸른숲.

Arendt, H.(1971). Thinking and Moral Considerations: A Lecture. *Social Research: Spring*, 38(3), 7-37.

Kant, I.(1913). *Kritik der Urteilskraft.* 김상현 역(2005). 『판단력 비판』. 서울: 책세상.

Taylor, C.(1998). *The Malaise of modernity.* 송영배 역(2001). 『불안한 현대사회』. 서울: 이학사.

Zerilli, L.(2005). We Feel Our Freedom: Imagination and Judgement in the Thought of Hannah Arendt. *Political Theory* 33(2), 158-188.

10장

포스트모던 시대와 교육: 세계*

Ⅰ. 서론

최근에 개봉된 영화 '버닝'(Burning)은 불확실한 세계 속에서 삶의 무의미성과 싸우며 살아가는 세 청춘의 다양한 삶의 방식을 미스터리한 접근으로 그리고 있다. 이 영화가 연구자의 관심을 끈 대목은, 지금의 젊은이들이 느끼는 세계에 대한 묘사이다. 이창동 감독 인터뷰에 의하면, 이 영화는 "현실과 비현실, 있는 것과 없는 것, 보이는 것과 보이지 않는 것"에 대하여 말하고 있다.1 이 영화가 포착하고 있는 세계의 이미지는 여자주인공 해미가 판토마임으로 귤을 까먹는 법에 단적으로 드러나 있다. 해미가 까먹는 귤은 진짜 귤이 아니라 해미의 머릿속에서 상상된 귤이다. 그러나 해미는 없는 귤을 있는 것처럼 억지로 상상해서 귤을 먹는 것이 아니라, 귤이 없다는 사실 자체를 잊어버림으로써 진짜처럼 귤을 먹을 수 있다고 말한다. 상상과 현실, 진짜와 가짜, 있는 것과 없는 것 사이를 넘나드는 오늘날 젊은이들의 세계인식은 이 영화 전반에 걸쳐 묘사되고 있다. 예를 들어 해미의 좁은 단칸방을 하루에 딱 한 번 비추는 빛은, 사실은 진짜 빛

* [출처] 박은주(2018). 포스트모던 시대, '세계'의 의미 재탐색: Hannah Arendt의 '세계' 개념을 중심으로. 『교육학연구』 56(2), 91-112.

1 2018년 6월 11일자 SBS funE 기사
(http://sbsfune.sbs.co.kr/news/news_content.jsp?article_id=E10009094116)

이 아니라 남산타워 전망대의 유리에 반사된 빛이다. 해미가 키운다고 한 고양이 '보일'은 종수 눈에는 보이지 않고, 주인아줌마도 한 번도 본 적이 없다. 해미가 어렸을 적 빠졌다는 우물은, 해미 가족에 따르면 원래부터 존재한 적이 없다. 단지 거짓말로 치부될 뻔한 해미의 이야기는 영화의 말미에 모두 사실로 확인되지만 이미 해미는 사라진 후이다. 모두 허상처럼 보이는 이 세계 속에서 그래도 해미의 존재가 있었는지, 그녀의 말이 진짜였는지, 2주에 한 번씩 비닐하우스를 태울 때마다 진짜 살아 있음을 느낀다는 벤의 말이 사실인지, 온통 혼란 가운데 진짜 사실을 알고 싶은 종수는, 뭔가 모를 분노와 광기에 사로잡혀 질주한다. 더 충격적인 것은 영화 말미에 종수가 소설을 쓰는 장면이 삽입되면서, 이 이야기 전체가 사실은 하나의 가상일 수 있다는 암시를 던지며 영화는 마무리된다는 것이다.

이 영화에서 포착되는 오늘날의 세계의 모습은 실제와 가상, 진짜와 가짜, 존재하는 것과 존재하지 않는 것 사이의 경계가 무너진 곳으로 그려진다. 진/위, 실재/비실재, 선/악의 구분이 더 이상 중요하지 않고, 실제 사실을 잊어버림으로써 오히려 가상을 더 진짜세계인 것처럼, 혹은 현실을 비현실처럼 느끼며 살아가는 시대가 되었다는 것이다. 이와 같은 세계 묘사는 확실성과 동일성을 기반으로 한 근대적 이성이 지배하던 세계와는 분명 차이가 있다.

오늘날 우리가 직면하는 이 세계는 근대적 세계에 대한 비판적 성찰의 결과로 도래한 포스트모더니즘 시대 세계의 잔상이라고 할 수 있다. 보들리야르(J. Baudrillard)는 포스트모던 세계의 특징을 분석한 『시뮬라시옹』(2001)이라는 책에서 "실제는 더 이상 존재하지 않는다"고 선언한다. 보들리야르에 의하면 포스트모던 사회는 실제로는 존재하지 않는 대상을 존재하는 것처럼 만드는 행위인 '시뮬라시옹'(simulation), 그리고 그것에 의해 만들어진 가상의 인공물들인 '시뮬라크르'(simulacres)들이 실재의 자리를 차지하는 사회이다. 즉, 원본 없는 이미지가 그 자체로서 현실을 대체하고 현실은 이 이미지에 의해서 지배받게 되기 때문에, 오히려 그 이미지가 현실보다 더 현실적인 것으로 느껴지는 사회라는 것이다.(Baudrillard, 1981/하태환, 2001: 9) 특히 보들리야르는 시뮬라시옹이 주도하는 포스트모던 사회가 어떻게 의미를 해체하는지 그 과정에 주목한다. 시뮬라시옹에 의해 생산된 기호가 사물을 대체하고 모사물이 실재를 대신함으로써 재현과 실제, 모사와 실물 사이의 관계가 단절되고 역전되기 때문에, 결국 재현은 불가능해지고 의미는 해체될 수밖에 없다는 것이다.(김영천·주재홍, 2011: 132) 그 단적인 예는 미디어에서 발견되는데, 미디어에서 지속적으로 생산되는 기호의 증대는 모든 의미를 중화하게 되고, 결국 의미의 소멸과 함께 가상/실재 구분의 해체를 초래한다. 이 과정을 통해 실재가 하이퍼리얼리티(hyper-reality)로 전도되는 현상이 발생한다. 즉, 실재와 비실재, 진실과 허위, 표면과 깊이 등 모든 구분이 서로 함몰되어 소멸되고, 시뮬라시옹과 함께 이미 존재하는 실재보다 더 실재적인, 일종의 과잉실재로서 하이퍼리얼리티가 출현한다는 것이다. 우리 사회에서도 이미 보들리야르가 진단하였던 하이퍼리얼리티가 실재의 자리를 대체하는 현상이 빈번하게 목격된다. 성형수술로 고친 얼굴이 그 사람의 또 하나의 진짜 정체성을 형성한다든지, 컴퓨터 속 가상의 게임 속에 펼쳐진 공간을 실제보다 더 진짜처럼 여긴다든지, 언론이나 매체를 통해 조작된 이미지를 그 사람의 본모습으로 여기게 되는 현상 등이 그 예이다.

아마도 4차 산업혁명이 주도하는 앞으로의 세계는 이와 같은 경향이 더욱 가속화될 것으로 보인다. 4차 산업혁명에 주로 사용되는 기반 기술들을 바탕으로 앞으로는 물리적 사물이 디지털 공간에 쌍둥이처럼 존재하는 디지털 트윈(digital twin)기술이 구현되고, 디지털 공간에서 행한 제어 행위가 실제 운영으로 연결되는 기술(cyber-physical system)로까지 확장될 것이라고 한다.(강명구, 2018: 40) 그렇다면 내가 이곳에 진짜 집이라고 여기는 그 집이 디지털 공간에도 똑같이 존재하게 된다. 내가 사는 진짜 집을 통제하고 조정하는 핵심은 디지털 공간상의 제어행위 기술이다. 이 말은, 내가 진짜 집이라고 여기는 우리 집이 사실은 껍데기이고, 인공지능에 의해 통제되는 가상의 공간이 진짜일 수 있다는 것이다. 비단 가정뿐만 아니라, 병원, 회사, 친구관계까지 인공지능이 관할하는 영역이 되면, 아마도 내가 사는 이 세상이 실제의 공간인지 가상의 공간인지 구분은 더욱 모호해질 것이다. 바야흐로 지금 우리가 직면하고 있는 세계는, 진짜 세계와 가상의 세계, 인간과 인간 아닌 것의 경계가 더욱 모호해지는 방향으로 가고 있는 것이다.

이것이 교육과 관련하여 중요한 문제로 등장하는 이유는 실제와 가상의 경계가 무너지는 현상이 의미의 해체와 밀접하게 관련되어 있기 때문이다. 시뮬라시옹이 주도하는 사회는 의미해체의 과정과 긴밀히 연결되어 있다는 보들리야르의 진술을 참조할 때, 4차 산업혁명이 주도하는 미래사회에는 실제세계와 가상세계 간의 구분이 더욱 모호해질 것이고 이에 따라 우리 삶의 의미의 해체도 더욱 가속화될 가능성이 높다. 그렇다면 이와 같은 변화된 세계 속에서 살아갈 다음 세대를 교육할 때, 이 세계에 대하여 어떠한 태도로 안내하고, 그 속에서 어떻게 삶의 의미를 찾도록 도와주어야 할지 깊이 고민해야 할 때라고 생각된다. 이 점에서 포스트모던 시대에 학생들에게 세계를 어떠한 곳으로 가르칠 것인가는 참으로 중요한 문제라고 할 수 있다.

이 문제에 대하여 한나 아렌트의 관점은 하나의 유의미한 대안이 될 수 있다고 생각된다. 한나 아렌트는 인간을 이 세계 속에 탄생하는 자로 규정한다.(Arendt, 1968/서유경, 2005: 237) 그 말은 인간이 어떤 존재인가 하는 것은 세계와의 관련 속에서만 설명될 수 있다는 것으로 이해할 수 있다. 이것은 세계를 가르쳐서 한 인간으로서의 성장을 도모하는 교육의 기획에 의미있는 시사를 줄 수 있다고 생각된다. 특히 이 연구에서 아렌트의 세계개념에 주목하는 이유는, 아렌트가 근대에 대한 비판적 성찰을 보임으로써 근대적 세계개념과 차이를 두지만, 다른 한편으로 근대의 장점까지 모두 버리지는 않는다는 점에서 포스트모더니즘의 해체주의적 시각과는 거리두기를 한다는 점이다. 벤하비브(S. Benhabib)는 이와 같은 아렌트의 사상을 '주저하는 모더니즘'(reluctant modernism)으로 평가한 바 있다.(Benhabib, 2000) 아렌트의 이 같은 사상적 지점은 특히 근대의 세계개념과 포스트모더니즘의 세계개념 사이의 부침을 겪고 있는 오늘날 교육에서 지향해야 할 세계

개념을 모색하는 데 좋은 단초가 될 수 있을 것이라 생각된다. 다시 말하여, 아렌트의 세계개념은 근대적 교육의 세계개념에 대한 비판적 성찰과 함께, 세계의 해체와 더불어 무의미성이 증대되는 포스트모던 세계 개념의 난점에 하나의 유의미한 대응이 될 수 있을 것이라고 생각된다.

이하에서는 아렌트의 이와 같은 사상적 지점에 근거하여 포스트모던 시대 교육에서 지향해야 할 세계개념을 탐색하고자 한다. 이 작업을 위하여 II장에서는 그동안 서구 사상사에서 세계의 개념이 어떻게 변천되어 왔는지를 개관하고, 이어지는 III장에서는 아렌트의 세계 개념을 탐색한다. IV장에서는 아렌트의 세계 개념이 우리 교육의 방향에 주는 시사점이 무엇인지를 살펴보겠다.

II. 교육사상사에서 '세계'의 의미 변천

가상의 세계가 진짜의 세계보다 더 진짜처럼 여겨지는 오늘날의 세계개념은, 단적으로 말하여 고대 그리스의 세계 개념이 역전되어 온 과정의 결과라고 할 수 있다. 그렇다면 그동안 서구 사상사에서 세계의 개념은 어떠한 변천과정을 거쳐 지금의 세계개념으로 형성되었는가?

고대 그리스 시대에는 이 세계를 존재(Being; Truth; Reality)와 현상(Appearance)의 구분에 비추어 이해하였다. 즉, 고대 그리스 시대에는 우리가 경험하고 보는 모든 현상이 진짜 세계가 아니라, 그것과는 구분되는 존재의 세계가 있으며, 이것을 궁극의 실재, 혹은 진리로 파악하였다. 이 존재로서의 세계는 우리가 인식하는 대상에 진리를 제공하고, 인식하는 자에게 인식의 원천이 되며, 모든 인식과 진리의 궁극 원인이 된다. 현상세계는 존재의 세계의 모방으로서, 모든 현상의 궁극 원인이 되는 존재의 세계에 비하여 항상 부차적인 것으로 이해되었다. 또한 이 현상세계에서 만들어진 인공품들은 존재의 모방으로서 일종의 시뮬라크르가 되며, 다시 그 현상세계를 모방하여 만들어진 인공품들은 시뮬라크르의 시뮬라크르가 되기 때문에 더욱더 열등한 것으로 여겨졌다. 고대적 세계관에서 이 같은 세계의 위계는, 플라톤의 "선분의 비유"에서도 잘 나타나 있듯이, '이데아의 세계, 수학적 세계, 실물들, 영상(모상)' 순으로 구성된다.(『국가』, 510b) 이와 같은 세계관에서 교육은 현상세계의 특수자에 대한 지식으로부터 순수존재에 대한 지식을 단계적으로 습득함으로써 궁극의 실재에 도달하는 것을 목적으로 하게 되며, 또한 그것이 인간 마음이 실현해야 할 본질적 선으로 간주된다.

고대 그리스의 존재와 현상이라는 두 세계의 구분은 중세를 거쳐 근대로 오면서 근원적인 변화를 겪게 된다. 이 과정에서 보편적 진리가 불확실한 현상 세계에 반영되어 있다는 고대인의 신념이 의심되고, 대신에 확실한 지식의 근거를 찾아낼 수 있는 인간의 마음에 대한 규명으로 관심이 이동한다. 즉, 나의 바깥에 진리의 세계가 있다는 신념이 의심되고, 그 세계가 진짜 진리인지 아닌지를 확인할 수 있는 확실한 지식의 정초에 대한 관심이 대두된 것이다. 이와 같은 자아의 외부에 있는 세계에 대한 근대인의 의심은 데카르트(R. Descartes)의 저작에서 가장 구체적이고 뚜렷하게 드러난다. 비록 나의 눈에 보이는 현상세계가 있더라도 그것이 존재 자체에 대한 보증이 될 수는 없다는 회의에 이른 후에, 데카르트는 확실한 지식의 토대를 찾는 작업에 착수하게 된다. 그리하여 데카르트는 철학적 탐구의 대상을 인간의 마음 바깥에 있는 외부 세계와 구분되는 것으로서 인간의 마음 안에 떠오른 내용으로 제한한다.(곽덕주, 2006: 116) 다시 말하여, 이제 근대인의 세계관은 현상에 반영되어 있는 실재가 아니라 나의 마음에 떠오른 실재의 재현(representation)으로 중심이 옮겨 가며, 그 재현이 진리인지 아닌지를 판단할 주체는 인간의 합리적 이성이 된다. 데카르트 이후로 '외부 세계'에 있는 모든 것은 의심과 분석의 대상이 되는 반면, 인간내면의 마음에 '재현된 세계'는 의심할 수 없는 어떤 것으로 부상하게 된다.

외부 세계가 불확실한 것으로 의심되고 대신 인간의 내면에 재현된 세계에서 확실한 정초를 찾는 것으로 관심이 이동하면서, 이제 세계는 형이상학적 관심으로부터 더욱 떨어져 나와 보다 인간중심적 방향으로 그 개념이 더욱 축소된다. 이 과정에서 칸트(I. Kant)는 인간의 지식을 가능하게 하는 조건, 즉 인간 마음의 순수하고 아프리오리한 원리의 필연적 조건을 탐색하는 것을 철학적 과업으로 삼게 된다. 칸트는 "우리의 경험적 인식조차도 인상을 통해 우리가 받아들이는 것과 우리 자신의 인지적 힘이 그 자체로부터 제공하는 것으로 구성되는 복합체일지도 모른다"고 함으로써, 우리가 바깥 세계를 인식하는 것은 인간이 그것을 인식할 수 있는 이성의 범주, 즉 아프리오리의 범위 내에서만 가능하다는 것을 밝혀낸다.(Kant, 1996: 44-45; 곽덕주, 2006: 121재인용) 칸트의 주장은, 이성의 검토를 통해 인간의 의식에 재현된 세계만이 확실한 지식의 토대가 될 수 있다고 믿었던 데카르트의 주장에서 한 걸음 더 나아가, 그 의식의 재현조차도 인간이 본래적으로 가지고 있던 인식의 범주 내에 파악될 수 있는 것만이 확실한 대상으로 인식될 수 있다는 것을 드러내어 준다.

이상의 사상적 변천을 거치면서 물리적이고 사회적인 실재에 대한 완전하고 과학적인 설명을 하나의 이상으로 추구하는 지배적인 문화전통이 형성되는데, 이와 같은 흐름은 '근대성'(modernity)이라고 지칭될 수 있다.(Pring, 2000/곽덕주 외, 2015: 213) 이와 같은 근대적인 이상은 논쟁의 여지가 없는 전제로부터 축적되고 체계화되어 이론적 학문분야 전반에 걸쳐 지식의 비약적인 진보와 발전을 가져왔고, 근대의 확실한 지식들은 우리가 직면한 다양한 문제를 해결해 줄 것이라는 하나의 계몽적 견해, 즉 '거대서사'(grand narrative)를 제공하게 된다. 교육은 다음 세대에게 이런 다양한 지식의 체계와 합리성의 형식에 입문시키는 일을 담당하며, 이러한 입문은 전문 교육과 훈련을 통해 다양한 지식의 형식에서 권위를 획득한 교사들에 의해 이루어진다.(Pring, 2000/곽덕주 외, 2015: 213)

포스트모더니즘은 이상과 같은 근대적 세계관과 지식관에 대한 비판과 도전의 맥락에서 이해될 수 있다. 즉, 포스트모더니즘은 존재와 현상의 구분이라는 고대 그리스적 위계로부터 시작하여, 합리적 이성의 토대 위에 형성된 확실한 지식이라는 근대성의 전제에 의문을 제기하고, 그것에 대한 비판과 해체 작업이 본격적으로 시작된 시대라고 볼 수 있다. 이와 같은 포스트모더니즘의 뿌리는 니체(F. W. Nietzsche)에 대한 재조명에서 비롯된 것으로 평가된다.(신승환, 2006: 32) 니체는 익히 알려진 대로, "신은 죽었다"는 문장을 통해, 서구의 전통 형이상학의 세계, 즉 존재의 세계의 폐기를 선언한다. 플라톤주의를 뒤집음으로써 전통 형이상학을 완성하는 행위는 허무주의라는 원치 않았던 결과를 불러일으켰지만, 니체는 초월세계의 규범에 따라 설정되는 가치와는 다른, 이 현상세계 속에서의 풍요로운 삶이라는 새로운 규준에 의해 설정된 가치를 찾고자 한다. 니체는 "존재하는 것은 사실이 아니라 사실에 대한 해석"이며, 해석이 그 자체로 "힘에의 의지의 한 형태"라고 말했는데, 이것이 포스트모던 시대의 세계관을 여는 일종의 포문이 된다. 이제 포스트모더니즘에서 세계 및 지식은 더 이상 '실재에의 일치'의 문제가 아니라, '사회적 구성'(social construction)의 문제로 전환된다. 사회적 구성으로서의 세계에서 중요한 것은 더 이상 진리냐 거짓이냐의 문제가 아니라 그 설명방식이 얼마나 '정합성'(coherence)을 가지느냐의 문제이다. 따라서 지식의 권위는 사물 자체의 본성이나 인간 마음 안의 재현에 있지 않고 오히려 우리가 속한 사회 속에서, 우리가 사용하는 언어에 의한 인간들의 상호작용으로 옮겨 간다. 다시 말하여, 포스트모던 시대에 지식은 더 이상 절대적이고 확실한 진리가 아니라, 세상을 이해하고 바라보는 다양한 관점의 협상 속에서 합의된 하나의 해석으로 간주될 뿐이다.(김영천·주재홍, 2011: 34)

이와 같은 포스트모던 조건에서는 교육의 역할도 바뀌게 된다. 지식이 이데아의 실현이나 인간의 해방 같은 그 자체의 목적을 상실한 이후로 그동안 학교의 배타적 특권으로 여겨졌던 지식에 대한 접근의 방어막이 바야흐로 무너졌다고 할 수 있다. 이제 학교의 역할은 지식을 가르침으로써 자유주의 엘리트 집단을 양성하는 것이 아니라 체제의 '수행성'(performity)을 증대시키기 위해 기술을 잘 다룰 수 있는 전문가와 기술가를 양성해내는 것으로 바뀐다.(Lyotard, 1979/유정완 외, 1992: 129) 이와 같은 포스트모던 조건에서 학생이나 교육기관이 공공연하게 제기하는 질문은 더 이상 "그것은 진실인가?"가 아니라, "그것은 대체 무슨 소용이 있는가?"로 된다.(Lyotard,

1979/유정완 외, 1992: 132) 또한, 지식의 경제라는 맥락에서 이 질문은 "그것은 잘 팔려지는 것인가", 혹은 권력 확장의 맥락에서 이 질문은 "그것은 효율적인가?"로 제기된다. 이상의 질문들은 모두 표현양식만 다를 뿐, 더 이상 진/위나 정의/불의의 기준으로 규정될 수 없는, 수행성의 기준으로만 등급이 매겨지는 질문이라는 점에서는 동일한 한 가지 질문인 것이다.

신승환(2006: 73)은 포스트모던적 세계 속에서 인간과 존재는 근대와 달리, 어떤 '흔들리는' 터전에 자리하게 되었다고 진단한다. 저자에 따르면, 이 터전은 세계와 인간이 오랜 존재의 근거를 버림으로써 참으로 '가벼워진' 실재성에 자신을 드러나게 하는 곳으로서, 바로 진실한 것과 상상의 것 사이의 분열, 정보와 실재의 분열, 그러한 모습이 결코 첨예하게 나타나지 않는 영역이다. 또한 이 흔들리는 터전은 전통적인 진리나 실재가 사라진, 그들의 무게를 상실한 약한 세계이기 때문에 의미가 소멸된 허무주의와 무의미성의 근원이 되기도 한다. 니체가 플라톤적 형이상학을 뒤집음으로써 초래된 허무주의는 '최고의 가치가 스스로를 가치절하'하는 것이며 '왜'와 '어디로'라는 근거와 목표에 대한 질문을 상실하게 만든다.(신승환, 2006: 34) 이것이 포스트모더니즘의 세계가 무의미와 허무주의를 배태하는 이유가 된다. 하지만 저자는, 다르게 생각하면 이 터전은 전통 형이상학의 속박에서 벗어나 근대에 대한 반성을 통하여 새로운 길을 찾는 유일한 탈출구가 되기도 한다고 조심스레 희망을 말한다. 필자는 이와 같은 희망을 아래에서 살펴볼 아렌트의 세계 개념에서 찾아보고자 한다.

III. 한나 아렌트의 '세계' 개념

아렌트에게서 한 인간이 된다는 것과 세계는 불가분의 관련을 맺고 있다. 아렌트의 핵심개념 중의 하나인 '탄생성'(natality)은 "사람들이 세계 속에 태어난다"(Arendt, 1968/서유경, 2005: 237)는 의미이다. 따라서 아렌트의 사상에서 한 인간이 된다는 것은 "세계 속에 태어남으로써" 가능하다고 유추해 볼 수 있다. 이 점에서 아렌트의 세계 개념을 탐색하는 것은 세계를 가르침으로써 한 인간의 성장을 모색하는 교육적 작업에 그 자체로 의미있는 시도가 될 수 있다. 그러나 아렌트의 세계 개념은 매우 복잡하여서 이해하기가 쉽지 않다. 왜냐하면 아렌트의 세계는 단순히 한 가지 의미로 사용되는 것이 아니라 다양한 의미로 맥락에 따라 다르게 사용되기도 하고, 또 어떤 때는 다차원적으로 여러 가지 층위를 포함하여 사용되기 때문이다.(김비환, 2001: 123)2 아렌트가 말하는 세계의 중층적 의미는 여러가지 관점에서 파악될 수 있으나, 이 연구에서는 아렌트가 중요하게 구분하고 있는 활동적 삶의 양식과 관련하여 세계의 의미를 추적하고자 한다. 아렌트는 현상세계 위에서 이루어지는 다양한 인간의 활동양식을 노동, 제작, 행위로 구분하는데, 여기서 흥미로운 점은 각 활동의 양식에 따라 세계의 의미가 점진적이고 중첩적으로 전개되고 있다는 점이다. 이하에서는 아렌트의 구분에 따라 현상세계 속에서 가장 인간다운 삶을 가능하게 해 주는 세계의 의미가 무엇인지를 점진적으로 살펴보도록 하겠다.

1. 자연환경

현상세계를 구성하는 첫째 요소로서, 노동이 이루어지는 '자연환경'(natural environment)을 들 수 있다.(Arendt, 1958/이진우 · 태정호, 1996: 197) 아렌트에 의하면 노동은 자연의 과정에 상응하여 이루어지는 신체의 활동이다. 이것은 노동이라는 활동의 장이 자연환경이라는 것을 의미한다. 자연환경은

---

2 아렌트에게 있어 인간의 활동적 삶이 이루어지는 세계는 일차적으로 '현상세계'를 의미한다. 이것은 전통적으로 철학적 사유의 대상이 되어 왔던 존재(Being)의 세계에 대한 아렌트의 비판적 성찰을 부각시켜준다. 즉 아렌트에게는 존재와 현상에 대한 위계가 없어지고 "존재가 곧 현상"인 세계, 즉 현상의 세계가 있을 뿐이다. (정윤석, 2006: 211) 그러나 아렌트의 사유의 독특성은 현상세계로 일차적 관심을 전환하면서도, 형이상학적 세계를 제거하는 것이 아니라 그것이 우리에게 의미의 영역으로 여전히 유효하게 작동될 수 있다고 보는 점이다. 뿐만 아니라 아렌트는 일상적 삶이 이루어지는 현상세계 속에서 활동양식의 구분을 통하여 보다 가치로운 세계개념이 무엇인지를 점진적으로 탐색해가고 있다는 점에서 현상세계로 일원화하고자 하는 니체의 시도와는 구분된다.

사실적 출생을 통하여 태어난 인간에게 가장 기초적으로 주어진 조건에 해당하며, 아렌트는 이를 지구(earth), 혹은 자연적 지구(natural earth)라 부르기도 한다. 그러나 아렌트는 노동이 이루어지는 장(場)을 '자연환경'이라고 부르지, '세계'라고 부르지는 않는다. 아렌트가 구분하고 있는 자연환경과 세계의 대비를, 캐노반(M. Canovan)은 '지구에서 사는 것'(live on earth)과 '세계에 거주하는 것'(inhabit in the world)과의 대비로 설명한다.

> "한편으로 우리는 동물종의 하나로서 다른 동물처럼 생물학적 필연성에 종속되어 있다. 동물종으로서의 인간은 자연의 일부로서, 성장과 쇠퇴라는 끝없는 순환을 따라 살아간다. 이 자연의 순환 속에서 동물이나 식물의 한 세대가 가고 나면 다음세대로 대체될 뿐, 각각의 개체에게는 관심이 없다. 그러나 자신에게 주어진 것으로서 지구 위의 자연적 삶(natural life)을 사는 다른 동물들과 달리, 인간존재는 자연적 지구 위에 그들 자신만의 세계를 건설한다."(Canovan, 1992: 106)

위의 인용에 의하면 자연환경은 인간종으로서의 인간이 접하고 살아가는 조건이 된다. 동물이 자연의 일부로서 자연의 순환을 따라 살아가듯이 인간종으로서의 인간또한 주어진 자연에 귀속되어 살아간다는 것이다. 인간종으로서의 인간에게 자연은 단지 '주어진 것'이며 순응의 대상이다. 또한 주어진 것으로서의 자연환경은 한 세대의 순환에 관심이 있을 뿐, 각 개체에게는 관심이 없다. 즉, 각각의 개체를 구별하고 특징지어 주는 기능이 없으며, 자연환경 속에서의 인간은 하나의 생물학적 존재로서, 인간종이라는 하나의 집단으로서의 삶을 영위한다. 이와 같은 삶은 자연적 지구 위에 세계를 건설해서 자신의 거주지로 삼고 살아가는 삶과는 분명한 차이가 있다. 그렇다면 왜 자연환경은 세계가 될 수 없는가?

이에 대하여 몇 가지 이유를 들 수 있겠지만, 아렌트의 관심사에 비추어 볼 때 자연환경의 생산물은 지속성과 영속성을 지니지 않기 때문에 세계를 구성하는 데 기여하지 못한다는 점을 들 수 있다.(Arendt, 1958/이진우·태정호, 1996: 149) 자연환경에서 인간은 신체활동을 통하여 결과물을 생산한다. 그 생산물은 곡식, 우유, 고기와 같은 단순소비재로서, 우리 몸을 위해 금방 소비되거나 시간이 지나면 부패되어 사라진다. 이와 같은 소비재들은 이 세계에 잠시 머문 후, 자신들을 생산한 자연으로 복귀한다. (Arendt, 1958/이진우·태정호, 1996: 151) 그것들은 이 세계에 흔적을 남기지 않기 때문에 세계를 구성할 수가 없다. 또한 이와 같은 자연환경을 기반으로 이루어지는 노동활동 자체는 자신의 신체를 가지고 하는 고립된 활동일 뿐, 서로 다른 개인의 개별성을 요청하지 않는다. 즉, 자연환경에서는 서로 다른 개인들을 구분짓고 연결지어 주는 역할을 기대할 수 없으며, 함께 타인과 협동을 할 때에도 마치 노동의 분업처럼 각자 자신의 노동분량을 이루는 것으로 끝이 난다. 자연환경에서 요청되는 것은 하나의 인간종이지 서로의 차이가 존중되는 개별적 인간은 아닌 것이다. 이와 같은 자연환경과 세계의 차이는 마치 타잔과 로빈슨 크루소의 차이에 비할 수 있다. 이기상(2006: 178)에 의하면, 타잔은 세계를 전수받지 못했기 때문에 그에게는 세계가 없지만, 로빈슨 크루소는 그와 더불어 그의 세계가 함께 있다. 순전히 자연환경에서만 살았던 타잔은 자신만의 세계를 갖지 못하였지만, 로빈슨 크루소는 세계에 속하여 살았기 때문에 무인도에 떨어져있어도 자신만의 세계를 만들어나갈 수 있었던 것이다. 이것이 바로 동물과 인간을 구분하는 기준이 된다. 그리하여 아렌트는 인간만의 고유한 차원으로서의 세계개념을 탐색한다.

2. 인공세계

현상세계를 구성하는 둘째 요소는, 제작(work)을 통해 이루어지는 '인공세계'(artificial world)를 들 수 있다. 인간은 자연환경에 순응하여 살아가기만 하는 것이 아니라, 그 자연환경으로부터 재료를 뽑아서 인간들만의 무엇인가를 만들어 낸다. 이와 같이 자연의 재료를 바탕으로 인간의 손으로 사물을 만드는 활동, 즉 인공세계를 만드는 활동을 아렌트는 제작이라고 부르고, 제작을 통해 만들어진 유형의 사물들로 이루어진 세계를 인공세계(사물세계)라고 부른다.

그렇다면 인간의 손으로 만든 사물이 인공세계를 구성할 수 있는 것은 무엇 때문인가? 이를 위해서는 인공세계의 특징을 살펴볼 필요가 있다. 인공세계의 첫 번째 특징은 지속성이라 할 수 있다. 노동의 산물이 금방 소비되어 사라지는 소비재인 것과 달리, 제작의 산물은 의자, 탁자, 건축물, 작품 등과 같이 단지 사용됨으로써 낡아지는 사용재들이다. 이 사용재들은 시간이 지나도 비교적 오래 지속되며, 그것이 사용되지 않는다면 비교적 영구적으로 남아 있다. 아렌트가 말하는 세계는 제작의 활동을 통해 만들어진 인공세계를 의미하지만, 그렇다고 하여 인공세계의 모든 사물들이 다 세계를 구성하는 것은 아니다. 이 세계는 인공적인 사물들 중에서도 사용되어 없어질 유용성의 사물이 아니라 유용성을 극복하고 살아남은 것들로 구성된다. 인간의 손으로 만들어진 사물들은 사용재이기 때문에 생활의 필요에 부응하여 사용되고자 하는 목적, 즉 유용성을 가진다. 따라서 유용성이 높은 사물일수록 즉각적인 필요가 강하게 작용하기 때문에 금방 사용되어 없어지기 쉽다. 그러나 어떤 사용재들은 시간이 지나도 조금 더 오래 지속되며, 빈번하게 사용되지 않는 한 비교적 영구적으로 남아 있게 된다. 여기서 인공세계의 중요한 기준인 지속성은, 엄밀히 말하면 '유용성을 극복한 지속성'이라는 것을 알 수 있다. 이와 같은 지속성을 가진 사물들은 세계의 구성물로서의 자격을 가지게 된다. 특히, 사물들 중에는 여러 세대를 거쳐도 여전히 이 세계에 남아 있을 정도로 지속성을 가지는 것들이 있는데, 그것의 예를 아렌트는 예술작품을 비롯한 문화물들에서 찾고 있다.

> "문화적 세계가 실체적인 것 – 서적, 그림, 조각, 건물, 그리고 음악 – 을 담고 있는 한 그것은 나라, 국민국가, 궁극적으로 인류의 기록된 과거 전체를 포함하며, 또 그에 대해 증언해 준다. 그렇듯 구체적인 문화의 산물을 판단하는 유일하게 비사회적이며 진정성 있는 기준은 그것의 상대적 영구성과 심지어 궁극적 불멸성이다. 수세기에 걸쳐 살아남는 것만이 궁극적으로 문화물(cultural object)이 될 권리를 요구할 수 있다."(Arendt, 1968/서유경, 2005: 272)

위의 인용은 아렌트의 논문 "문화의 위기"(The Crisis in Culture)의 일부로서, 인공세계로서의 문화가 갖는 의미와 기준이 간결하게 설명되어 있다. 서적, 그림, 조각, 건물, 음악과 같은 예술작품들은 단순히 하나의 사용물 이상의 의미를 지닌다. 어떤 사물이 유용성의 목적으로 사용되거나 대체되어 없어지지 않고, 세계를 구성하는 자리에 들어가 문화물이 될 수 있는 궁극의 기준은 지속성, 즉 불멸성이다. 즉, 시간의 흐름 속에 낡아 허물어짐을 견디고 살아남았다는 사실, 그리고 인간의 필요 속에 사용되어 없어질 수밖에 없는 유용성을 견디고 지금까지 살아남았다는 사실로부터, 그 사물들은 필멸의 인간에게 불멸성의 흔적을 보여주는 사례가 된다는 것이다. 무엇보다도, 필연성과 유용성을 극복하고 오랫동안 살아남은 영속물로 이루어진 인공세계는 우리의 관심을 사로잡고 우리를 감동하게 하는 본연의 기능을 가진다.(Arendt, 1968/서유경, 2005: 274) 아렌트에 의하면 문화, 혹은 세계는 생활과정을 지탱하고 세계의 영구적 부속품이 되는 능력에 의해 탁월함이 평가되며, 이러한 표준에 따라 판단되고 살아남은 것들이다.(Arendt, 1968/서유경, 2005: 276) 이러한 문화물과 예술품들은 우리가 죽은 후에도 계속해서 세계에 남게 될 사물들이며, 유한한 인간의 삶에 감동과 의미를 제공해 주고 그로 인해 우리 삶을 풍요롭게 하는 가치를 지닌다.

이와 같은 지속성으로 인해 인공세계는 두 번째 특징인 '객관성'을 지니게 된다. 아렌트는 오래 살아남아 지속된다는 특징으로 인해 사물들은 그것을 사용하는 인간으로부터 떨어져서 상대적인 독자성과 객관성을 지니게 된다고 한다.(Arendt, 1958/이진우·태정호, 1996: 194) 인간의 주관성에 대립하여 서 있는 것은 손대지 않은 자연의 웅대한 무관심이기보다 인위적 세계의 객관성이라고 한다. 만약 사람과 자연 사이에 인공세계가 없다면, 자연의 영원한 순환운동만이 존재하고 어떤 객관성도 있을 수 없다.(Arendt, 1958/이진우·태정호, 1996: 195)

이 객관성 때문에 사물들은 인간의 삶을 안정화시키는 특징을 갖게 된다.(Arendt, 1958/이진우·태정호, 1996: 194) 여기서 안정성이란 마음의 평안과 같은 심리적 안정의 의미라기보다, 항상 동일한 사물들을 대함으로써 인간 존재가 동일성을 경험하게 된다는 의미이다. 아렌트에 의하면, 날마다 동일한 사물을 경험함으로써 우리 자신의 동일성, 즉 정체성을 확보할 수 있게 된다고 한다. 내가 날마다 거처하는 집, 내가 항상 따르는 법률, 내가 매일 등교하는 학교와 공동체, 내가 속한 국가 등은 내가 누구인지, 어느 지방 사람인지, 어느 국가의 국민인지 나의 정체성의 근간을 형성하는 데 중요한 역할을 하는 것이다. 각 사람이 이 세계와 관계맺음으로써 자신의 정체성을 형성해 간다는 것은, 곧 나는 누구인가라는 질문에서 세계와의 관계가 중요하게 자리한다는 것을 의미한다. 이 때문에 아렌트는 서로 다른 사람들을 구별짓고, 또 연결짓는 것은 궁극적으로 인공세계로 인하여 가능하다고 말하는 것이다.

이상에서 살펴본 바와 같이, 인공세계는 한 세대보다 오래 지속하면서 우리가 보고 듣고 말하는 대상이 되고, 늘 같은 자리에 있는 동일한 대상으로서 우리에게 정체감을 줄 뿐만 아니라 우리와 거리를 두고 존재함으로써 객관성을 지니게 된다. 이와 같은 특성들로 인해 인간은 자연환경 속에서 노동하는 동물로서만 사는 것이 아니라 자연환경과 유사한 인공세계를 만들어 그곳을 거처로 삼아 '세계를 가진 인간'으로 살 수 있다.

3. 인간세계

그런데, 『인간의 조건』에서 아렌트는 노동과 제작 외에 가장 인간적인 활동의 양식으로 '행위'를 들고, 행위가 이루어지는 기반으로서 또 하나의 세계개념을 제시하고 있다. 그것이 바로 현상세계를 구성하는 셋째 요소인 '인간세계'이다. 세계의 개념에 관하여 다른 학자들과 가장 대비되는 대목이라 할 수 있는 인간세계는 인간의 복수성을 중요한 인간조건으로 생각하는 아렌트에게 있어 어쩌면 당연한 것인지도 모른다. 인간이 이 세계에 태어나 세계와 관계맺는 양상을 살펴보면, 인간은 주어진 자연환경에 순응하여 살아가기도 하고, 또 자연에서 뽑아낸 물질을 변형하여 인공세계를 만들고 그것의 영향을 받으며 살아가기도 한다. 그러나 아렌트에게 있어 세계는 고정된 것, 주어진 것으로 그치지 않는다. 아렌트는 인간의 조건을 설명할 때, 인간은 주어진 조건에 의해 영향을 받기도 하지만, 그 조건을 만들기도 한다는 것을 중요하게 지적하는데, 이것은 세계개념에도 그대로 적용된다. 인공세계는 영원불변의 것이 아니라, 본질상 인간의 손으로 만들어졌기 때문에 낡아서 허물어질 수밖에 없다는 속성을 지닌다. 그 때문에 끊임없이 재해석되고, 새롭게 되어야만 보존될 수 있다. 이 주어진 조건으로서의 인공세계를 다시 새롭게 논의하고 변혁할 수 있는 것의 가능성을 아렌트는 인간세계에서 찾는다.

인간세계는 아렌트가 가장 인간다운 삶의 양식이라고 본 '행위'가 이루어지는 토대가 된다. "행위는 사람들 사이에서 이루어지며 사람을 지향한다"(Arendt, 1958/이진우·태정호, 1996: 243)는 아렌트의 진술로부터 알 수 있듯이, 인간세계는 다양한 사람들이 모여 말과 행위를 통해 자신이 누구인지를 드러내는 공간이라 할 수 있다. 행위가 이루어지는 기반으로서의 인간세계는 다양한 명칭으로 불린다. 행위가 사람들 사이에 이루어진다는 것에 착안하여 '존재-사이'(inter-est; in-between)(Arendt, 1958/이진우·태정호, 1996: 243)로 표현되기도 하고, "인간사의 영역은 사람들이 함께 사는 곳이면 어디에서나 존재하는 인간관계의 그물망으로 이루어진다"(Arendt, 1958/이진우·태정호, 1996: 245)는 진술에서 알 수 있듯이 '인간관계들의 그물망'으로 불리기도 한다. 무엇보다 이 존재-사이의 공간으로 불리는 인간세계는 '공적영역'(the public realm)으로 불린다. 이 모든 명칭은 인간세계가 특정 장소를 의미한다기보다는, 인간들 간의 소통을 통해 구성되는 세계라는 것을 드러내어 준다.

그러나 이상에서 살펴본 아렌트의 세계개념은 별개로 존재하는 개념이 아니라 점진적이고 중층적으로 구성되는 개념이라는 것에 유념할 필요가 있다. 이 말은 자연환경, 인공세계, 인간세계가 따로따로 존재하는 세 개의 세계가 아니라, 자연환경이 기초가 되고, 그것에서 재료를 뽑아서 만든 사물들의 인공세계, 그것을 둘러싸고 모인 인간세계가 공적영역으로 이해되어야 한다는 것이다. 이것은 '공동탁자의 비유'에서도 잘 나타나 있다. 아렌트는 공적영역을 "탁자가 그 둘레에 앉는 사람들 사이에 자리잡고 있듯이 사물의 세계(인공세계)도 공동으로 그것을 취하는 사람들 사이에 존재하는 것"(Arendt, 1958/이진우·태정호, 1996: 105)과 유사하다고 설명하고 있다. 이렇게 볼 때, 아렌트의 공적영역은 단지 사람들의 모임이 아니라, '인공세계를 둘러싸고 맺어진 인간들의 관계망'으로 이해될 필요가 있다. 김비환(2001: 128)은 이 공적영역을 아렌트가 말하는 다양하고 다층적인 세계개념의 가장 핵심적이면서도 좁은 의미의 세계라고 본다. 또한 캐노반도 아렌트의 공적영역에서 인공세계는 그것을 구성하는 하나의 요소일 뿐이며, 이 점에서 공적영역은 인공세계 이상의 것을 의미한다고 진술한다.(Canovan, 1992: 111) 이것은 (자연환경의 재료로 만들어진) 인공세계를 넘어, 그것을 둘러싸고 모인 인간세계에서 이루어지는 소통이 공적영역을 구성하는 데 중요하게 기여한다는 것으로 이해할 수 있다. 반대로 말하면, 인공세계와 인간세계 중 어느 하나가 전면화되거나 절대화될 때 공적영역, 더 나아가 현상세계의 균형은 깨어질 수밖에 없다는 것으로도 이해할 수 있다.

아렌트의 세계가 '인공세계를 둘러싸고 모인 인간세계'로 제시되는 것은 그럴 때만이 인간이 세계 속에서 실재성을 경험할 수 있기 때문이다. 캐노반(1992: 111)은 공적영역이 실재가 출현하도록 해 주며, 더 나아가 실재가 출현하는 유일한 공간은 공적영역뿐이라는 것을 중요하게 지적한다. 이것이 무슨 의미인가? 서로 다른 사람들이 공동세계에 대하여 논의한다는 것은 곧 공동세계에 관한 다양한 관점이 드러난다는 것을 의미한다. 공동의 세계가 다양한 관점에서 논의될 때 공동세계의 다양한 측면이 드러나며, 이와 같이 "사물세계 주변에 모인 사람들이 극도의 다양성 속에서도 동일한 것을 볼 경우에만 세계의 실재성은 진정으로 그리고 확실하게 나타날 수 있다."(Arendt, 1958/이진우·태정호, 1996: 110) 아렌트에 의하면 이 실재성은 "다수의 관찰자에게 제시하는 제 측면들의 총계로부터 생겨나는 실재성"(Arendt, 1958/이진우·태정호, 1996: 111)이며, "수많은 측면과 관점들이 동시에 존재한다는 사실에 기초해 있다."(Arendt, 1958/이진우·태정호, 1996: 110) 이 점에서 동일한 인공세계가 있어도 그 공동세계에 관해 하나의 관점만 존재한다는 것은, 그것이 탁월한 한 사람의 관점이든지 아니면 모두가 획일적인 관점이든지 상관없이, 궁극적으로 공적영역의 실재성을 파괴하게 된다. 아렌트에 의하면, "공동세계는 단지 한 측면에서만 보여지고 단지 한 관점만을 취해야 할 때 끝이 난다."(Arendt, 1958/이진우·태정호, 1996: 112) 공동세계가 사람들 사이를 연결해 주고 분리시켜 주는 역할을 하지만, 그것이 가능한 것은 인간의 '공통된 본성' 때문이 아니라, 다양한 사람들이 동일한 대상을 경험한다는 대상의 동일성, 그리고 그 동일한 대상의 제측면들이 조명될 수 있는 다양한 관점들, 이 양자에 의해서이다. 그럴 때만이 우리는 이 세계 속에서 공동의 실재성을 경험할 수 있다. 이 공동의 실재성은 일종의 제3의 실재로서 공동세계에 대한 다양한 관점에서의 논의와 소통을 통하여 구성된 실재라 할 수 있다. 이 공동의 실재성이 중요한 것은 저마다의 다양한 사람들이 공동의 세계를 대상으로 소통될 수 있고, 이 소통을 통하여 낡고 허물어질 수밖에 없는 우리의 공동세계가 새롭게 혁신될 수 있는 희망이 싹트기 때문이다.

이 점에서 한 인간이 세계에 대한 다양한 관점이 오가는 관계의 그물망 속에 존재하는 것, 그 속에서 함께 공유하고 논의할 공동의 대상을 가지는 것은 참으로 중요하다고 할 수 있다. 이 실재성의 경험이 없는 사람은 세계의 다측면을 경험하지 못함으로 인해 완전히 사적으로 될 위험에 처한다. 아렌트가 지적한 대로, "그들은 타인을 보지도 듣지도 못하며, 타인도 그들을 보거나 듣지 못한다. 그들은 모두 자신들만의 고유한 경험의 주관성에 갇혀 있다."(Arendt, 1958/이진우·태정호, 1996: 111)

Ⅳ. 아렌트 '세계' 개념의 교육적 함의

이상과 같은 아렌트의 중층적 세계개념으로서의 공적영역은 인공세계, 혹은 인간세계 중 어느 하나만을 강조한 기존의 세계개념과는 대척점에 놓일 수밖에 없다. 한편으로, 아렌트의 세계개념은 세계를 인류 공동의 문화유산으로 바라본 피터즈(R. S. Peters)의 관점과 대비된다. 피터즈에게 공적세계란, 역사상 대가들이 축적해 놓은 방대한 문화유산, 즉 과학, 역사, 수학, 종교적, 심미적 인식 등 사고의 형식과 도덕적 예의적 및 기술적 사고와 행동의 형식으로 이루어져 있으며, 각 사고의 형식들은 각각 독특한 '내용'(지식)과, 그 내용을 축적하고 비판하고 수정하는 방법으로서의 '공적 절차'를 가지고 있다.(Peters, 1966/이홍우·조영태, 2004: 69) 피터즈가 말하는 세계는 각 사람들이 '입문'해야 할 대상으로 제시되며, 자아는 이 세계에 '입문'한 결과로 형성된다. 이것은 세계가 그 자체로 절대적이고 고정적인 개념으로 오해될 소지가 있다. 세계를 이와 같이 파악할 때 교육은 그 가치로운 세계를 전달하는 것을 핵심과업으로 삼게 되며, 이 과정에서 세계의 구성적 측면은 현저하게 축소될 수밖에 없다.

그러나 아렌트가 보기에 세계는 인간이 태어나고 거처하며 영향을 받는 조건으로도 주어지지만, 그 조건은 다시 인간의 대화와 논의를 통해 새롭게 구성되고 변혁되는 측면을 가진다. 그 세대에 맞게 새롭게 변혁되지 않는다면, 그 세계는 낡은 것으로서 새로운 세대에게는 맞지 않는 옛것, 그리하여 허물어질 수밖에 없는 운명에 처해 있기 때문이다. 따라서 이 낡은 세계는 새로운 세대의 새로움에 의하여 다시 개혁되고 혁신될 때에만 다음 세대에까지 지속될 수 있다. 이와 같은 구성적 측면이 간과될 때, 그때의 세계는 아렌트의 표현처럼 마치 "낡은 것이 새 것을 향하여 어떠해야 한다고 규정하는 것"으로 되며, 이것은 "모든 것을 파괴하는 것"과 같다고 한다.(Arendt, 1968/서유경, 2005: 259) 오히려 세계를 보존하고 유지할 수 있는 방법은 그것의 낡음을 새로운 세대에게 부과하거나 규정하는 것이 아니라, 새로운 세대의 새로움에 의해 세계를 새롭게 구성할 방도를 찾는 것이 궁극적으로 세계의 보존을 위해, 또 새로운 세대의 새로움을 위해 더 중요한 과업이 된다는 것이다. 이를 위해서는 필연적으로 복수의 타자들에 의한 다양한 관점이 요청된다. 즉, 인공세계는 다양한 관점을 지닌 인간세계에 의해 해석되고 소통될 때 지속가능한 것으로 되며, 그때에만 인간의 공동세계로 남을 수 있다는 것이다.

그러나 다른 한편으로, 인공세계가 없는 인간들만의 세계도 불완전할 수밖에 없다. 다시 말하여, 복수의 사람들이 있더라도 그들 사이를 연결해 줄 공동의 세계가 없다면 그와 같은 인간들의 관계는 허상에 가깝다는 것이다. 아렌트에 따르면, 인공세계는 "사람들을 결집시키고 관계를 맺어주며 서로 분리시키는 힘"(Arendt, 1958/이진우·태정호, 1996: 106)을 가진다. 인공세계를 통해 사람들이 연결될 때에만, 그때의 인간관계는 서로 다른 타인들의 다양한 관점에 의하여 구분되면서도 공동의 세계로 인하여 연결될 수 있다. 이 점에서 거대서사가 사라진 후의 인간세계를 수행성만 남은 "복잡하고 유동적인 관계 그물망"(Lyotard, 1979/유정완 외, 1992: 64)으로 묘사한 리오타르의 세계개념이나, 로티가 주장했듯이 순전히 개인의 자유롭고 창의적으로 재서술된 메타포로서의 세계개념(Rorty, 1989/김동식·이유선, 1996: 35) 또한 비판될 수 있다. 비록 낡고 허물어질 수밖에 없는 인공세계이긴 하지만, 인공세계의 수명은 한 인간의 수명보다 길며, 그만큼 현상세계 속에 존재하는 인공세계는 인간실존에 깊은 영향을 미치는 조건이 된다. 또한 세계에 대한 나의 서술과 타인의 서술은 다를 수밖에 없지만, 그 다양성의 근거로서 다양한 사람들이 서술할 수 있는 공동의 대상을 공유하고 있다는 것이 중요하다. 공동의 세계는 내가 보는 것을 타인도 동일하게 본다는 점에서 일종의 객관성을 보유하게 되며, 다양한 사람들에 의해 공동으로 경험되는 대상의 동일성이 개인의 정체성에 큰 영향을 미친다. 또한 인공세계는 저마다의 다양한 메타포들로서만 존재하는 것이 아니라 인간의 유용성과 사멸성에 맞서 살아남은 영속물로서의 가치, 그리하여 인간에게 감동과 아름다움을 줄 수 있는 근거가 된다는 점에서 금방 사용되어 없어지는 소비재들과 구분되는 가치를 지닌다. 이뿐만 아니라 우리가 그와 같은 공동의 세계를 공유한다는 사실로부터 우리가 가치로운 것에 관하여 함께 논의할 이야깃거리를 제공하며, 이 점에서 나와 타인이라는 다양한 사람들을 서로 연결하고 묶어주는 역할을 한다. 이 점을 인정하지 않은 채 세계를 단지 인간들의 수행성에 의한 관계망으로 파악하거나, 혹은 순전히 개인의 우연적이고 창의적인 재서술로만 파악하는 것은 진정으로 개인들을 연결해 줄 수 있는 공동세계의 가치를 인정하지 않는 것이라 볼 수 있다. 아렌트의 관점에서 볼 때 공동세계가 사라진 인간세계라는 것은 '허상'이며 '망령'에 불과할 수 있다. 이와 같은 상황에서 인간들은 서로 마주보고 앉아 있을지라도 "더 이상 떨어져 있지 않지만 동시에 만질 수 없는 그 무엇 때문에 완전히 서로 분리된" 상태에 처하게 된다.(Arendt, 1958/이진우·태정호, 1996: 106)

아렌트의 세계개념은 교육에서 여전히 인공세계, 그중에서도 인간들의 유용성에 대한 욕구를 이기고 지금까지 살아남은 문화물들이 중요하다는 것을 보여준다. 그것은 세계가 절대불변의 가치를 안고 있어서가 아니라, 세계와 관계맺음으로써만 형성되는 사유와 판단과 같은 정신활동이 이루어지는 대상이 되기 때문이다. 인간은 이 세계와 관계맺음으로써 그것에 대해 사유하고 판단하며 그것에 대한 이해를 갖출 수 있다. 이 점에서 한 인간이 된다는 것은 이 세계 속에서 사랑할 만한 대상, 함께 동행하며 대화를 나눌 친구를 가지는 것에 비유할 수 있다. 아렌트는 형이상학과 철학의 종말을 추구하는 이 시대에도 과거는 우리에게 "보물", "막대한 유산"으로 남겨져 있다고 지적한다.(Arendt, 1978/홍원표, 2004: 30) 이와 같은 인공세계는 "이 세계 속에서 사랑할 만한 대상을 가지고 대화하는 것"으로 설명되는 사유(thinking), 그리고 "과거는 물론 현재의 사람들, 사물들, 사상들 가운데서 자신의 동행을 선택할 수 있는 능력"(Arendt, 1968/서유경, 2005: 302)인 판단이 자라 갈 수 있는 중요한 기반을 제공한다.

그러나 다른 한편으로 이 세계는 낡고 오래되어 파멸이 불가피하다. 새로온 세대에게는 언제나 그 세계가 낡고 오래된 것으로 존재한다. 하지만 이 세계에 태어난 인간이 그 속에서 거처를 삼고 살아가기 위해서 이 세계는 보존되어야만 한다. 오직 새롭게 혁신될 때에만 세계는 허물어지지 않고 지속될 수 있는 것이다. 이것이 인간세계가 필요한 이유이다. 이 세계에 대한 사유와 판단을 할 수 있는 탄생적 개인들의 독창적이고 혁신적인 관점들이 소통되고 논의될 때 그 대화를 통해 구성되는 세계에 대한 공동의 이해와 합의는 우리의 낡은 세계를 더 나은 방향으로 혁신해 갈 수 있는 새로운 관점을 낳을 수 있다고 아렌트는 희망을 이야기한다. 그리고 그와 같은 공동세계의 혁신은 오직 이 세계를 사랑하는 사람들에 의해서, 그리고 그 사람들의 세계이해의 관점이 말과 행위를 통해 타인들 사이에 드러남으로써 가능하다고 아렌트는 제안한다. 이와 같은 방식으로 "세계 속에 태어남으로써"(Arendt, 1968/서유경, 2005: 237), 즉 인공세계를 사랑함으로써 그것에 대한 자신만의 세계이해의 관점을 가진 인간, 더 나아가 그와 같은 세계이해의 관점을 타인들 앞에 드러내고 현상함으로써, 한 인간은 다른 동물종과는 구분되는 인간만의 고유한 차원을 가진 인간존재가 될 수 있다고 아렌트는 역설한다.

아렌트의 세계개념은 교육에 시사하는 바가 크다. 포스트모더니즘의 주도 속에 인공세계의 가치는 진부한 것으로 치부되고 오직 사람들의 합의와 협상을 통해 구성되는 세계의 측면만이 중요하게 부각되고 있지만, 여전히 인공세계는 아름다운 것, 가치로운 것에 대해 사유하고 판단할 수 있는 대상으로 의미를 지닌다. 한 사람의 세계이해란 바로 이 세계와 관계맺음으로써 이루어질 수 있는 것이다. 그러나 기존의 교육에서 고립된 한 개인이 인공세계와 관계맺는 차원만 강조함으로써 다양한 사람들의 관점 속에서 소통되는 것의 중요성을 간과한 것은 반성되어야 할 측면이라고 생각된다. 인간이 세계 속에 태어난다는 것은 세계이해를 맺은 다양한 사람들의 관계 속에 내가 현상한다는 것으로 이해할 수 있다. 나의 세계이해는 이 세계에 대한 하나의 관점에 불과하다는 것을 깨닫는 것, 더 나아가 그것이 다양한 관점 속에 공유되고 논의됨으로써 이 세계에 대한 제 3의 공동이해로 나아갈 수 있다는 것을 깨닫는 것이 참으로 중요하다. 그 점에서 아렌트가 말하는 세계사랑의 태도는 세계를 사랑하는 교사의 태도로부터, 그리고 세계를 사랑하는 학생들 간의 대화로부터 길러질 수 있다고 생각된다. 이 세계사랑의 태도로부터 한 인간은 자신만의 내면에 홀로 고립되지 않고 세계 속에 태어나는 진정한 인간존재로 현상할 수 있다. 뿐만 아니라 그와 같은 세계사랑의 태도로부터, 파멸할 수밖에 없는 우리의 낡고 오래된 세계는 새롭게 보존되어 우리의 다음세대도 계속해서 거할 수 있는 거주지로 남을 수 있다.

V. 결론

이 연구는 포스트모던 시대의 불확실한 세계 속에서, 교육에서 요청되는 세계개념은 어떠한 것일 수 있는지를 아렌트의 세계개념을 통하여 탐색하고자 하였다. 포스트모더니즘 시대에 세계와 교육을 연관짓는 작업은 항상 일종의 딜레마에 부딪힐 수밖에 없다. 왜냐하면 포스트모더니즘은 '서구 계몽주의에 뿌리를 둔 근대적 세계관 내지 인간학적 가정에 대한 심각한 회의와 반성'에서 출발하는 반면, 교육학의 학문적 뿌리는 계몽주의에 있기 때문이다.(조상식, 2006: 90) 따라서 포스트모더니즘 시대에 교육의 문제를 논하는 것은 언제나 일종의 자기모순을 범하는 일이 될 수밖에 없다. 이것은 교육에서 세계의 문제를 논할 때도 그대로 적용된다. 근대교육의 산물로서 교육은 '가치로운 문화유산에의 입문'이라는 보수적 관점의 세계개념을 근간으로 하고 있다. 그러나 이 같은 관점이 권력이나 이데올로기와 결합될 때 이데올로기의 재생산 기제로 전락할 수 있다는 난점이 이미 지적된 바 있다. 이에 대한 비판적 성찰로 제기된 포스트모던 시대의 세계 개념은 더 이상 진리나 가치의 담지자가 아닌 '사회적 구성'으로서 정의된다. 이것은 고정된 진리나 방향을 제시하지 않고 자유로운 합의에 의해 의미를 만들어가는 것과 관련된다.

그러나 자라나는 아이들을 대상으로 교육할 때, 어른 세대는 아이들을 아무 방향이나 가도록 방치하지 않고 보다 좋은 것, 가치로운 것을 향하여 안내할 책임이 있다. 그럴 때에만 그 성장을 다른 방향의 성장과 구분하여 교육적 성장이라 부를 수 있는 것이다. 이것을 바꾸어 말하면, 이 세계에 대한 진술을 모두 동등하게 취급하지 않고 특정 진술에 더 가치와 우선순위를 부여하는 작업을 교육에서 전적으로 배제할 수 없다는 말이기도 하다. 이것이 교육에서 순전히 사회적 구성이나 다양한 메타포로서 포스트모던적 세계관을 전면화하여 가르치기 어려운 이유이기도 하다. 그렇다고 급변하는 세계 속에서 그 난점과 폐해가 드러난 근대적 교육관에만 발목 잡혀있을 수도 없다. 근대적 세계인식이 더 이상 포스트모던적 상황에 부합하지 않는 측면이 많기 때문이다. 이것이 포스트모더니즘과 교육을 관련짓는 일에 수반되는 딜레마이다.

아렌트의 세계개념은 이 딜레마에 대하여 일종의 출구를 보여준다고 할 수 있다. 교육과 관련하여 볼 때, 아렌트의 세계개념은 인공세계라는 수용적 측면과 인간세계라는 구성적 측면을 함께 고려해야 한다는 것으로 해석할 수 있다. 그동안 교육에서 가치로운 문화유산에로의 입문을 주장하였던 보수적 관점에서는 전자의 측면을, 비판과 해체를 통한 세계의 재구성을 주장하였던 비판적 관점에서는 후자의 측면을 대립적으로 강조하였던 것을 생각해 볼 때, 아렌트의 입장은 이들과는 대비된다. 아렌트는 왜 세계의 수용적 측면과 구성적 측면을 모두 강조할까? 한편으로, 세계의 수용적 측면은 대상과의 친숙하기와 같은, 세계와의 관계맺음을 강조한다. 전술한 바와 같이, 아렌트는 사유와 판단과 같은 인간의 정신활동이 항상 대상을 기반으로 하여 작동한다는 사실을 중요하게 지적한다. 이것은 우리가 비판적 사유와 판단을 할 수 있으려면 먼저 그 대상과의 친구관계가 전제되어야 한다는 것을 보여준다. 이 때문에, 고든(M. Gordon)은 아렌트의 교육관을 해석하면서, 가치롭고 효과 있는 사고와 비판은 항상 과거에 대한 심오한 지식에 기반하고 있다는 것, 그리하여 아이들의 창의성과 새로움을 향상시키고자 하는 목표는 교사가 과거의 문화적 전통에 관해 젊은 세대를 가르치지 않고서는 성취될 수 없다는 점을 강조하고 있다.(Gordon, 2001: 57) 이것은 교육에서 담당한 1차적 책임이 무엇보다 다음세대에게 세계를 소개함으로써 아이들이 세계와 친숙할 수 있도록 돕는 데 있다는 것을 시사한다. 교사들이 소개하는 세계를 배우고, 그것을 경험하고, 그 의미를 씨름하는 과정을 통하여 세계에 대한 자신만의 고유한 관점을 가진 한 사람의 인간으로 성장할 수 있다. 아마도 이것이 아렌트가 아이들에게 세계를 가르치는 교사의 책임을 중요하게 언급하는 이유일 것이다. 아렌트에 의하면, 교육은 우리가 "아이들을 우리의 세계로부터 내쫓아 그들이 제멋대로 살도록 내버려 두지 않는" 어른 세대의 세계에 대한 책임과 관련된다.(Arendt, 1968/서유경, 2005: 263)

다른 한편으로, 세계의 구성적 측면은 주어진 대상의 동일성이 다양한 관점에서 조망되고 해석되어야 할 것을 중요하게 강조한다. 이를 위해서는 세계의 내용을 배우더라도, 그것에 대해 아이들이 새로운 방식으로 생각해보고 해석해 볼 수 있는 자유와 기회가 충분히 보장되어야 한다. 중요한 것은 다른 사람들과 다양한 관점에서의 해석과 사유를 자유롭게 함께 논의하고 소통해 봄으로써 대상에 대한 공동의 합의에 도달해 보는 것이다. 이것은 교육에서 아이들이 대화와 소통을 통해 자신의 관점을 적극적으로 표현함으로써 공동의 의미를 구성해 보는 일에 참여할 수 있는 장을 마련해 주는 것이 필요하다는 것을 시사한다. 이와 같은 자유로운 소통과 적극적인 참여를 통한 의미구성을 위해서 아렌트는, 교사들에게 "뭔가 예측할 수 없는 일을 새로이 시도해 볼 수 있는 아이들의 탄생성을 사랑하고 존중하는 태도"가 필요하다고 역설한다.(Arendt, 1968/서유경, 2005: 263)

중요한 것은 이와 같은 세계의 두 측면이 모두 존중될 때 아이들은 이 세계의 실재성을 비로소 경험할 수 있다는 것이다. 이것은 우리가 공유하는 공동의 세계가 존재한다는 사실이 다양한 사람들의 관점에서 함께 확인되고 소통될 때 형성되는 실재성으로서, 일종의 공통감이라 할 수 있다. 이 실재성을 경험할 때에만 아이들은 그 누구와도 소통할 수 없는 자신의 주관 속으로 침몰하지 않을 수 있다. 또한 소통과 합의를 통해 도달하는 합의, 즉 공동의 실재성를 통해 공동세계가 새롭게 혁신될 수 있는 길이 열릴 수 있다. 이것이 획일적이고 억압적으로 치우쳤던 근대적 세계인식, 그리고 허무주의와 무의미성이 팽배한 포스트모던적 세계인식의 사이 지점에 서 있는 아렌트의 대안이라 할 수 있다. 이를 위해서는, 거듭 말하지만 이 세계를 사랑하는 교사의 태도, 그리고 아이들의 탄생성을 사랑하는 교사의 태도가 절실히 요청된다.

참고문헌

강명구(2018). 『아무도 알려주지 않은 4차 산업혁명 이야기』. 서울: 키출판사.

곽덕주(2006). 근대적 마음관, 내면적 근대성, 그리고 교육: 근대인식론에 대한 Rorty의 비판적 고찰을 중심으로. 『교육철학』 37, 111-133.

김비환(2001). 『축복과 저주의 정치사상: 20세기와 한나 아렌트』. 서울: 한길사.

김영천·주재홍(2011). 『포스트모던 패러다임과 교육학/교육과정연구』. 서울: 아카데미프레스.

박은주(2018). 『한나 아렌트의 '행위' 개념을 통한 가르침의 의미 재탐색』. 서울 대학교 박사학위논문.

신승환(2003). 『포스트모더니즘에 대한 성찰』. 파주: 살림.

이기상(2006). 『존재와 시간: 인간은 죽음을 향한 존재』. 파주: 살림.

임성훈(2007). 미학과 정치: 아렌트가 읽어낸 Kant 미학의 정치적 함축성에 관한 소고. 『미학대계』 2권. 서울: 서울대학교 출판부.

정윤석(2006). 아렌트의 하이데거 비판-"세계" 개념을 중심으로. 『철학』 88(0), 207-230.

조상식(2006). 포스트모던 교육은 가능한가?: 교육철학적 단상. 『한국교육문제 연구』 17, 87-103.

Arendt, H.(1958). *The Human Condition*. 이진우·태정호 역(1996). 『인간의 조건』. 서울: 한길사.

Arendt, H.(1968). *Between Past and Future*. 서유경 역(2005). 『과거와 미래 사이』. 서울: 푸른숲.

Arendt, H.(1978). *The Life of the Mind*. 홍원표 역(2004). 『정신의 삶』. 서울: 푸른숲.

Benhabib, S.(2000). *The Reluctant Modernism of Hannah Arendt*. Maryland: Rowman & Littlefield.

Baudrillard, J.(1981). *Simulacres et Simulation*. 하태환 역(2001). 『시뮬라시옹』. 서울: 문음사.

Canovan, M.(1992). *Hannah Arendt: A Reinterpretation of Her political Thought.* New York: Cambridge Univ Press.

Lyotard, J. F.(1992). *La Condition postmoderne: Rapport sur le Savoir.* 유정완 외 역(1992). 『포스트모던의 조건』. 서울: 민음사.

Gordon, M.(edited)(2001). *Hannah Arendt and Education: Renewing Our Common World.* Colorado: Westview Press.

Platon. *Politeia(Platonis Respublica).* 박종현 역(2005). 『국가』. 서울: 서광사.

Peters, R. S.(1966). *Ethics and Education* . 이홍우·조영태 역(2004). 『윤리학과 교육』. 서울: 교육과학사.

Pring, R.(2000). *Philosophy of Educational Research.* 곽덕주 외 역(2015). 『교육연구의 철학: 진단과 전망』. 서울: 학지사.

Rorty, R(1989). *Contingency, irony, and solidarity.* 『우연성, 아이러니, 연대성』. 김동식·이유선 역(1996). 서울: 민음사.

http://sbsfune.sbs.co.kr/news/news_content.jsp?article_id=E10009094116(검색일: 2018. 5. 28.)

11장

"세계사랑"의 교육적 실천(I): 교육적 책임*

I. 아렌트와 '세계사랑'(amor mundi)의 정신

부활절이었던 4월 21일(현지시각), 스리랑카의 수도 콜롬보에서 발생한 연쇄적인 자살폭탄 테러는, 복음서가 우리에게 천명한 "한 아이가 우리에게 태어났도다"(Arendt, 1998: 247)라는 '기쁜 소식'을 일순간에 절망으로 바꾼 비극적인 사건이다. 이번 테러의 배후로 알려진 IS의 수장 바그다디는 "형제들의 복수를 위해 부활절에 십자군(기독교인)의 자리를 뒤흔들어 유일신 신앙인(이슬람 원리주의자)의 마음을 달랠 수 있었다"며, 앞으로도 기독교인과 서방 연합국에 의해 희생된 이슬람 신자들과 전사들을 위해 '복수'를 이어갈 것이라고 경고했다.(인터넷 기사, 검색일: 2019. 5. 2.) 특정 종교, 인종, 민족에 대한 폭력과 응징은 많은 이들을 이루 말할 수 없는 참혹하고 참담한 상황에 처하게 한다. 그리고 그것은 가해자를 피해자로, 피해자를 가해자로 만드는 "결코 끝나지 않는 행위 과정의 잔인한 자동운동"(Arendt, 1998: 241) 안에 우리 모두를 가둔다. 이것이 가능한 이유는 보복이 '자동적인 사랑'을 전제하고 있기 때문이다.

보복의 이면에 자리한 '사랑'은 사랑하는 자가 무엇을 지향하는지에 대

---

* [출처] 조나영(2019). 한나 아렌트 '세계사랑(amor mundi)'의 교육적 실천 고찰: '탄생성(natality)'에 관한 교육 논의를 중심으로. 『교육철학연구』 41(2), 167-189.

해 관심을 기울이지 않으며, 그의 자질이나 능력 그리고 업적과 실패, 실수에도 무관심하다. 사랑하는 '무엇'에 대한 무조건적 태도는 '처음' 이루어진 잘못된 행위의 결과에 연쇄적인 반동을 허용함으로써 그 과정이 무한히 반복되도록 만든다. 곧 만일 우리가 우리와 '같은' 인종, 민족이라는 이유로 또는 '같은' 종교와 문화를 지녔다는 명목으로 누군가의 반인류적이며 극단적인 행위를 항시 '긍종(肯從)하는 사랑'의 결과로만 이해하려 든다면, 이는 보복의 잔인한 자동운동을 지속시키게 될 것이다. 그렇다면 우리는 이 무한한 과정에서 어떻게 벗어날 수 있을 것인가? 관계의 그물망 속에서 살아가는 인간은 무언가를 형성하고 관계맺으려 하는 한 누구나 '죄'를 범할 수밖에 없다. 그런데 만일 우리가 저지른 잘못과 실수에 대하여 앙갚음만을 당한다면 어떻게 될 것인가? 인간은 자신이 처음 행한 것에 구속되어 이후의 삶을 희망할 수 없게 될 것이다. 그것은 '세계의 황폐화'로 이어진다.(Arendt, 1998: 239-240참고)

정치 사상가 한나 아렌트(Hannah Arendt)는 이와 관련해서 '사랑' 개념이 다른 차원에서 새롭게 정립되어야 한다고 주장한다. 그러면서 그녀는 아리스토텔레스의 '정치적 우애'(philia politike)로서의 '존경'을 제안한다.(Arendt, 1998: 242-243참고) 아렌트가 제시한 존경은 한 인간이 지닌 우수한 능력이나 자질, 뛰어난 업적에 대한 평가와는 무관하다. 그것은 공동체 안에서 각 구성원들의 관계맺음을 통해 발현되는 것으로 단순한 사적 친교에서 벗어나 시민적 덕을 함양하고 공공선을 증진시키는 가운데 현상된다. 곧 정치적 우애로서의 존경은 오직 인간과 인간 사이에 관한 일로 공동체 구성원들이 세계의 공간 사이에 설정한 '거리를 두고 있는' 누군가를 존중하는 일과 관련이 있다.(Arendt, 1998: 243) 이렇듯 '옆에 있는'(iuxta nos) 누군가에 대한 존중 양식으로서의 '사랑'은 우리를 맹목적이고 자동적인 사랑의 위험성으로부터 벗어나게 해 준다. 달리 말해, '이웃하고 있는' 사람들에 대한 존중은 우리가 함께 살아가는 세계를 지속적으로 새롭게 하겠다는 '의지'의 다른 표현이다.

또한 그것은 우리가 이 세계에 '탄생'할 때 지니고 오는 전에 없던 '새로움'이 우리에게 '자동적인 충성'을 요구하는 인종, 민족, 국가, 종교, 문화 등에 의해 파괴되지 않도록 우리와 함께 살아가는 이들 – 세상을 새롭게 할 새로움을 가지고 온 모든 이들 곧 이 세계 – 에 대한 존중과 존경으로서의 '사랑'이기도 하다. 그리고 이렇듯 모든 이들이 함께하는 세계를 긍정하고 이를 사랑할 때 비로소 우리는 우리 각자가 탄생이라는 기적을 통해 가지고 온 새로움을 발현해 낼 수 있게 된다. 따라서 새로운 '시작'을 통해 세계를 끊임없이 경신(更新)하기 위해서는 '세계를 위한 사랑'이 전제되어야 한다. 아렌트는 '유한한 인간존재'(condition humana)가 세계를 사랑할 수 있는 지점을 탐구했다. 아렌트의 이러한 성찰은 그녀가 경험했던 '전체주의가 어떻게 가능할 수 있었는가'에 대한 물음으로 시작한다. 그녀가 박사학위논문을 필두로 이후에 작성한 저작들 『전체주의의 기원』(The Origins of Totalitarianism, 1951), 『인간의 조건』(The Human Condition, 1958), 그리고 『정신의 삶』(The Life of the Mind, 1978)은 이 물음에 대한 고찰이라고 할 수 있다.

특히, 아렌트가 평생 의지했던 스승 야스퍼스에게 보낸 서한(1955년 8월 6일)에서 자신의 최초 철학적 저서라 할만한 『인간의 조건』이 아모르 문디(世界愛, love of the world)로 불려지기를 바란다는 마음을 표현했다는 것은 그녀 사상의 지향점이 '세계사랑'임을 단적으로 보여준다. 『인간의 조건』은 세계에 대해 관조하는 형이상학적 전통 철학을 극복하고 우리가 세계에서 더불어 인간답게 살아갈 수 있는 방향을 모색한 '세계사랑'의 의미를 담고 있다. 또한, 아렌트의 제자였던 엘리자벳 영 브륄이 『한나 아렌트 전기』를 집필하면서 부제를 For Love of the World로 정했다는 사실은 아렌트의 삶과 사상이 '세계사랑'로 귀결됨을 다시금 확인하게 해 준다. 이처럼 '세계사랑'(amor mundi)은 절대적 신념과 가치 추구로서의 '철학'을 비판했던 – 자신의 사상이 철학적 사유 체계 안에서 '어떤 것'으로 규정되는 것을 거부했던 – 아렌트가 유일하게 세계를 살아가기 위해 인간이 갖추어야 할 하나의 규범이자 가치로 선택했던 것이다.

아렌트의 '세계사랑' 정신은 1928년 그녀가 하이델베르크 대학에 제출한 박사학위논문인 『사랑 개념과 아우구스티누스』(Love and Saint Augustinus)를 통해 처음으로 표출되었다. 아렌트의 모든 '출발'은 아우구스티누스로 부터였다. 1928년 "아렌트의 세계는 아우구스티누스의 세계였다."(Arendt, 1996a: 139) 아렌트에게 아우구스티누스의 철학은 우리가 어떻게 이 세계에서 함께 살 수 있는지에 대한 물음을 지니게 해 주었다. 이 질문에 답하기 위해 아렌트는 아우구스티누스의 '사랑' 개념을 비판적으로 고찰한다. 그녀에 따르면 아우구스티누스는 기독교적 신념에 입각한 '사랑', 곧 영원한 삶을 기원하는 신적인 사랑 개념을 이 세계에 대한 사랑의 우위에 두고 그것을 지향하는 삶을 역설한다. 아렌트는 이에 대해 이의를 제기하면서 영원불변한 삶을 지향하며 미래를 향해 있는 사랑이 아니라 현재 우리가 살아가고 있는 삶 속에서의 '사랑'을 구현해야 한다고 주장한다.

그러면서 아렌트는 아우구스티누스의 '사랑' 개념을 근거로 인간이 이 세계에서 다른 이들과 함께 살아가기 위해 요구되는 '사랑'의 차원을 구체화한다. 그리고 이를 토대로 자신의 사상 전체를 아우르는 핵심 개념들, 즉 '탄생성'(natality), '사멸성'(mortality), '세계성'(worldliness), '복수성'(plurality) 등의 기초를 세운다. 이러한 아렌트의 작업은 그녀 자신이 아우구스티누스를 향해 던진 질문, 곧 '어떻게 세속적인 것으로부터 멀어진 혹은 벗어나 있는 신이 자신의 세계(이웃)에게 관심을 가질 수 있는가'에 대한 답을 추론하는 과정에서 이루어졌다. 세계와 무관한 곳의 신에게 어떻게 이웃사랑이 가능할까? 아렌트는 '지금' 이 세계에서 살아가고 있는 사람들이 자신의 '새로움'(탄생성)으로 끊임없이 세계를 새롭게 하도록 그들의 '다름'(복수성)을 존중하는 '사랑'이 가능한 그 지점에 '세계사랑'이 놓일 수 있음을 확신한다. 이러한 맥락에서, 오늘날 다양한 가치와 문화에 대한 포용을 강조하면서도 다른 한편으로는 절대적 신념과 진리 체계를 내세우며 서로 반목하고 갈등하는 상황을 극복하기 위해서 우리는 아렌트가 시사한 '세계사랑' 정신을 교육적으로 수용하고 실천할 수 있는지 고민해 볼 필요가 있다.

II. 아렌트의 『사랑 개념과 아우구스티누스』

1. 아우구스티누스의 '사랑' 개념과 '이웃의 적실성'

아렌트는 자신의 박사학위논문1에서 아우구스티누스의 신, 자아, 타자에 대한 '사랑' 개념을 탐구하고, 이를 토대로 자신이 숙고한 '사랑'을 욕망, 신으로의 귀의, 사회적 삶이라는 세 차원으로 재구성한다. 첫 부분(제1부)은 욕망으로서의 사랑(Love as Craving: The Anticipated Future)이며, 두 번째(제2부)는 창조자에 대한 귀의로서의 사랑(Creator and Creature: The Remerbered Past)이다. 그리고 마지막 제3부는 공통과거에 대한 사랑(Social Life)이다. 1부와 2부에서 아렌트는 아우구스티누스의 신학에 나타난 '사랑' 개념이 한편으로는 욕망에 얽매여서, 다른 한편으로는 신의 이미지에 귀착하고 있기에 '이웃사랑'이나 '세계사랑'으로 이어질 수 없는 어려움이 있다고 지적한다. 그러면서 아렌트는 3부에서 인간의 '공통된 과거'에 근거한 '자애'로서의 '사랑'을 구현하려는 중대한 고민들을 풀어놓는다. 이를 기반으로 아렌트는 자신의 정치사상에서 관심을 집중했던 개별 인간의 말과 행위의 공간인 공적영역과 그 공적 유대 및 관계의 기초가 되는 '세계사랑'에 이르게 된다.

---

1 본고에서 살펴 본 아렌트의 박사학위논문은 그녀가 22살에 제출한 독일어 원본이 아닌 1996년의 영역본이다. 독일어 원본은 1996년 영역본으로 출간되기는 하였으나 사실 이 번역본은 22살의 아렌트가 사용한 관념을 온전히 복원했다고 볼 수 없다. 1996년 당시는 이미 아렌트가 자신의 저서를 통해 탄생성, 사멸성, 복수성 등의 자기 사상의 주요 개념을 정리한 상태였기 때문이다. 따라서 이 영역본을 통해서 아우구스티누스를 조명하는 이유는 이를 통해 어떻게 아렌트가 자기 사상의 주요 개념들을 정립했는지 그리고 그 안에서 궁극적 기치로 삼았던 세계사랑에 대한 개념을 어떻게 이끌어 냈는지를 더 분명하게 확인할 수 있기 때문이다. 아렌트의 영역본은 그 목차를 살펴보면 다음과 같다. 1부 갈망으로서의 사랑: 예견된 미래(Love as Craving: The Anticipated Future)는 욕망의 구조(The Structure of Craving(Appetitus), 자애와 탐욕(Caritas and Cupiditas), 사랑의 질서 체계(The Order of Love)로 구체화되었다. 그리고 2부는 창조주의 피조물(Creator and Creature: The Remembered Past)로 기원(The Origin), 자애와 탐욕(Caritas and Cupiditas), 이웃에 대한 사랑(Love of Neighbor)을, 3부는 사회적 삶(Social Life)의 내용을 담고 있다.

그렇다면 이렇듯 아렌트가 아우구스티누스의 '사랑' 개념을 자신의 '세계사랑'으로 전환시킨 까닭, 곧 그 구체적인 사유의 흐름은 무엇인가? 아렌트는 1부 '욕망으로서의 사랑: 예견된 미래'의 첫 주제인 '욕망의 구조'를 시작하면서 아우구스티누스를 인용한다: "사랑한다는 것은, 어떤 것을 그 자체로서 진실로 욕망하는 것 그 이상일 수가 없다."(Arendt, 1996a: 9) 인간은 누구나 자신이 지니고 있지 않은, 확실하고 독립적인 대상들을 원한다. 우리가 무언가를 바란다는 사실 곧 욕구하는 것은 우리가 알고 있는 세계의 어떤 대상에 대한 목적 의식을 기반으로 한다. 이때 우리가 아는 것이자 욕구하는 어떤 것은 선(善, bonum)과 관련이 있다. 만일 그것이 우리에게 '좋은 것'이 아니라면 우리가 그것 자체를 추구할 필요가 없기 때문이다. 이로써 개별 선들은 목적지향적 의식으로 행위를 가능하게 하는 욕구의 대상이 된다. 곧 우리가 욕구하는 대상은 다른 대상과 관계를 맺고 있지 않으면서 독립적이며 개별적인 미덕(좋음)을 표상하고 있는, 우리가 현재 갖고 있지 않은 어떤 것이다.(Arendt, 1996a: 9참고)

이런 차원에서 아우구스티누스가 언급한 '사랑' 역시 그 자체의 '좋음'을 형상화함으로써 일종의 욕망으로서 무언가를 향해 움직이는 운동이다. 다만, 이러한 욕구, 욕망으로서의 운동은 우리가 목적으로 삼은 어떤 대상을 취하게 되면 사라진다. 이 사라짐을 통해 우리가 다시 무언가를 '소유하려는 욕구'(apperirus habendi)는 '상실의 두려움'(metus amittendi)으로 전환된다.(Arendt, 1996a: 9참고) 그렇다면 우리가 가장 두려워하는 상실의 대상, 다시 말해 우리가 이 세계에서 가장 갈망하는 것은 무엇일까? 아우구스티누스에게 '욕망'은 우리 자신을 위해 '좋은 것'을 소유하고 유지하려는 것이다. 그것은 '사랑'이며, 그 '사랑'을 통해 인간은 자신을 행복하게 만들어 줄 '좋은 것'을 추구할 수 있다. 결국, 인간이 자신을 가장 '행복한 상태'로 유지하게 해 줄 어떤 것을 취할 가능성은 '사랑'과 관련이 있다. 그러나 현실적으로 모든 사랑은 '두려움'을 수반한다. 우리가 무언가를 사랑하고 계속해서 그것을 채우면 채울수록 그것을 잃을지도 모른다는 혹은 잃게 된다는 두려움에 휩싸인다. 이는 우리의 삶이 불확실한 미래로 열려 있기 때문이다.

따라서 인간이 사랑을 통해 욕망하는 '좋은 것'이란 어떤 것을 보유하고 있는 상태인 '행복한 삶'이며, 두려운 것은 인간이라면 언젠가는 마주하게 될 죽음으로서의 '필멸하는 삶'이다.(Arendt, 1996a: 11참고) 우리는 모두 행복한 삶이 영원하길 소원한다. 하지만 죽음으로 향해 가는 미래는 삶으로부터 우리가 소유한 모든 것을 빼앗는다. 두려움 없는 소유는 오직 무시간성의 조건하에서만 이루어질 수 있다. 아우구스티누스는 이 '무시간성'을 '영원성'과 동일시하고 있다. 그에게 영구적이지 않다는 것은 실제로 현존하지 않는다는 것을 의미한다. "실재한다는 것은 항상 있다는 것과 다르지 않다. '실재'에 '항상'을 더하고, '항상'에 '있음'을 더함으로써 '영구적으로 있음'이라는 의미를 창출할 수 있다."(Arendt, 1996a: 14-15) 곧, 무엇이 '있다'는 것은 진정한 의미에서 존재한다는 것이다. 그렇기 때문에 '아직 없음'(nondum)에서 '이제 없음'(iam non)으로 이행하는 현실적이고 세속적인 삶은 지속되지도 동일하게 존재하지도 않아서 우리가 가진 것은 물론 우리 자신까지도 상실하게 만든다.

> "삶은 욕구를 규정하고 자극하는 대상을 취한다. 그렇기 때문에 아우구스티누스는 삶 자체를 그것이 욕망하는 바를 통해서 정의 내린다. 삶은 세계에서 일어나는 것들을 갈망하며, … 사물이 거의 영원에 가까운 영구성을 갖는다는 것을 깨닫게 한다. 사물은 견딘다. 그것은 내일도 오늘의 모습으로 존재할 것이며 또 어제의 모습으로 존재할 것이다. 오직 삶만이 죽음으로 치달으며 하루하루 사라져 간다. 삶은 지속되지 않으며 동일하게 존재하지도 못한다. 늘 현전하지 않으며, 실제로, 결코 현전하지 않는다. 왜냐하면 삶은 항상 아직 없으며 이제 없는 속성을 가지기 때문이다. 지구상에 있는 어떤 사물이라도 삶의 불안정성을 보전시킬 수는 없다. 미래는 삶으로부터 모든 것을 앗아갈 것이며, 죽음에 이르면 삶은 인간이 획득한 사물과 더불어 그 자체, 곧 인간 자신마저 소멸하게 될 것이다."(Arendt, 1996a: 17)

아우구스티누스는 이러한 두려움, 곧 죽음에 대한 공포로 인해 인간은 필멸하는 순간 잃게 될 것들에 더욱 매달리게 된다고 했다. 우리가 살아가는 세계에는 신이 창조한 것뿐만이 아니라 세계를 욕망하고 사랑하는 이들이 창작한 것들도 존재한다. 인간은 자신들이 만든 이 창작물을 통해 신이 창조한 세계를 변화가능한 어떤 것으로 바꾼다. 이를 가능하게 하는 것은 바로 세계에 대한 사랑이다. 그러나 사랑은 욕구하는 바가 무엇이냐에 따라 그 의미가 달라진다. 아우구스티누스적 관점에서, 이 세계에 집착하여 세계를 잘못 구성하려는 세속적인 사랑은 탐욕(cupiditas)이 되며, 반대로 영원과 절대 미래를 추구하는 올바른 사랑은 자애(caritas)가 된다. 탐욕과 자애의 유일한 공통점은 바로 욕망에 있다. '쿠피디타스'인 탐욕은 세계를 향한 욕망이다. 인간은 이러한 욕망이 있어서 결코 스스로를 충족시키거나 온전히 독립적인 존재로 살아갈 수 없다. 탐욕적 인간의 자기충족은 불가능하다. '카리타스'인 자애는 신을 향한 욕망이며, 오직 신만이 자기충족적일 수 있으며, 절대적으로 독립이 가능하다.(Arendt, 1996a: 17-18참고)

탐욕과 자애의 구분을 통해 아우구스티누스는 우리에게 "사랑하라. 그러나 네가 무엇을 사랑하고 있는지 경계하라"(Arendt, 1996a: 17)고 경고한다. 아우구스티누스가 우리에게 강조하는 것은 모든 선의 근원인 '자애'이다. 그는 오직 '최고선'인 창조주와 관계한 자애만이 영원한 세계로 우리를 이끈다고 보았다. 이에 대해 아렌트는 미래의 천상 세계 곧, 영원으로 향한 인간이 어떻게 "네 이웃을 네 자신과 같이 사랑하라"라는 신의 격률을 따를 수 있는지 반문한다. 인간이 유일한 '절대선'을 사랑하는 것은 다른 사람이 아닌 바로 자기 자신, 곧 언제까지나 행복하길 원하는 '유일한 대상'인 자신을 사랑하는 것과 동일하다.(Arendt, 1996a: 26) 또한 "네 이웃을 네 자신과 같이 사랑하라"는 '이웃에 대한 사랑'이 결코 '자신에 대한 사랑'보다 선행할 수 없음의 다른 표현이기도 하다. 자신보다 이웃을 더 사랑하는 사람은 신의 계율을 위반한 죄를 짓는 것이다.(Arendt, 1996a: 38-39참고)[2] 그렇기 때문에 아렌트가 볼 때 '자애'는 자신에 대한 '사랑'에

---

2 그렇다고 아우구스티누스의 사유에 이웃사랑의 개념이 존재하지 않는 것은 아니다. 그는 전(前) 종교적이고 세속적인 맥락에서 사용되었던 "타인이 우리에게 하지 않기를 바라는 바를 타인에게 하지 말라"(quod tibi fieri non vis, alterine feceris)라는 계율을 특별히 기독교적으로 발전시키고 있다.(Arendt, 1996a: 39참고)

간혀 결코 이 세계에 태어나서 필멸해야 하는 유한한 존재들에게 향할 수 없다.

마찬가지로, 창조자에게 귀의하겠다는 사랑('자애')은 욕망의 가장 근원적이며 본래적인 것으로서의 회귀이며, 이는 가장 완벽한 형태인 '절대 과거'에 대한 기억과 영원에 의존함으로써 그 절대적 이미지에 사로잡히는 일이기도 하다. 언제까지나 행복한 삶을 영위하고자 하는 인간은 지상에서의 한계적 삶 안에서 그것을 획득할 수 없다. 행복한 삶은 미래의 '영원' 속에서만 발견되고, 구현될 수 있다. 그러나 아무리 인간에게 최고의 행복을 가져다 줄 수 있다는 '절대선'일지라도, 태어나서 죽을 수밖에 없는 유한한 존재인 인간은 그것을 온전히 획득할 수 없다. 그렇다면 무한한 미래에 결국에는 마주할 수 없는 행복을 넘어 우리가 실제로 '행복'을 위해 닿을 수 있는 지점은 어디인가? 아렌트는 자신이 탄생한 근원, 그 무한한 과거의 그곳으로 되돌아가려는 '기억'과 죽음 이후의 무한한 미래에 절대 존재에게 나아가려는 '기대'의 교차점인 "영원한 지금"과 "영원한 현재"가 바로 그 자리라고 말한다.(Arendt, 1996a: 15참고)3 이러한 개념을 통해 아렌트는 '지금, 이곳'을 외면하는 상황을 지적하고 있는 것이다.

아렌트는 초기 기독교 철학의 과제로서 세계를 바꾸기 위해 사람들 간의 유대를 발견하고, '자애'에 근거해 신과 인간의 관계를 재정립하고자 했던 아우구스티누스의 사유를 존경했지만, 다른 한편으로 '자애'로서의 사랑 개념이 지닌 비일관성을 지적한다. 전술했듯이, 이웃사랑은 자신의 영원한 행복을 갈망하며 자기를 사랑하는 일에 갇힌 인간이 행할 수 없으며(네 몸과 같이 이웃을 사랑할 수 없으며), 또한 자기 사랑에 앞서 이웃을 사

---

3 아렌트는 아우구스티누스의 사랑 개념을 분석하면서 과거와 미래를 무한히 욕구하는 상태를 비판하였다. 그리고 이를 극복하려는 시도로서 '영원한 지금'이라는 표현을 사용했다. 이는 신의 세계인 '절대 미래'로 향하려는 '기대'와 우리가 탄생한 근원 존재로 되돌아가려는 '기억'이 서로 교차하는 지점을 말한다. 곧 그것은 영원하고 무한한 과거와 영원하고도 무한한 미래가 만나는 중간 자리로서 '영원한 현재'이기도 하다. 이를 통해 아렌트는 '지금'을 벗어나 과거와 미래로 달아남으로써 현실에서 우리가 마주하는 이웃에게 무관심하고 그들을 외면하는 상태를 넘어설 수 있다고 보았다.

랑하는 일(네 이웃을 사랑하려면 네 몸을 사랑해야 하기에)은 신의 계율을 어기는 것이기에 불가능하다. 아렌트는 "네 이웃을 네 몸과 같이 사랑하라"라는 신의 격률을 통해 이웃사랑과 자기사랑의 불일치를 드러낸다. 그러면서 아렌트는 '영원한 행복'을 꿈꾸며 신에 대한 갈망으로 오직 미래 세계를 향해 있는 인간이 세속적인 것과 분리된, 현실과 무관한 삶 속에서 어떻게 '네 이웃을 사랑'할 수 있는지 반문한다. 이러한 아렌트의 물음은 박사학위논문 3부 이웃사랑으로서의 사회4적 자애(caritas socialis) 부분에서 구체적으로 전개된다.

아렌트는 '사회적 자애'에 대한 논의를 시작하면서, 신과 자신에 대한 사랑 안에서 '우리가 어떻게 함께 살아갈 수 있는 힘을 가질 수 있는지' 묻는다. 이는 우리가 지금 살아가고 있는 '세계'에 대한 중요성을 전제로 한다. 그렇기 때문에 아렌트가 '세계사랑'이라고 할 때 그것은 필멸할 수밖에 없는 자신과 동등한 타인을 사랑하라는 계명이 아니다. 타인 안에 있는 영속성의 그 기원을 사랑하라는 의미이다. '기원'을 사랑하라는 것은 무슨 의미인가?

"인류의 공통 유산은 원죄를 공유한다는 사실이다. 이 유죄성은 인간이 태어나면서 주어지는 것이며 불가피하게 모든 인간과 관련되어 있다. 그것으

---

4 아렌트가 자신의 박사학위논문에서 사용하고 있는 '사회'(societas) 개념은 그녀가 후기 저작에서 비판적으로 바라보았던 근대 이후 성립한 '사회 영역'이 아니다. 아우구스티누스적 'societas', 'gemeinschaft' 그리고 'civitas'는 자본주의의 거래 장소로서 '파비뉴'(parvenue)의 문화나 통상성의 상태가 유지되는 곳이 아니며, 독일 낭만주의시대로부터 파생된 근본적이고 유기적인 공동체도 아니다.(Arendt, 1996a: 125참고) 여기서 아렌트가 탐구한 '사회'는 창조주와 피조물 사이의 그리고 '사람들 사이'의 관계망에 의해 구성된 현상학적 '세계'와 다르지 않다.(Arendt, 1996a: 139 참고) 아렌트는 자신의 박사학위논문에서 아우구스티누스가 '세계'에 부여했던 이중적 의미(신이 창조한 세계와 인간이 구성한 세계)를 분석함으로써, 인간이 창작한 세계는 세계 내에 거주하는 인간들에 의해 구성된 '사건들이 발생하는 장소'라는 의미를 밝혀낸다.(Arendt, 1996a: 150) 그러면서 아렌트는 세계에서 일어난 사건은 인간의 '행위'에 기반한다는 사실을 더한다. 이것이 인간 '행위'의 의미에 대한 아렌트의 최초 탐구이다. 결국 아렌트가 이때 말하는 '사회'는 우리가 서로의 '이웃'한 존재들을 대면하게 되는 장소로서, 그들과 함께 '행위'하는 가운데 '창조'한 공간인 것이다.

로부터 도망칠 방도는 없다. 그 점은 모든 인간이 다 똑같다. 이 상황의 평등이란 모두가 유죄임을 뜻한다. "아담 이래로 세계 전체가 유죄의 상황이었다." 이 평등은 모든 차이를 없애는 엄연한 사실이다. 그러므로 비록 세계 속에 여러 국가와 공동체가 있을 수 있다 하더라도 그곳에는 단지 선한 도시와 악한 도시라는 두 개의 도시만이 존재할 뿐이다. 요컨대, 그리스도에게 바탕을 둔 도시와 아담에게 속한 도시가 그것이다. 이와 유사한 맥락에서 오직 두 개의 사랑만이 존재한다. 세계에 대한 사랑과 신에 대한 사랑이다. 개별 인간은 모방이 아닌 생식(生殖, 탄생)을 통해 아담에게 속한다. … [아담에게 속한] 인간은 각자의 선택을 통해 세계로 들어서게 되며 그가 인류와 맺고 있는 본질적인 사회적 유대를 끊을지라도 일단 상정된 [연결 고리인] 모든 사람의 평등은 소멸될 수 없다. 이 과정에서 평등 – 이웃사랑이라는 – 은 새로운 의미를 획득하게 된다. 이 새로운 의미는 이전에 당연시되었던 인간의 있음을 이제 자유롭게 선택하는 의무를 수반한 '있음'으로의 변화를 표시한다. 개별 인간은 인류 공통의 특성에 근거하여 의무를 떠맡게 되는데 이 공통의 특성은 어떤 유죄성을 띤 공동체로서 명시화된다. 이 공통의 상황이 인간을 서로에게 속하게 만든다."(Arendt, 1996a: 102-103)

아렌트는 우리가 '아담의 후손'이라는 공통된 숙명을 지니고 있기에 서로에게 속해 있는 '인척'이라고 했다. 그리고 이로 인해 우리는 '사회적' 자애 안에서 타인을 이웃으로 만나게 된다는 것이다. 다시 말해, 모든 인간의 역사적 기원은 '최초의 인간'이며, 수많은 세대를 거치면서 인간은 이세계에 태어남과 동시에 '공통된 과거'로서의 기억의 공동체 안에서 서로 관계할 수밖에 없게 된다.(Arendt, 1996a: 94-95참고) 인간은 운명의 동반자로서 원죄를 똑같이 공유하며 동일한 사멸성 안에 놓여 있다. 우리가 인간인 한, 누구나 탄생을 통해 세계에 들어서고, 죽음을 통해 세계에서 나간다. 이렇듯 탄생하고 필멸하는 숙명적 한계 상황 속에서만 인간은 동등하다. 그 동등함의 기원은 우리가 '원죄에 공동참여'하는 존재라는 사실이다. 우리 모두가 태어난 이래 지금까지 '기억'해 온 이 사실, 오직 이 공통된 운명의 동반자라는 사실만이 '옆에 있는', '가까이 있는' 이웃을 사랑해야 한다는 정당한 근거가 된다. 아렌트는 바로 이러한 관점에서 우리가 살아가고 있는 이 세계에서의 삶을 중시했다.

2. '세계사랑'의 실천적 근간으로서의 '탄생성'

아렌트가 아우구스티누스의 '사랑' 개념을 통해 확인한 '지금, 이곳'에 대한 중요성은 그녀가 박사학위논문 이후 자신의 정치사상에서 줄곧 강조해 왔던 바이기도 하다. 아렌트는 시간을 거슬러 절대주의로 회귀하거나, 미래로 나아가 유토피아(이상주의)를 주장하는 것을 경계했다.(김석수, 2015: 135참고) 아렌트는 사상의 근원적 절대성을 위시해 인간의 삶과 존재들을 하나의 가치와 기준 하에 재단하고자 했던 '폭력'에 맞서 다시금 전체주의적 체제에 우리 세계를 가두려는 시도들에 대해 저항했다. 이러한 작업의 시작으로 아렌트는 공동 세계에 관심을 잃어버린 이들을 공동체 안으로 결집시킬 수 있는 강력한 원리로 기독교적 '사랑'을 내세웠던 아우구스티누스에게 주목한다. 아우구스티누스의 '사랑' – 이는 '자비'나 '형제애'로 표상된다 – 은 사람들 간의 유대감을 형성하기는 하지만 정치적으로는 '무세계적'이다.(Arendt, 1998: 53)[5] 무세계적인 사랑은 정치와 무관하며, 반정치적일 수밖에 없고,

---

5 아렌트는 자신의 저서인 『혁명론』(On Revolution, 1963)에서 공과 사의 구분을 중심으로 근대 혁명에 나타난 진정한 정치적 자유의 의미를 파악하고자 하였다. 아렌트에게 시민적 자유(civil liberty)는 사적인 문제이며, 정치적 자유(freedom)는 공공 문제에 참여하는 일과 연관된다. 전자는 사적이며 개인적인 자유로서 소극적인 반면, 후자는 동등한 사람 사이의 합의를 창출하고 권력이 행사되는 것으로서 공적이며 정치적인 자유를 의미한다. 그렇기 때문에 아렌트는 이 둘을 혼동해서는 안 된다고 보았다. 아렌트가 가장 심각하게 생각한 문제는 인간이 공적이며 공공 문제에 참여할 때 사적 자유가 그것을 방해한다는 것이다. 이러한 맥락에서 아렌트는 연민, 자비, 형제애 등과 같은 '사적인' 사랑의 형태들에 대하여 비판한다. '사랑'의 감정은 인간이 공유하는 세계에 대한 일종의 '공적 논의'와 '공공성' 등을 침해한다는 것이다. 이러한 아렌트의 생각은 국가, 민족, 인종, 종교에 대한 열정적 '사랑'이 어떻게 공적 세계를 파괴하는지를 통해 충분히 확인할 수 있다. 아렌트는 인간이 공적 세계에서 정치적으로 존재해야 함을 강조하면서 자신의 민족과 국가가 부여한 '정체성'이 자동적이며 사적인 사랑의 감정으로 행사되지 않도록 끊임없이 자각했다. 이러한 아렌트가 유대인과 이스라엘 국가에 대해 보여줬던 행위와 사유들(홀로코스트가 어떻게 일어날 수 있었는지에 대해 이해하고 다시금 이 세계에서 전체주의가 반복되지 않도록 하기 위해 아렌트는 유대인이 겪은 일이 아닌 전범자 아이히만이 행한 일에 집중하게 되는데 이 일로 그녀는 유대민

반정치적인 모든 인간의 힘 중 가장 강력하다.(Arendt, 1998: 242) 이로써 '사랑'이라는 명목하에 인간은 '저희들만의' 세상에 갇힌다.

　정치에 무관심하고 반정치적인 사랑은 사랑받는 사람의 정체성에 대한 사랑하는 사람의 강렬한 몰입으로 특징화된다. 그리고 이러한 경험에 의해 사랑하는 사람은 타인을 향한 관심이 유지될 수 없는 그들 자신의 세계를 형성한다. 오직 한 사람, 오직 하나의 어떤 대상에게 귀속됨으로써 사랑하는 사람들은 더 이상 세계에 속할 수 없다.(Bowen-Moore, 2014: 17 참고) 곧 인간은 그들이 사랑하는 하나의 영원한 진리에 사로잡혀 세계로부터 점점 멀어지게 된다. 왜냐하면, 이 열정적인 '사로잡힘'으로 인해 인간이 다른 존재들과 자신을 연결하는 '중간영역'이 파괴되기 때문이다. (Kampowski, 2008: 69참고) 우리를 세계와 관계맺도록 하기도 하고 분리시키기도 하는 일련의 활동들이 사랑의 강력한 힘으로 제 역할을 하지 못할 때 인간은 세계 안에서 제 '위치'를 찾을 수 없게 된다.(Bowen-Moore, 2014: 17-18참고) 그것은 한 인간이 다른 존재들과 더불어 살아가는 이 세계에서 자신이 '누구인지'를 소명할 이유가 없다는 것이며, 다른 한편으로는 개별 존재들이 자신들을 드러낼 외현의 공간이 끝나버렸다는 것이기도 하다.

　　"사랑은 그 열정 때문에 우리를 다른 사람들과 결합시키거나 분리시키는 중간영역(사이, in-between)을 파괴한다. 사랑이 지속되는 한, 사랑하는 사람들 사이에 끼어들 수 있는 유일한 중간영역은 사랑의 산물인 아이이다. 아이는 사랑하는 자들을 결합시키고 그들이 공동적으로 관계하는 중간영역으로서 사랑하는 이들을 분리시키기도 한다. 그리고 이러한 관점에서 아이는 세계의 대변자이기도 하다. 이는 아이가 사랑하는 자들이 존재하는 세계에 하나의 새로운 세계를 가지고 왔다는 것을 의미한다."(Arendt, 1998: 242)

족과 유대사회로부터 비난을 받게 된다)은 우리의 사적 감정이 세계에 끼칠 수 있는 악영향을 반추하는 계기를 마련해 주었다. 이처럼 아렌트의 '세계사랑'에 대한 고찰은 '사랑'의 절대화에 대한 경계로서 우리가 지금 사랑하고 있는 것이 무엇인지를 끊임없이 반문해야 한다는 점을 상기시킨다.

이렇듯, 세계가 '사랑'으로 인해 하나의 질서 아래 놓여지는 일은 서로 다른 우리가 함께 존재해야 한다는 근간을 무너뜨림으로써 이 세계를 전혀 새롭지 않은 공간으로 만들어 버린다. 이전과 전혀 다를 바 없는 곳에서 '둘 이상의 누군가가 존재한다'는 사실을 방증하기는 어렵다.6 그렇다면 세계를 새롭게 할 수 있는 방안, 이 세계에 복수의 사람들이 살아가고 있음을 증명할 수 있는 길, 그리고 근본적으로 반정치적이고 무세계적인 사랑을 극복할 도리는 없는가? 아렌트는 '세계의 바깥'에 붙잡힌 인간이 신에 대한 열정적 '사랑'에 머물고 있으면서도 이 세계에서 다른 존재들과 함께 살아갈 수 있는 것은 그들이 '세계를 새롭게 하는 일'에 참여했을 때 가능하다(Arendt, 1996a: 153참고)고 말한다. 그리고 이러한 세계의 경신은 오직 '사랑 그 자체' 인 이 세계에 '새롭게 오는 이'들에 의해서만 가능하다. 아렌트에게 '사랑'이 세계를 위해 작동하는 순간은 아이를 통해서 이 세계에 '새로움'(newness)이 전달되는 때이다. 아이는 이 세계에 '먼저 온 이'들이 전혀 예측도 계획도 할 수 없는 '새로움'을 가지고 기적처럼 우리에게 나타난다.

"역사상 모든 것의 끝에 반드시 하나의 새로운 시작이 담겨 있다는 진리도 여전히 남아 있다. 이 시작은 끝이 부여한 약속이며 유일한 '메시지'이다. 시작은, 그것이 하나의 역사적 사건이 되기에 앞서 뭔가를 시작한다는 점에서 인간의 최고 능력이다. 정치적으로 시작하는 능력은 인간의 자유와 동일하다. 아우구스티누스는 "인간이 창조되었기에 하나의 시발점이 수립되었다"고 말했다. 새로운 탄생이 이 시작을 보장한다. 실제로 모든 인간이 시작이다."(Arendt, 1973: 479)

아이들이 가져오는 것은 새로운 세계이다. 그 '시작'은 아이로부터 비롯되며, 새로운 아이들이 세계에 끊임없이 나타남을 통해 담보된다. 그리고

6 아렌트는 이를 '복수성'(plurality)이라는 개념으로 설명하고 있다. 이 세계에는 '둘 이상의 존재들이 있음'을 상징하는 이 용어는 그 자체로서 다양한 인간 존재와 삶은 물론 다원적 공동체의 중요성을 담지한다. 이 세계에 복수적 존재가 거주하고 있다는 사실로부터 아렌트는 우리가 절대적 사랑의 강력한 힘에 사로잡히더라도 상호공존을 위해 서로(이웃)에 대해 관심을 기울여야 한다는, 곧 '세계에 대한 사랑'으로서의 책임을 우리에게 상기시킨다.

그것은 어떤 예기치 못한 상황 속에서도 '기적'이라는 이름으로 우리에게 새로운 세계를 경험할 기회를 부여한다. 우리에게 이렇듯 경이로운 사건을 선사할 이들은 기존 세계에 자신들의 새로운 세계를 삽입할 수 있는 아이들뿐이다. 모든 아이들이 곧 '시작'인 셈이다. 아렌트는 아우구스티누스의 이러한 '탄생철학'7을 바탕으로 인간이 태어났다는 사실을 '새로운 시작'(new beginning)과의 관련성 안에서 고찰하고『인간의 조건』에서 이를 '탄생성'이라는 개념으로 처음 소개한다. 그러면서 아렌트는『인간의 조건』5장 "행위"에서 인간의 탄생 없이는 이 세계를 새롭게 할 그 어떤 시작과 가능성을 담지한 행위가 일어날 수 없으며, 인간 행위를 기반으로 한 새로움이 없는 세계는 파멸할 것임을 강조한다.(Arendt, 1998: 178-179참고) 이로써 아렌트는 전통철학에서 강조해 왔던 죽음과 필멸할 존재로서의 인간에 대한 탐구에 이의를 제기할 수 있는 실마리를 제공한다.

아렌트가 '탄생성' 개념을 발전시켜 구체화하기 이전에, 인간은 '하나의 피조물로서 죽음에 대한 두려움과 삶의 불완전성'을 지닌 존재였다. 필멸할 수밖에 없는 존재는 죽음 이후의 세계에 대한 공포와 불안을 떨치기 위해 '영원성'으로 회귀한다. 그러나 탄생에 의한 삶에 '감사'하고 그것을 '기억'하는 존재로서의 인간은 현재 자신이 살아가는 세계에 집중한다. 이는 자기 탄생에 대한 감사와 기억을 다른 이들과 함께 살아가는 삶의 한 가운데에 풀어내는 일로서 '이웃'에 대한 모종의 적극적인 참여이기도 하다.(Arendt, 1996a: 120-121참고) 곧 탄생을 통해 이 세계에 출현한 아이는 기존 세계에서 환대받았을 때 비로소 인간 존재로 생존할 수 있다.(김현경,

---

7 성경 「창세기」 1장에서 창조주는 혼돈 혹은 아무 것도 없었던 시대에 자신의 형상에 따라 인간을 창조했다. 그리고 인간은 이러한 신의 창조를 본받아 자신의 아이를 낳았다. 인간의 '창조'는 '창조주에 대한 모방'이면서 동시에 '새로운 존재의 탄생'이다.(공병혜, 2017: 109) 인간은 누구나 '스스로' 창조될 수 없다. 그러나 인간은 누군가를 직접 '창조'할 수는 있다. 창조 행위를 통해 인간은 새로운 존재를 탄생시킨다. 아우구스티누스의 이러한 '탄생철학'은 성경의 창조설에 근거한 신학적 해석을 바탕으로 하고 있다. 그리고 그의 탄생철학은 시작이 있기 위해서 이전에 결코 존재하지 않았던 인간이 창조되었다라는 사실을 통해 형상화된다.(Arendt, 1996a: 55참고) 아렌트는 탄생철학의 선구자인 아우구스티누스의 이러한 관점을 자신의 '탄생성'을 구체화하기 위한 핵심 사유로 삼는다.

2018: 192참고) 같은 맥락에서 혼자서 태어날 수 없는 인간은 언제나 관계의 문제를 수반한다. 관계망 속에서 태어난 아이는 언제나 '낯선 이'로 세계에 진입한다. 이때 한 세계에 새롭게 등장하는 아이가 자신의 탄생을 기억하고 감사하는 일은 기존 세계가 어떤 방식으로 그리고 얼마나 아이들을 '사랑'할지를 결정하는 그 지점에 달려있다.

이때의 '사랑'은 어떠한 절대적이며 무조건적인 순종이나 영원한 존재에 대한 추종이 아니다. 만일 한 아이가 자신이 태어난 세계에서 사랑이라는 이름으로 부여받는 것들이 특정한 대상의 절대성과 영원성을 강조하는 것이라면, 우리 세계는 반목과 갈등으로 고통을 겪을 것이다. 아렌트의 '사랑'은 오직 "한 아이가 태어났도다"(Arendt, 1998: 247)라는 탄생성의 기원에 근거한 '세계사랑'일 때에만 정당하다. 무조건적이며 자동적인 사랑에 내재한 절대성과 영원성은 세계를 파괴하려 들지만, 인간이 저마다 지닌 탄생성(새로움)에 대한 보호와 책임으로서의 '세계사랑'은 우리가 살아가는 '지금, 이곳'에 대한 관심과 참여를 통해 세계를 이어지게 한다. 따라서 우리는 아이들이 이 세계에서 자신들의 탄생성을 발현시킬 수 있도록 그리고 그것에 의해 세계가 경신될 수 있도록 '세계사랑'을 실천해야 한다.(Williams, 1998: 950참고) 그것은 절대적인 가치를 표방하며 우리를 동일화하고 획일화하려는 세계로부터, 영원한 대상만을 추구하며 정작 우리의 이웃을 외면하는 삶의 문화로부터, 아이들의 새로움이 파괴되지 않도록 그들을 보호하겠다는 의지이며, 책임이다. 그리고 그것은 곧 '세계사랑'이라는 정신에 의해서 발현될 수 있다. 결국 이 세계를 구할 새로움, 곧 탄생성은 '세계사랑'의 실천적 근간이라고 할 수 있다.

III. '세계사랑'의 교육적 실천 가능성

1. '미래'를 위한 준비와 요구 비판: '새로움'에 반응하는 교육

전 장에서 언급한 것처럼 아렌트는 아우구스티누스의 '사랑' 개념을 '세계사랑'으로 전환시켰다. 아렌트가 '세계사랑'을 발견하기 이전, '사랑'이 '탐욕'으로서의 쿠피디타스에서 '자애'로서의 카리타스로 이행해야 한다는 관점에서 보면 우리는 지금의 실제적이고 다원적인 것이 아닌 미래의 영원한 절대성에 귀의하는 삶을 영위해야 한다. 아렌트는 이러한 카리타스적 '사랑'이 "이웃을 네 몸과 같이 사랑하라"는 그리스도의 계율에 이율배반적임을 지적하면서, 진정으로 이웃을 사랑하는 일은 이 세계에 대한 경험과 책임을 전제할 때 가능하다고 주장한다.(Kampowski, 2008: 175, 177; Chiba, 1995: 525-527참고) 절대적이고 영원한 '사랑'을 지향하는 것은 세속으로부터 멀어지는 일이며, 그러한 상태에서 우리는 이웃에게 관심을 기울이고 그들에게 응답함으로써 그들에 대해 책임지려는 '세계사랑'을 실천하기 어렵다. 이에 아렌트는 현세적이며, 실제적인 삶 속에서 우리가 이웃과 함께하는 존재라는 사실을 깨닫고 그것을 실천함으로써 '세계사랑'의 정신을 구현하길 소원한다. 그리고 이 일은 세계를 거듭 새롭게 할 아이들이 탄생을 통해 이 세계에 영속적으로 들어설 수 있게 해준다고 보았다.

기존 세계는 아이들이 지니고 온 새로움으로 이전과는 다르게 형성될 것이다. 그렇다면 우리는 전에 없던 새로움이 기존 세계를 거듭 새로워지게 할 수 있도록 무엇을 염두에 두어야 할 것인가? 레빈슨(Levinson, 1997)은 이 세계에 온 아이들의 '늦음'을 인식하고, 그들의 새로움 - 세계의 신참자로서 아이들이 세계를 바른 방향으로 이끌 탄생성 - 을 유지하기 위해 과거와 미래 사이에서 아이들의 경험에 주목해야 함을 주장한다. 그런데 기존 세계는 세계를 지속시킨다는 명목으로 아이들에게 지나간 일을 상기시킴으로써 앞으로 그들이 살아가기 위해서는 그러한 지식과 덕목들이 필요함을 강조한다. 그러나 아이들의 새로움은 단순히 세계를 영속시키기 위해 수구적인 태도로 지나간 일만을 고수하거나(Jessop, 2011: 984), 어떤 '절대성'을 담보로 미래에 천착하려고만 하는 삶 속에서는 발현되기 어렵다. 따라서 아이들의 새로움을 보전하기 위해 과거와 미래의 '틈' 안에서 가르치는 일은 지난 전통을 아이들에게 소개하고 안내하면서, 동시에 아이들의 미래를 결정하고 통제하려는 시도들에 대한 저항이기도 하

다.(Levinson, 1997: 450)

　이와 관련해서, 일찍이 루소 역시 당대 귀족 사회의 지식교육을 거부하면서 아이들의 실제적 삶을 외면한 교육을 비판했다. 그는 최초의 이성인 감각활동에 집중해야 할 아주 어린 아이에게까지 장래를 위해 지식교육을 강요했던 당시 세태를 지적한다. 미래는 어느 누구도 예측하거나 계획할 수 있는 것이 아니며, 통제할 수조차 없다. 그 누구도 장래에 아이들이 어떠한 삶을 살게 될지 확신할 수 없다. 그런 불확실한 미래를 위해 아이들이 욕구하고 소원하는 일들을 무시하는 것은 그들의 '현재'를 희생시키는 일이다. 루소의 사유를 이어받은 페스탈로치와 프뢰벨 그리고 듀이와 몬테소리 등으로 이어지는 '놀이'와 '경험'의 아동 중심 교육학은 아이들을 존재 그 자체로 존중하며, 그들의 자유가 최대한 보장되기를 희망한다. 이에 대해 아렌트는 자신의 에세이 "교육의 위기"에서 듀이를 위시한 미국의 실용주의적 교육관과 놀이 중심의 학습에 대해 부정적인 태도를 보이기도 했다.(Arendt, 1969: 183-184)[8] 교육의 위태로운 상황을 해결하고 교육적 권위를 회복하기 위해서는 진지한 배움이 이루어져야 한다는 것이 아렌트의 생각이었다.

　그러나 다른 한편으로 아렌트는 세계의 경신을 위해 아이들의 새로움은 보전되어야 하며, 그만큼 교육이 아이들의 '현재'에 주목해야 한다는 유수

---

8 아동의 순수성이 놀이를 통해 현재화된다는 프뢰벨이나 몬테소리의 관점은 차치하더라도, 호이징가(J. Huizinga)가 놀이에 대해 고찰한 바를 토대로 할 때 아렌트의 놀이관은 재고되어야 할 필요가 있다. 네덜란드의 문화철학자 요한 호이징가는 놀이를 뜻하는 파이디아(Paidia)가 '어른이 어린이와 함께 있는 상태'를 의미하며, 이것은 교육을 뜻하는 파이데이아(Paideia)와 관련이 깊다는 점에서 놀이가 단순한 유희가 아님을 주장한다. 이런 측면에서 아렌트가 언급했던 진지한 교육을 방해하는 놀이 중심의 교육은 다시 논의되어야 할 것이다. 또한, 듀이의 교육 사상을 실용주의로 한정해서 보고 있는 아렌트와 그녀의 이러한 교육관을 옹호하고 있는 이론들에 대해서도 반추해 보아야 할 것이다. 아론 슈츠(Aron Schutz)는 아렌트의 교육관을 옹호하면서 듀이의 교육이론을 '공상적 이상주의'로 비판하며 그의 사상에 '공적인 것'이 배제되어 있다고 주장한다.(Schutz, 2001: 95-98참고) 그러나 이미 알고 있듯이 듀이는 단순히 아이들의 흥미와 욕구에만 맞춘 교육을 지향하지는 않았다. 그의 교육은 오히려 한 인간이 민주시민으로서 성장하도록 하는 일과 관련이 깊다. 따라서 듀이의 교육에 공적 세계, 공적인 어떤 것, 공공성이 배제되어 있다는 논의들은 재검토되어야 할 것이다.

의 교육학자들과 의견을 같이하기도 한다. 특히, 자신의 급진적 정치사상과는 달리 교육적 보수주의를 주창하고 있는 아렌트는 지금의 우리 세계에 '어떻게 아이들이 지니고 온 탄생성을 발현시킬 수 있도록 할 것인가'에 대한 해답을 세계에 대한 책임에 기반한 '세계사랑'의 정신에서 찾는다. 이는 과거와 미래 사이에서 아이들을 가르치는 일이 어려움에 봉착할 때 교육이 적어도 무엇을 고민해야 하는지를 말해 준다. 그것은 교육이 전통을 '새로이 정비'(pave anew)함으로써(Jessop, 2011: 985), 불확실한 미래에 아이들의 현재적 삶이 귀속되지 않도록 하는 일과 상관한다. 아이들의 새로움은 과거로부터 이어져 온, 그래서 우리가 충분히 인식할 수 있는 어떤 궁극점을 향해 진행될 때 보전될 수 없다.(Levinson, 1997: 451) 아렌트의 '세계사랑' 정신에 비추어 볼 때도, 미래의 절대성을 지향하는 삶은 현재를 간과하고 불확실한 어떤 것을 '기대'하도록 만듦으로써 아이들의 새로움에 근거한 말과 행위를 재단한다.

그리스 신화에 나오는 '프로크루스테스의 침대'(Procrustean bed)는 절대적 기준과 가치 질서에 맞추는 것이 얼마나 무시무시한 결과를 초래하는지를 여실히 보여준다. 이 세계에 낯선 이로 온 아이는 '사랑'이라는 이름으로 포장된 누군가의 폭력, 집착, 아집, 독단 등에 의해 자신의 '탄생성'이 실현될 기회를 박탈당한다. '사랑'은 아이를 대신해 아이에게 맞는, 아이를 위한 어떤 것으로 대체될 수 없다. 그렇기 때문에 지금의 우리가 확인할 수 없는, 미래에서야 가능하다고 믿는 어떤 것을 끊임없이 아이들에게 강요함으로써 그들의 현재를 파괴해서는 안 된다.(Arendt, 1996a: 10참고) 아이들에게 요구하는 '미래'는 전적으로 '어른'들의 세계이다. 어른들은 아이들이 직접 마주하게 될 '아직 없음'의 세계를 '이미 있음'으로 덮어 버린다. 기존 세계는 아이들이 스스로 다가가야 할 세계를 앞서 진행시킴으로써 지금의 그들과는 전혀 상관없는 것을 취하도록 요구한다. 그 순간, 아이들이 내려놓게 되는 것은 그들의 '새로움' 곧 '탄생성'이다. 결국 현재가 곧 미래가 되어야 하는 교육에서 현재와 미래를 구분지으려는 시도만으로도 아이들은 곤란을 겪는다.

찬란하다는 미래의 성공, 참된 것, 참된 앎이 주는 깨달음 그리고 절대적 신과의 관계 속에서 얻게 된다는 '행복' 등 그 안에서 아이들은 과연 기쁠 것인가? 어떤 것에 대한 성취가 아니더라도, 참되지 않더라도 아이들은 지금의 자신들을 느낄 수 있는 무언가가 필요하지 않을까? 물론 아이들은 언젠가 자신의 실수와 부적절한 행위에 부끄러움을 느낄 수도, '쾌락적 기쁨'을 추구한 것을 반성하며 고백할 수도 있다. 다만, 아이들이 미래에 반성하지 않도록, 부끄러운 어떤 일을 경계하도록 할 목적으로 그들이 세계에 저마다 다른 방식으로 드러날 기회를 빼앗고 있는 것은 아닌지 고민해야 한다. 그리고 이것은 아우구스티누스도 말했듯이 '진실로 인간이 어디에서 행복을 찾아야 하는가?'에 대한 물음 앞에 아이들이 누려야 할 기쁨이 무엇과 관련된 것인지를 생각해 보는 일이기도 하다. 그것은 아이들의 '탄생성'을 보호하고 책임지겠다는 의지를 통해서만 실현될 수 있다. 이러한 차원에서 아렌트의 '세계사랑' 정신은 그동안 아이들의 '탄생성'을 재단해 왔던 '목적론적 교육관'과 '지식교육관'을 비판적으로 소고할 수 있는 토대가 된다.

2. '탄생'에 대한 망각과 배제 비판: '다름'을 존중하는 교육

절대적 가치와 진리에 대한 신념 그리고 그것에 기반하여 미래로 향해 있는 교육은 인간과 삶에 대해 궁극적이며, 발전적인 지향점을 상기시킨다는 점에서 교육학적으로 중요한 의미를 지닌다. 하지만 그것은 다른 관점에서 하나의 가치를 준수하며 미래에서야 비로소 확인가능한 삶을 종용하기 때문에 아이들에게는 일종의 폭력이기도 하다. 이러한 교육이 진행되는 과정에서 아이들은 자신들의 새로움을 잃게 되고, 이로써 세계는 점차 새로운 어떤 곳으로의 이행에 방해를 받게 된다. 또한 아이들은 '저희들만의 제국'에서 자신들의 새로움을 발현시키는 일에 어려움을 겪기도 한다. 아렌트는 "교육의 위기"에서 어른들이 사라져 버린 세계의 아이들이 경험하게 될 탄생성의 파괴를 교육의 문제로 진단한다.(Arendt, 1969: 180-181참고)

아이들은 그들 집단에 대한 열정과 맹목적인 '사랑'을 강요하며 누군가를 억압하기도 하고, 자신들의 규율이 세상의 전부인 양 이를 따르지 않았을 때에는 폭력을 행사하기도 한다. 아이들이 이러한 세계에 노출될수록 그래서 자신의 탄생성이 파괴되는 경험을 반복할수록 아이들은 자기 세계로 혹은 저희들끼리의 세상으로 움츠러든다.

한 인간이 탄생함으로써 이 세계로부터 주어지는 인종, 민족, 국가, 종교 등은 아이들이 저희들만의 제국에서 강요받았던 것과 유사한 방식으로 어느 순간 우리들을 다른 이들과 구분하고, 경멸하며, 낙인찍고, 혐오하며, 회피하고, 배제하는 기제로 작동할 수 있다. 아렌트는 더 이상 인간이 인종, 민족, 문화 그리고 종교 등 자신의 탄생적 조건에 의해 다른 누군가로부터 억압을 받아서는 안 된다고 주장했다. 왜냐하면 우리는 이미 이전 세기에 벌어진 사건을 통해 한 인간이 특정한 대상의 '탄생'에 가한 부정이 인류를 어떻게 파국으로 이끌었는지를 경험했기 때문이다. 그리고 이러한 전체주의적 발상이 다시 한번 되풀이되지 말라는 법도 없다. 그렇다면 우리가 다른 누군가가 탄생으로 인해 세계로부터 부여받은 것들을 인정하고 존중하기 위해 어떠한 노력을 해야 할 것인가? 아니면 다른 차원에서, 사멸할 존재로서 인간이라면 지닐 수밖에 없는 자기 한계와 관련해서 우리는 아이들에게 어떠한 '앎'과 그것을 위한 실천적 아레테를 마주하도록 할 것인가? 그렇다면 우리는 아이들에게 우리 모두가 동등하다는 전제하에서로 다르다는 사실을 교육을 통해 전할 수는 있는 것인가?

많은 이론가들은 인간의 도덕성, 비도덕성에 대하여 후천적인 영향이 더 크다는 사실을 증명하고 있다.9 이러한 이유에서 너스바움(Nussbaum, 2010)

---

9 잘못된 '사랑'의 형식이 가져오는 혐오감에 대한 인식은 후천적으로 교육의 영향을 많이 받는다. 그 교육적 영향미침에 대한 여러 권위 실험들은 인간이 왜 혐오감을 가지게 되고, 그것에 대한 기억을 강화하게 되는지를 확인하는 데 도움을 준다. 우리가 잘 알고 있는 스탠리 밀그램의 권위에 대한 복종, 솔로몬 애시의 동료에 대한 순종, 그리고 크리스토퍼 브라우닝의 옛 나치친위대의 행동 분석과 관련된 실험들은 물론 교육적 상황에서 이루어진 '푸른 눈, 갈색 눈 실험' 모두 어떻게 우리가 바람직하다고 믿는 가치들을 한 순간에 망각하게 되는지 그리고 그것에 영향을 미치는 것이 무엇인지를 고민하게 한다. 이런 측면에서 우리가 아이들의 탄생성을 보호한다는 차원에서 그들에게 한 인간이 세계에서 살아가기 위해 요청

은 아이들의 스토리텔링에 주목한다.10 "어린 시절 배우게 되는 이야기들
이 우리가 살게 될 미래 세계를 강력하게 구성하기 때문이다."(Nussbaum,
2010/우석영 역, 2011: 76) 아이들이 성장하면서 마주하게 될 세계에서 그들
은 무엇을 내어놓게 될까? 우리 모두가 사멸할 존재라는 사실을 깨달음으
로써 자신과 다른 누군가를 존중하고 평범한 일상에 대해 감사하는 마음일
까? 아니면 인간의 탄생적 조건을 자기 본위대로 수용하여 다른 누군가를
자신과 끊임없이 구별해 내고, 자신과 다르다는 이유로 그들을 차별하고
괴롭히려는 마음일까? 몰렌하우어(Mollenhauer, 1985)는 교육적 상황에서 우
리가 기억하는 것의 불가피성을 언급한다. 그는 카프카의 『아버지께 드리
는 편지』를 인용하며, 교육학은 기억에 의해 교육학적 행위의 근거로 나아
가는 반성의 지침을 마련하고 그것을 언어로 풀어냄으로써 '교육적 고뇌'들
에 대한 실마리를 찾아낼 필요가 있다고 했다.(Mollenhauer, 1985/정창호 역,
2006: 19-24 참고)

우리는 우리의 '기억'에 의지해 교육을 추억하고, 교육을 진단하며, 교육
에 절망하기도 하고 희망하기도 한다. 이러한 관점에서 중요한 것은 아이
들이 마주한 교육적 상황에서 그들은 무엇을 기억하게 될 것인가 하는 점
이다. 적어도 우리는 그들이 자기 탄생에 대한 축복과 감사에 힘입은 기적

되는 바를 제시한다는 것은 권위와 책임전가 등을 통해 그들에게 비도덕성을 지
니도록 종용하는 것은 물론, 그들의 탄생성에까지 해를 입히는 일이기도 하다.
10 모리스 샌닥의 『괴물들이 사는 나라』에 등장하는 주인공 맥스는 하루 종일 아무도
놀아주지 않자, 엄마가 '좋아하지 않는 놀이'를 하며 집안을 어지럽힌다. 급기야
화가 난 엄마는 맥스에게 "이 괴물 딱지 같은 녀석"이라고 화를 내고, 맥스는 그
런 엄마에게 "내가 괴물이면 엄마를 잡아 먹어 버릴테다"라고 소리친다. 이후 엄
마의 꾸지람을 듣고 방에 갇힌 맥스는 '상상의 괴물 나라'에서 귀엽고 엉뚱하며
말썽꾸러기 괴물들을 만나 신나게 놀게 된다. 그리고 그 괴물들의 왕이 되어 자신
을 못마땅해하고, 다그쳤던 어른들처럼 괴물들에게 호통을 치기도 한다. 이 이야
기는 우리가 아이들에게 전하고 있는 것이 무엇인지를 반추하도록 이끈다. 맥스
는 괴물들이 사는 나라에서 상처받은 자신의 마음을 위로받는다. 그러면서 다른
한편으로 자신의 마음에 생채기를 냈던 어른들과 같은 방식으로 괴물들을 대한다.
우리는 아이가 우리들처럼 세상을 바라보고 이에 따르지 않을 때 그들을 괴물로
만들어 버리는 세상 속에서 자신들의 새로움을 기존 세계에 맞추도록 종용하고
있는지도 모른다. 아이들이 진짜 '괴물'이 되어 우리의 세계를 집어 삼켜버리기 전
에 그들이 '기억'해야 할 것이 무엇인지를 진지하게 고민해 볼 일이다.

과도 같은 사건들을 '기억'할 수 있길 희망해야 하는지도 모른다. 탄생을 기억하는 것은 무엇을 의미하는가? 그것은 영원한 미래를 향한 욕구와 갈망 대신, 현재의 우리 모두가 '공통 과거'에 속한 인간이라는 사실, 그래서 우리가 다르지만 동등하다는 사실, 그리고 이런 우리가 모두 행복한 삶을 영위해야 한다는 사실을 기억하는 일과 관련이 있다. 그러나 교육은 일정 부분 우리 모두가 공통된 숙명을 지닌 존재이며, 이 세계에서 서로 다른 기적을 행할 존재임을 망각하고, 아이들을 기존 세계의 획일적이고 동일한 '기대'에 부응하도록 요청함으로써 그들의 탄생성을 훼손시키고 있다. 이런 상황 속에서 아이들이 자신들의 '기억' 속에 움켜쥐는 것은 기대에 맞추지 못한 자기 무능과 한계에 대한 인식, 기대를 강요한 세계에 대한 맹목적 추종이나 무관심 혹은 세계 부정과 같은 것일지도 모른다.

이러한 기억을 지닌 아이들은 "어떤 누구도 이전에 살았고, 현재 살고 있으며, 앞으로 살게 될 누구와 동일하지 않다는 방식으로만 우리 인간은 동일하다"(Arendt, 1998: 8)는 사실을 실제적 삶 속에서 실천해 내지 못한다. 우리는 누구나 태어날 때 서로 다른 내적, 외적 특징들을 지니게 된다. 이렇게 서로 다른 우리가 인간이라는 사실은 우리와 동등한 누군가의 존재를 통해 서로의 다름을 확인할 때 비로소 분명해진다. 그렇다면 우리는 이 서로 다름을 무엇으로 확인할 수 있는가? 그것은 우리가 한국인인지, 일본인인지, 중국인인지 혹은 여타 다른 나라 혹은 민족 그리고 인종인지를 묻는 것과는 무관하다. 우리는 "그저 한 사람의 인간일 뿐"(Gruwell, 1999: 93)이기 때문이다. 어쩌면 교육은 우리와 다른 사람들에 대하여 그들의 다름을 태생적 범주로 한정하느라 너무 많은 시간을 허비하고 있는지도 모른다. 우리는 우리의 서로 다름을 우리의 탄생이 주는 자긍심과 긍지를 통해서만 확인할 수 있다. 그것은 결코 우리가 같은 핏줄, 같은 인종, 같은 민족이라는 이유로 '서로를 배신하지 말라'는 규율을 통해 실현될 수 있는 것이 아니다. 이는 오직 '세계사랑'의 정신에 한에서만 실천될 수 있는 것이다.

우리가 이 세계에서 함께 살아가는 이들이 지닌 서로 다름, 각자의 탄생에 기초한 저마다의 자긍심과 긍지는 우리 모두가 공통된 과거를 지닌 인간이라는 사실, 곧 '세계사랑'을 위해 발현될 때에만 우리 세계를 거듭 새롭게 할 수 있다. 아렌트의 제자였던 엘리자벳 영 브륄과 제롬 콘은 한나 아렌트에게서 그들이 배웠던 것들을 회상하면서, 아렌트가 '세계사랑'을 실천하기 위해 지속적으로 학생들에게 강조했던 바는 이 세계에서 일어나는 이상하고 끔찍한 이야기에 관심을 기울이는 것이었다고 전한다.(Young-Bruehl & Kohn, 2001: 242참고) 아렌트가 주시해야 한다고 했던 이 세계의 참혹한 이야기는 우리가 서로의 다름을 존중받지 못했을 때 발생할 수 있는 '또 한 번의 전체주의'이다. 또한 그것은 우리 모두의 탄생이 지닌 자긍심과 긍지가 특정 대상에게 한정되었을 때 일어날 수 있는 비극이기도 하다. 그렇기 때문에 교육은 탄생성이 하나의 계기로서 이 세계에 새로운 시작으로 발현될 수 있도록 아이들에게 우리 모두(세계)의 탄생에 대한 축복과 감사를 기억하고 경험할 수 있는 바탕이 되어주어야 할 것이다. 그리고 이를 통해 우리가 서로 다른 가운데서도 함께 이 세계에 머물 수 있도록 '세계사랑'의 정신을 실천해 나가야 할 것이다. 결국, 아렌트의 '세계사랑' 정신은 우리 시대가 반목과 갈등으로부터 벗어나 서로에 대한 자긍심과 긍지를 존중하도록 이끌 주요한 교육 실천이라 할 수 있다.

IV. 갈등과 반목의 현실 극복을 위한 교육적 책임

옛날 옛적 동방의 한 나라에 사랑하는 이에게서 받은 값을 헤아릴 수 없는 신통력 있는 반지를 가진 - 그 반지를 끼고 있는 사람은 신과 인간의 사랑을 받게 된다 - 한 남자가 살고 있었다. 그 남자는 반지가 영원하도록 후손들이 그들의 가장 '사랑'하는 아들에게 반지를 물려줄 것을 당부했다. 반지를 가진 아이는 출생 순서와 상관없이 집안의 우두머리, 가장이 되었다. 세대를 거듭해 전해져 온 반지는 아들 셋을 둔 아버지에게까지 이르게 되었다. 그런데 이 아버지는 아들 셋을 모두 사랑한 나머지 그들 모두에게 반지를 물려주겠다고 약속한다. 그리고 임종이 가까워지자 은밀히 세공사를 불러 본래의 반지와 같은 두 개의 반지를 더 만들라고 당부한다. 누구도 분간하기 어려운 반지를 받은 아들들은 아버지가 세상을 떠나자 서로 자신들의 반지가 진짜라며 싸움을 시작한다. 급기야 재판을 신청하고, 왜 아버지가 자신들에게 세 반지를 남겼는지를 생각해 보라는 재판관의 충고에 깨우침을 얻고, 반지의 신통력을 현현시키기 위해 공평하고 편견없이 사랑을 실천하겠다고 다짐한다.

이 글은 계몽시대를 살았던 레싱의 『현자 나탄』(Nathan der Weise)에 실린 '반지의 비유'를 간략히 소개한 것이다. 레싱은 나탄의 말을 빌려 우리에게 무엇이 참된 믿음이고 진리인지를 숙고하게 한다. 그는 참된 믿음은 아직 증명되지 않은 것과 다름없기에 그것을 구별하는 일이 중요하다고 했다. 그러면서 그 구별 안에서 서로를 배척하거나 자신의 것이 진짜 믿음이라고 주장하는 일에서 벗어나 '반지의 신통력'에 따라 사랑을 실천하는 인간적인 삶을 지향해야 한다고 강조했다. 레싱은 자신의 종교가 참된 것이라는 믿음만 있고, 그것으로 인해 우리가 살아가는 세계에서 인간적인 삶을 영위하지 못한다면 종교가 무슨 의미가 있는지를 근본적으로 묻고 있는 것이다. 자신의 작품을 통해 레싱은 당대 시민계급이 성장하는 가운데 겪을 수밖에 없었던 갈등과 투쟁 속에서 종교와 신앙의 자유 그리고 인간 존중의 가치를 외치고 있었다. 이러한 레싱의 역사적 위치를 새롭게 주시했던 아렌트는 그가 '관용'에 대한 정치적 통찰력을 보여주었다고 칭송했다.

아렌트는 우리가 레싱의 정신에 따라 더 이상 자신이 절대적이라고 믿는 어떤 것, 자신만이 '사랑'하는 대상을 다른 누군가에게 강요함으로써 그들을 강압하지 말아야 한다고 했다. 인간다움을 위시한 평화롭고 평등한 시민 사회와 관용의 정신 아래 우리는 각자의 말과 행위를 할 수 있어야 한다. 우리는 이미 '사랑'의 절대성과 영원성으로 인한 몰입과 집중이 어떻게 맹목적이며 병리적인 현상으로 드러날 수 있으며, 그것이 얼마나 많은 재앙을 가져오는지 이전 세기를 통해 경험한 바 있다. 아렌트는 이러한 사실을 아우구스티누스의 '사랑' 개념을 분석함으로써 확인한다. 아렌트에 따르면, 아우구스티누스의 기독교적 정신에 입각한 '사랑'은 우리로 하여금 세속적인 것으로부터 멀어지게 함으로써 우리의 이웃에 대한 관심을 방해한다. 아렌트는 아우구스티누스의 초월적이고 절대적인 '사랑'이 아닌 정치적이고 실제적인 삶을 위한 '세계사랑'을 주창한다. 이러한 '세계사랑' 정신은 영원한 절대적 가치를 초월하여 '사랑'이 지닌 무세계성을 극복함으로써 우리가 이웃과의 적실성 안에서 그것을 실천할 수 있도록 해준다.

그렇다면 현재적 삶과 이웃과의 적실성에 기반한 아렌트의 '세계사랑'을 통해 교육에서 시사받을 수 있는 바는 무엇인가? 아렌트는 교육의 본질로서 탄생성을 제안하며, 교육은 우리가 이 세계를 얼마나 사랑할 것인지를 결정하는 그 지점에 놓여 있다고 했다. 이는 이 세계에 처음 들어선 아이들이 그들만의 '새로움'을 발현시킬 수 있도록 그들을 보호하고 그들에게 책임을 다하는 것이 곧 교육임을 상기시킨다. 그런데 한편으로 기존 세계의 어른들은 아이들을 돌보고 성장시키겠다는 명목으로 그들이 새롭게 이 세계에 등장하도록 해 주는 말과 행위를 재단함으로써 아이들의 '탄생성'을 훼손시키기도 한다. 아렌트의 '세계사랑'이 강조하는 바에 비추어 볼 때, 교육은 불확실한 미래를 담보로 아이들의 현재를 희생시켜서도, 아이들에게 하나의 가치 기준을 따르도록 종용하고 그 결과를 '기대'해서도 안 될 것이다. 교육은 아이들의 탄생에 대한 축복과 감사를 기억하면서 그들 모두의 현재를 책임질 만큼의 사랑을 실천할 수 있는 무엇이어야 할 것이다.

이렇듯 아이들이 우리 모두의 탄생을 축복하고 감사할 수 있는 경험과 이를 기억하는 일은 세계에서 우리 모두가 동등한 인간이라는 사실을 인식하고 이에 따라 서로 다른 이들을 존중하는 일로 이어질 수 있다. 아렌트의 '세계사랑' 정신은 영원한 미래의 누군가를 향한 욕구와 갈망이 아닌 현재의 우리 모두가 행복한 삶을 영위하는 일과 관련된다. 이런 의미에서 우리는 우리가 살아가고 있는 이 세계에서 자신의 탄생으로 인해 부여받게 되는 여러 한계 상황들로부터 억압받고, 무시당하며, 배제되지 않도록 우리가 함께 살아가는 이 세계에 대하여 관심을 기울이고, 이 세계에서 더불어 살아가고 있는 이들에게 지속적으로 반응할 수 있어야 할 것이다. 서로 다른 존재들에 대한 인식과 존중이 이루어질 때 우리가 함께하는 이곳, 여기에서 아이들이 지니고 오는 탄생성, 바로 세계를 새롭게 할 기적이 실현될 수 있는 계기를 맞는다. 교육 문제의 근원이 지닌 난해함과 거대함 앞에서 세계의 경신을 위해 우리가 적어도 교육에서 무엇을 고려할 것인가를 고민할 때 이러한 탄생성에 기반한 실천적 사유로서 '세계사랑'을 염두에 두는 이유가 바로 여기에 있다.

참고문헌

공병혜(2017). 탄생철학과 아렌트의 시작의 의미.『철학탐구』46, 95-127.

김석수(2015). 아렌트 철학에서 기억, 상상, 그리고 판단.『칸트연구』35, 129-162.

김현경(2018).『사람, 장소, 환대』. 서울 : 문학과지성사.

우정길(2013a). Hannah Arendt의 '탄생성'의 교육학적 의미.『교육의 이론과 실천』18(3), 47-71.

Arendt, H.(1963). *On Revolution.* 홍원표 역(2007).『혁명론』. 파주: 한길사.

Arendt, H.(1969). *Between Past and Future*(5th ed.). Cleveland: The World Publishing Company.

Arendt, H.(1973). *The Origin of Totalitarianism.* New York and London: Harcourt Brace Jovanovich.

Arendt, H.(1996a). *Love and Saint Augustinus.* Edited and with an Interpretive Essay by J. V. Scott & J. C. Stark. Chicago & London: University of Chicago Press.

Arendt, H.(1996b). J. V. Scott & J. C. Stark(Ed.)(1996). *Love and Saint Augustinus.* 서유경 역(2013).『사랑 개념과 성 아우구스티누스』. 서울: 텍스트.

Arendt, H.(1998). *The Human Condition*(2nd ed.). Chicago: University of Chicago Press.

Axtmann, R.(2006). Globality, Plurality and freedom: the Arendtian perspective. *Review of International Studies* 32, 93-117.

Bowen-Moore, P.(1989). *Hannah Arendt's philosophy of Natality.* New York: St. Martin's Press.

Chiba, S.(2004). Hannah Arendt on Love and the Political: Love, Friendship, and Citizenship. *Review of Politics* 57(3), 505-535.

Gruwell, E.(1999). *The Freedom Writers Diary.* New York: Broadway Books.

Jessop, S.(2011). Children's Participation. An Arendtian Criticism. *Educational Philosophy and Theory* 43(9), 979-996.

Kampowski, S.(2008). *Arendt, Augustinus, and the New Beginning*. Grand Rapids: William B. Eerdmans Publishing Company.

Levinson, N.(1997). Teaching in the midst of Belatedness: The Paradox of Natality in Hannah Arendt's Educational Thought. *Eduactional Theory* 47(4), 435-451.

Ljunggren, C.(2010). Agonistic Recognition in Education: On Arendt's Qualification of Political and Moral Meaning. *Studies in Philosophy and Education* 29, 19-33.

Magrin, J. M.(2013). An Ontological Notion of Learning Inspired by The Philosophy of Hannah Arendt: The Miracle of Natality. *Review of Contemporary Philosophy* 12, 60-92.

Martin, A.(2002). Natality and The Philosophy of Two. *Philosophy Today* 46, 134-141.

Mollenhauer, K.(1985). *Vergessene Zusammenhänge*. 정창호 역(2006). 『가르치기 힘든 시대의 교육학』. 서울: 삼우반.

Novak, B.(2010). No Child Left Behind, Or Each Human Person Drawn Forward? Arendt, Jaspers, and the Thinking-Through of a New, Universalizable Existential — Cosmopolitan Humanism. *Philosophy of Education* 2010. 253-261.

Nussbaum, M. C.(2010). *Not for Profit*. 우석영 역(2011). 『공부를 넘어 교육으로』. 서울: 궁리출판.

Schutz, A.(2001). Contesting Utopianism: Hannah Arendt and the Tensions of Democratic Education. Gordon, M.(Ed.). *Hannah Arendt and Education*. Westview Press. 93-125.

Spector, H.(2016). Hannah Arendt, education, and the question of totalitarianism. *Studies in the Cultural Politics of Education* 37(1), 89-101.

Williams, G.(1998). Love and Responsibility: a Political Ethic for Hannah Arendt. *Political Studies* 46(5), 937-950.

Young-Bruehl, E. & Kohn, J.(2001). What and How Learned From Hannah Arendt: An Exchange of Letters. Gordon, M.(ed.). *Hannah Arendt and Education*. Westview Press, 225-256.

https://m.yna.co.kr/view/AKR20190430007051108?section=international/index. (검색일: 2019. 5. 2.)

12장

"세계사랑"의 교육적 실천(II): 교육적 권위*

I. 교육적 권위 상실의 문제

1968년 『과거와 미래 사이』(Between Past and Future)에 수록된 "교육의 위기"(The Crisis in Education)에서 아렌트는 교육적 권위의 상실을 가능케 할 수 있는 세 가지 요인을 가설적으로 제시하고 분석한다. 어른들의 세계에서 사라진 아이들에게 부여된 과도한 자유와 그들만의 세계에서 이루어지는 전제와 압력, 수업보다 단지 한 시간 앞선 지식수준을 갖춘 교사와 교직의 비전문성, 그리고 기술이 학습을 대체함으로써 빚어진 진지한 배움의 부재가 그것이다.(Arendt, 1969: 180-185) 아렌트의 이러한 가정에는 공통적으로 교육자와 교육이 지닌 '권위' 상실의 위험성이 내재하고 있다. 그리고 아렌트는 이를 극복하기 위해 교육의 본질로서 '탄생성'(natality)을 강조하며, 교육적 책임으로서의 '권위' 문제에 집중할 필요가 있음을 피력한다.

아렌트는 "권위란 무엇인가?"(What is Authority?)에서 권위를 규명하기 위해 '권위는 무엇이었는지'에 대해 우선적으로 고찰한다. 그러면서 '권위' 상실에 따른 그 위기의 깊이와 심각성을 보여주는 가장 중대한 징후는 육

---

* [출처] 조나영(2018). 교육적 '권위'의 새 지평: 아렌트(H. Arendt) '권위' 개념의 교육학적 유의미성. 『교육사상연구』 32(3), 163-186.

아와 교육 영역에서 이루어지고 있음을 천명한다.(Arendt, 1969: 92) 우리는 왜 '권위'를 의문시하고 거부하려고 하는가? 만약 우리가 거부하고 저항하는 '권위'가 온전히 사라진다면, 우리는 '권위' 없이 우리의 세계를 유지하고 전달할 수 있는 힘을 어디에서 찾을 수 있을 것인가? 그리고 권위가 사라진 그 세계에서 '교육'은 과연 가능한가? 교육적 상황에서 '권위'는 어떠한 역할을 하는가? 민주적이며 진보적인 교육에서 '권위'는 과연 척결해야 할 어떤 것인가? 그렇다면 권위를 대신할 수 있는 것은 무엇인가? 권위가 부재한 곳에는 무엇이 자리하게 되는가? 권위의 상실로 우리가 잃게 되는 것은 무엇인가?

이러한 물음에는 보수주의 교육학을 옹호하는 이들이 '권위' 상실에 개탄하며 자연스럽게 가지는 회의(懷疑)가 담겨 있다. 그렇다면 '아동의 세기'라 명명되는 20세기 교육학 곧 아동의 '성장'과 '행위' 중심의 진보적이며 개혁적인 교육에서는 '권위'의 상실을 어떠한 관점에서 바라보고 있는가? 일반적으로 우리는 보수주의에서는 과거와 전통의 수호를 위해 '권위'를 옹호하며, 자유주의에서는 개인의 창의적이며 자율적인 발달을 위해 '권위'를 부정할 수밖에 없다는 논지를 주축으로 '권위'를 이해하고 있다. 이에 대해 아렌트는 보수주의와 진보주의에서의 권위, 그 어느 한 측면만을 선택할 필요가 없음을 주장한다. 그리고 오늘날 '권위'를 거부하는 쪽에서든 환영하는 쪽에서든 '권위'의 부재가 '세계의 위기'를 자초했다는 점을 자명하게 받아들여야 한다고 했다.

이러한 아렌트적 관점을 수용한 미쇼(Michaud, 2012)는 민주적이며 진보적인 교육체제 안에서도 '권위'는 여전히 중요하다는 사실을 역설하며, 민주적이고 진보적 교육의 원천으로 읽히고 있는 루소의 『에밀』(Emile)에 나타난 '권위'의 의미와 형태를 분석한다. 또한 와이너(Weiner, 2001)는 지루(Giroux)와 프레이리(Freire)의 주장을 통해 비판적 교육학과 진보주의 교육에서 바라보고 있는 '권위'를 면밀하게 고찰한다. 고든(Gordon, 1999) 역시 민주주의 교육학에서 논쟁이 되고 있는 아렌트의 교육적 권위에 대한 저항이 무엇인지를 밝히고, 지루와 맥라렌(McLaren)의 논지에 근거하여 자유주의 교육에서 아렌트적 권위를 새롭게 이해하고 있다. 이들이 공통적으로 지니고 있는 관점은 아렌트가 '권위'에 대해 던지는 물음과 '권위' 상실의 우려는 진보주의 교육학자들 사이에서도 제기되는 사안일 뿐만 아니라 '권위'란 교육에서 가장 원천적이며, 중요한 요소라는 사실이다. 그들은 교육에서 중도적인 혹은 새로운 관점에서의 '권위'가 요청되어야 함을 강조하고 있다.

그렇다면 아렌트의 '권위'에 대한 인식이 교육적 상황과 교육적 관계에서 어떠한 유의미성을 띨 수 있을 것인가? "교육의 위기"와 몇몇 교육에 관한 에세이를 통해 교육적 보수주의를 주창하고 있는 아렌트의 교육적 관점이 그녀의 '권위' 개념을 통해 구체화될 수 있을 것인가? 그녀가 교육의 본질로 내세운 '탄생성'과 관련하여 '세계에 대한 책임'으로서의 교육은 '권위' 안에서 어떻게 명료화될 수 있는가? 물론 아렌트가 "권위란 무엇인가"에서 정치적 범주의 '권위'를 논하고 있고, 정치와 교육의 분리를 주장하고 있지만, 그녀가 분석한 정치적 권위의 역사적 근원과 그 함의의 궁극성은 "교육의 위기"에서 핵심을 이루는 '세계에 대한 책임으로서의 권위'와 밀접한 관련이 있다. 뿐만 아니라 그 부분은 아렌트 사상에서 정치적-전정치적 결합을 이루고 있는 지점이기도 하다.(Arendt, 1969: 195-196; 박혁, 2009: 84) 이러한 관점에서 본 글은 교육적 상황에서 우리가 '권위'의 문제를 어떤 새로운 관점에서 이해해 볼 수 있을 것인지, 그리고 아렌트의 '교육'에 대한 주장을 명료화할 수 있는지 그 단초를 제시해 보고자 한다.

II. 고대 그리스와 로마의 '권위' 개념

1. '폭력'과 '지배'의 장치로서의 그리스적 '권위'

권위라는 용어는 논쟁에 휩싸여 있기에 그 본질에 관한 것은 누구에게나 자명한 것으로 이해되지 못하고 있다.(Arendt, 1969: 91) 아렌트는 우리가 일반적 의미의 권위에 대한 성격이나 본질을 알 수 없다고 지적하며,

근대 세계에서 우리가 상실한 권위는 '일반적 권위'가 아닌 오랜 기간 서구 사상사에서 타당성을 가졌던 특정 형태의 권위였기 때문에 역사적 맥락에서 권위가 무엇을 지칭했으며, 권위의 힘과 원천이 무엇이었는지에 대해 재고할 필요가 있음을 제안한다.(Arendt, 1969: 92) 이는 달리 표현하면, '권위'에 대해 일반적으로 이해하고 있는 '복종'과 '명령'의 관계에서 벗어난 특별한 의미의 '권위'가 있었는가에 대한 반문이며(박혁, 2009: 79), '권위'의 특징적 개념을 새롭게 명료화하기 위해 '권위'가 무엇이었는지에 대해 규명해야 한다는 요구이기도 하다. 아렌트는 이러한 물음으로 '권위'의 특징적 개념을 새롭게 명료화하기 위해 '권위'가 무엇이었는지를 밝히고자 한 것이다.

아렌트에 의한 '권위'의 역사적 계보는 고대 그리스와 로마적 근원을 따른다. 고대 그리스 시대에는 '권위'라는 말을 명확하게 사용하지 않았으며, 그리스어나 그리스 역사 속에서 다양한 정치적 경험들 또한 '권위'적 지배에 대한 어떤 지식도 확실히 보여주고 있지 않다.(Arendt, 1969: 104) 고대 그리스에서 '권위'는 플라톤과 아리스토텔레스가 폴리스의 공적 사안의 처리나 공적 생활을 위해 도입하고자 했던 개념이다. 그러나 아렌트가 볼 때 플라톤과 아리스토텔레스는 전정치적 영역, 사적영역을 중심으로만 '권위'의 요소를 탐구했을 뿐 정치적 경험 안에서 그것을 확실히 검증해 내지 못했다는 한계를 지니고 있다.1 아렌트의 이러한 비판에도 불구하고 서구 사

---

1 일반적으로 플라톤적 권위의 원천은 경이로운 어떤 것을 할 수 있는 '소수'와 그렇지 않은 '다수'에 대한 격리와 분리의 '이분법'으로 특징화된다. '이분법'은 플라톤의 "동굴의 비유"에서 설득력 있게 제시되고 있다. 아렌트는 이때의 이분법은 이데아의 수용에 따른 것이 아니라 소수와 다수를 구분하는 방식과 관련된다고 했다. 곧 "모든 것의 있는 그대로의 모습에 대한 경이(驚異)"를 명료화, 개념화할 수 있는 '이론'(theory)을 할 수 있는 능력이 있는가의 여부가 소수와 다수를 구분하는 기준이 된다. '이론적 삶'에 헌신하며 존재할 수 있는 소수만이 그리스 철학을 하며, 이것이 소수를 인간사로부터 격리하게 된다.(Arendt, 1969: 115-116) 아리스토텔레스 역시 지배자와 피지배의 이분법적 관점을 통해 '권위' 개념을 수립하고 있다. 그는 '전문가의 우월성'이나 '만듦'의 차원이 아닌 '자연'에 따른 '권위' 형태를 취한다. 자연이 연장자와 연소자를 구분하듯 지배받을 운명인 자와 지배할 운명인 자가 구분된다는 입장이다. 아렌트는 이러한 기만적인 논리에 입각하여 아리스토텔레스가 "필요의 정복"(the mastery of necessity)이라는 관념을 통해 자유인

상사에서 플라톤적, 아리스토텔레스적 '권위'에 대한 구상은 우리가 '권위'를 인식하고 그것의 상실을 염려하는 데 지속적으로 영향을 미치고 있다.

아렌트는 플라톤의『국가』(The Republic)에서 '권위'에 대한 그리스적 개념을 찾아볼 수 있다고 했다. 우리 모두가 인지하고 있듯이, 플라톤은 철학자가 폴리스의 통치자가 되기를 희망했다. 플라톤의 철인왕에 대한 포부는 자신의 스승인 소크라테스의 죽음과 당시의 철학에 대한 폴리스의 적대감에 기인한다.(Arendt, 1969: 107) 아렌트에 따르면 플라톤의 애국적 동기를 십분 이해하더라도, 그는 정치를 위해서가 아니라 철학과 철학자의 안전을 위해 철학자의 지배의지를 공고히 하고자 했다는 것이다. 플라톤은 소크라테스의 처형 직후, 진리란 말과 논쟁의 너머에 있음을 알게 된다.(Arendt, 1969: 131-132참고) 진리에 대한 정당성과 확실성은 인간 정신을 굴복시키며, 설득이나 논쟁보다 더 강력하다. 그러나 눈에 보이지 않고, 논쟁의 범위 밖에 존재하나 자명한 어떤 것을 볼 수 있는 소수는 그렇지 않은 대중에게 진리를 설득할 수 없다. 플라톤에게 설득이나 논쟁은 더 이상 인간을 인도하기에는 불충분한 것이었다.

따라서 플라톤에게는 소수만이 아니라 다수를 복속시킬 수 있는, 폴리스적 정신을 훼손시키는 폭력을 행사하지 않으면서 사람들을 강제할 수 있는 다른 수단이 필요했다.(Arendt, 1969: 107-108참고) 그리고 그는 "동굴의 비유"(the allegory of the cave) 후반부 '지옥의 신화'(the myth of hell)를 통해 다수의 사람들이 자발적으로 복종할 수 있도록 하는 기제로서 내세에서의 '보상과 처벌'이라는 프레임을 제시한다. 플라톤은 소수가 진리에 도달할 수 없는 다수를 지옥에 대한 공포와 위협의 '소름끼치는 상황', 지옥 이미지의 거대한 영향력으로 몰아넣음으로써 외부적 폭력을 실제로 사용하지 않은 채 그들에게 복종을 강요하고, 그들을 지배할 수 있기를 원했

은 '좋은 삶'의 자유를 위해 그들을 필요로부터 해방시켜 주는 노예들을 통제하고 지배하는 일을 정당화함으로써 '권위'를 폴리스에 도입하려고 했다는 점을 지적한다.(Arendt, 1969: 116-118; Arendt, 1956: 403; Benjamin, 2016: 253-276참고) 그리고 이러한 아리스토텔레스의 '권위'에 대한 관점은『정치학』(Politics)에서 그가 동등한 사람들의 공동체로 정의한 '폴리스' 개념과 모순되며, 그렇기 때문에 아리스토텔레스의 '권위' 개념 역시 정치 영역에서의 타당성을 갖추지 못했다는 것이다.

다. 이러한 방식은 다수에 대한 소수의 통제력을 보유하고 강화하려는 목적으로 활용될 수 있는 것이었다.(Arendt, 1969: 131)[2]

그리고 이는 다수에 대한 합법적 강제 원칙의 구현을 위해 둘 중 한쪽이 다른 한쪽에 암묵적으로 종속되어 있는 관계를 전제로 할 수밖에 없다. 플라톤은 강제의 요소와 명령의 실제가 배태되어 있는 본래적으로 불평등한 관계 자체를 통해서만 권력을 장악하거나 폭력 수단을 사용하지 않으면서도 지배권을 행사할 수 있다고 믿었다. 여기서 플라톤이 주목하고 있는 강제력은 철학자가 인지한 이데아, 곧 인간 행위의 기준이 되는 '이데아'이다. 플라톤은 '이데아'의 권위적인 요소에 주목한다. 존재(being)의 가장 심원하고 진실된 것을 깨우치기 위해 동굴 밖으로 나선 철학자는 이데아, 인간 존재의 기준이 되는 척도를 지닌 채 인간실존의 어두운 동굴로 다시 돌아온다. 동굴 속에서 철학자는 자신이 기준과 척도로서 마주한 이데아를 지배수단으로 사용함으로써 다른 사물들 혹은 대상들과 관계를 맺는다.(Arendt, 1969: 109-111참고)

플라톤에게 이데아는 정치적이며, 도덕적인 행위와 판단을 가늠하는 확고하고 절대적인 기준이다. 아렌트가 볼 때 플라톤적 권위의 원천은 이데아가 적용되는 그 가능성에 기원을 두고 있다. 아렌트는 이 부분에서 '전문성'의 개념이 정치에 도입되고, 이로써 목수가 가구를 만들고 의사가 환자를 치료하는 것처럼 정치가가 인간사를 관장하는 데 적합하다는 점을 인식하게 된다고 보았다.(Arendt, 1969: 111) 그러나 플라톤의 이러한 원천

---

2 플라톤의 이러한 '지옥 신화'는 이후 기독교의 교조적 신념과 함께 종교적 권위에 대한 절대적 영향력을 '강화'하는 중요한 역할을 담당하기도 하였다. 이러한 맥락에서 '권위'에 대한 역사적 근원을 크게, 고대 그리스, 로마, 기독교적으로 살펴볼 수 있는데, 이 가운데 고대 그리스 철학으로부터 그 영향력을 이어받은 교회는 플라톤의 천국에서의 보상과 지옥에서의 처벌이라는 이야기를 받아들임으로써 서구의 종교사상에 '폭력'이라는 요소가 스며들도록 허용하는 우를 범했다. 아렌트에 따르면 소위 품격 있는 사람들조차 천국에서 누리는 즐거움 중 하나가 지옥에서 벌어지는 이루 형언할 수 없는 고통스런 형벌의 광경을 목격하는 특권을 누리는 것임을 확신하고 있다는 것이다. 이러한 사실은 기독교 복음의 교시 곧 '기쁜 소식', '영원한 삶'과 같은 언명이 결국 두려움을 증대시킴으로써 얻어지는 것이며, 인간의 죽음을 편안하지 않고 고통스럽게 만들었어야 했다는 사실로부터 증명된다는 것은 '지독한 역설'임을 보여준다.(Arendt, 1969: 133참고)

적 불평등성에 기반한 인간관계나 이데아에 근거한 사물이나 대상과 맺는 관계는 근본적으로 '폭력'을 수반한다. 폭력이라는 요소는 인간이 자연과 직접 대면하게 될 때 발생하는 모든 활동 속에 내재하고 있다.(Arendt, 1969: 111-112참고) 인공적으로 우리가 무언가를 제작하거나 건설할 때, 더 나아가 건국이나 최상의 정부 형태를 설립하는 일 역시 폭력성이 작용할 수 있다.

따라서 '폭력'적 요소를 배제한 채 철학자를 폴리스의 최고 통치자로 하는 정부 형태를 설립하는 일은 플라톤을 딜레마에 빠지게 한다. 플라톤에게 '지배'를 정당화하는 일은 무엇보다 중요했다. 아렌트가 볼 때, 플라톤의 철인왕 통치는 자발적 복종과 명령에 의한 '권위' 개념을 점점 무색해지게 할 뿐이다. 플라톤에게 철인왕의 지배는 동굴 곧 인간사에 대해 타당성을 지닐 때에만 정당화될 수 있다.(Arendt, 1969: 114) 그러나 한편으로 만일 플라톤이 말하는 철학자가 인간들 가운데 단 한 사람뿐이라면, 그는 자신이 믿는 진리를 다수에게 적용할 수 있는 일련의 규칙으로 변형시켜야만 '지배의 정당성'을 확보할 수 있다. 뿐만 아니라 아렌트는 지배를 확립한 동굴 안의 거주자들이 '보기'만 하는 삶에 천착하고 있음에 의문을 표한다. 아렌트에게 인간이란 동굴 안에만 갇혀 - 인간이 어느 순간 동굴을 떠나 진리를 찾는 과정에 이른다고 할지라도 - 그저 보이는 대로 보기만 하는 삶을 영위하지 않기 때문이다.

아렌트에 의하면, 인간의 삶은 '봄'(seeing)과 '관조'(contemplation)에 의해서가 아니라 '말'과 '행위'를 통한 '새로움'(newness)의 창출을 통해 지속적으로 영위된다. 다시 말하면, 플라톤의 철인왕 통치는 '말'과 '행위'가 아닌 '봄'과 '관조'의 절대적 우위를 내세우고 있으며, 이러한 플라톤의 사유로부터 영향을 받은 '권위' 개념에는 '지배'적이고 '폭력'적인 요소가 담길수밖에 없다.(Arendt, 1969: 114-115참고) 우리가 무언가를 누군가가 보여주는 방식대로만 '본다'는 것은 무엇을 의미하는가? 여기서의 '봄'은 인간사의 외부에 존재하는 어떤 것에 의한 '강력함'에 이끌려지는 상태를 표현한다. 이는 아렌트의 지적처럼 인간 삶 자체, 혹은 그 속에서의 말과 행위를 통해 인간이 자신의 삶을 '시작'하는 일과는 관련이 없다. 결국 동굴 안의 거주자에게 '주어진 대로 보기'를 강조함으로써 얻어진 플라톤적 '권위'는 삶 그 자체의 존엄성을 획득할 수 없으며, 인간과 삶을 '지배'에 종속시킨다는 한계를 내포한다.

2. '새로움'을 위해 '열려지는 증대'로서의 로마적 '권위'

아렌트는 그리스적 '권위'가 지닌 지배자와 피지배자의 차별화는 플라톤과 아리스토텔레스가 강조한 폴리스의 정치와 모순되며, 이들이 '권위'를 정치에 도입하고자 했던 시도 역시 '권위'에 대한 자각이 없었던 까닭에 전정치적 영역에 국한되어 다루어짐으로써 한계를 보였다고 설명한다. 또한 아렌트는 그들이 연장자와 연소자라는 교육적 관계 안에 '권위'를 끌어들임으로써 지배자와 피지배자의 관계를 정립하고자 했던 의도 역시 잘못되었음을 밝히고 있다. '권위'와 관련해서 정치적 '지배'와 교육적 '지배'(만일 교육에 지배의 요소가 허락된다면)의 형태는 다르다.(Arendt, 1969: 118) 지배를 교육으로 대체함으로써 최고의 영향력을 발휘하려는 것, '권위'를 빙자한 교육 모델을 정치에 억지로 적용하려는 것은 지배하려는 탐욕스러운 욕구를 숨기기 위한 책략일 따름이다.

아렌트에게 '권위'가 교육적 성격을 획득할 수 있는 경우는 오직 로마인들처럼 선조들이 뒤따르는 세대에게 '위대함'을 보여줄 때이거나 위대한 자들, 곧 마이오레스(maiores, 선조)를 생각할 때뿐이다.(Arendt, 1969: 119) 아렌트가 볼 때 교육 영역에서 '권위'의 정당성 확보는 로마적 관점에서 이해되었을 때이다.3 그렇다면 로마적 관점에서의 '권위'는 교육에서 어떻

---

3 아렌트의 '권위' 개념을 정치철학적으로 면밀하게 분석하고 그 함의를 논한 박혁 (2009)은 로마적 근원을 가진 '권위'의 정치적 함의를 크게 네 가지로 특징화하고 있다. 첫째, 로마의 권위개념은 창설과 보존이라는 정치적 행위와 밀접한 관련성을 가지고 있으며, 둘째, 로마의 권위개념은 원로원이라는 정치적 제도 안에 토대를 둠으로써 국가창설의 정신이 지속, 보장되도록 하며, 셋째, 권위의 근원은 공적 승인과 상호적 신뢰를 바탕으로 한다는 점이다. 그리고 그는 마지막으로 권위가 지닌 정치적 함의는 항상 공동 세계에 대한 책임과 연관되어 있음을 토대로 교

게 이해될 수 있는가? 교육에서 정당성을 지닐 수 있었던 로마의 '권위'는 무엇이었는가? 로마적 '권위'는 어떠한 특징적 의미를 내포하고 있는가? 이러한 일련의 물음들과 함께 아렌트는 '권위'의 로마적 근원에 주목하였다.

로마 정치의 중심에는 '건국'이라는 '신성함'이 자리하고 있다. 그것은 일단 무언가가 세워지면 이후 세대들에게 구속력을 갖는다. 로마는 원래의 토대 위에 '더해 가는' 방식을 취함으로써 "새로운 정치체제의 건설을 그들 역사 전체의 시작이라는 중심적이고, 결정적이며, 반복될 수 없는 사건"(Arendt, 1969: 121)으로 받아들였다. 로마 건국의 '신성함'은 역사 전체의 함께하는 '시작'과 본래적 토대인 '기억'을 의미한다. 이를 두고 아렌트는 로마의 '건국'이 신성한 선조들의 이어짐, 과거와 기억으로 함께 구속됨으로써 "새로운 공동체를 건설하고 이미 건설된 공동체를 보전하는 '탁월함'으로 신들의 행로에 다가서는 일"(Arendt, 1969: 121)이라고 했다.

아렌트는 '권위' 개념이 로마의 정치적인 맥락에서 출현했다고 보았다. '권위'라는 말은 아우크토리타스(auctoritas)로서 아우게레(augere)로부터 파생했으며, 아우게레는 '증대시키다', '확대시키다', '풍부하게 하다'를 의미한다. 이는 어떤 대상을 확대, 증가, 풍요하게 하는 사람과 관련이 있으며, 아우크토르(auctor)는 따라서 창안자, 발명가, 생산자, 창시자, 저작자 등의 의미로 사용되고 있다.(Arendt, 1969: 122; 신득렬, 1997: 18-19)4 이러한 어원적 고찰에 따르면, '권위'나 '권위적 지위에 있다'는 것은 그에 속한 사람들이 계속해서 건축물과 같은 것을 통해 도시를 건설하고 증가시키는 것을 말한다. 이러한 의미에서 아렌트는 새로운 공동체의 건설이나 기존에 건설된 공동체의 지속적 보전이라는 로마의 '건국'은 '권위'와 깊은 관련이 있음을 밝히고 있다.

육에서의 무책임에 대한 위기와 권위 상실의 밀접성을 분석하였다.(박혁, 2009: 81-84참고) 또한 미국의 교육학자 고든(Gordon, 2001) 역시 교육에서 아렌트의 권위 개념은 고대 로마인들의 경험에 대한 이해를 기초로 하고 있음을 통해 로마적 '권위'와 교육의 연관성을 탐구하였다.(Gordon, 2001: 46)

4 '권위'의 의미와 유형에 대한 자세한 설명은 신득렬(1997)의 『권위, 자율 그리고 교육』 제1장의 내용과 최관경(2009: 6-10)의 연구를 통해 확인할 수 있다. 또한 교육의 장에서 이루어지는 이론적 권위와 실제적 권위, 법률상의 권위와 사실상의 권위에 대한 구체적 유형을 다루고 있는 논문(Steutel & Spiecker, 2000)도 있다.

이러한 '권위'는 파생적이다. 다시 말해, 권위를 부여받은 이들 - 연장자들, 로마 원로원의 구성원이나 원로들(patres)이 여기에 해당된다 - 은 '대물림'의 방식으로 새롭게 건설되는 모든 것의 토대를 놓은 사람들이다. 로마인들은 이들을 마이오레스라고 불렀으며, 이 선조들로부터 로마인들은 '전통'을 전수받는 방식으로 '권위'를 획득하였다.(Arendt, 1969: 122참고) 그런데 이들이 더 이상 산 자들 속에 거주하거나 존재하지 않게 되었을 때 새로운 공동체를 건설하는 일은 '권위'에 의존할 수밖에 없다. 이와 같은 사실에서 '권위'는 '과거'에 뿌리를 두고 있음을 확인하게 된다. 그리고 이 '과거'는 살아 있는 사람들의 '권력'(potestas)과 함께 그들이 살아가는 '현재적 삶'을 존재하게 한다. 다만 아렌트가 도출해 낸 로마적 '권위'는 현재적 '권력'과는 다르며, 그것의 원천은 과거에 있고, 권위적 지위의 사람들 역시 권력을 취하지 않는다는 점이 특징적이다.

그런데 어떻게 연장자들은 '권력'을 행사하지 않으면서 살아 있는 사람들의 '현재적 삶'에 영향을 미칠 수 있는가? 또한 새로운 공동체를 건설하는 데 함께 참여하는 이들이 범하게 되는 오류나 실패에 연장자들은 어떻게 관여할 수 있는가? 아렌트가 주목했던 몸젠(Mommsen) 역시 "다수의 의지와 행위는 아이들과 마찬가지로 실수와 낭패에 노출되어 있으므로 원로원의 '증대'와 승인이 필요하다"(Arendt, 1969: 123)고 했다. 아렌트에 따르면 연장자들의 '증대'가 갖는 권위적 성격은 명령이나 강제가 아닌 자신들의 주장에 근거한 단순한 '권고 그 자체'에 있다. 이는 원로원이나 연장자들이 갖는 권위의 구속력이 종교적인 것과 밀접하게 연결되어 있음을 말해준다. 아렌트는 신들이 인간 행위를 '증대'하고 승인하면서도 권력을 휘두르거나 위협이나 강제로 그것을 이끌지 않고, 사람들 사이에서 권위를 취하듯이 연장자들 또한 그러한 형태의 '권위'를 따를 뿐이라고 했다.(Arendt, 1969: 123참고)

아렌트는 연장자들과 원로원이 지닌 이러한 '권위'를 "배의 바닥짐"으로 비유했다. 과거의 무게에 모든 개별적인 순간들을 더하여 얻어지는 무거움 혹은 중대함을 견디는 능력인 '그라비타스'(gravitas)는 원로원이 지닌 특징이다. 원로원은 배의 중심을 잡는 '평형수'나 사물이 항상 평형을 이루게 하는 '중심력'으로 기능했다. 따라서 과거에 이루어졌던 모든 경험적 선례와 선조들의 행적과 사례들은 행위를 위한 도덕적이고 정치적인 기준으로서의 '권위'적 형태를 띤다.5 이러한 이유로 로마인들은 인생의 절정기인 노년에 큰 의미를 부여하고 있다. 그것은 단순히 시간의 흐름상 나이가 들고 경험이 쌓여서가 아니라 노인이 선조들의 '과거'에 더 가까운 이들이기 때문이다. 로마인들은 사람이 과거를 향해 성장한다고 생각했다. 로마인들의 이러한 태도는 우리 세계의 '과거'로 깊숙이 파고들어가는 일과 상관한다.(Arendt, 1969: 123-124참고)

이로써 권위자는 '과거'에 가까운 자가 된다. '과거'가 '전통'에 힘입어 신성화된 것은 로마의 이러한 정치적 맥락에서였다. '과거'는 물리적 시간을 뛰어넘는 삶의 '탁월함'을 잇는 전제가 된다. 그러나 '과거'의 탁월성에 대해 이를 호소하거나 설득하는 형태를 취하게 되면 그것은 이미 '권위'가 아니다. 호소나 설득에 의해 정당화되는 '권위'는 그 자체로 '권위'가 아님을 입증하는 일이기 때문이다.6 과거는 호소나 설득의 '권위' 형태가 아닌 선조들의 증언을 한 세대에서 다음 세대로 잇는 가운데 '전통'을 통해 보전되는 것이다. 뿐만 아니라 그것은 선조들이 신성한 작업을 하고, 누군가 그것을 최초로 목격하고, 또 창조하면서, 계속해서 수세기에 걸쳐 그것을 '증대'시킴으로써 얻어진 것이기도 하다. 그것은 일종의 시작하는 이들을

---

5 아렌트는 "누군가에게 충고하다"라는 뜻의 라틴어 숙어 *alicui auctorem esse*, '선조들 혹은 예들을 지님'이라는 의미의 *auctores habere*(권위를 갖다), '선조들의 권위적인 예'를 뜻하는 *auctoritas maiorum*과 같은 다양한 라틴어 용례들이 이러한 주장의 근거가 되고 있음을 밝힌다.(Arendt, 1969: 236)

6 아렌트는 외부로부터의 억압하고 강제하는 힘과 무언가에 대한 호소나 설득은 '권위'를 특징지을 수 없다고 했다. 이러한 아렌트의 생각은 다음의 인용문에 나타나 있다. "권위는 항상 복종을 요구하기 때문에 권력이나 폭력으로 오인되어 왔다. 그러나 권위는 외부적 강제 수단의 사용을 사전에 배제한다. [역사적으로] 강제력이 사용되는 곳에서는 늘 권위가 제구실을 못했다. 다른 한편, 권위는 설득과도 양립할 수 없다. 설득은 평등을 전제하고 논쟁의 과정을 통해 작용하기 때문이다. 설득의 평등주의적 질서와 위계적인 권위주의적 질서는 항상 대치된다. 권위가 정의되는 곳에서 힘에 의한 강제와 논증에 의한 설득은 작동이 정지되어야만 한다."(Arendt, 1969: 92-93)

위해 계속해서 "열려지는 증대"인 것이다.

이러한 관점에서 아렌트는 '과거'로부터 이어진 어떤 것 없이, 그리고 '전통'의 도움 없이, '권위'가 부재한 상태에서 '새로움'은 더해질 수 없음을 분명히 한다.[7] '새로운 행위'는 '권위'의 "바닥짐"(ballast) 없이는 불가능하다. 공동체의 설립과 공동생활을 위해서는 '새로움'에 직면하여 그것을 수용할 수 있고, 그것을 기존 공동체에 더해지도록 돕고, 평형을 이루게 하는 중심력을 발휘할 수 있는 '권위'가 필요하다. 이러한 '권위'가 없다면 우리의 '새로운 시작들'은 부유(浮游)하게 될 것이며 끝내는 기존 세계를 풍요롭게 하지 못할 것이다. 로마인들이 사유와 관념의 발달을 위해 선조들의 권위적 사례들을 필요로 할 때, 위대한 그리스 선조들의 이론, 철학, 시가를 권위의 원천으로 수용했다는 역사적 사실은 우리가 '권위'를 어떠한 자세로 받아들여야 하는지를 보여준다. 이러한 까닭에 아렌트가 새롭게 고찰한 로마적 '권위'는 기존의 '권위' 개념에 더해져 우리가 교육에서 권위를 사유할 수 있는 단초들을 더 풍부하게 '증대'시켜 줄 것이다.

III. 교육적 '권위'에 대한 새로운 이해

1. 세계의 '안정성' – '새로움'의 그라비타스(*gravitas*)

"과거에는 견고한 토대에 근거했던 권위는 … 영구성과 영속성을 세계에 부여했다. 권위를 상실한다는 것은 세계의 기반을 잃는 것과 유사하다. 실제로 세계는 권위를 상실한 이래, 하나의 형상에서 다른 형상으로 쉴 새 없이 빠르게 이동하고 변화하며 변형되기 시작했다. 우리는 마치 모든 것이 언제 어느 때든 전혀 다른 형상으로 변할 수 있는 프로테우스(Proteus)적인 우주에 살면서 그것과 투쟁을 벌이고 있는 듯하다."(Arendt, 1969: 95)

---

7 필립스(Philips, 1985)는 권위 개념에 관한 논의를 여섯 가지 항목으로 분류하고 정리하면서 아렌트의 권위는 사회 구성원들의 공통된 신념, 가치, 전통, 관습 등을 반영하는 것과 밀접한 관련이 있다고 보았다.(Philips, 1985: 55-56)

우리가 알고 있는 것 중 가장 불안정하고 유한한 존재이며 결국에는 필멸할 수밖에 없는 존재인 인간에게 세계는 안정적 거처로서 제공되어야 한다.(Arendt, 1998: 173) 아렌트는 인간이 안정된 세계를 구축할 수 있는 활동으로서 '제작'(work)의 중요성을 언급한다. 인간의 영속적 삶을 위해 요구되는 여러 대상들 - 건축, 기구, 언어, 문화, 역사, 법, 전통, 종교 등 - 은 모두 인간에 의해 제작된다. 이러한 '제작'을 통해 인간이 시간을 거듭해 구축해 온 세계는 자연으로부터 인간을 구별하고 보호한다. 아렌트에게 세계는 분명 인간의 '묘한' 계획에 의해 마련된 '영원한 집'이다.(Canovan, 1974: 81) 다만 이렇듯 세계를 구성하는 일은 '만듦'의 체계 안에서 특정한 목적이나 목표하에 어떠한 대상들을 가늠하고 변형하는 것이다. 안정된 세계는 불가항력적으로 자연 상태의 어떤 대상에게 '힘'을 가하는, 일종의 '폭력'을 수반하는 활동이다.(Parekh, 2008: 30; Jessop, 2011: 988)

아렌트는 확고하게 어떠한 제작도 파괴적이고 폭력적인 속성 없이는 불가능하다고 주장한다.(Arendt, 1998: 228) 그럼에도 불구하고 아렌트가 제작에 의한 '세계의 안정성'을 강조하는 이유는 사멸성을 지닌 인간이 세계를 떠난 이후에도 새롭게 세계 속에 태어나는 인간의 삶을 보호해 주며, 그렇게 함으로써 이 세계가 지속되도록 돕기 때문이다. '권위' 역시 이와 유사한 맥락에서 세계를 영속시키는 힘으로 작용한다. 세계의 안정성은 '권위'의 도움을 받는다.(Arendt, 1969: 95) 아렌트는 세계에 주어지는 '안정성'이 전통이나 종교와도 밀접한 관련이 있지만, 이 중 무엇보다도 가장 안정적인 요소는 '권위'라고 확신한다.(Gordon, 1999: 163참고) 그것은 복종하는 자와 명령하는 자가 공유하고 있는 위계질서 그 자체로서 양자가 모두 그것의 정당성을 공유함으로써 '미리 정해진' 안정된 곳에 그들을 놓이게 하기 때문이다.(Arendt, 1969: 93참고) '권위'를 강조하는 이러한 관점은 "주형으로서의 교육학", "만듦의 교육학", "통제의 교육학"에서 주조를 이룬다.(Reichenbach, 2010: 247참고)

그러나 우리는 우리를 안전하게 정해진 위치로 이끄는 '끈'이 다음 세대에게는 그들을 옭아매는 '사슬'이 되기도 한다는 사실을 알고 있다. '제작'

이 지닌 이중성과 '권위'에 내재한 양면적 속성에도 불구하고 아렌트는 계속해서 세계의 안정성을 외친다. 아렌트의 주장처럼 '권위'를 통해 세계는 진정 안정적이 되는가? 안정적인 세계와 관련해서 '권위'는 교육에서 왜 중요하며, 그것은 교육적 상황과 교육학에 어떤 새로운 이해를 가져다주는가? 우선 앞서도 언급했듯이 아렌트가 주목하고 있는 '권위'는 폭력이나 설득에 의한 호소가 지닌 강제성이 아니며, 폭력과 설득이 일어나는 즉시 사라지는 '권위'이다. 아렌트에게 '권위'와 '폭력'은 다르다. '권위'는 세계를 안전하게 구축하지만, '폭력'은 세계를 파괴한다.

인간이 지금까지 살아왔던, 살고 있는, 살아갈 세계는 '동일함'이 반복될 때 사라질 수밖에 없다. 이전과 획일적으로 동일한 어떤 것의 지속적 출현은 세계를 더 이상 새롭고 풍부하게 할 수 없다.(Arendt, 1969: 185참고) '건국' 곧 '하나의 새로운 시작' 이래 그 무엇도 새롭게 더해지지 않는 세계에서 '그라비타스'는 발휘되지 않는다. 세계는 한쪽으로 기울어진다. 기울어짐은 편파적이다. 편향적인 세계에서 아이들은 자신의 새로움을 보호받기 어렵다. 하나의 기준, 하나의 척도로 과거와 동일한 어떤 것만이 채워지도록 강요된 세계에서 아이들은 그들의 새로움을 더할 수 없다.(Levinson, 1997: 442-444참고) 아이들이 자신들의 새로움을 드러내지 않게 될 때 세계는 더 이상 새로울 것이 없는 곳으로 전락하게 된다. 세계를 기울어지게 함으로써 궁극에는 세계의 상실과 마주하지 않도록 하기 위해서라도 우리는 아렌트가 주장한 '권위'를 통한 새로움의 '거듭됨'에 주목해야 할 것이다.

아렌트가 해석한 로마적 '권위'는 과거에 더해지는 새로움의 '증대'를 가능하게 하는 기반이다. 하나의 새로운 시작이었던 '건국'은 그것이 지닌 '신성함'을 한 세대에서 다음 세대로 잇는다. 그리고 그 과정에서 '새로움'을 더함으로써 '권위'의 토대를 마련한다. 이러한 '권위'를 원천으로 세계는 안정적으로 계승되어 간다. 교육은 '권위'에 기반하여 과거로부터 이어지는 '신성함', 곧 '탁월한 어떤 것'이 더해지도록 노력을 기울이는 일이다.(Gordon, 1999: 171참고) 이는 제작적 관점에 서 있는 교육학이 '권위'라는 기치 아래 세계를 계획적으로 질서정연하게 만들기 위해 우리를 '일정한 상태'로 유지되도록 하는 일과는 거리가 멀다. 아렌트적 '권위'는 교육이 다른 이들을 모두 하나로 같아지게 하는 획일적 평등이 아닌 다름 가운데 우리를 하나로 이어질 수 있도록 해 주는 '탁월성'을 찾는 노력과 상관한다. 이 '탁월함'과의 연관성 안에서 세계가 안정될 때 교육은 '권위'로서 다음 세대를 마주할 수 있게 된다.(Jessop, 2011: 989참고)

교육이 '권위'를 상실했다는 것은 세계가 '탁월한 어떤 새로움'을 희망할 수 없게 되었음을 의미한다. 우리가 살고 있는 세계는 역동적이다. 현실적으로 세계는 통제불가능하고 예측가능하지도 않다. 이러한 세계 속에서 인간의 역사는 흘러왔다. 역사에서 중요한 것은 인간과 인간이 상호작용한 결과로 나타난, 그래서 서로에게 영향미침이 어떻게 일어났는가 하는 것이다. 이런 관점에서 '권위'는 관계의 문제이기도 하다.8 인간은 세계 속에서 서로에게 영향을 미친다. 최초의 '건국'으로부터 인간과 인간의 관계 속에서 '어떠한 탁월함'이 '더해짐'을 통해 우리는 예측불가능하고 통제할 수 없으며 계획할 수 없는 세계라 하더라도 그것의 '안정성'을 구축하여 또 다른 '새로움'의 희망을 거듭 가지게 된다. 희망에 대한 가장 큰 과제는 도전에 직면하여 세계의 예측불가능성을 받아들이는 일이다.(Edgoose, 2010: 403)

이때 우리가 예측불가능하고 통제불가능한 세계를 안정적으로 형성하고 그 속에서 새로운 행위를 계속할 수 있도록 해 주는 근간은 '권위'로부터 나온다는 사실이다. 따라서 아이들의 예기치 못했던 행위가 더해지더라도 세계의 중심점을 잡아 줄 수 있는 "바닥짐"과 같은 '권위'가 작용한다면, 교육은 기적을 일으킬 수 있는 마당(場)이 될 것이다. 우리는 기적을 예측할 수는 없지만 기적의 발생을 기대하면서 기적이 일어날 수 있는 곳을 마련해 놓을 수는 있다.(Edgoose, 2010: 394-395) 교육은 이제 '권위'를

---

8 아렌트의 교육은 다음 세대가 이전 세대에게 새로움을 전달하며, 이전 세대가 다음 세대에게 전통을 전달하는 일로서 "교육이 같은 세대의 일이 아니라 기성세대와 자라나는 세대 사이의 관계라는 것을 뚜렷이 강조한다."(이은선, 2003: 144) 한나 아렌트는 진정으로 세상에 대해 책임을 지며, 자라나는 세대들에게 이 세상에 대해 소개해야 하는 교사의 역할과 권위의 문제를 제기한다. 기성세대와 자라나는 세대 사이의 관계로서의 교육은 그 안에 교육적 권위의 문제를 내포한다고 할 수 있다.

과거에 묶인 정체된 어떤 것으로 이해함으로써 강제와 설득의 방식으로 아이들의 기적을 불식시키는 일로부터 벗어나야 할 것이다. '권위'는 과거로부터 왔으나 그 순간 미래를 향해 열려 있다. "교육적 권위는 미래를 희망하는 것을 목적으로 삼는다."(Reichenbach, 2010: 248) 교육은 "새로운 것이 발생할 수 있도록 이미 존재하고 있는 것에서부터 비롯되는 … '열린과거'"(Jessop, 2011: 989)로서의 '권위'를 희망해야 할 것이다.

2. '자율적 복종' – '시작'으로 발현되는 자유

아렌트가 로마적 '권위'를 해석해서 말하고자 한 바는 '권위'를 새로운 시작이 계속되도록 돕는 '세계' 형성과 유지의 관점에서 바라보아야 한다는 점이다. 세계의 안정성으로서의 '권위'는 인간의 '사멸성'(mortality)에 대한 대안이면서 인간의 '탄생성'(natality)에 대한 지속적 가능성을 위한 것이라는 사실이다. 그렇기 때문에 '권위'의 상실은 새로운 '세계'를 부재하게 한다. 하지만 아렌트는 권위가 상실된다고 해서 그것이 온전한 인간 능력의 상실로 귀결되는 것은 아님을 강조한다. 다시 말해 권위의 상실이 세계의 상실을 수반하기는 하나, 그것이 전적으로 우리가 생존하고 후손이 살아가기에 적합한 곳으로 세계를 건설하고 보전하며 소중히 여길 수 있는 인간 능력의 부재를 의미하는 것은 아니다.(Arendt, 1969: 95) 아렌트의 이 말은 여전히 또 다른 세계에 대한 구축이 가능할 수 있는 근본은 인간의 '시작 능력'에 있음을 보여준다.

세계를 구축하고 그것의 안정성을 보전할 인간의 시작 능력은 자유에 기반한다. 아렌트에게 자유는 새로운 권위 역시 창설할 수 있는 인간 행위를 발생시키는 것이다.(박혁, 2009: 86참고) 새로운 어떤 것을 행할 수 있도록 하는 자유는 이전에 보장된 자유와 동일하지 않다. 또한 자유를 가능케한 권위 역시 이전의 권위와 같지 않다. 영원히 동일하게 지속되는 권위란 있을 수 없다. 이처럼 권위는 연약성과 함께 현실적인 변화가능성 또한 포함하고 있다. 하나의 권위는 쇠퇴하고 다른 권위가 그것을 대체하려는 움직임은 언제든 일어날 수 있다.(김성준, 2017: 119참고) 그렇다면 사회질서나 유지를 위해 작동하면서도, 사회개혁이나 변혁을 위해서도 언제든 다른 것으로 대체될 수 있는 '권위'에 대해 교육은 어떠한 입장을 취할 수 있는 가? '권위'의 이중성과 관련하여 교육은 무엇을 강조할 수 있는가? 교육학 은 이를 어떻게 수용할 수 있을 것인가?

서구 전통철학에 근거하여 전통과 종교의 중요성을 강조하는 본질적, 항존적 지향점을 가진 교육학은 교육의 목적은 물론 교육내용과 방법에서 도 그리고 교육적 관계에 대해서조차 개별적 자율성을 의심하고 그것을 제한하는 형태의 '권위'를 옹호한다. 반면, 역사적 흐름 속에서 잔인한 전 제군주와 봉건제, 탐욕스런 성직자와 교회, 군부 독재, 자본가의 이익과 엘리트적 특권 등의 강제와 억압에 시달려 온 이들은 이러한 압제를 가능 케 한 '권위'를 타파하고 '자유'를 지향할 수 있는 교육을 염원한다. 또한 포스트모던적 사유에 입각한 교육학 역시 권위는 극단적 상대주의에 반하 는 권력의 도구라고 비판한다.(Fordham, 2017: 637) 이처럼 교육학은 '교육 이 인간의 자유와 자율성을 존중하는가'의 여부에 따라 '권위'를 옹호하거 나 그것을 거부하는 방향으로 '교육적 권위'의 형태를 형성해 왔다. 인간 의 자율성에 초점을 두고 있는 교육학에서 '권위' 개념은 특히 문제가 된 다.(Reichenbach, 2010: 247)

아렌트는 보수주의와 진보적 자유주의에서 취하고 있는 '권위'에 대 한 입장 중 어느 하나만을 선택할 필요가 없다고 주장한다.(Arendt, 1969: 100-101) 진정한 '권위'는 인간이 자신의 자유를 보유한 채 자발적으로 하 는 '복종'을 함축하고 있다.(Arendt, 1969: 106) 아렌트에게 '권위'는 '자율적 복종'으로서 자유의 확대이면서 제한이므로 역설적이다. 사회의 무질서와 혼란을 극복하기 위해 '올바른' 대답과 '정해진' 규칙에 따르도록 하는 교 육은 권위가 없어도 가능한가? 역으로, 변화무쌍하고 역동적이며 생동감 넘치는 사회를 위해 '참신한' 물음과 '예기치 못한' 도전이 가득한 교육은 권위가 있어도 가능한가? 전자와 후자 모두를 가능하게 하는, 다시 말해 시끌벅적함 속에서도 혼란 없는 '진중함'과 조용한 가운데서도 전에 없던

'활기참'이 공존하도록 교육은 '권위'와 관련하여 무엇을 고려해야 하는가?

'권위'의 이러한 양면적 속성은 권위가 본래 불평등성을 내재한다는 사실을 통해 구체화된다. 권위는 평등주의적 관점으로 이해하기 어렵다.(Jessop, 2011: 983) 권위는 언제나 일종의 우월성을 전제로 한다. 강제적인 평등주의는 오히려 인간의 자유로운 성장을 부당하게 저지한다. 아렌트는 전체주의에 의해 자행된 '획일적 동등화'가 만인을 모두 평등하고 똑같이 무력화시켰음을 비판했다.(Arendt, 1969: 99) 오직 한 사람을 제외하고 다른 모든 이들을 동일화한 처사는 표면적으로는 평등한 사회를 지향하는 듯하나 실은 오직 한 사람만이 자유로운 사회임을 증명한 일이다. 아렌트의 이러한 우려는 사회가 고도화되고 전문화될수록 깊어질 수밖에 없다. 전문성과 기능을 갖춘 사람과 그렇지 않은 다수의 구성원들이 지닌 삶의 양식과 가치 그리고 제도나 정책에 대한 인식과 행위의 이질성으로 인해 불평등이 가속화되기 때문이다.(신득렬, 1997: 123-126참고) 이때 '권위'는 특정한 자격과 능력을 갖춘 소위 '유능한' 이들이 다수를 인도하고 통치하는 혹은 그들에게 암묵적 동의나 복종을 강요하는 것으로 작동하게 된다.

교육적 상황에서는 이러한 '권위'의 형태가 여실히 드러난다. 다른 어떤 영역보다 교육에서는 교사와 학생 사이의 '지적 불평등'으로 인해 교육자가 권위주의자가 될 확률이 높다. 그러나 아렌트도 지적했듯이 '권위자'가 나타나면, '권위'는 사라져 버린다. 이러한 '권위'는 강제, 위협, 체벌 등과 같은 파괴적이고 폭력적인 억압의 기제와는 거리가 멀다. 그리고 그것이 '자발적 복종'에 따른 것이라 하더라도 "맹목적 찬양"과는 무관하다.(신득렬, 1997: 485참고) 학생을 단지 지적 능력이 미흡한 대상으로 파악하여 그들에게 무언가를 주입하고 그들을 종용한다면, 교사와 학생의 권위주의적 관계는 해소될 수 없다. 이런 이유에서 비판적 교육학자 프레이리는 권위주의적인 "은행저금식 교육"을 거부했다. 교육자에게는 자신의 학생들을 마음대로 강요할 '권리'도 없지만 그들이 억압에 길들여져서 자신의 자유를 누리지 못하는 것을 방종할 '자유'도 없다.(Freire, 1970/남경태, 2017: 211)

교육자의 '권리'나 '자유'는 진정한 '권위'가 작동하는 곳에서만 발현될 수 있다. 아렌트는 아이들이 어른들의 세계에서 사라져 저희들만의 제국에 남겨진 상태를 걱정한다. 아이들은 저희들만 존재하는 '무리' 속에서 스스로를 관리하고 지시할 권한을 지님으로써 진정으로 자유로워지는 것이 아니라 어른들과의 세계에서와는 다른 형태의 '영향력'을 받게 된다.(Arendt, 1969: 181-182) 그것은 '폭력'에 의해 강제된 '순종'이다. 그곳에 '권위'는 없다. 인간은 오직 자신만이 자신을 '구속'할 자유를 가진다. 아이들은 진정한 '권위'가 작동하는 곳에서 자신의 새로움을 시작할 능력으로서의 '자유를 제한할 자유'를 행사할 수 있다.9 역설적이게도 '권위'가 지닌 '자율적 복종'은 아이들이 자신의 자유를 스스로 내려놓았을 때 일어난다. 자율적 복종은 피교육자가 자신의 결정으로 스스로에게 내리는 '구속'이다.(Reichenbach, 2010: 246참고)

닐(Neill)의 자유학교 서머힐에서 학교를 아이들에게 맞추면서도 아이들에게 무한정의 자유를 허용하지 않는 이유, 아이들이 자신들의 자유를 제한할 정당한 근거로서의 '권위'를 자율적으로 결정하는 이유는 그것이 모두의 '자유'를 존중하는 까닭이다.(최관경, 2009: 24참고) 여기서 모두의 '자유'는 그것이 다른 모든 이들을 위한 새로움의 터전인 우리들의 공동세계를 건설하고 보전하기 위한 '시작 능력'으로 발현될 때에만 의미를 가진다. 세계를 구축하여 그것에 새로움을 더해 나가는 일은 인간의 자유로운 행위 없이는 불가능하며, 이 행위는 언제나 우리의 '시작할 수 있음'으로 시작된다. 따라서 우리는 이제 오직 지적 불평등에 기반하여 자유로운 소수와 그렇지 못한 다수를 고착화시킬 수 있는 이분법적 체계 안에서의 '권위'와 우리가 함께 할 세계의 새로움을 지속시킬 수 있는 시작 능력으로서의 '자유를 제한할 자유'의 근거가 되는 '권위' 가운데 교육이 무엇을 선택

---

9 '진정한' 의미의 권위에 대하여 야스퍼스는 다음과 같이 언급하고 있다. "참된 권위는 개방되어 있어야 한다. 즉, 참된 권위는 자유를 토대로 하며, 더 나아가 권위는 심오한 자기 이해를 통하여 변화하며 교제 안에서 다른 권위에 존립한다."(박지현·강충열, 2011: 96) 야스퍼스의 주장은 자유와 자율을 확대해 나갈 수 있는 토대에서만 권위가 정당화되며, 이러한 정당화는 인간이 자기 이해를 바탕으로 자기에 대한 반성으로부터 자신의 자유를 숙고할 수 있을 때 다른 존재들의 자유를 존중하고, 그 가운데 다른 권위를 자발적으로 수용할 수 있을 때 얻어진다는 점을 강조하고 있다. 이와 관련된 자유에 대한 아렌트의 입장은 비에스타(Biesta, 2010: 559-561)의 연구를 통해 확인할 수 있다.

할 것인지 고민해야 할 것이다.

3. '실존의 이어짐' - 세계를 위한 '책임'

우리는 우리 자신의 자유를 스스로 한계짓도록 하는 정당함의 원천을 어디서 찾을 수 있는가? 앞서 우리는 인간 관계의 불평등성에 대한 강제적 평등주의와 지적 전문성, 우월성에 의해 강요된 복종으로 작용하는 '권위'의 이중성에 대한 아렌트적 이해를 확인하였다. 아울러 우리는 아렌트의 이러한 이해가 교육의 영역에서, 곧 교육자의 전문성과 관련해서는 다른 측면에서도 논의되고 있음을 발견할 수 있다. "교육의 위기"에서 아렌트는 사회가 점차 고도화, 전문화되어 감에도 불구하고 교사의 전문가적 자질은 형편없음을 지적한다. "교사는 단지 수업보다 한 시간 앞서 있을 뿐이다."(Arendt, 1969: 182) 교사는 더 이상 자신의 과목에 능통하지도 않고, 학생들이 알아서 공부할 만큼 그들의 부재에도 '배움'에 지장을 받지 않으며, 사실상 학생들보다 더 많이 알거나, 더 많은 일을 한다고 여겨지지도 않는다.(Arendt, 1969: 182참고)

이처럼 교사와 학생들 간의 '차이'가 존재하지 않게 된 이유는 실제로 교사의 지적 탐구 능력의 질적 저하로 그들이 지닌 우월성이 사라져 버렸기 때문이거나, 시대적 변화에 힘입어 학생들의 지적 욕구를 채워 줄 매체가 다양해져 교사만의 우월성을 그들이 인정하지 않게 되었기 때문일 수도 있다. 물론 아렌트가 교육적 권위의 상실을 가져온다고 추측한 교육자의 비전문성이 전적으로 그들의 과목에 대한 가르치는 기술의 부족 등과 같은 무능력만을 의미하는 것은 아니다.(Miranda, 2010: 13) 또한 그렇다고 교육자에게 지극히 이상적이며, 금욕적인 삶을 강요함으로써 그들을 소진시키고자 하는 것도 아니다.(Higgins, 2003: 146-153참고) 다만 염두에 둘 것은 교육자를 포함해 기성세대의 비도덕성에 자주 노출되는 학생들은 교사가 자신들보다 더 나은 그리고 더 많은 일을 한다고 생각하지 않는다는 점이다. 피교육자가 자신의 자유를 스스로 제한하는 '자율적 복종'으로서의 '권위'는 기성세대의 인격에 대한 실망감으로 인해 더욱 약화된다. 교사와 학생 '사이'에 그렇다면 이제 무엇이 자리하게 되는가? 지적 전문성도, 인격적 존중도 사라진 곳에 무엇을 다시 채울 수 있을 것인가?

> "고등학교 문학교사인 J는 학교에서 소위 '잘 가르치는' 교사로 통한다. 문학 수업 시간 J교사는 학생들에게 모의고사와 수능에 주로 출제되는 작품과 그 작품의 해석 방법을 알려준다. 그는 자신의 가르침에는 권위가 없다고 생각한다. J교사는 자신이 왜 문학 교사가 되었는지를 깊이 반성한다. 그는 문학이 삶에 주는 의미들을 아이들에게 전하기 위해 그들의 문학 이야기를 듣고, 자신의 문학 이야기를 하면서 스스로 확장되어 간다. 교사의 이러한 변화를 통해 아이들도 그들만의 '문학'을 하기 '시작'한다. 이런 J교사의 모습을 보고 한 학생은 그에게 "나중에 선생님과 같은 선생님이 되고 싶어요"라고 말한다."(EBS 다큐프라임 《선생님이 달라졌어요》 제3부 "좋은 관계는 좋은 수업을 만든다.": 2011년 9월 14일 방영).

J교사로부터 그와 '같아지기를 원하는' 학생으로 이어지는 삶은 동일하지 않다. 하지만 그 이어짐 속에는 '탁월함'이 있다. 그것은 성공적으로 문학작품을 완전히 이해하고 해석할 수 있는 능력을 갖추어야 획득되는 '우수성'과는 다르다. '탁월함'은 인간이 자기 자신에게만 천착하여 확보하는 성취나 업적의 차원이 아니다. 그것은 과거의 누군가로부터 이어지는 삶속에서 역동적으로 전달되는 '영향력'으로 미래의 누군가에게 지속적으로 '이어짐'이다. 아렌트는 이를 두고 "세계의 공간 사이에 설정한 거리로부터 누군가를 존중"(Arendt, 1998: 308)하는 가운데 드러나는 무엇이라고 했다. 또한 덧붙이기를 우리가 누군가의 자질이나 업적을 높게 평가하고 그것을 감탄하거나 우러러보는 곳에만 존경이 있을 수 있다고 확신하는 일은 인간의 탈인격화를 가속화시킨다고 지적한다.

인간에 대한 인격적 존경은 성공이나 업적과는 무관하다. 그것은 '관계'에 관한 것이다. 아렌트는 공부가 놀이로 대체되고 교사가 교수법의 활용에만 몰두함으로써 진중한 배움의 의미가 쇠락했음을 걱정했다.(Arendt, 1969: 183) 교육은 기술의 전달이 아니다. 교육자는 세계를 대변하는 이로서 아이들에게 세계를 진지하게 전달할 책임이 있다.(Arendt, 1969: 189) 교육자는 세계에 더해지는 '새로움'을 어느 쪽으로도 기울어지지 않게 할 '무게감'과 '중대함'을 지니고 다음 세대에 전하는 일을 맡는다. 교육은 더해진 것, 더해지고 있는 것, 더해질 것을 다룬다. 그 과정에서 교육자는 '권위'를 지니게 된다.[10] 아렌트에게 있어 교육자의 '권위'는 '세계에 대한 책임'과 긴밀하게 관련되어 있다.(Gordon, 2001: 45) 그것은 교육자가 '실존적 본보기'로서 세계에 끊임없이 응답하는 일이다.

인간이 세계에 참예하여 반응하고 응답하는 일은 존재와의 실존에 상응한다.[11] 우리는 타인과의 관계 속에서 서로에 대한 '영향미침'을 통해 실존적으로 성장해 간다. 다만 우리는 인간관계 속에서 이루어지는 이 영향미침에 대하여 확실히 규명해 내기는 쉽지 않다. 그것이 매 순간 주고받는 무수한 영향력은 가시적인 성과를 내거나 특정한 업적으로 산출되는 것이 아니기 때문이다. 그것은 드러나지 않은 채 우리 삶의 깊숙한 곳에 있는 '실재'를 경험하게 한다. 아렌트의 세계에 대한 책임으로서의 '권위' 그리고 그것을 통해 교육에서 그 중요성을 언급하고자 했던 '영향미침'은 한 인간이 다른 존재와의 관계에서 이루어 내는 "실존의 이어짐"으로 이해해 볼 수 있을 것이다.

어떤 한 사람이 다른 누군가를 '따른다'는 것은 무엇인가? 한 사람이 다른 누군가에게 '본보기'가 된다는 것은 어떤 의미인가? '권위'는 복종을 요

---

10 이는 교사가 자신의 교과목에 능통했을 때 발생하는 권위와는 다르다. 또한 이것은 일반적이며, 사전적인 의미의 '권위'로서 교육학에서 교육자에게 요청하는 권위, 곧 교육목적의 권위자, 교육과정의 권위자, 교육방법의 권위자와도 거리가 멀다. 이 세계에 건설된 최초의 어떤 것에 더해졌던, 더해지고 있는, 더해질 '새로움'의 무게를 견디는 능력으로의 '권위'는 교육자가 이 세계에 온 이들의 '새로움'을 마주하는 삶의 방식과 태도에 상관한다. 교육자는 '권위'를 통해 아이들의 새로움을 보호하고 다음 세대로 전함으로써 세계에 대한 책임을 지닌다.

11 이 부분의 논의와 관련해서는 우정길(2009: 164-166)의 연구에 제시된 관계의 상호성과 상호주관성을 교육의 출발점으로 삼아야 한다는 주장을 수용하였다. 인간은 세계 내 다른 존재들과의 관계 속에서 서로에게 '영향미침'을 통해 책임을 가진다. 이때의 책임은 한 인간이 존재들과 나누는 삶의 심연에 반응하는 일로 그것은 실존적 모습으로 드러난다. 그리고 이 '실존'은 또 다른 '실존'으로 이어지는 계기를 맞는다.

구받는 사람들의 의문 없는 인정으로서 강제도 설득도 필요로 하지 않는 다.(Arendt, 1970: 45) 또한 '권위'는 자유로운 상태의 인간이 스스로 자신의 자유를 반납할 권리를 보장한다. 인간이 그렇게 할 수 있는 이유는 누군가의 행위가 지닌 '탁월함'이 미래의 누군가에게 이어질 수 있다는 정당한 확실성을 지니기 때문이다. 교육적 상황에서 '본보기'가 되는 것은 행위의 정당성, 곧 그 행위를 하는 사람에게 '좋은' 결과를 가져올 확실성에 대답해 줌(Jouvenel, 1957: 30)으로써 가능하다. 이렇게 입증된 정당한 '권위'의 범주 안에서 학생들은 자신들이 설정한 거리로부터 누군가를 존경하게 된다. 교육자는 세계의 '탁월함'을 잇는 누군가로서 그것에 지속적으로 반응함으로써 학생들이 "실존적 이어짐"을 통해 자신의 실재를 주체적으로 현시할 수 있도록 돕는 일에 책임을 질 수 있어야 할 것이다.

IV. '탁월함'을 통한 새로움의 증대

아렌트는 '권위'의 마지막 보루였던 전정치적 영역인 교육에서까지 '권위'가 상실되었다고 우려를 표한다. 아렌트에게 '권위'의 부재는 '세계'의 상실을 의미하기 때문이다. 왜 권위 상실이 세계의 사라짐과 관련되는가? 아렌트에게 세계는 새롭게 태어난 누군가의 '새로운 행위'로 거듭나는 곳이다. 이 세계에 새로 온 이들의 '새로움'을 보호해서 다음 세계로 전달할 수 없는, 더 이상 새로울 것이 없는 세계, 하나의 가치와 척도로 존재와 대상을 재단하여 동일함을 강요하는 세계는 존속하기 어렵다. 이미 우리는 권위가 특정 지배 권력을 지향하고 그것에 동조한, '권위의 권력화'로 인해 로마가 공화정에서 제정시대로 이행했으며 그로 인해 멸망했음을 알고 있다. 권력이나 강제 그리고 설득이나 호소가 나타나는 순간 '권위'는 사라진다.

그렇다면 '권위'는 어떻게 유지될 수 있는 것인가? '권위' 문제와 관련하여 우리는 무엇을 고려해야 하는가? 이러한 물음을 통해 아렌트가 강조한

'권위'는 로마적 근원을 따르고 있으며, 교육 영역에서 정당화될 수 있는 '권위' 또한 로마적 개념을 내포한다. 로마적 '권위'는 로마 정치의 중심에 자리한 '건국'의 신성함으로부터 파생된다. '건국'의 신성함은 새로운 공동체를 건설하고 보전하는 '탁월함'으로 신들의 행로에 다가서는 일로 이후 세대들에게 구속력을 갖는다. 원로나 원로원은 '대물림'의 방식으로 모든 것의 새로운 토대를 놓는다. 다만 이들이 더 이상 산 자들 사이에 존재하지 않게 될 때 새로운 무언가의 '건설'과 '보전'은 '권위'에 의존할 수밖에 없다. 아렌트는 이를 "배의 바닥짐"으로 형상화했다. '건국' 이래 새롭게 더해지는 모든 개별적 순간들의 무게감을 견딤으로써 삶의 평형을 이루는 능력(그라비타스)은 '권위'와 관련된다. 이러한 '권위'가 없다면 '새로운 시작'이 계속 확대될 수 없으며 세계도 풍요로워질 수 없을 것이다. 아렌트에게 '권위'는 새롭게 시작하는 이들이 어떠한 강제나 설득 없이 스스로 '과거'로 들어가 그 '탁월함' 위에 자신의 '새로움'을 더할 수 있도록 그들에게 안정되고 증대된 세계를 열어 놓는 것이다.

이에 근거한 아렌트적 '권위' 개념은 세 가지 측면에서 교육학적 유의미성을 갖는다. 우선, '권위'는 지속적으로 새로움이 더해지도록 하는 세계의 안정성과 밀접한 관련이 있다. 세계의 안정성을 위한 '권위'는 과거와 함께 미래를 지향한다. 이때의 교육은 새로운 것이 발생할 수 있도록 이미 존재하고 있는 것으로부터 비롯되는 '열린 과거'로서의 '권위'를 통해 아이들의 예측할 수 없는 행위, 곧 기적이 일어날 수 있는 곳을 마련하는 일이다.

다음으로, '권위'는 인간이 스스로 자신의 '자유를 제한할 자유'의 정당한 근거로서, 우리가 '자율적 복종'을 하도록 한다. 자율적 복종으로서의 '권위'는 교육자에게 학생들을 마음대로 강제할 '권리'도 그들이 자유를 누리지 못하도록 방종할 '자유'도 없음을 보여준다. 교육은 우리 모두의 '자유'를 위해 우리 스스로 자신의 '자유를 제한할 자유'의 근거가 되는 진정한 '권위'가 작동하도록 해야 할 것이다.

마지막으로, '권위'는 세계에 대한 책임이며, 교육자가 '실존적 본보기'로서 세계에 끊임없이 응답하는 일과 상관한다. 교육적 상황에서의 '본보기'는 누군가의 행위가 지닌 '탁월함'이 미래의 누군가에게 이어질 수 있다는 확실성을 전제한다. 교육자는 세계의 '탁월함'을 잇는 누군가로서 지속적으로 그것에 반응함으로써 아이들이 자신의 실재를 주체적으로 현시할 수 있도록 하는 '실존의 이어짐'을 책임져야 할 것이다.

아렌트가 로마적 권위를 해석한 범주 안에서 그것이 지닌 교육학적 유의미성을 마무리하는 지점에 이르러 교육에서의 '권위'를 반추할 때 생각나는 두 사람이 있다. 프랑스 농민 화가 밀레와 그를 존경했던 반 고흐가 그들이다. 종이에 파스텔로 표현한 밀레의 <첫 걸음마>에는 이제 막 걸음마를 시작한 한 아이가 넘어지면 언제라도 달려가 한 번에 안아 줄 만큼의 '거리'에 서 있는 아버지와 아이가 걸음마를 떼기도 전에 넘어지지 않도록 아이를 뒤에서 '보호'하고 있는 어머니, 그리고 태어나서 처음으로 이 세상에 자신만의 '발자국'을 더하고 싶은 한 아이가 형상화되어 있다. 밀레의 이 작품은 교육에서의 '권위'가 어떠한 모습으로 형상화될 수 있는지를 보여준다. 이런 밀레의 작품을 보고 감명한, 그래서 그의 전기를 읽고, 그의 예술철학, 인간에 대한 사랑, 삶에 대한 태도에 깊은 인상을 받은 고흐는 밀레의 그림을 '모방'하게 된다.

색채나 화법은 달랐지만 고흐 역시 캔버스에 유채로 <첫 걸음마>를 그려낸다. 엄밀히 말하면 고흐의 작품은 밀레의 모사품이다. 그러나 과연 그렇게 단언할 수 있을까? 고흐는 밀레를 절대적으로 신뢰하고 존경하며, 평생을 자신의 영원한 우상으로 섬겼다. 고흐는 밀레의 그림을 '만나면서' 그와 소통하고 대화하면서 점차 그것을 자신만의 독특한 예술세계로 '확대'해 나갔다. 그리고 결국에 그는 밀레와는 다른 새로운 세계를 열었다. 우리가 우리 자신만의 부언가를 창출해내기 위해서는 우리가 그렇게 할 수 있도록 해 주는 '탁월함'의 근거와 토대가 필요하다. 밀레는 고흐가 자신의 삶과 그림을 '본받기' 바라면서 <첫 걸음마>를 완성했을까? 밀레의 '의도하지 않음'에 고흐는 어쩌지 못하고 그 '힘'을 따른다. 스스로의 선택과 결단으로 따르게 되는 그 '힘'으로서의 '권위'만이 교육적 상황에서 '진정한' 의미를 지닐 수 있다.

그렇다면 진정한 '권위'는 무엇인가? '권위'는 일반적으로 전통적 교육학과 현대의 진보주의나 비판적 교육학에서 옹호나 거부의 대상으로 여겨져왔다. 그러나 '권위'는 교육적 상황에서 단순히 이분법적으로 긍정하거나부정할 수 없다. '권위'는 아이들을 통제하기 위해서, 그들을 질서정연하게줄 세우기 위해서 필요한 것이 아니다. 물론 '권위'가 사라진다고 해서 아이들의 자유가 극대화되고 그들의 자율적 성장을 보장할 수 있는 것도 아니다. '권위'에 대한 새로운 이해가 필요하다. 교육자와 피교육자 모두에게'권위'는 지속적인 세계의 안정성 속에서 자신의 자유를 스스로 제한할 수있는 자유를 통해 이 세계의 '탁월함'을 다음 세계로 이어 나갈 수 있는 원천이 되어야 할 것이다. 이러한 관점에서 '권위'의 중요성을 강조하는 이유는 '권위'를 통해 기성세대로 대변되는 어른들이나 교육자의 권한을 늘리자는 것이 아니라 아이들의 '새로움'으로 세계를 '증대'시키자는 데 있다.

참고문헌

김성준(2017). 한나 아렌트(Hannah Arendt)에게서 권력(Power)과 권위(Authority)의 관계: 로버트 파인(Robert Fine)의 논의를 중심으로. 『현대유럽철학연구』 45, 97-125.

박지현·강충열(2011). Peters의 교육적 권위의 실제. 『초등교육학연구』 18(1), 87-105.

박 혁(2009). 정치에서의 권위문제 - 한나 아렌트의 권위개념에 관한 고찰. 『21세기 정치학회보』 19(3), 73-96.

신득렬(1997). 『권위, 자율 그리고 교육』. 대구: 계명대학교출판부.

우정길(2009). 타자의 타자성과 교육학 지식: 레비나스의 타자성 철학에 대한 교육학적 소고. 『교육철학』 45, 151-174.

이은선(2003). 한나 아렌트 사상에서 본 교육에서의 전통과 현대. 『교육철학』 30, 139-159.

최관경(2009). 21세기 교육에 있어서의 권위와 자유. 『교육사상연구』 22(2), 1-34.

Arendt, H.(1956). Authority in the Twentieth Century. *Riview* 18(4), 403-417.

Arendt, H.(1969). What is authority?. in *Between Past and Future*. Cleveland : The World Publishing Company.

Arendt, H.(1970). *On Violence*. London: Penguin Press.

Arendt, H.(1998). *The Human Condition*. Chicago and London: The University of Chicago Press.

Benjamin, A.(2016). The Problem of Authority in Arendt and Aristotle. *Philosophy Today* 60(2), 253-276.

Biesta, G.(2010). How to Exist Politically and Learn from It: Hannah Arnedt and the Problem of Democratic Education. *Teachers College Record* 112(2), 556-575.

Canovan, M.(1974). *The political thought of Hannah Arendt*. New York:

Harcourt Brace Jovanovich.

Edgoose, J.(2010). Hope in the Unexpected: How can Teachers Still Make a Difference in the World?. *Teachers College Record* 112(2), 386-406.

Freire, P.(1970). *Pedagogy of the Oppressed.* 남경태 역(2017). 『페다고지』. 서울: 그린비.

Fordham, M.(2017). Tradition, Authority and Disciplinary Practice in History Education. *Educational Philosophy and Theory* 49(6), 631-642.

Gordon, M.(1999). Hannah Arendt on Authority: Conservatism in Education Reconsidered. *Educational Theory* 49(2), 161-180.

Gordon, M.(2001). *Hannah Arendt and Education.* Westview Press.

Higgins, C.(2003). Teaching and The good life: A critique of the ascetic ideal in education. *Educational Theory* 53(2), 131-154.

Jessop, S.(2011). Children's Participation. An Arendtian Criticism. *Educational Philosophy and Theory* 43, 979-996.

Jouvenel, B. de(1957). *Sovereignty: An Inquiry into the Political Good.* Cambridge: Cambridge University Press.

Levinson, N.(1997). Teaching in the midst of Belatedness: The Paradox of Natality in Hannah Arendt's Educational Thought. *Eduactional Theory* 47(4), 435-451.

Michaud, O.(2012). Thinking about the Nature and Role of Authority in Democratic Education with Rousseau's Emile. *Educational Theory* 62(3), 287-304.

Miranda, W.(2010). Classrooms as Dangerous Educational Outposts? Hannah Arendt and John Dewey on the Crisis of Teacher Authority. *Thresholds in Education* 36(1-2), 12-23.

Parekh, S.(2008). *Hannah Arendt and the challenge of modernity: a phenomenology of human rights.* New York: Routledge.

Philips, M.(1985). Authority. in. *The Social Science Encyclopedia.* London: Routledge and Kegan Paul.

Reichenbach, R.(2010). The Future and Transformation of Pedagogical Authority. 『한국교육학회 학술대회 자료집』 2010(s), 245-251.

Steutel, J. & Spiecker, B.(2000). Authority in Educational Relationships.

Journal of Moral Education 29(3), 323-337.

Weiner, E. J.(2001). The Crisis authority in critical education: Toward a theory of transformative leadership. Doctoral Dissertation of University of Pennsylvania.

EBS 다큐프라임 선생님이 달라졌어요 3부 "좋은 관계는 좋은 수업을 만든다"(2011년 9월 14일 방영)

인명색인

Swift, S. 156

사항색인

저자약력

우정길 (Jeong-Gil Woo)

독일 Justus-Liebig-Univ. Giessen (Dr. Phil.)

(前) 독일 Justus-Liebig-Univ. Giessen 연구강사/강의전임

(現) 경희대학교 교육대학원 교수

<저서> Lehren und Lernen mit Bildern(2008, 공저), Lernen und Kultur(2010, 공저). 『비판적 실천을 위한 교육학』(2019, 공저), 『포스트휴머니즘과 인간의 교육』(2019).『일제강점기, 저항과 계몽의 교육사상가들』(2020, 공저), Confucian Perspectives on Learning and Self-Transformation(2020, 공저)

<역서> 『마틴 부버의 교육강연집』(2010)

<주요논문> Subjektivität und Responsitivität(2008), Teaching the unknowable Other: humanism of the Other by E. Levinas and pedagogy of responsivity(2014), Niklas Luhmann의 체계이론과 교육적 관계에 대한 소고(2015), Revisiting Orbis Sensualium Pictus: An Iconographical Reading in Light of the Pampaedia of J.A. Comenius(2016), Pädagogischer Bezug. Erzieherisches Verhältnis (2019) 외 다수

박은주 (Eun Ju Park)

서울대학교 교육학 박사

(前) 서울대학교 교육연구소 연구원

(現) 서울대·경인교대 강사, 한국교육철학학회 학술위원, 한국아렌트학회 운영위원

<주요논문> 한나 아렌트의 '행위'개념을 통한 가르침의 의미 재탐색(2018), 실천교육학의 관점에서 '교육연구'(educational research)의 성격 재탐색(2016), 교사정체성에 관한 철학적 접근: 존재론적 정체성의 시론적 탐색(2018), 반성의 역설에 대한 고찰: 아리스토텔레스의 '프로네시스' 개념을 중심으로(2018), 학습자와 교과의 관련방식에 관한 듀이와 아렌트의 관점 비교(2018), 가르침의 의미 회복을 위한 일고찰: 몰렌하우어(K.Mollenhauer)의 교육개념을 중심으로(2015) 외 다수

조나영 (Na – Young Cho)

고려대학교 교육학 박사

(前) 한국교육연구네트워크 연구위원

(現) 고려대 강사, 한국교육철학학회 학술위원, 한국아렌트학회 운영위원

<저서> 『사라진 스승』(2019, 공저), 『비판적 실천을 위한 교육학』(2019, 공저)

<감수·교정> 『콩도르세, 공교육에 관한 다섯 논문』(2019)

<주요논문> 한나 아렌트(H. Arendt)의 『예루살렘의 아이히만(Eichmann in Jerusalem)』: '악의 평범성(banality of evil)', 어떻게 극복할 것인가?(2016), '인정' 패러다임 안에서 주체로 '투쟁'하기: 호네트(A. Honneth)의 '인정 이론'과 교육비판(2018), 한나 아렌트 '세계사랑(amor mundi)'의 교육적 실천 고찰: '탄생성(natality)'에 관한 교육 논의를 중심으로(2019), '인정 망각'과 '자기 부정'의 교육에 대한 비판적 고찰: 호네트의 『물화: 인정이론적 탐구』를 중심으로(2019) 외 다수.

한나 아렌트와 교육의 지평

초판발행   2020년 5월 18일
중판발행   2021년 9월 30일

지은이   우정길 · 박은주 · 조나영
펴낸이   노 현

편 집   윤혜경
기획/마케팅   이선경
표지디자인   조아라
제 작   우인도 · 고철민

펴낸곳   ㈜ 피와이메이트
                   서울특별시 금천구 가산디지털2로 53, 한라시그마밸리 210호(가산동)
                   등록 2014. 2. 12. 제2018-000080호
전 화   02)733-6771
f a x   02)736-4818
e-mail   pys@pybook.co.kr
homepage   www.pybook.co.kr
ISBN   979-11-6519-055-2   93370

copyright©우정길 · 박은주 · 조나영, 2020, Printed in Korea

* 파본은 구입하신 곳에서 교환해 드립니다. 본서의 무단복제행위를 금합니다.
* 저자와 협의하여 인지첩부를 생략합니다.

정 가   20,000원

피와이메이트는 박영사와 함께하는 브랜드입니다.